품질경영의 이해

석 영 기

청목출판사

머리말

품질은 기업의 고객과 경영자에게 가장 주요한 전략적 요인으로 인식되고 있다. 품질이 확보되지 않은 제품이나 서비스가 다양한 생활방식을 영위하는 소비자들이 참여하는 시장에서 생존하는 것은 상상할 수 없다.

21세기로 들어서면서 경영 및 경제환경은 기존의 생산성에 더하여 정보화와 세계화를 강조하며 무국경 · 무한경쟁으로 특징되고 있다. 특히 2010년 이후부터는 디지털전환(digital transfotmation)을 기반으로 하는 4차 산업혁명의 바람이 매우 거세지면서 기존의 물리적 공간, 디지털적 공간, 생물학적 공간의 경계를 희석하며 품질경영의 영역에 새로운 차원을 부가하고 있다.

이와 같은 환경에서 기업들이 생존하고 성장하기 위해서는 단순히 공정의 불량률을 효과적으로 줄이는 것을 넘어서서 고객 초점, 전사적 참여, 지속적 개선과 활용 다양성을 실행할 수 있는 품질경쟁력을 확보하는 것이 요구되고 있다.

또한 세계경제에서 대한민국의 역할이 점증하고 있는 상황은 우리 기업들의 생산성 기반 경영활동을 창의성 기반 활동으로 신속하게 전환할 것을 요청하고 있다. 우리나라 기업의 경우 선두주자를 따라가는 패러다임에서 이제는 시장을 선도하는 패러다임으로 기업환경이 변하고 있다. 이의 효과적 · 효율적 대응은 품질에서의 경쟁우위 확보를 통해서 가능할 것이다.

인간은 생활에서 다양한 재화와 서비스를 사용하여 욕구를 충족하고, 건강하게 오랫동안 행복한 삶을 영위하려고 한다. 이는 R&D에 기초한 최첨단의 과학기술이 반영된 제품과 서비스를 기업이 제공하고 동시에 사람들이 소비하면서 가능하게 될 것이다. 기업의 성과는 고객 만족(customer satisfaction)을 통해서 실현된다. 품질을 기본으로 하는 고객 중시 경영활동이 중요한 이유이다.

품질경쟁력이 뛰어나고 고객만족을 지향하는 기업은 자신의 고객이 누구인가? 그들은 무엇을 원하는가? 따라서 우리는 그들을 위해서 무엇을 어떻게 해야 하는가? 등을 파악하고 분석하고 해결책을 제시하면서 전향적인 행동을 해야 한다.

이 책은 고객지향과 품질지향의 경영환경 속에서 조직(기업)이 영속적 존재(going concern)로 성장하는 데 필수적인 품질 이론과 기법들을 정리하여 소개하고자 한다. 이 책은 모두 3부-12개의 단원으로 구성되어 있다.

제1부는 품질경영에 관한 기초적인 내용을 서술하며 2개의 단원(품질경영의 개요와 품질비용)으로, 제2부는 품질의 지속적 개선을 가능하게 하는 통계적 품질관리(품질개선 도구, 샘플링 검사, 관리도, 신뢰도)을 다루며 4개의 단원으로, 제3부는 고객만족을 위한 전략적 접근방법(전사적 품질경영, 6시그마 품질경영의 기본과 실행, 품질보증시스템, 프로젝트관리, 품질향상을 위한 노력)을 다루며 6개의 단원으로 구성되어 있다.

이 책은 품질경영에 관한 다양한 내용들을 입문 수준으로 소개하면서도 이를 처음 접하는 학부 수준의 대학생들에게 지식과 지혜를 체계적으로 쉽게 습득할 수 있도록 정리하고자 하였다. 하지만 쉽게 기술한다고 하면서도 어려운 내용이나 전문용어를 사용한 이유는 품질경영 학도들이 반드시 익혀야 할 기본적인 지식을 터득해야 하기 때문이다. 그리고 매 단원의 말미에는 핵심이론에 연계된 사례를 소개하여 이론이 적용되는 방법을 이해할 수 있게 하였고, 연습문제를 통해서 그 단원의 주요 내용을 복습할 수 있게 하였다.

이 책은 저자 혼자 썼지만, 그 내용은 품질경영 분야의 많은 연구자와 기업 현장 경영자의 산물이라고 판단된다. 지금까지 저에게 경영학적 사고방식을 심어주신 국내외 대학의 은사님들과 동료 교수님들께 진심으로 고마움을 전한다.

모든 일이 그러하듯이 이 책이 처음에 의도한 대로 만족하게 준비되었다고 생각하지 않는다. 책을 쓴다는 것은 어쩌면 자신의 무지함을 공개적으로 밝히는 것인지도 모른다. 따라서 신중과 노력을 하였지만, 내용상의 지적사항이 많을 수 있다. 표현의 한계나 오탈자로 인한 내용의 왜곡은 전적으로 저자 자신의 불찰이다. 미래의 대학생들이 더 나은 품질경영의 기초를 다룬 책을 접할 수 있도록 여러분들의 질책을 기다리며 이 책을 세상에 내놓는다.

이 책의 구상부터 편집, 교정, 출간에 이르기까지 많은 분의 도움이 있었다.

저자의 부족함에도 불구하고 책이 출간될 수 있도록 배려해 주신 청목출판사의 유성열 대표, 심재국 상무이사와 출판가족들에게 감사드린다. 그리고 저자가 이 자리까지 올 수 있도록 정성으로 보살펴 주신 어머니, 학문적 가르침을 안내해 주신 여러 지도교수님, 또한 일상생활에서 접하게 되는 이런저런 일들을 슬기롭게 해결하는 데 항상 함께 한 처와 자식들에게도 감사함을 전한다.

2022년 7월 하순,

삼봉산 자락 선문대학교 연구실에서

경산 석영기

차 례

제 1 부

품질경영의 기본개념

1
chapter

품질경영의 개요

1.1 경영환경의 변화와 품질

세상이 사람과 더불어 발전하고 성장함에 따라 제품이나 서비스에 대한 소비자들의 관점과 태도도 진화해 가고 있다. 이전의 판매자 중심시장(seller's market)은 소비자 중심시장(buyer's market)으로 이미 전환되어, 제품이나 서비스에 대한 고객의 높아진 기대 가치와 다양한 취향을 적극적으로 반영하는 기업활동을 전개하고 있다.

품질의 중요성과 역사에 비해 소비자와 생산자 모두에게 품질이 중요한 의미를 지니게 된 것은 최근의 일이다. 품질을 소홀히 하였던 대량생산시대의 종말은 품질을 기업의 생존과 성장에 중요한 요소로 올려놓았다. 생산자를 만족시키는 품질의 시대에서 소비자를 만족시켜야 하는 품질의 시대로 바뀌었다. 설계부터 생산과 유통까지 품질에 대한 중요성이 전사적으로 강조되고 있다. 백분율의 불량률이 무결점으로 바뀌고 있다. 제품과 서비스의 품질을 향상하기 위해서는 조직 전체의 품질이 향상되어야 한다. 그래야만 높은 품질 수준의 기업이 되어 경쟁에서 이길 수 있다. 그래서 이제는 품질경영을 하여야 한다.

미래학자들은 대량생산-대량유통-대량소비의 시대는 가고 유연생산시대를 거쳐 대량맞춤 생산시대를 향해 가고 있다고 진단한다. 고객의 다양한 욕구와 필요를 충족시켜주기 위해서는 유연성 있는 기업운영시스템을 통해 다품종소량생산을 유지해야 하며, 궁극적으로는 제품이나 서비스의 종류에 제약이 없는, 스마트 팩토리 개념이 반영된 대량맞춤 생산시스템으로 전환하게 될 것이다.

대량맞춤생산(masscustomization)이란 이전의 대량생산시스템에서 제품이나 서비스를 보다 가격이 저렴하고, 그리고 보다 신속한 생산활동을 하면서 고객의 요구사항을 반영하는 생산방식이라고 할 수 있다. 이는 과거의 주문생산방식과 대량생산방식의 장점을 취하는 방식이다. 소비자의 구매관점이 이런 단계에 진입하게 되면, 가격은 고려대상에서 우선순위가 뒤로 밀리고, 그 대신 다양한 경로를 통해서 신속히 구입할 수 있는 제품이 선호되어 품질에 대한 관심이 높아지게 된다.

이에 더하여 거시적인 시장 상황의 변화에 따른 경영환경의 전환으로 대량생산체제는 더 이상 효율적이지 못하며 이에 대응하기 위해 대량맞춤생산이 요청되고 있다. 거시적 시장 상황은 수요 측면과 구조적 측면으로 설명할 수 있다. 수요 측면으로는 불안정하고 예측하기 어려운 시장수요, 사치품에 대한 수요증가, 고객 욕구(needs)의 불확실성과 이질성과 빠른 변화, 높은 품질의식, 판매전후의 서비스 수준의 향상, 높아진 유행 감각 등을 들 수 있다. 구조적 측면은 증가된 구매자의 힘, 경기변동, 심화된 경쟁구조(가격경쟁에서 제품차별화경쟁으로 전환), 시장의 포화상태, 다양한 대체품의 출현, 짧아진 제품수명주기, 기술의 빠른 진화 등을 들 수 있다.

이런 변화의 원인으로 첫째 고객기대값의 상승과 구매결정력의 강화를 들 수 있다. 고객의 취향이 더욱 다양화하고 개성화되어 각자 특화된 제품이나 서비스를 원하게 됨과 동시에 구매정보에 대한 접근이 다양하고 용이해진 것이다. 물론 소비자의 지식수준이 향상되면서, 고객들은 당연히 자신에게 특화된 제품이나 서비스를 선호할 것이다. 더 많은 시장에서 경쟁제품 간의 기능적 차이가 거의 없어서 각 제품에 부과된 추가적인 고객서비스가 또 다른 차별적 경쟁우위의 원천이 되고 있다.

고객서비스는 시간 효용과 장소 효용의 지속적인 제공으로 정의될 수 있는데, 제품이나 서비스는 필요한 시간과 장소에서 고객의 손으로 들어가기 전까지는 아무런 가치가 없다. 고객서비스의 유형에는 정시배송에서부터 판매 후 지원(A/S 등)에까지 다양하게 존재한다. 기본적으로 고객서비스는 '사용가치'를 향상시키는 것이어야 한다. 즉 핵심제품에 서비스(부가가치)를 추가함으로써 고객의 눈에는 더욱 값지고 차별화된 것으로 보여져야 한다. 이와 같은 광의의 서비스 개념은 오직 통합된 품질경영전략을 통해서 달성될 수 있다.

둘째 시장의 글로벌화에 따른 경쟁의 심화를 들 수 있다. 경영환경의 세계화에 따라 기업들은 해외기업과의 경쟁이 불가피해진 반면에 고객들은 제품이나 서비스 선택의 폭이 넓어졌다. 과거처럼 국산품 애용이라는 소비운동은 더 이상 소비자의 구매를 확보할 수 있는 시절은 지나갔다. 앞으로는 고객에게 원하는 가치를 제공할 수 있는 기업만이 생존하고 성장할 수 있을 것이다.

이처럼 시장환경이 제품 중심에서 고객 및 시장 중심으로 전환됨에 따라 각 기업은 생산 체제, 기술 체제 및 영업 체제 등 기업활동 전반에 걸쳐서 매우 상당한 압력을 받게 되어, 업무프로세스의 새로운 구축을 요구받게 된다. 따라서 기업들은 고객에게 특화된(customized) 제품이나 서비스를 제공할 수 있도록 기획력을 강화하는 문제, 신제품의 시장선점 및 기회손실의 최소화를 위한 신제품의 조기 개발과 출하가 중요한 문제로 부각될 수 있다.

기업들은 다양한 소비자의 요구에 일치하는 제품이나 서비스를 신속하게 또 유연하게 제공할 수 있도록 소비자의 필요(needs)와 욕구(wants)를 정확하게 파악할 수 있는 체계적인 방법을 갖추고 있어야 한다. 그리고 고객들이 경쟁제품이나 서비스에 관심을 갖지 않도록 제품충성도(product loyalty)를 높일 수 있는 유효한 품질을 제공할 수 있어야 한다. 기업은 제품이나 서비스의 전 과정(설계, 제조, 유통, A/S 등)에 걸쳐서 품질의 수월성을 제공함으로써 소비자의 요구를 정확하게, 그리고 신속하게 반영할 수 있을 것이다.

1.2 품질의 개요

1.2.1 품질의 의미

품질의 정의는 매우 다양하다. 그리고 품질의 속성이 다양하고, 고객의 욕구가 수시로 변하기 때문에 품질을 한두 마디로 정의하기는 상당히 어렵다. 품질이란 용어는 라틴어로 'of what'을 뜻하는 'qualitas'에서 유래하였다. 사전적으로는 품질을 '물품의 성질과 바탕'이나 우수성(excellence)으로 풀이하고 있다. 품질의 의미는 또 제품이나 서비스의 유형에 따라 달라진다. 그래서 등급, 소재, 또는 가격에 의해 제품과 서비스의 품질이 결정되기도 한다.

보다 전문적으로 품질을 정의한 것을 소개하면, 미국표준협회(ANSI)/미국품질관리학회(ASQC)의 정의와 품질대가인 Juran의 정의를 들 수 있다. ANSI/ASOC는 품질을 '주어진 욕구를 충족시킬 수 있는 능력을 지닌 제품이나 서비스의 제반 특성의 집합'이라고, Juran은 '제품이나 서비스의 사용적합성(fitness for use)'으로 정의하고 있다. 따라서 품질이란 제품이나 서비스가 사용자가 기대하는 사용목적(용도)을 얼마나 잘 충족하는가의 정도를 의미한다.

품질은 고객의 제품선택을 결정하는 가장 주요한 요인 중의 하나이다. 소비자는 여러 제품의 품질을 비교한 후에 구매결정을 내린다. 따라서 기업은 소비자가 선호하는 품질을 정확하게 점검해야 한다. 품질대가인 Deming은 '소비자는 생산라인의 가장 중요한 부분이다. 품질은 현재와 미래의 소비자 욕구에 맞추어야 한다.'라고 하였다. 이는 제품이나 서비스의 품질은 소비자가 원하는 수준과 가격에 맞추어 결정되어야 함을 의미한다.

생산자 관점에서의 품질은 규격일치성(conformance to specification, 규격적합성)으로 정의된다. 제품설계가 정해지면 설계명세에 정확하게 일치하는 제품을 생산하는 것이 중요하다. 생산된 제품이 설계명세에 일치하는 정도가 높을

수록 그 제품은 품질이 좋은 것으로 판단된다. 제조부문에서 주로 책임을 지는 적합품질(제조품질)은 제품의 균일성(산포도)이나 불량률에 의해 측정할 수 있다. 균일성이 낮거나 불량률이 높으면 품질이 설계규격에 적합하지 않은 것으로 볼 수 있다. 적합품질은 설계품질과 대조되는 품질개념이다. 기업의 품질관리가 성공하려면 2가지 품질이 모두 좋아야 한다. 설계품질이 좋아도 그것에 맞게 제품을 만들 수 없다면 아무런 소용이 없다. 반면에 제조부문이 우수한 공정능력을 갖추고 있어도 설계품질이 좋지 않다면 이것 또한 쓸모가 없을 것이다.

종합적으로, 소비자가 중요시하는 품질요인의 하나는 가격이다. 이것은 생산자의 입장에서 볼 때 제품의 생산원가와 관련이 있다. 생산자는 목표품질의 제품을 생산하되, 상대적으로 저렴한 비용 수준으로 생산할 수 있어야 한다.

1) 제품품질의 평가기준

소비자가 평가하는 제품품질의 기준을 Garvin은 품질차원(dimentions of quality)으로 다음과 같이 제시하고 있다.

① 성능(performance) : 제품의 기본적인 기능과 특성(자동차의 가속력, 연비, 안전성).

② 부가적 특성(features) : 기본적인 특성 외에 추가된 특성(자동차의 스테레오, 가죽시트)

③ 신뢰성(reliability) : 제품이 정상조건에서 일정기간 동안 기능을 수행할 확률(자동차가 10년 동안 고장 없이 움직일 수 있는 확률).

④ 적합성(conformance) : 생산된 제품이 정해진 품질표준에 일치하는 정도.

⑤ 내구성(durability) : 제품수명이 얼마나 오래 지속되는가?

⑥ 서비스 능력(serviceability) : 고장이 났을 때 수리서비스를 쉽게 이용할 수 있는가? (수리의 신속성, 수리자의 태도와 능력).

⑦ 심미성(aesthetics) : 제품의 외관, 느낌, 소리, 냄새, 맛, 등.

⑧ 안전성(safety) : 제품으로 인하여 고객이 부상을 당하거나 손해를 입지 않는 것.

⑨ 인지품질(perceived quality) : 상표명, 광고 등에 의하여 형성되는 품질 이미지.

2) 서비스품질의 평가기준

서비스품질은 시간적 요인과 인적 요인과 관련성이 크다. Evans와 Lindsay는 서비스품질의 평가요인을 다음과 같이 제시하고 있다.

① 적시성(timeliness) : 대기시간, 서비스의 예정 완료시간.
② 완전성(completeness) : 고객의 요구가 완전하게 충족되었는가? (빠진 것은 없는가?)
③ 예의(courtesy) : 종업원이 예의 바르게 고객을 대하는가?
④ 일관성(consistency) : 서비스수준이 언제나 누구에게나 똑같은가?
⑤ 이용의 편의성(accessibility and convenience) : 서비스를 쉽게 이용할 수 있는가? 서비스 요청이 용이하고 신속한가?
⑥ 정확성(accuracy) : 서비스는 언제나 올바르게 제공되는가?
⑦ 반응성(responsiveness) : 예외적인 상황에 얼마나 잘 대응할 수 있는가?

1.2.2 품질의 중요성

기업들은 왜 과거에 비해 품질을 점점 더 중요하게 보고 있는가? 여기에는 다음과 같은 이유들을 들 수 있다. 첫째, 국민소득수준의 향상으로 소비자는 점점 품질이 더 우수한 제품이나 서비스를 원한다는 사실이다. 1인당 국민소득 $10,000와 $20,000 시대에 있어서의 생활형태에는 구매하는 제품과 서비스의 질에 있어서 분명히 큰 차이가 있다.

둘째, 소비자의 기호변화이다. 값싼 제품을 원했던 과거에 비해 최근 소비자는 더 비싸더라도 우수하고, 신뢰성 높고, 오래 사용할 수 있는 좋은 품질의 제품을 구입하려고 한다. 이런 현상을 '투자구매(investment buying) 현상'이라고 한다. 투자구매 현상은 특히 지속적인 물가상승과 맞물려 소비자가 더욱더 품질 좋은 제품을 선호하도록 만들었다.

셋째, 제품의 내구성 향상으로 인한 유지비용이다. 그래서 초기구입비용보다는 제품을 사용하면서 발생하는 유지비용이 중요하게 되었다. 아무리 초기구입비용이 낮다 하더라도 유지비용이 높으면, 그 제품의 가격이 낮다고 볼 수 없다. 이 현상을 '제품수명구매(life-cycle buying)현상'이라고 한다.

넷째, 제품의 신뢰성이다. 기술의 발전으로 부품이 많아져 제품에 고장이 날 가능성이 과거보다 높아졌다. 그래서 소비자는 고장이 잘 나지 않는 품질 좋은 제품을 요구하게 되었다. 그래서 요즘은 '새 품질시대(the new era of quality)'라고 부른다. 새 품질시대는 오늘날만큼 제품과 서비스의 품질이 과거 그 어느 때보다도 큰 비중을 차지하는 시대는 없다는 것을 말한다. 새 품질시대의 특징은 다음과 같다.

(1) 경영목표가 수량에서 품질로 바뀌었다.
(2) 생산자의 품질보증제도가 점차로 확대되고 있다.
(3) 품질에 대한 기업의 사회적 책임이 높아졌다.
(4) 소비자 보호주의가 확산되었다.
(5) 시장의 방대화로 소비자의 다양한 기호를 충족시켜야 한다.
(6) 환경에 대한 관심이 높아졌다.

품질은 이제 기업이 경쟁우위를 차지하기 위하여 선택하는 하나의 사치스러운 요소가 아니라, 기업의 생존을 위한 필수적인 요소이다. 품질은 기업과 국가의 경쟁력을 결정하는 핵심적인 요소이며, 조직의 유형이나 규모 또는 목표에 관계없이 상당히 중요한 전략적 요소이다. 그래서 Akers는 오늘날처럼 경쟁이 심한 글로벌 환경에 있어서 기업 생존의 가장 기본적인 요소가 품질이라고 하였다. 또 Ferdows와 De Meyer는 '모래성 이론(sand cone theory)'을 이용하여 품질이 어떤 요소보다도 기업의 기본적인 토대가 되어야 한다고 하였다. 그리고 품질관리분야의 대가인 Juran은 '20세기는 생산성의 시대이지만, 21세기는 품질의 시대가 될 것'이라고 선언하였다.

세계의 많은 국가들과 기업들은 경쟁력 향상을 위해 부단한 노력을 하고 있다. 경쟁력을 향상하는 요소는 각 국가의 경제 상태와 처해 있는 상황에 따라 다르다. 일본 경단련에서는 경쟁력을 가격과 비가격의 두 가지 요소로 크게 구분하고, 다시 이것들을 미시적 요인과 거시적 요인으로 정리하였다. 미시적 요인은 노동력, 자본축적, 기술, 그리고 경영 및 네트워크로 구성되어 있으며, 거시적 요인은 (1) 시장진출 규제 및 계열화 등 경쟁조건과 시장 진출 장벽의 유무, (2) 노동과 자본에 대한 분배, (3) 환율, 금리 등 정부기관에 의한 자금 분배의 상황, (4) 세제, 산업정책 등 공적 부문의 관여, 그리고 (5) 치안, 건강, 마약 등 사회의 안정도 등으로 구성되어 있다.

이렇게 경쟁력은 여러 요소에 의해 결정된다고 이해하고 있으나, 대부분의 기업과 국가들이 가장 강조하고 있는 경쟁력 결정요소가 바로 품질이다. 불량한 제품과 서비스는 조직의 수익성뿐만 아니라. 소비자의 귀한 생명에 치명적인 결과를 초래한다. 불량 자재와 형식적인 감리로 건축된 교량과 건물로 인해 수많은 사람들이 희생되는 것을 우리는 지난 몇 년 동안 보아 왔다.

품질이란 용어는 산업체나 일상생활에서 수시로 사용되고 있지만, 사용하는 사람, 장소, 시간, 업체에 따라 그 의미가 상당히 다양한 뜻을 내포하고 있다. 더욱더 어려운 것은 품질의 의미가 지속적으로 변하고 있으며. 미래에도 계속 변할 것이라는 것이다. 그러므로 경영자는 품질의 중요성과 의미를 확실하게 이해하고, 품질을 전략적인 관점에서 추구하도록 하여야 한다.

1.2.3 가격과 품질

과거에 제품이나 서비스를 구매할 때 소비자 대부분은 품질보다는 가격에 더 많은 관심을 가졌다. 그래서 기업도 품질향상보다는 원가절감 또는 대량생산에 중점을 두었다. 그러나 근래 변화가 일어나기 시작하였다.

미국 General Systems에 의하면, 세계 주요 시장에서 소비자와 산업구매자 10명 중 9명은 제품을 구매할 때 가격보다는 품질을 중요시하거나 가격과 품질을 동등하게 보고 있다고 하였다. 그런데 10년 전에는 10명중 3~4명만이 그렇게 하였다. 이렇게 가격에 비해 품질이 더욱더 중요하게 되었다. 이런 현상을 Feigenbaum은 '품질 스트라이크(quality strike)'라고 불렀다. 또 Chapple은

10년 만에 품질이 거의 두 배로 중요하게 된 현상을 제2차 세계대전 이후 미국 시장에서 발생한 가장 중요한 변화라고 하였다.

물론 가격과 품질 둘 다 기업의 경쟁력을 강화하는 중요한 요소이다. 사실 시장에서 경쟁력이 가장 강한 기업은 고품질의 제품과 서비스를 경쟁자보다 낮은 가격으로 판매하는 기업일 것이다. 그러므로 기업은 품질과 가격의 두 가지 요소를 동시에 고려하여야 한다. 품질이 아무리 좋아도 가격이 너무 높거나 또는 가격이 아무리 낮아도 품질이 좋지 않은 제품은 고객으로부터 외면당할 것이다.

그러나 여기에서 한 가지 지적할 점은 가격과 품질의 효과가 동일하지 않다는 것이다. 어떤 기업이 더 많은 고객을 확보하기 위해 가격을 내린다면, 이 기업이 정말로 더 많은 고객을 확보할 수 있을까? 물론 이것은 경쟁자의 반응에 달려있다. 요즈음 흔히 볼 수 있는 가격파괴 또는 가격포기는 가격인하를 통한 경쟁력 확보이다. 또 다른 경우를 보자. 어떤 기업이 품질을 향상시켰다고 하자. 그럼 이 기업이 정말로 고객을 더 많이 확보할 수 있을까? 물론 이것도 경쟁자의 반응에 달려있다. 그런데 여기서 우리가 분명히 알아야 할 점은 가격과 품질 중에서 경쟁자가 쉽게 모방할 수 있는 것이 무엇인가 하는 것이다. 가격 인하를 경쟁자가 모방하는 것은 단기간 내에 가능하지만, 품질향상은 단시일 내에 쉽지 않을 것이다. 품질을 향상하려면 오랜 시간과 노력, 그리고 투자가 필요하다. 이렇게 볼 때, 가격 인하와 품질향상의 효과는 다르다고 볼 수 있다. 물론 여기에서 가격이 중요하지 않다는 것은 절대 아니다. 가격도 상당히 중요하다. 그리고 원가절감을 통한 가격 인하는 즉흥적인 가격 인하에 비해 파괴력이 강하다. 그러나 가격에 비해 품질의 중요성이 점점 더 부각되는 현상을 기업은 반드시 인식하고, 거기에 대응하여야 한다.

1.3 품질경영의 필요성

IMF 경제위기를 극복하면서 우리나라 경제계에서는 기업경영의 핵심적 화두로 '효율성(efficiency)'이 등장했다. IMF위기 극복을 위한 슬로건이 '구조조정을 통한 슬림화'였다면, 이제는 '효율적 경영'이 기업경영의 모토가 되고 있다. 효율 중시의 경영은 '6시그마'를 부각시키고 있다. 고도의 통계적 기법을 사용함으로써 불량률을 체계적이고 과학적으로 줄여나가는 6시그마의 특성 때문이다. 6시그마는 게다가 제조공정은 물론 연구조사, 설계, 구매, 총무 등 경영활동의 전 분야에 걸쳐 적용할 수 있다.

국내 기업의 수익성을 살펴보면 품질향상을 위한 노력, 특히 TQM이나 6시그마 경영과 같은 새로운 개념의 품질경영기법을 성공적으로 구축하는 것이 요구된다. 모든 기업은 환율, 금리, 원자재 가격 등의 변동에 자유롭지 못한 것이 현실이다. 특히 우리나라의 수출주도적인 기업들은 더욱 고전을 면치 못하는 경향이 있다. 이런 경제현상의 변화는 정적인 것이 아니라 동적인 것이어서, 유효하게 대응하기가 어렵다. 특히 개별 기업 차원에서 이에 대비하여 철저한 관리(통제)를 한다고 해도 변화에 대한 예방이 쉽지 않다. 이에 효과적으로 또한 효율적으로 대응할 수 있는 방안은 생산성과 품질의 향상을 통한 기업 또는 제품의 경쟁력을 확보하는 것이라 할 수 있다. 그러나 우리나라 기업들의 생산성과 품질수준은 아직까지는 선진국들의 수준과 비교해 볼 때 갈 길이 멀다고 할 수 있다.

제품을 더 잘 만들기 위해서 새로운 설비를 투자하거나 좋은 원재료를 구입한다. 위의 방법으로 제품을 생산하게 되면 품질은 더 좋게 되지만, 품질을 높게 할수록 비용이 많이 든다고 생각을 한다. 이러한 사유로 품질비용이 많이 들어가면 갈수록 기존의 품질 수준보다 높아지지만, 제조비용, 운영 단가, 인건비 등이 상승하게 되어 제품의 가격경쟁력이 떨어지게 된다. 이는 제조원가에 대한 부분만 보면 그럴 수 있다. 그러나 새로운 관점에서 소비자가 원하는 품질과 제품에 대한 신뢰성에 대한 가치를 보게 되면, 품질비용에 대한 투자로 인하여 기업의 수익률을 더 오르게 할 수 있다.

일반적으로 품질비용은 고객의 요구사항을 충족하지 못해서 나쁜 품질이 존재하거나 실제로 존재해서 발생하는 비용이다. Juran은 품질을 예방하는데 소요되는 비용을 1로 보았을 때 평가비용은 10, 실패비용은 100이라 하였다(1:10:100의 법칙). Crosby는 품질 비용을 처음부터 불량이 발생되는 것으로 고객의 요구를 만족시키지 못해서 발생하는 손실액이라 하였다. 품질 문제가 발생하지 않도록 하는 것이 중요하다고 하였다.

기업의 품질관리 활동은 매우 중요하다. '처음에 올바른 일을 올바르게 하면(Do the right things rightly the first time.)', 품질도 좋아지고 비용도 줄어든다는 것이다. 이러한 활동은 최고경영자의 의지가 매우 중요하다. 규모가 있는 조직에서는 최고경영자의 품질에 대한 관심과 의지로 불량품질비용을 예방할 수 있는 장치가 내부적으로 존재하지만, 중소기업의 경우 그렇지 못한 것이 현실이다. 특히 활용 가능한 인적·물적 자원의 부족으로 처음부터 품질 점검을 하지 못하고, 최종 출하단계에서 검사하여 불량품을 선별한다. 이로 인한 불량품의 재작업, 폐기 등의 실패비용이 발생하고 눈에 보이지 않는 비용도 많이 발생한다.

품질비용은 아까워하지 말아야 한다. 처음부터 부적합품이 생기지 않도록 하는데 소요되는 예방비용, 품질수준을 유지하기 위해서 소요되는 평가비용, 품질수준을 맞추지 못해서 발생하는 실패비용 등을 이해하고 적극적으로 준비를 한다면 기업은 좋은 평판(reputation)과 지속 성장(continuous growth)이 가능할 것이다.

국내제조업체의 품질 실패비용은 총생산액 대비 약 30% 정도라고 하는데, 미국 500대 기업의 경우 품질 실패비용은 15%에 불과하다. 품질 실패비용이 많이 들어가면 원가가 높아져 제품의 가격경쟁력이 뒤지게 된다. 한번 고친 제품은 다시 고장이 날 확률이 높아 소비자들의 불만을 사게 된다. 그래서 3.4 PPM(parts per million), 즉 1백만 개 중 3.4개의 불량품을 목표로 하는 6시그마 품질경영은 필요하다. '99.99966%'의 양질의 품질은 사실상의 '불량률 제로'를 지향할 때 품질 비용을 극소화할 수 있다. 그렇지만 불량품이 1백만 개 중 1천 개(1,000 PPM)면 "잘한다"라는 소리를 듣는 게 국내 품질 수준의 현주소다.

품질에 대한 발상의 전환, 즉 품질혁신이 중요하다. 세계 최우량기업들이 추구하는 목표수준이 100 PPM이다. 1997년의 IMF 사태, 2008년의 Lehman Brothers 금융사태 등이 전환의 계기를 마련해 줬다고 평가된다. '고비용 저효율' 구조를 깨뜨리려는 노력을 확산시킨 것이다. 기업활동의 좌표도 '매출 증대'에서 '이익 우선'으로 바뀌고 있다. 6시그마는 경영 측면에서도 국내 기업들의 탈바꿈 노력에 적합하다. 먼저 6시그마 경영은 기업이 최고의 이익, 최대의 효율을 낼 수 있도록 '최적 조건'을 찾아주는 경영기법이다. 생산현장은 물론 판매와 구매관리, 회계 등 기업경영의 모든 부문에서 적용 가능하다. 직감이나 경험이 아니라 통계적 방법으로 접근해 효율극대화 방안을 문서화하는 형식을 취한다. 물론 많은 돈과 시간을 투자하면 품질은 좋아진다. 그렇지만 6시그마 경영은 비용과 시간을 최대한 줄이면서 고객이 원하는 품질을 만들자는 것이다. '발상의 전환'을 가져다주는 혁신운동이라는 점에 매력이 있다.

6시그마는 세계 최우량기업을 지향하는 경영목표이기도 하다. 뜻을 높게 세워야 높게 오를 수 있다. 예를 들면 아시안 게임의 기록을 겨냥하면 아시아권 선수로 머물 수밖에 없다. 세계 신기록을 목표로 해야 세계 신기록이 나온다. 기업경영도 마찬가지라고 할 수 있다. 6시그마를 추구하는 경영의 목표는 '세계 최고'다. 한마디로 '목표치를 높이는 경영'으로 바꿔 말할 수 있다.

6시그마 경영철학 가운데 하나는 '종업원 교육'이다. 교육에 투자한 비용은 10배 이상의 성과를 가져다준다고 확신하고 최고의 엘리트 직원을 육성하는 데 힘을 쏟는다. 부하 직원을 6시그마 교육과정에 참여시키지 않았다는 이유만으로 관련 임원 17명을 무더기로 해고한 미국 제너럴 일렉트릭(GE)의 사례는 시사하는 바가 크다.

6시그마 경영은 기업 이익을 늘리는 데 관심이 있는 것은 아니다. 그보다는 고객만족이 최우선 목표다. 은행 신용카드를 예로 들어보자. 국내에선 신청에서 발급까지 보통 15일가량 걸린다. 신용카드 제작업체가 카드를 만드는 시간은 고

작 30분. 그런데도 은행에서 고객 신용도 평가에 시간을 낭비하고 있어 오랜 시간이 걸린다. 효율적인 시스템을 갖춘 선진 은행들은 5~7일로 단축했다. 은행은 비용을 줄여서 좋고 고객은 카드를 빨리 받아 좋다. 제조업도 비슷하다. 불량률 감소 → 원가절감 → 제품가격인하 → 고객만족 → 판매증가라는 선순환이 성립되는 것이다.

6시그마는 기업문화도 바꾼다. 창조적인 분위기를 만든다. 프로세스 전반을 데이터로 분석해 개선점을 찾아내는 노력들이 직원들 사이에서 나타난다. 이렇게 되면 결국 '불량률 제로'를 지향하는 기업문화도 자연스럽게 만들어진다.

[표 1-1] 6시그마 경영과 과거 품질경영과의 비교

구 분	과거의 품질경영	6시그마 경영
방침결정	하의상달	상의하달
목표설정	추상적이면서 정성적	구체적이면서 정량적
문제의식	겉으로 드러난 문제중시	드러난 문제 및 잠재적 문제까지 포함
성공요인	감각과 경험	감각과 경험 및 객관적 데이터분석 중시
계획대상	문제점이 발생한 곳	모든 프로세스
적용범위	부분 최적화	전체 최적화
활동기간	제약이 없음	제약이 있음(일반적으로 6개월 이내)
담 당 자	자발적 참여 중시	전임 요원 및 의무적 수행
교 육	자발적 참여 중시	체계적이고 의무적
기본수법	PDCA의 4단계	DMAIC의 5단계
적용수법	QC 7가지 도구 및 통계적 기법	광범위한 기법 및 통계적 분석방법
평가방법	노력을 중요시	가시화된 이익으로 평가

Feigenbaum과 Garvin은 각각 품질관리의 발전과정을 분류하여 제시하였는데, 분류된 내용은 거의 동일한 것으로 보고 있다. 즉 검사위주의 품질관리 → 통계적 품질관리 → 전사적 품질관리 → 전사적 품질경영 → 6시그마 품질경영 단계로 설명하고 있다.

[그림 1-1] 품질경영의 발전단계

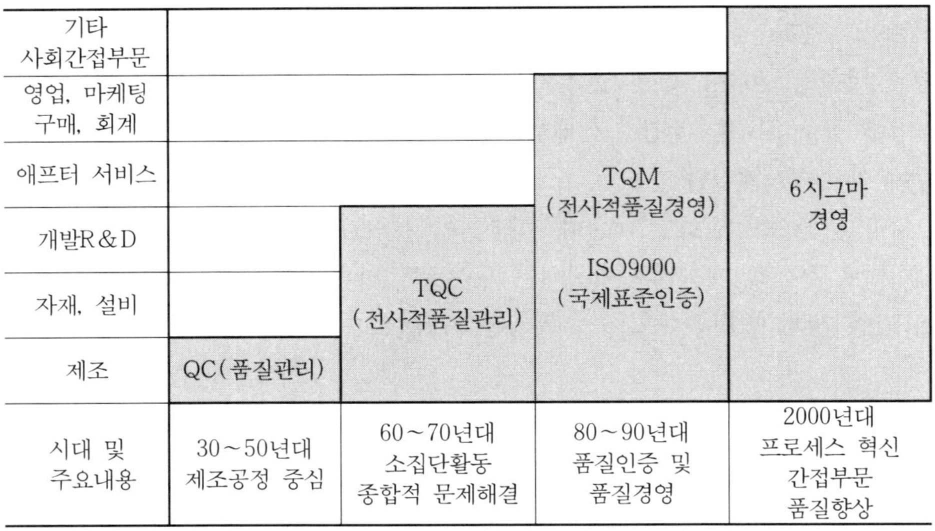

(1) **검사 위주의 품질관리** : 19세기 말까지는 제품생산을 담당하는 작업자 또는 작업책임자(직장)에 의해서 품질관리가 행해지다가, 20세기에 접어들면서 작업과 관리기능의 분화에 따라 감독자에 의한 품질관리가 전개되었다. 특히 제1차 세계대전 중 생산시스템이 복잡해지면서 검사전담자에 의한 품질관리가 이루어지게 되었다. 지금도 사용하고 있는 많은 통계적 기법들이 이 시기에 개발되었다. Shewart의 관리도(1924), Dodge와 Romig의 샘플링검사이론(1929) 등을 들 수 있다.

(2) **통계적 품질관리** : 제2차 세계대전과 함께 관리도와 샘플링이론을 이용한 통계적 품질관리기법이 점차 사용되기 시작하였으나, 산업체와 정부기관들의 몰이해와 품질관리에 대한 적극성 결여로 활성화에 제약이 있었다. 1950년대 미국 국방부에 의한 품질규정(Mil-Std-105A 등)의 제정으로 전 세계로 확산하게 되었으며, 1950년대 Deming과 Juran 등에 의한 일본에서의 품질관리운동, 1960년대 Feigenbaum에 의한 종합적 품질관리(total quality control : TQC), 신뢰도(reliability) 개념의 도입으로 확률적 수명예측과 고장률 인하를 위한 설계방법들이 소개되었다. 미국에서 시작된 무결점운동(Zero Defects Program) 등이 좋은 예이다.

(3) **종합적 품질경영** : 일본 산업계에서는 Feigenbaum에 의한 종합적 품질관리에 '전사적 참여'라는 개념을 추가하여 현재의 전사적 품질경영 또는 종합적 품질경영(total quality management : TQM)으로 발전시켰고, 이는 일본제품의 우수성으로 인해 품질관리는 TQM이어야 한다는 의식이 확산하였다. 1980년대 TQM은 전략적인 경영활동으로 간주하면서 더욱 그 중요성이 강조되며, 전 세계의 거의 모든 기업이 TQM을 도입하게 되었다.

(4) **6시그마 품질경영** : 품질혁신과 고객만족을 위해 기업은 최고경영자의 리더십을 바탕으로 '시그마(σ)'라는 통계척도를 사용하여 기업 내의 모든 프로세스의 품질수준을 정량적으로 평가하여 문제해결과정 정립, 전문가 양성 등의 효율적인 품질문화를 조성해 나갔다. 6시그마 운동은 1987년 미국의 Motorlora에서 혁신적인 품질개선을 목적으로 개발한 핵심경영전략이 되었으며, 이후 Texas Instrument, Allied Signal, GE, IBM, Sony 등 세계적인 초우량기업들이 도입하여 성공함으로써 전 세계로 알려지게 되었다. 우리나라에서는 1990년대에 삼성 SDI와 LG전자에서 처음으로 구축한 후 삼성과 LG가 그룹 차원에서 6시그마경영을 채택하였으며, 이제는 거의 모든 기업이 관심을 갖고 도입하고 있다. 이는 연구개발, 설계, 구매, 제조, 유통 등 기업의 모든 부문의 경영품질을 통계적으로 평가할 수 있는 기준을 제공하며 기업경영의 도구로 사용하고 있다.

1.4 품질의 유형

품질이란 용어는 라틴어로 'of what'을 뜻하는 'qualitas'에서 유래하였다. 국어사전에서는 품질을 '물품의 성질과 바탕'으로 풀이하고 있다. 그러나 품질의 속성이 너무나도 다양하고, 고객의 욕구가 수시로 변하기 때문에 품질을 한두 마디로 정의하기는 상당히 어렵다. 품질의 의미는 또 제품이나 서비스의 유형에 따라 달라진다. 그래서 등급, 소재, 또는 가격에 의해 제품과 서비스의 품질이 결정되기도 한다.

또 품질은 시대에 따라 의미가 변하고 있다. 20세기 초에 품질은 검사(inspection)를 의미하였고, 1940년대에는 통계적 품질관리(statistical quality control; SQC)를, 1960년대에는 전사적 품질관리(total quality control; TQC)를 의미하였다. 1990년대에는 전사적 품질경영(total quality manage; TQM)을, 그리고 21세기 현재는 6시그마와 TQM을 의미하고 있다. TQM에 있어서 품질은 궁극적으로 고객만족을 의미한다. 고객이 만족하지 않은 제품과 서비스의 품질은 좋지 않은 품질이다. 그런데 6시그마는 품질을 단순한 고객만족이 아닌 고객과 기업의 가치부여를 동시에 만족시키는 것으로 보고 있다. 이렇게 품질의 의미는 시간의 경과에 따라 바뀌는 것을 알 수 있다.

단순한 제품검사에서 출발하여, 프로세스개선, 많은 부서들의 품질에 대한 책임, 그리고 이제는 시스템과 조직의 품질을 중요시하게 되었다. 즉, 제품의 품질은 조직의 품질이며, 시스템 품질의 산물인 것이다. 그래서 이제 품질은 경영품질을 의미한다.

1.4.1 설계품질(quality of design)

원하는 제품이나 서비스를 생산하려면 품질목표를 수립하고, 거기에 맞는 설계표준을 설정하여야 한다. 설계표준은 기업이 목표로 하는 제품의 특성을 측정할 수 있도록 규정한 계량화된 목표로써, 제품이 생산되기 이전에 분명하게 명시되어야 한다. 표준(standard)은 보통 규격과 규정으로 분류되는데, 규격은 부분품, 재료, 제품, 기계, 공구 등과 같이 유형물에 대한 기술표준이고, 규정은 순서, 방법, 절차, 책임, 의무, 권한, 개념 등과 같이 추상적이며 관념적인 관리표준이다.

이렇게 설계품질(quality of design)은 기업이 원하는 제품이나 서비스품질의 목표이며, 품질목표로부터 결정된다. 그리고 설계품질은 단순히 기업의 능력이외에 고객의 욕구와 경쟁제품의 가격 및 품질수준 등을 고려하여 결정되어야 한다. 설계품질은 또 제품과 서비스에 포함할 특성과 포함하지 않을 특성을 결정한다. TV의 경우 크기, 채널 수, 형태, 그리고 소재와 같은 결정은 전부 설계품질에서 이루어진다. 설계품질에서는 또 소비자의 다양한 욕구를 충족시키기 위해 제품과 서비스의 등급을 결정한다. 일반적으로 제품이나 서비스의 등급이 높으면 높을수록 원가도 높아지고, 고객의 기대도 높아진다. 철강과 쌀에는 품질에 따라 수많은 등급이 있고, 택시도 모범과 일반으로 등급이 구분된다.

설계품질은 대개 제품설계기사가 수행한다. 그러나 설계기사 혼자서 제품이나 서비스를 설계해서는 안 되고, 반드시 설계에 관련된 다른 사람들과 같이 협의하여 설계하여야 한다. 그렇지 않으면, 후에 많은 문제점들이 발생할 수 있다. 예를 들면, 자재 또는 공구가 없어서 제품을 생산하지 못하거나, 생산을 하더라도 비경제적으로 생산할 수밖에 없다. 그래서 최근 이런 문제점을 극복하기 위한 새로운 설계기법으로 동시공학(concurrent engineering; CE)이 나왔다.

1.4.2 제조품질(quality of conformance)

제품이나 서비스를 생산하려면 생산자는 반드시 제품이나 서비스의 물리적인 특성에 관한 구체적인 설계표준을 구비하여야 한다. 그래서 생산한 제품이나 서비스가 설계표준에 적합하면 품질이 좋다고 할 수 있다. 여기에서 품질은 바로 제조품질(quality of conformance)을 말한다. 제조품질이란 생산한 제품이나 서비스가 설계표준에 얼마나 잘 적합하게 만들어졌는가를 측정하는 것이다. 제조품질은 완성품질 또는 적합품질이라고도 한다. 서비스에게도 역시 설계표준을 설정하고 제조품질을 측정하여야 한다. 예를 들면, 10초 이내에 고객의 전화에 응답하여야 하는 것은 서비스회사의 설계표준이라고 할 수 있다. Crosby는 품질을 필요한 설계표준에 대한 적합성이라고 정의하고, 품질을 관리하기 위해서는 품질을 제조품질로 정의하여야 한다고 하였다.

제조품질은 여러 요소에 의해 영향을 받는다. 즉, 기계와 설비의 상태, 종업원들의 기술과 교육수준, 동기부여, 관리상태, 공정형태, 감독, 품질시스템, 사용하는 품질기법 그리고 원자재의 품질상태 등에 의하여 영향을 받는다.

만약 생산된 제품이 설계표준에 적합하지 않다면, 이 제품은 비적합 제품이다. 그러나 비적합 제품을 반드시 사용가치가 없다고 말할 수는 없다. 왜냐하면 제품의 사용가치는 그 제품의 비적합성 정도에 따라 달라지기 때문이다. 당분농도가 설계표준의 규격 이하로 내려가는 설탕은 적합하지 않은 설탕이다. 그러나 이 설탕을 많이 사용하면 원하는 당분농도를 얻을 수 있다. 그러나 비적합성의 정도가 너무 심해 그 제품이 본래 기능을 발휘할 수 없을 때 그 제품은 불량품이 된다.

설계표준에는 대개 범위(상한 및 하한)가 있다. 그래서 생산된 제품이 설계표준의 범위 밖을 벗어나면 결함이 발생하게 된다. 그러나 결함이 발생한다고 해서 반드시 그 제품이 불량이라는 것을 의미하지는 않는다. 역으로 결함이 발견되지 않았다고 해서 그 제품이 잘 작동한다고 보증할 수도 없다. 왜냐하면 설계표준 자체가 잘못될 수도 있고 또 부적합할 수도 있기 때문이다.

[그림 1-2] 제조품질

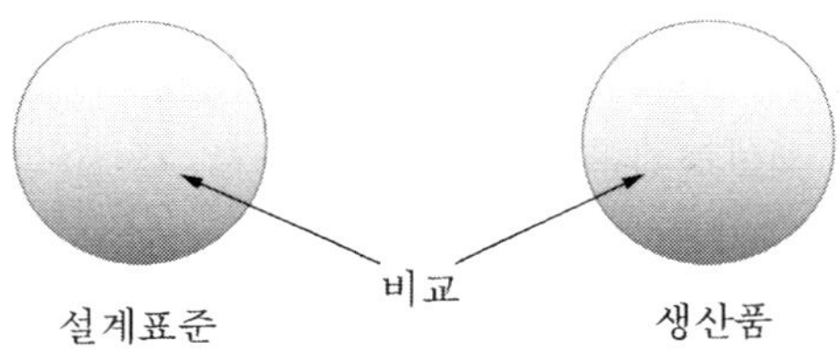

제조품질은 서로 다른 제품의 품질을 비교하기 쉽게 한다. 에쿠스가 티코보다 더 좋은 품질을 가지고 있는가? 제조품질의 정의에 의하면, 항상 에쿠스 품질이 티코의 품질보다 좋다고 할 수 없다. 이 예에서 우리는 제조품질의 의미를 분명히 이해할 수 있다. 품질은 상대적으로 비교하는 것이 아니라 절대적이다. 즉, 품질은 설계표준에 대한 적합성이다.

그러나 제조품질은 여러 문제점을 지니고 있다. 생산자의 입장에서 소비자가 좋아하지 않는 제품도 설계표준에 적합하면 양질의 제품으로 간주된다. 이렇게 볼 때 제조품질은 생산자의 입장에서 보는 품질이다. 그러므로 생산자는 좋은 품질의 제품을 생산하는데 기업의 수익성은 떨어질 수도 있다. 이렇게 제조품질은 소비자의 욕구를 무시하고 있다. 물론 설계표준은 고객의 욕구에 의해 작성된다고 하지만, 고객의 욕구와 기호는 수시로 변한다. 그러므로 기업은 제조품질이 고객의 욕구를 만족시키고 있는지를 수시로 확인하여야 한다.

그래서 제조품질은 최고경영자보다는 조직의 하부단계에 있는 사람들한테 적용하는 것이 바람직하다. 최고경영자의 임무는 고객의 욕구를 충족시키는 것이다. 그런데 고객의 욕구는 수시로 변한다. 그러므로 최고경영자의 임무는 고객의 빠른 욕구변화에 대응하는 것이다. 제조품질은 단지 이런 목적을 달성하는 하나의 수단에 지나지 않는다.

그러므로 제조품질은 실무자들에게 보다 적합한 품질의 의미이다. 제조품질은 모든 기업에게 중요하다. 그러나 제조품질을 달성한다고 해서 그냥 거기에 안주해서는 안 된다. 일본의 기업들은 제조품질에 만족하지 않고 꾸준히 품질의 변동을 감소시키는 데 주력한 결과 품질이 높은 제품을 생산하기에 이르렀다.

1.4.3 사용품질(fitness for use)

소비자는 자기의 욕구를 만족시켜 주는 제품과 서비스를 구매하길 원한다. 그러므로 품질은 소비자의 욕구를 충족시켜야 한다. 이렇게 사용품질(fitness for use)은 제품과 서비스가 소비자의 기대와 욕구를 충족시키는 것을 말한다. 품질을 사용품질로 보는 대표적인 사람으로 Juran과 Deming을 들 수 있다.

Juran은 제조품질의 위험성을 지적하면서 소비자를 만족시키는 제품과 서비스의 품질은 좋은 것이라고 하였다. 예를 들면, 비싼 호텔이나 자동차는 중산층 소비자에게 적합한 품질이라고 할 수 없다. 왜냐하면 그것들은 중산층의 사용품질을 충족사키지 못하기 때문입니다. 중산층은 보다 싼 호텔이나 자동차를 원하며, 남은 돈은 저축하거나 다른 용도에 사용하기를 원한다. 그래서 비싼 호텔이나 자동차는 부유층의 소비자에게 적합한 품질이다. 사용품질은 기술성, 심리성, 시간성, 계약성, 그리고 윤리성과 같은 다섯 가지 의미를 지니고 있다. 기술성은 강도나 경도와 같은 제품의 품질특성을, 신뢰성은 맛, 아름다움, 신분의 위치 등과 같은 성질을, 그리고 시간성은 신뢰성이나 보전성과 같은 시간과 관련된 특성을 말한다. 또 계약성은 품질보증을 말하고, 윤리성은 기업의 정직성을 말한다. 이러한 5가지 모두 중요하다고 볼 수 있다. 그러나 사용품질은 고객에 따라 변한다.

Deming도 품질을 사용품질로 보고 있다. Deming은 고품질의 제품과 서비스를 '소비자가 만족하고, 계속 앞으로도 구매할 의향이 있고, 다른 사람에게 그 제품과 서비스를 권유하고, 또 기업에게 다른 제품과 서비스에도 그런 수준의 품질을 보장하라고 권유하는 것'이라고 정의하면서, 공장의 생산라인에 있어서 가장 중요한 요소는 다름 아닌 소비자라고 하였다. 기업은 품질을 말할 때 반드시 현재 고객과 잠재적인 고객의 욕구를 가지고 결정하여야 한다고 하였다. 결국 품질을 결정하는 사람은 제품과 서비스를 사용하는 고객이며, 고객의 기대와 경험에 의해서 품질이 결정된다고 하였다. 또 품질은 이제 지역적으로 평가받지 않고 범세계적으로, 그리고 경쟁에 의해서 결정된다고 하였다.

사용품질은 상당히 중요한 개념이다. 제조품질은 품질을 생산자의 입장에서 보고 있지만, 이제 품질을 결정하는 사람은 생산자가 아닌 소비자라고 인식되어서 사용품질은 그 의미가 상당히 중요해졌다. 소비자는 사실 생산방법에 대해 그리 큰 관심이 없다. 소비자의 주요 관심은 원하는 제품과 서비스의 가격과 품질이다. 기업의 목적도 불량품이 없는 제품과 서비스를 생산하는 것이 아니라, 고객의 욕구를 충족시키는 제품과 서비스를 생산하는 것이다. 이렇게 볼 때 품질의 초점을 소비자의 관점에서 보는 것이 중요하다. 그러나 사용품질은 절대적인 개념이 아닌 상대적인 개념이다. 그러므로 기업은 고객의 사용품질을 정확하게 파악하여야한다.

1.4.4 시장품질(quality of market)

위의 사용품질은 소비자만이 결정할 수 있다. 기업은 고객의 사용품질을 잘 파악하여 제품과 서비스의 특성으로 전환시켜야 한다. 이렇게 품질을 제품과 서비스의 총체적인 특성으로 보는 것을 시장품질(quality of market)이라고 한다.

Feigenbaum은 품질은 엔지니어, 마케팅, 경영자가 결정하지 않고, 오직 고객에 의해서만 결정된다고 하였다. 그래서 품질을 "관련된 모든 부서가 고객의 욕구를 충족시키기 위해 만든 제품과 서비스 특성의 총체적인 집합체"라고 정의하였다.

미국의 ANSI(American National Standards Institute: www.ansi.org)와 ASQ(American Society for Quality: www.asq.org)는 "품질이란 사용자의 욕구를 충족시키기 위해 제품 또는 서비스에 있는 특성과 특징들의 총체"라고 정의하였다. 국제표준화기구(International Organization for Standardization; ISO : www.iso.ch)에서는 ISO 8402에서 "품질은 고객의 명시된 또는 내재되어 있는 욕구를 만족시킬 수 있는 제품과 서비스의 속성과 특성의 총체"라고 정의하였다. 그리고 고객은 유형재와 무형재로부터 경험하는 총체적인 가치에 의해 품질을 판단한다고 하였다.

사실 제품은 기술적으로 많은 품질특성을 지니고 있다. 품질특성(quality characteristics)이란 품질을 평가할 때 대상이 되는 제품과 서비스의 성능이나 성질을 말한다. Garvin은 품질특성으로 성능, 특징, 신뢰성, 적합성, 내구성, 서비스성, 미관, 그리고 인지된 품질의 8가지를 들었다.

성능(performance)은 제품의 기본적이며 일차적인 기능이다. 성능에 의해 제품과 서비스의 품질은 확연히 차이가 난다. TV의 성능은 선명한 색상과 맑은 소리이며, 컴퓨터의 성능은 빠른 연산속도와 기억 그리고 저장능력이며, 병원의 성능은 병의 정확한 진단과 신속한 치료이다. 일반적으로 제품과 서비스의 성능은 계량적으로 측정이 가능하다. 그래서 성능은 주요 경쟁제품과 서비스의 성능과 비교되고 분석되어야 한다.

특징(features)은 제품의 이차적인 기능으로써 제품의 성능을 보조하는 기능이다. 그러나 성능과 특징을 엄격하게 구분하기는 쉽지 않다. 이것은 시간에 따라 특징이 점점 성능으로 변하기 때문이다. 특징도 역시 성능과 마찬가지로 측정되어 경쟁 제품과 상호 비교되어야 한다.

신뢰성(reliability)은 제품이 규정된 조건하에서 특정기간 동안 고장이 나지 않고 본래의 제 기능을 성공적으로 수행하는 확률이다. 한국 공업규격 KS A 3004에서는 신뢰성을 '제품, 기기, 부품 등의 기능의 시간적 안전성을 나타내는 정도 또는 성질'이라고 정의하고 있고, 신뢰도는 '제품, 기기, 부품 등의 규정된

조건하에서 의도하는 기간 동안 규정된 기능을 수행할 확률'이라고 정의하고 있다.

내구성(durability)은 제품수명을 측정하는 지표이다. 일반적으로 소비자들은 수명이 긴 제품을 선호한다. 특히 가전제품과 자동차는 내구성이 상당히 중요하다. 내구성은 기술과 경제 두 관점에서 측정하여야 한다. 기술적인 내구성과 경제적인 내구성은 같을 수도 있고, 또는 다를 수도 있다. 더 이상 수리가 불가능한 제품의 경우, 그 제품의 기술적 내구성과 경제적 내구성은 동일하다. 그러나 제품의 수리가 가능하지만 그 제품의 유지비용이 새 제품의 구입비용보다 높을 때, 이 제품의 경제적 내구성과 기술적 내구성은 다르다. 그러므로 경제적 내구성은 제품에 고장이 나서 더 이상 경제적으로 그 제품을 유지하는 것이 바람직하지 않다고 생각되는 경우에 그 제품의 사용기간을 말한다. 대체적으로 신뢰성이 높은 제품의 내구성도 높다.

서비스성(serviceability)은 고장이 발생한 제품을 원래 상태로 회복하는 환원능력을 말하며, 보전성(maintainability)이라고도 한다. 가전제품과 자동차는 보전성이 상당히 중요하다. 서비스업체에서도 보전성은 중요하다. 전화회사가 잘못된 청구서를 보냈을 때 얼마나 빨리 청구서 내역을 변경시키는가 하는 것은 서비스에서 볼 수 있는 보전성의 예이다. 아무리 초기비용이 낮아도 보전비용이 높은 제품은 비용이 결코 낮은 제품이라고 할 수 없다. 더구나 제품의 내구성이 점차로 증가함에 따라 소비자들은 제품의 보전성을 점점 더 중요시하고 있다.

미관(aesthetics)은 제품 또는 서비스로부터 소비자가 느끼는 감촉, 소리, 맛, 냄새, 모양 등을 말한다. 그런데 소비자의 미관은 상당히 주관적이어서. 미관을 측정하는 것은 상당히 어렵다. 그러나 기업은 미관을 반드시 측정하여야 한다. 왜냐하면 미관이 제품의 경쟁력을 결정할 수 있기 때문이다. 소비자는 이미지가 좋은 기업으로부터 제품이나 서비스를 구매하려고 한다.

소비자는 여러 경로를 통해 제품과 서비스 품질에 대한 정보를 얻는다. 이런 정보로부터 느끼는 품질을 인지품질(perceived quality)이라고 한다. 그러므로 기업은 매출과 수익성을 향상성을 향상하기 위해서 기업의 이미지 관리를 잘 하여야 한다.

이 외에도 중요한 품질특성으로 A/S, 안전성, 매력성 등을 들 수 있다. A/S(after sales service)란 제품을 판매한 다음에 고객에게 행하는 서비스이다. 품질보증, 제품수리나 제품교환은 A/S의 일종이다. 품질이 좋지 않으면 품질보증비용이 많이 든다. 일반적으로 판매된 자동차의 평균품질보증비용은 800달러이며, 우수한 자동차의 평균 품질보증비용은 200달러로 보고 있다. 제품과 서비스는 사용할 때 안전하고, 또 공해를 발생해서는 안 된다. 안전성이 결여된 제품과 서비스는 소비자에게 엄청난 피해를 끼칠 뿐만 아니라 사회적인 문제를 야기시킨다. 안전성(safety)은 제품과 서비스의 품질이 인간과 환경에 끼치는 안전도를 말한다. 매력성(attractiveness)은 고객의 흥미를 끄는 정도를 말한다. 제품과 서비스는 형태에 있어서 고객의 흥미를 끌어야 한다. 고객의 흥미를 끌지 못하는 제품과 서비스는 팔리지 않기 때문에 아무리 품질특성이 좋아도 별 의미가 없다.

1.4.5 사회품질(quality of society)

일본의 엔지니어인 Taguchi는 품질을 사회에 대한 손실로 보고 있다. 그래서 품질이 좋지 않으면 않을수록 사회에 더 많은 해를 끼친다고 하였다. 그래서 Taguchi는 품질이 좋은 제품을 생산하여야 한다고 강조하였다. 이렇게 사회품질(quality of society)은 품질을 사회에 끼치는 손실로 보는 사회적 차원의 견해이다. 이와 관련된 보다 상세한 설명은 제6장에서 다루고 있다.

1.4.6 시그마 품질

Harry와 Schroeder는 생산자 입장의 제조품질을 강하게 비판하였다. 왜냐하면 제조품질은 설계품질만 중요시하고, 프로세스에 대해선 별 관심을 갖고 있지 않기 때문이라고 하였다. 6시그마에서는 품질을 생산자의 입장과 소비자의 입장을 모두 감안하여 정의하고 있다. 이것은 6시그마가 수익성을 강조하고 있기 때문이다. 기업의 목적은 고객만족이 아니라 수익성이기 때문에 고객과 기업 모두의 욕구를 충족시켜야 한다. 그래서 6시그마에서는 품질을 다음처럼 정의하고 있다. 품질이란 모든 비즈니스 관계에 있어서 고객과 기업의 '가치부여(value entitlement)'를 동시에 실현하는 상태이다.

1.5 서비스와 품질

서비스는 사실 제품에 비해 복잡한 면을 지니고 있다. 제품은 전부 유형재인데, 반하여 서비스는 유형과 무형의 재화로 구성되어 있다. 이런 점에서 서비스업체가 판매하는 서비스재화를 CBP(consumer benefit package)라고 부른다. CBP는 유형과 무형의 속성을 전부 지닌 재화이다.

서비스품질은 기술품질과 기능품질로 구분하는데, 기술품질(technical quality)은 고객에게 공급되는 서비스의 결과이며, 기능품질(functional quality)은 서비스가 고객에게 공급되는 프로세스에서 발생하는 품질이다. 즉, 서비스 품질은 서비스 자체의 품질과 서비스가 고객에게 전달되는 과정에 의한 품질에 의해 이루어진다고 보고 있다. 식당을 예로 들어보자. 음식은 기술품질이고, 음식을 가져오는 종업원의 태도와 언행은 기능품질이다.

또 서비스품질은 프로세스 품질과 산출량 품질로 구분하고 있는데, 프로세스 품질(process quality)은 서비스를 받는 동안 고객에 의해 평가되는 품질이며, 산출량 품질(output quality)은 서비스를 받은 후 고객에 의해 평가되는 품질이다. 이렇게 서비스는 서비스를 받는 도중에 고객이 감지하는 품질과 서비스를 받은 후 고객이 느끼는 품질로 구분된다.

서비스품질은 또 여러 단계에서 걸쳐서 발생한다. 고객이 서비스받기 전에 지니고 있는 기대감, 서비스받는 동안 고객이 느끼는 경험, 서비스받은 후 고객이 느끼는 서비스의 기능품질, 그리고 문제가 발생하였을 때 고객이 겪는 경험의 네 가지이다. 그러므로 서비스품질은 어떤 한 시점에서 결정되지 않고, 위에서 언급한 네 단계에서 복합적으로 발생한다.

제품에 비해 서비스품질은 여러 가지 다른 특성들을 지니고 있다.

첫째, 소비자는 서비스받기 전 소비자의 기대감과 서비스를 실제로 받은 후의 경험을 비교하여 서비스품질을 판단한다. 기대감이 충족된 소비자는 만족을 느낄 것이고, 그렇지 않은 소비자는 만족감을 느끼지 못할 것이다. 경험이 기대보다 더 나은 경우에는 만족감을 훨씬 더 느낄 것이다.

둘째, 서비스품질은 서비스받는 동안 소비자가 느끼는 경험과 서비스를 받은 후 소비자가 느끼는 결과에 의해서 결정된다. 서비스받는 동안 소비자가 느끼는 경험은 서비스를 제공하는 종업원과의 접촉에 의해서 이루어진다. 바로 이런 것 때문에 고객과 직접 접촉하는 종업원의 태도와 언어가 상당히 중요하다. 고객은 공장에서 종업원이 어떤 복장을 하고, 어떤 대화를 하든지 별 관심이 없다. 단지 구매하는 제품의 품질에만 관심을 가질 뿐이다. 그러나 서비스를 구매하는 소비자는 종업원과 직접 접촉하여야 한다. 그래서 서비스를 제공하는 종업원의 언행, 복장 등 인간적 측면이 고객의 품질평가에 영향을 많이 끼치고 나아가 기업의 경영성과에도 중요하다.

셋째, 서비스 품질은 소비자가 정상적으로 서비스를 받는 품질수준과 또 서비스에 대한 문제가 발생하였을 때 기업이 그 문제를 어떻게 해결하는가 하는 두 가지에 의해서 결정된다. 넷째, 고객과의 접촉이 그리 많지 않은 서비스업체도 품질에 문제가 발생하면 고객과의 접촉이 많아진다. 이 때 고객문제 처리 방법이 서비스 품질을 결정한다. 다섯째, 사이클 타임과 고객만족이 서비스 품질비용을 결정하는 중요한 두 가지 요소이다.

이런 점에서 서비스품질은 사실 제조업체에서의 품질보다 더 확대된 의미를 지녀야 한다. 그래서 서비스품질은 단순히 표준과의 적합성뿐만 아니라, 시시각각 변하는 고객의 감정을 만족시키는 창의적인 요소까지 포함하여야 한다. 즉, 고객의 경험에 의해 품질이 결정되므로 고객에게 좋은 인상을 심어주도록 품질을 해석하여야 한다. 여기에서 창의적이라는 말은 고객의 불평을 오히려 하나의 기회로 전환시키는 발상을 말한다. Disney World에서는 재미있는 놀이기구 앞의 고객들이 오랫동안 기다려야 하는 불편을 감소하기 위하여 Disney캐릭터를 보내 다양한 쇼를 연출하고 있다.

투자회사인 Charles Schwab에서는 정보를 기다리는 고객들에게 주식시

세, 기업분석, 재무현황에 관련된 다양한 정보를 제공해 준다. 이렇게 함으로써 Disney World와 Charles Schwab은 고객들이 불평할 수 있는 시간을 감소시키며, 오히려 더 흥미를 유발함으로써 고객들이 즐거운 경험을 가질 수 있도록 하고 있다. 이렇게 볼 때, 서비스업체에서의 품질은 표준을 만족시키고, 적절한 서비스를 제공하고, 또 고객들이 경험을 통해 만족을 느낄 수 있도록 창의적이 되어야 한다.

[표 1-2] 서비스 기업의 등급결정요인

서비스 기업	등급결정요인	주요 내용
은 행	창 구	친절성, 신속성, 정확성, 접근성
	대출계	대화가능성, 신용조사, 이자율, 대출기간, 부실대출비율, 예금 대비 대출 비율
	예금계	정확성, 입출금의 속도, 무담보대출
백화점	제품창고	청결, 조직관리, 충분한 상품공급, 상품 회전율
	진열대	매력, 잘 정리된 진열, 고객의견 청취
	계산대	깔끔함, 친절, 지식 있는 판매원, 대기시간, 신용카드, 신용조회 및 판매처리의 정확성
레스토랑	주 방	청결, 적절한 재고, 위생적인 음식, 보건규칙 이행
	계산대	신속성, 정확성, 외관
	식사장소	청결, 편안함, 정기적인 확인검사

1.6 품질과 기업의 성과

품질향상이 기업의 성과에 아무런 영향을 끼치지 않는다고 주장하는 사람이 있는가 하면, 오히려 역효과를 끼친다는 사람도 있다. 그러나 대부분의 사람들은 품질향상이 기업의 성과에 긍정적으로 영향을 미친다고 하고 있다. Aune에 의하면 유럽 최고경영자의 91%가 품질이 기업의 생존에 절대적인 요소라고 하였으며, 고객만족(89%), 비용절감(66%), 유연성과 신속성증가(66%), 공정시간 감소(40%)를 그 이유로 들었다. 또 15%는 품질이 기업의 최우선과제라고 하였고, 72%는 기업의 최우선과제 중 하나라고 하였다. 그러면 이제 품질이 기업에 구체적으로 어떤 영향을 끼치고 있는지 살펴보기로 한다.

첫째, 품질은 기업의 명성에 절대적인 영향을 끼친다. 한번 품질에 대해 신용을 잃은 기업은 다시 신용을 회복하기 위해 막대한 비용과 시간을 필요로 한다. 2000년 9월 Ford 자동차에 비상이 걸렸다. 세계 2위의 자동차회사인 Ford는 차량결함과 불량 타이어로 인해 Ford의 명성에 먹칠을 받게 되었다. 미국 고속도로 교통안전국(NHTSA)은 2000년 8월에 Firestone의 타이어를 장착한 Ford의 스포츠카에서 타이어 파열사고가 발생해 수백 명의 사상자를 냈다고 발표하였다. 이 발표 후 Firestone은 타이어 약 650만개를 리콜 하였다. 또 1983년부터 1995년까지 Ford가 생산한 약 200만대 차량의 점화장치에 문제가 있어 운전 중 시동이 자주 꺼진다고 California주에서 발표하였다.

이러한 결함으로 인하여 Ford는 수억 달러의 경제적인 손실은 물론이고 회사의 이미지에 결정적인 타격을 입었다. 그래서 품질이 열악한 제품과 서비스를 판매하는 기업은 단기적으로는 기업의 명성이 떨어지고, 장기적으로는 시장에서 사라지게 된다. 품질은 기업에 대한 고객의 충성심에 지대한 영향을 끼친다고 하였다. 불량품으로 불만족을 느낀 사람은 그렇지 않은 사람보다 다른 사람들에게 자기의 경험을 더 잘 말한다는 연구결과도 나왔다. Ernst & Young 컨설팅은 제품의 사용 후 만족을 경험한 사람은 그 만족을 주위의 몇 사람에게만 이야기 하지만, 불만족을 느낀 사람은 평균적으로 주위의 19명에게 자기의 경험을 말한다고 하였다.

둘째, 불량이 있을 때 기업은 소비자에게 손해배상을 하여야 한다. 기업의 이런 책임을 제조물책임(product liability, PL)이라 한다. 그런데 손해배상은 금전적인 손실뿐만 아니라, 금액으로 표시할 수 없는 손실일 수도 있다. 특히 제품이 음료수나 음식물 또는 약품처럼 인체에 영향을 끼치는 경우에 발생하는 손실은 기업의 존폐와 직결될 수 있다. 우리나라에서의 제조물 책임법은 1999년 12월 국회를 통하여 2000년 1월 법 제6109호로 공포되었으며, 2002년 7월 1일부터 시행되고 있다. 제조물 책임법은 제조자의 고의 또는 과실이 없더라도 제조물의 결함으로 인해 타인에게 생명, 신체 또는 재산상의 손해를 끼친 경우 제조자가 책임을 지도록 한 소비자보호법이다.

셋째, 불량품은 기업의 생산성을 감소시킨다. 생산성은 산출물의 가치를 투입물의 비용으로 나눈 비율인데, 품질문제는 투입물의 비율을 증가시킴으로써 생산성을 감소시킨다. 과거에는 품질향상이 오히려 생산성을 떨어뜨린다는 견해가 보편적이었다. Dorfmann과 Steiner는 품질은 비용의 증가, 즉 생산의 감소에 의하여서만 향상된다고 하였다. Porter는 저비용전략(low cost leadership strategy), 품질에 의한 차별화전략(differentiation strategy), 그리고 집중화전략(focus strategy)의 세 가지 전략을 설정하였다. 이런 전략들은 서로 배타적인 것이 아니어서 필요한 경우 이런 전략들을 병행하여 사용할 수 있지만, 기업이 경쟁력을 확보하기 위해서는 이 중에서 하나의 전략에 치중하여야 한다고 하였다.

그래서 기업이 일반적으로 품질과 생산성을 동시에 향상시키지 못하고, 오직 한쪽에만 치중하여야 한다고 하였다. 64개의 기업을 조사한 Hall도 기업이 품질과 생산성 중 하나에 집중적으로 전념하여야 한다고 하였다. 결론적으로는 이들은 높은 품질을 달성하는 기술은 높은 생산성을 달성하는 기술과 다르고, 또 구분되어야 한다고 하였다. 또 PIMS(profit impact of market strategy)자료를 분석한 결과, 품질향상과 생산성향상은 서로 아무런 관계가 없다고 하였다. 그러나 이런 주장들에 대해 반박한 사람이 바로 Deming이었다. Deming은 품질이 좋아지면 생산성이 향상된다고 하였다. 이렇게 하기 위해서는 품질을 검사에 의존하면 안 되고, 반드시 프로세스에서 품질을 제품에 집어넣어야 한다고 하였다. Crosby도 제품의 결점을 감소함으로써 생산성과 품질을 동시에 향상시킬 수 있다고 주장하였다.

넷째 품질은 시장점유율을 향상시킨다. 한 연구결과에 의하면 1970년대에 미국에서 품질우량기업들의 시장점유율이 그렇지 못한 기업들보다 3~6배 정도 높았다고 하며, 또 미국의 Massachusetts주 Cambridge의 전략계획연구소가 2천여 개의 기업을 조사한 결과, 품질이 시장점유율에 상당한 영향을 준다고 하였다. 그리고 품질이 광고나 가격에 비해 시장점유율에 가장 많이 영향을 끼치는 요소라고 한다. 이들의 연구에 의하면, 품질이 시장점유율에 가장 강하게, 광고가 약하게 영향을 끼치는 반면, 가격은 시장점유율에 아무런 영향도 주지 못한다고 하였다. GM(General Motors)의 사장인 Roger Smith는 1980년대에 GM의 시장점유율이 44%에서 35%로 하락한 것은 바로 GM 자동차의 낮은 품질 때문이라고 하였다. 따라서 기업전략을 수립할 때, 시장점유율을 결정하는 가장 중요한 요소가 품질이고, 품질향상은 기업의 인지된 가치를 향상시켜 시장점유율을 향상시킨다고 한다.

다섯째, 품질은 기업의 수익성을 향상시킨다. 미국의 수익성이 좋은 초우량기업 대부분이 품질이 높은 기업이라고 하며, 품질은 조직구성원의 사기뿐만 아니라 수익성을 향상시킨다고 한다. 품질향상은 기업의 수익성을 향상시킨다고 하며, 최근의 연구결과는 6시그마가 기업의 수익성을 엄청나게 향상시키는 경영혁신이라고 한다.

여섯째, 품질은 조직원의 사기를 향상시킨다. 이것은 고품질의 제품과 서비스가 생산자의 만족감을 증가시켜 사기를 향상시키기 때문이다.

일곱째, 품질은 생산능력을 확장시킨다. 이것은 높은 품질이 재작업과 폐품을 감소시키고, 또 생산능력의 활용도를 높이기 때문이다.

여덟째, 품질은 비용을 감소시킨다. 높은 품질이 비용의 감소를 가져온다는 사실에 대해서 의문을 갖는 사람들이 많다. 그러나 높은 품질은 폐품(waste)과 재작업(rework)을 줄이고, 자원낭비를 감소 또는 제거함으로써 비용을 감소시킨다. 6시그마를 창안한 Motorola에서는 고품질이 비용을 증가한다는 기존의 개념을 과감하게 파괴함으로써 품질 초우량기업의 발판을 만들었다.

아홉째, 품질은 조직을 변화시킨다. 그래서 경영자와 작업자의 관계가 개방적이고 민주적이 된다. 또 종업원간의 의사소통이 원활하게 이루어져 의사결정이 빠르게 이루어지고, 종업원간에 신뢰감이 형성된다.

열째, 품질은 주가를 상승시킨다. 1999년 2월 미국에서 거행된 말콤 볼드리지 품질상(Malcolm Baldrige National Quality Award: MBNQA) 수여식에서 Clinton 대통령은 다음처럼 말하였다. "MBNQA를 수상한 회사의 주식이 S&P500 페이스로 전체적으로 거의 3배까지 증가하였다"고 하였다. 이렇게 품질이 우수한 기업은 주가가 상승하여 기업의 가치가 향상된다.

종합적으로 품질은 기업의 경쟁력을 강화시키는 원동력이다. [그림 1-3]은 품질이 기업의 경쟁력에 미치는 영향을 도표화한 것이다.

[그림 1-3] 품질이 기업에 끼치는 영향

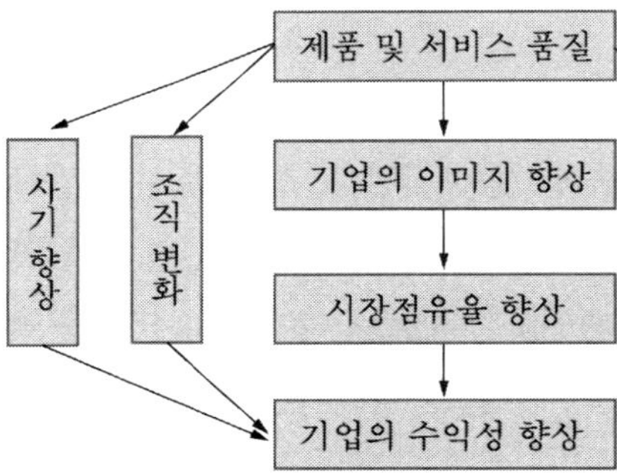

세계시장에서 성공하기 위해서 기업은 반드시 적정한 가격과 품질로 경쟁하여야 한다. 2001년 11월 카타르의 도하에서 합의된 새로운 WTO 무역체제의 출범으로 시장이 대폭적으로 개방되었다. 이것은 품질의 중요성이 국가간의 장벽을 넘어서는 것을 의미하고 있다. 만약 시장에서 낮은 품질의 제품을 가지고 경쟁한다면, 국가경제에 어떤 영향을 끼치게 될까? 낮은 품질의 제품은 국내외 시장에서 경쟁력을 상실하여 수요의 감소를 초래하여 궁극적으로 시장에서 퇴출을 당하게 될 것이다.

수요 감소는 기업의 판매 감소를 초래하고, 판매 감소는 기업의 재무상태를 어렵게 할 것이다. 재무상태가 원활하지 못한 기업은 신규투자는 물론이고 재투자도 못하게 될 것이다. 투자 감소는 곧 노동력의 감소를 의미하므로 실업을 초래하게 된다. 국가경제의 중요한 목표 중 하나가 실업의 감소임을 생각할 때, 품질이 국가경제에 끼치는 영향은 실로 막대하다 할 수 있다.

Juran은 미국 경제활동의 약⅓은 불량품 때문에 발생하는 재작업에 소비된다고 하였다. Feigenbaum은 1990년 New York Times에서 MBNQA가 미국 GNP(Gross National Product)를 약 7% 정도 향상시켰을 것이라고 하였다. 이렇게 품질은 실질적으로 미국의 경제력을 부강하게 하는 중요한 요소였다. 단위 기업별로 엔지니어의 수가 가장 많은 독일과 공장에 배치된 기술자의 숫자가 많은 일본도 품질로 명성이 높은 국가들이다.

미국은 20세기 세계경제를 지배해 온 국가이다. 자유무역주의를 철저히 신봉하는 미국이 비록 1970년대 후반부터 경쟁력이 조금씩 부진하기 시작하였지만, 1990년대부터 다시 경쟁력을 회복하기 시작하였다. 그 이유로 많은 사람들은 미국의 적극적인 품질혁신운동을 들고 있다. 과학적인 관리법과 철저한 능률주의를 지향하고, 개인주의와 청교도정신에 입각한 미국인의 기술과 능력은 타의 추종을 불허한다. 미국의 교육제도는 세계 제일이며, 연구개발에 대한 막대한 투자는 21세기에서도 미국의 우위를 예측할 수 있게 한다. 미국의 경쟁력 약화를 분석하기 위해 MIT 교수진들이 쓴 「Made in America」라는 책이 있다. 이 책에서 Dertouzos, Lester, 그리고 Solow는 미국의 경쟁력을 강화하기 위한 방안으로 4가지를 제시하였다. 첫째는 미국이 수입하는 모든 제품과 서비스에 관세와 수량할당을 부여하자는 것이고, 두 번째는 미국 내의 경기침체가 오히려 고가의 수입품에 대한 수요를 감소시킨다는 것이었다. 세 번째는 달러화를 평가절하하는 것이고, 마지막은 미국이 생산하는 제품과 서비스의 품질을 향상시키는 것이었다. 이 네 가지 방안 중에서 저자들은 미국 제품과 서비스의 품질을 향상시키는 것만이 미국의 경쟁력을 향상시키는 유일한 대안이라는 결론을 내렸다.

한국은 21세기에 선진국에 진입하고자 혼신의 힘을 다하고 있다. '한강의 기적'을 창출한 한국은 지난 수십 년 동안 경제성장률에 있어서 급속한 성장을 달성하였다. 그러나 1990년대 들어서면서 그 전과 다른 새로운 시장 환경과 조직 내의 새로운 변화를 맞게 되었다. 수입자유화에 따른 국내시장에서의 수입상품의 증가, 자본집약적 산업에서 기술집약적 산업으로의 전환, 첨단산업시장에서의 고도의 품질성 요구, 그리고 원자재 가격의 상승으로 인한 저가격전략의 상실 등 일련의 변화는 한국 기업이 직면한 현실을 나타내주고 있다. 그러다가 1997년 11월 한국은 보유외환의 절대적인 부족으로 원화의 가치가 급격히 하락하였으며, 주식가치도 급속히 하락하였다.

그래서 국제통화기금(International Monetary Fund; IMF)으로부터 긴급히 달러를 대출받아 위기를 모면하였다. 2001년 8월에 공식적으로 IMF체제를 벗어난 한국은 새로운 경제도약의 길을 가고 있는데, 이는 한국 제품의 품질이 점진적 향상에 기인하고 있다. 2001년 2월 한국무역협회 뉴욕지부가 미국 바이어 550개사를 대상으로 조사한 '미국 바이어가 본 우리 상품의 수출경쟁력 설문조사'에 따르면 '한국 제품의 품질경쟁력이 높다'는 응답비율은 63.3%로 일본(91.3%) 다음이었고, 타이완(47%), 중국(13.6%), 멕시코(7.2%)보다는 높았다. 하지만 가격경쟁력은 점점 떨어지고 있다. '한국 제품의 가격경쟁력이 높다'는 응답률은 23.6%로 중국(86.%), 타이완(49.2%), 멕시코(44.2%)보다 낮았고, 일본(11.9%)보다는 높았다. 한편 미국 바이어들은 한국 기업들이 지녀야 할 요건으로 가격경쟁력 제고(42.2%) 신뢰도 제고(35.6%), 납기 준수 및 서비스(30.0%), 그리고 마케팅 노력 강화(24.7%) 등을 지적하였다.

1.7 오늘날의 품질 철학

우리들의 삶의 방식과 질이 변화함에 따라 품질의 개념도 진화하고 있다. 기존의 품질 개념으로는 설명하기 어려운 새로운 현상이 발생함에 따라 이에 적합하게 대응할 수 있는 품질 개념을 도입하려는 노력이 나타나고 있다. 전통적인 품질 개념에는 가격, 표준, 속도, 고객화 등이 포함된다고 하면, 새로운 품질 개념으로 경험, 참여, 공동창조, 공유, 지속가능성, 쾌락적 속성 등이 등장하고 있다.

오늘의 새로운 품질 철학이 전통적 품질철학과 비교해 볼 때 어떻게 변화하는가를 살펴보면 다음과 같다.

첫째, 전통적 관점에서는 품질관리와 고객과의 연결이 미약하였다. 품질표준이나 품질설계는 고객의 요구보다는 기술적 조건과 경제적 조건을 고려하여 결정되었다. 그러나 오늘의 품질관리에서는 고객 만족을 우선적으로 추구하고 있다. 오늘날 모든 기업은 고객 만족을 달성하기 위하여 고객의 욕구를 정확히 파악하여 품질설계나 품질표준의 결정에 최대한 그리고 충분히 반영하려고 하고 있다.

둘째, 전통적 품질관리에서는 불량의 출하를 최소화하여 고객불만을 해소하는 데 중점을 두었다. 이는 전략적 관점에서 볼 때, 지극히 소극적이며 방어적인 모습이라고 할 수 있다. 그러나 오늘날의 기업들은 품질을 전략적 요인으로 파악하고, 시장개척과 확장을 위한 수단, 차별화의 수단 등으로 활용하고 있다.

셋째, 전통적 기업경영에서는 품질관리를 기업의 특정 부문(검사부, 품질관리부, 제조부 등)의 기능일 뿐이고, 다른 부문과는 관련이 없는 것으로 파악하였다. 그러나 오늘날의 품질관리는 전사적인 과업으로 인식하고 있다. 기업의 모든 부문은 직간접으로 품질과 상호유기적으로 연관되어 있으며, 기업의 모든 구성원은 각자 고유의 품질 책임이 있다는 것이다.

넷째, 과거의 품질관리는 적합품질(quality of conformance)이나 규격일치성(conformance to specification)에 중점을 두고 공정을 운영하였으나, 오늘날의 품질 개념은 이에 더하여 고객 만족(customer satisfaction)과 성능 우수성(excellence)으로 확대되고 있다. 이에 따라 이전의 공정중심 품질관리는 조직 전체의 기능과 공정이 품질전략과 연결하여 전사적으로 운영되는 품질경영 시스템으로 전환되고 있다.

다섯째, 이전의 기업들은 산출물에 대한 사후적인 최종 검사(inspection)로 품질보증을 해왔다. 검사를 엄격히 하면 불량품은 모두 판별되고 양품만 출하된다는 것이다. 오늘날에는 불량의 발생을 공정개선으로 억제하는 예방적, 원천적 품질관리가 강조되고 있다.

여섯째, 전통적 품질철학에 따르면 제조공정에서 완전품질(불량률=0)을 달성하는 것은 불가능하고, 가능하다고 하더라도 너무 큰 비용이 요구된다고 한다. 따라서 일정 부분 불량이 허용되는 품질수준을 정하는 것이 경제적이라고 판단했다. 그러나 지금은 제조공정에서부터 완전품질을 추구하여 불량품이 제조되지 않도록 하는 것이 가장 경제적이라고 판단한다.

한편, 많은 기업에서 4차 산업혁명 시대를 맞이하여 재조명하고 있다. 생산공정의 실시간 관리, 품질정보의 투명한 공유, 품질자료의 손실 없는 제공 등이 가능함에 따라 이제 품질은 완전품질(무결점)을 향해 나아가고 있다. 이런 현상을 Siemens의 디지털 팩토리에서는 불량이 완전히 사라지는 '불량의 종말' 시대가 열렸다고 설명하고 있다. 이것은 모든 산업이 일시에 모두 4차 산업혁명 수준으로 변신하는 것을 의미하는 것은 아니다. 아직 디지털 전환(digital transformation)이 되지 않은 분야에서 적용할 품질경영의 원칙과 기법은 유지하되, 패러다임의 전환에 따른 새로운 방법론과 이론의 적용이 반드시 요구되는 상황으로 바뀌었다는 것으로 이해된다.

품질은 사실상 생산과 직접 연관된 개념이다. 오늘날 품질은 단순히 제품의 상태(양/불량)를 의미하는 것을 넘어 제품생산의 첫 단계인 제품설계에서부터 판매 이후의 서비스까지를 모두 포함하는 개념으로 확대되고 있다. 4차 산업혁명의 기술을 기업의 현재 품질 문제에 적용하고, 그에 대한 해결을 통해 가치를 생성하는 것이 품질이다. 2018년에 개최된 ASQ Conference에서는 품질 4.0(Quality 4.0)은 기술 측면만을 의미하는 것이 아니라 그 기술을 이용하는 사용자의 가치를 극대화하는 과정로 정의하고 있다.

품질경영 사례 1

건설공사와 품질

건설공사의 품질관리 목적은 합리적, 경제적, 내구적인 구조물을 만들어 내는 것으로 소정의 품질을 확보하고 품질을 종래보다 항상 개선하며 또한 편차를 적게 하고 균일한 품질을 유지함으로써 실수, 손실, 손해배상 등을 방지하여 품질에 대한 신뢰성 증가와 원가절감을 통해서 기업의 품질경쟁력을 국제 수준으로 제고시키는 데 있다.

경부고속철도, 롯데타워 건축, 인천공항 건설, 삼성전자 탕정공장 건설, 댐 · 교량 · 고속도로 건설 등의 프로젝트(project)는 보편적으로 그 규모가 크며, 사업(활동)내용이 복잡하고, 1회성의 비반복적 사업이다. 프로젝트의 특성으로는 목표지향성 · 복잡성 · 불확실성 · 특이성 · 일시성 등을 들을 수 있다.

흔히 공사나 사업으로 표현되는 프로젝트는 업무/과업(task) · 작업(sub-task) · 작업요소(elements) 등으로 세분할 수 있다. 이러한 프로젝트의 구성요소들을 계층별로 나타낸 틀을 작업분해도(work breakdown structure)라고 부른다. 이는 목표달성에 필요한 업무나 활동을 식별하고, 개개의 활동이나 작업모듈을 인식하고, 필요한 자원들을 결정하여 확보하는데 유용한 개념의 틀을 제공한다. 모듈과 활동 간의 관계와 불필요한 활동 간의 중복을 규명하는데도 이용된다. 따라서 작업분해도는 프로젝트 관리를 통한 건설산업의 품질향상에 긴요한 도구로 여겨진다.

경부고속철도 건설과 관련된 다음의 사례는 건설산업의 품질향상이 왜 필요한지를 잘 말해주고 있다. 중앙일간지들에 의하면 '서울~부산간 2시간대 주파'라는 국민적 기대 속에 추진된 경부고속철도(Korea Train Express: KTX)는 국가적인 골칫거리(?)가 되었다. 잦은 설계변경과 부실공사로 공사기간은 지연되고 사업비는 눈덩이처럼 불어나 밑 빠진 독에 물 붓는 격이다. 프로젝트의 주요목표인 비용(cost), 일정(schedule) 및 품질(quality) 간에는 상충관계(trade-offs)가 존재한다. 가령 일정을 줄이면 비용이 증가하거나 품질이 떨어질 수 있다. 따라서 프로젝트 관리에서는 이들 목표의 최적화를 모색한다. 프로젝트의 목표가 최적화되도록 소요자원(인력, 장비, 원자재, 자금, 등)을 계획하여 작업이나 업무활동을 통제하는 것이 프로젝트 관리(project management)이다.

당시의 중앙일간지들에 의해서 제기된 문제점들을 프로젝트 관리의 목적에 연결하여 점검해 보자. 경부고속철도 건설사업을 비용의 측면에서 살펴보면, 1989

년 기본계획 수립 때 정부가 내놓은 건설비는 5조 8천 5백억 원이었지만, 1997년 기준가격으로 총 17조 6천 2백 94억 원으로 계산하고 있다. 당초 사업비의 3배 정도 늘어난 금액이다. 이처럼 공사비용이 불어난 것은 성급한 계획으로 인한 잦은 설계변경과 시공 및 관리 불충분으로 인한 것으로 분석되고 있다.

경부고속철도 건설사업을 공사일정의 측면에서 살펴보면, 엄청난 돈을 쏟아붓고도 경부고속철도가 제대로 굴러갈 수 있을지 자신할 수 없는 게 현실이다. 공사가 1992년 6월에 시작돼 2004년 4월에 완공되어 공사기간이 12년에 이른다. 이미 당초 목표인 2002년보다 2년 늦춰졌다.

KTX 건설사업을 품질 측면에서 살펴보면, 한국고속철도관리공단이 미국 WJE사에 의뢰하여 천안~대전 1개 공구에 대한 정밀안전점검을 한 결과에 의하면, 교량 · 터널 · 암거 등 구조물의 약 70%에 문제가 있고, 이중 상당구간은 재시공이나 보수를 해야 된다. 이 모든 것을 종합해 볼 때 공사여건이 비슷한 대만의 경우에 비해 공사기간이 3배 정도 더 길고, 사업을 앞서 추진하고도 완공이 늦어지고, 사업비도 더 많이 드는 것으로 밝혀진 사실을 볼 때 프로젝트의 추진방법이나 관리능력이 뒤진다는 지적을 받고 있다.

공정계획(planning) → 일정계획(scheduling) → 프로젝트 통제(control)의 과정으로 전개되는 프로젝트를 효율적으로 관리하려면, 프로젝트의 목표와 그 평가기준을 설정하여 6시그마와 같은 품질향상 활동을 수행해야 한다. 정부에서도 건설공사의 품질관리에 대한 중요성을 인식하고 건설 고품질화를 계속 추진하고 있다.

건설공사 품질관리는 건설공사의 성패를 결정짓는 가장 중요한 사항이다. 우리나라는 1950~60년대에 한국전쟁으로 폐허가 된 도시를 단기간 내에 복구해야 했고, 1970~80년대에는 고도 경제성장이라는 명분 아래 공기(工期)단축이 지상과제인 양, 적절한 품질관리 없이 수많은 부실 아파트와 구조물을 양산하였다. 급기야 이러한 사상누각(砂上樓閣)이 삼풍백화점과 성수대교의 붕괴와 같은 대형사고를 불렀던 것이다. 그러나 이제는 건설공사가 대형화, 첨단화하고 있고, 건설시장의 개방에 따른 국제경쟁체제를 맞이하면서 건설공사의 부실방지를 위한 품질의 고급화, 시공의 정밀화를 추진하고 있다. 이에 따라서 건설업체와 발주자는 물론이고 국민들도 건설공사 품질관리에 대한 중요성을 나날이 강조하고 있는 실정이다.

그리고 건설현장에서는 건설자재검사원으로 불려지는 건설공사품질관리원은 양질의 건설품질을 유지, 관리하기 위하여 공정관리에 따른 건설자재에 대한 품질시험을 실시하여 결함을 사전에 예방하거나 조치하도록 한다. 건설공사품질관리는 크게 토목분야와 건축분야로 구별되며, 건설공사 시행 전에 이루어지는 선정 개념의 재료품질시험과 시공 상태를 검사하는 관리 개념의 품질시험으로 구분된다. 건설공사품질관리원은 토목분야(토질 및 기초에 대한 재료시험, 설계 시공자료 확보를 위한 조사시험, 연약지반조사시험, 성토용 재료품질시험, 굳지 않은 콘크리트품질 및 재료의 품질시험, 아스팔트콘크리트 품질시험 등)와 건축분야(기초분야의 품질시험, 철근 및 콘크리트품질시험, 마감 재료에 대한 품질시험 등)의 품질시험을 하며, 이외에도 파괴시험 및 비파괴시험, 토공사점검, 거푸집 및 동바리 점검, 철골공사점검, 마감공사점검 등을 실시한다.

이들은 일을 맡게 되면, 우선 설계관련 도서를 검토해서 공정별, 공기별로 총공사비 500억 이상이거나 연면적 3만m 이상의 건설공사는 품질보증계획서를 작성하고, 총공사비 5억~500억 미만이거나 660m~3만m 미만의 건설공사는 품질시험계획서를 작성한다. 그리고 계측기와 시험 장비를 사용하여 각종 건설재료에 대한 품질시험을 실시하고, 공정별 시공 상태를 검사하여 그 결과를 분석하여 다음과 같은 절차에 의하여 조치한다.

연 습 문 제

1-1 품질이란 무엇이며, 왜 중요한가?

1-2 품질의 여러 가지 유형에 관해서 설명하시오.

1-3 품질의 개선으로부터 기업이 얻게 되는 혜택에 관해서 설명하시오.

1-4 품질관리의 발전과정에 관해서 설명하시오.

1-5 당신이 관심이 있는 기업의 제품(예, 현대자동차의 아이오닉 6, LG전자의 스타일러 등)을 품질 차원에서 설명하시오.

1-6 당신이 관심이 있는 기업의 서비스(예, 카카오 비즈니스 서비스, KB 국민은행의 모바일 뱅킹 서비스 등)를 품질 차원에서 설명하시오.

1-7 전통적 품질철학과 오늘날의 품질철학을 비교하시오.

1-8 기업이 완전품질을 추구하는 것을 경제적 관점에서 정당화할 수 있는가?

1-9 품질 4.0(Quality 4.0)이란 무엇인가?

2 chapter 품질비용

2.1 품질비용의 의의와 유형

품질비용(cost of quality)이란 제품의 규격 또는 설계규격이 설정되어 있어서 제품을 이 규격에 맞추어 생산하고자 할 때 필요한 예방적인 품질관리비용과 생산된 제품이 설계규격에 미달될 때 발생할 수 있는 실패비용을 포함하는 개념이다. 품질비용은 컴퓨터를 이용한 데이터의 수집과 분석이 용이해지고 통계적인 분석기법의 활용이 일반화됨에 따라 현대적 품질경영의 중요도구로 등장하게 되었다. 이제 품질비용에 포함되는 구체적인 비용항목들을 살펴보기로 하자.

품질비용은 보통 통제비용과 실패비용으로 구분된다. 또 통제비용은 예방비용과 평가비용으로 분류되고, 실패비용은 내부 실패비용과 외부 실패비용으로 분류된다. 기업의 단기적인 목적은 예방비용의 증가로 평가비용과 실패비용을 감소시키는 것이라 할 수 있지만, 장기적인 목적은 품질비용 전체를 지속적으로 감소시키는 것이라 할 수 있다.

2.1.1 예방비용(prevention cost; P-cost)

불량품의 발생을 미연에 방지하기 위해 투자하는 비용으로, 품질관리를 효율적으로 수행하기 위해 필요한 품질계획, 신제품 설계의 검토와 개선, 품질관리 교육, 품질관계 자료수집, 품질개선을 위한 공정연구, 외주업체의 교육 및 평가 등의 활동에 소요되는 비용을 말한다.

예방비용은 불량의 원인을 분석하여 그 원인을 제거하는 비용으로써, 제품을 실제로 생산하기 이전에 발생한다. 그래서 예방비용은 대개 제품설계나 공정개발단계에서 발생한다. 불량품을 방지하기 위해서는 처음부터 품질이 좋은 제품과 서비스를 만들어야 비용도 감소하고 불량률도 감소된다.

일본 제품이 높은 품질수준을 유지하는 한 가지 이유는 바로 예방비용에 대한 강렬한 관심 때문이라고 한다. 불량품을 사전에 방지하는 것이 품질비용을 가장 적게 하는 최선의 방법이라고 일본 기업들은 굳게 믿고 있다. 그래서 지속적으로 불량의 원인을 파악하고 제거하여 불량의 원인을 사전에 방지한다. 일본의 경영자들은 품질을 향상시키는 것이 비용을 감소시킨다는 사실을 일찍부터 터득하였다. 그래서 일본의 경영자들은 품질비용 중에서도 예방비용을 특히 강조하였다. 그리하여 품질비용 중에서도 예방비용에 가장 많은 예산을 배정하고, 예방에 주력하였다. 이것은 물론 예방비용을 증가시키지만 예방비용의 증가는 매출액과 시장점유율의 증가로 인해 상쇄되어 버린다.

2.1.2 평가비용(appraisal cost; A-cost)

평가비용은 제품의 품질특성이 기술적인 표준규격에 적합한지를 측정 및 평가하는 비용을 말한다. 원자재, 부품, 완제품의 품질특성이 설계표준에 적합한지, 그리고 설계표준에 적합한 제품을 프로세스에서 생산할 수 있는지를 측정하고, 검사하고, 분석하는데 소요되는 모든 비용이 포함된다. 평가비용은 소비자에게 제품을 판매하기 이전에 발생하는 비용이다.

평가비용의 예로는 원자재 및 부품의 품질검사, 생산공정의 통제, 완제품 검사 등 품질의 직접적인 통제 및 분석에 소요되는 비용, 관리도나 샘플링검사 등의 통계적 품질관리기법의 적용 및 운용에 관계되는 비용을 들 수 있다.

2.1.3 실패비용(failure cost; F-cost)

실패비용은 제품의 품질이 설계표준에 미달되기 때문에 발생하는 비용으로써, 공정 중에 발생하거나 또는 제품이 고객에게 판매된 후에 발생한다. 대부분의 제조업체에 있어서 실패비용은 총품질비용의 70% 이상을 차지하고 있다. 그러나 실패비용이 당연히 받아야 할 관심을 받지 못하는 이유는 실패비용을 측정하기가 어렵기 때문이다. 불량에는 반드시 원인이 있다. 그래서 실패비용을 측정하는 이유는 실패를 야기한 원인들을 파악하고, 그 원인을 제거하여 품질을 향상시키려고 하는 것이다. 실패비용은 다시 내부 실패비용(internal failure cost)과 외부 실패비용(external failure cost)으로 구분된다.

1) 내부 실패비용

내부 실패비용은 불량품이 고객에게 전달되기 이전에 기업 내에서 발생하는 비용이다. 내부 실패비용은 제품 또는 서비스 설계 실패, 구매와 관련된 실패, 폐품, 실패분석, 시정조치, 재가공과 수리, 재검사, 부가적인 작업, 재가공을 다시 할 수 없어 발생하는 폐품, 등급조정, 그리고 불량품 때문에 발생하는 근로자와 기계의 유휴시간 등에 소요되는 비용들이다.

2) 외부 실패비용

외부 실패비용은 불량품이 고객에게 판매된 다음에 발생하며, 고객 서비스와 관련된 비용이다. 외부 실패비용의 예로는 소비자 불만조사와 고객서비스, 반송품, 재조정, 리콜, 품질보증, 위약금, 벌금, 그리고 구체적으로 계량화하여 측정할 수는 없지만 불량품 판매로 인한 기업이미지 훼손, 판매량 감소, 미래 고객의 상실 등이 포함된다.

예방비용과 평가비용은 소비자와 직접적인 관계가 없는 비용항목으로 기업 내에서 품질의 유지와 개선을 위해 소요되는 통제비용의 성격을 띤다. 따라서 설계과정에서 결정된 품질수준에 일치하는 제품을 생산함으로써 실패비용을 줄이기 위해서는 예방 및 평가에 대한 투자를 증가시켜야 한다.

2.2 숨겨진 실패비용

좋지 않은 품질은 기업의 경영성과와 이미지에 나쁜 영향을 끼치며, 실패비용을 증가시킨다. 나쁜 품질은 지금까지 설명한 실패비용 이외에 또 다른 실패비용을 발생시킨다. 이러한 비용을 숨겨진 실패비용(hidden quality cost)라고 부른다.

숨겨진 실패비용은 기업에게 상당한 손실을 발생시키지만, 경영자가 잘 인식하지 못하는 비용이며, 실패비용에 비해 불가능하지는 않지만 파악하고 측정하기가 상당히 어려워 대부분 파악되지 않는다. 이에 포함되는 실패비용항목들로는 생산성 저하, 사기 저하, 종업원 이직, 취소된 주문, 생산능력 감소, 재고 증가, 재설계비용 증가, 잔업증가, 설계 변경하는 소프트웨어 비용, 불만족 고객의 시간, 낭비되는 경영자의 시간, 제조 공정 변경비용, 설비유휴시간 등을 들 수 있다[그림 2-1].

기업들이 일반적으로 측정하는 실패비용은 전체 실패비용 중에서 빙산의 일각에 지나지 않는다는 사실을 알 수 있다. 정말로 기업들이 이러한 숨겨진 비용까지 측정할 수 있다면, 품질비용은 상당히 증가하게 될 것이다. 그러므로 경영자는 경쟁력에 크게 영향을 끼치는 숨겨진 실패비용을 가급적 정확하게 파악하고 측정하여 기업의 성과를 개선하도록 해야 한다.

[그림 2-1] 숨겨진 실패비용

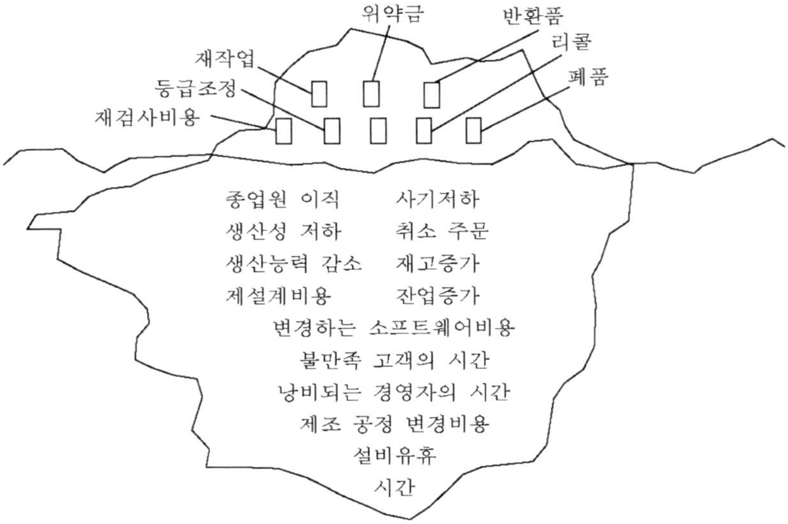

2.3 품질비용의 측정과 분석

2.3.1 품질비용의 측정

품질비용은 기업에 상당히 중요한 정보임에도 불구하고 측정을 하지 않는 기업이 의외로 많다. 1996년에 미국 IMA(Institute of Management Accountants)의 CMG(Cost Management Group)가 행한 조사에 따르면, 품질프로그램을 도입하여 실시하고 있는 기업 중에서 단지 33%의 기업만이 품질비용을 측정하고 있으며, 40%는 품질비용을 측정하는 것이 바람직하다고 하였다. 그리고 품질비용을 측정하고 있는 기업들의 품질비용은 수익의 6~10% 정도라고 하였다. 미국의 전자협회에서 행한 조사에서는 회원의 40%가 품질비용을 측정하고 있다고 하였다.

품질비용의 규모는 기업에 따라 다르지만 대략 총매출액의 20~30%에 이른다고 한다. 대다수의 품질관련 전문가들은 이보다 훨씬 적게 품질비용을 측정하는 기업들이 있다면 이는 품질비용을 잘못 측정한 것이라고 한다. 그래서 품질관리를 잘 하는 기업은 품질의 향상을 통해서 품질비용을 줄일 수 있고(3~5% 정도), 기업의 수익성에 지대한 영향을 미친다고 할 수 있다.

한국기업들의 품질비용에 대한 보고서는 통계청에 의해 작성되었다. [표 2-1]은 통계청이 작성한 '산업 및 정부의 품질실패비용(1997)'에 대한 것이다. 1997년 기준으로 한국 제조업체의 실패비용은 53조 원이다. 1997년 국내 총생산(GDP)이 178조 원이었으니, GDP 대비 29.7%가 낭비인 셈이다. 서비스산업인 3차산업도 실패비용이 GDP의 40%나 되는 86조 원이다. 한편 같은 해 미국 500대 기업의 실패비용은 한국 기업의 절반 수준인 15%에 불과하였으며, 일본 제조업체의 실패비용은 7.5%로 나와 있다. 그리고 GDP 대비 예방비용과 평가비용은 이와 반대로 미국이 5%, 일본이 4.5%인 반면 한국은 2.5%에 불과했다.

[표 2-1] 산업 및 정부의 품질실패비용(단위; 조원)

구 분	GDP	품질실패비용	평균 실패비용
1차 산업	25	5	20
2차 산업	178	53	30
3차 산업	217	86	40
국가예산	71	28	40
합 계	491	172	35

품질비용의 측정은 보통 품질비용을 관리하는 시스템인 COQ(cost of quality) 팀을 통해서 한다. 이 팀에는 영업, 생산, 구매, 엔지니어링, 회계, 재무, 마케팅과 같은 다양한 부서의 직원들이 포함되어야 한다. 팀이 형성된 다음에는 필요한 자료를 어디에서 수집할 것인가를 결정하여야 한다. 어떤 자료는 기존 회계시스템으로부터 쉽게 수집할 수 있지만, 어떤 자료는 수집하기가 그리 쉽지 않다. 예를 들어, 폐품이나 재작업과 같은 자료는 기존의 표준원가제도에서 쉽게 구할 수 있지만, 고객 이탈로 인한 외부 실패비용은 측정하기가 거의

불가능하거나 상당히 어렵다. 그러나 품질비용을 측정하고 관리하기 위해서는 모든 품질비용을 관찰이나 면담 또는 감사를 통해서 측정하도록 해야 한다.

1981년에 한국 처음으로 COQ 시스템을 도입한 한국 시그네틱은 1981년 매출액의 21%이었던 품질비용을 5년 후인 1986년에 12%로 감소시켰다. 공업진흥청에 의하면, 한국기업의 15% 정도가 COQ 시스템을 도입하고 있다고 한다.

특히 COQ 시스템이 성공하기 위해서는 팀워크가 잘 이루어져야 한다. COQ 시스템은 어떤 한 사람에 의해 이루어지는 프로그램이 아니라, 여러 부서간의 협조와 이해 그리고 팀워크에 의해 성패가 좌우된다. 그러므로 어떤 한 사람이 주도하는 COQ 시스템은 얼마가지 않아 실패하기 쉽다. 또 COQ 시스템이 성공하기 위해서는 기업의 분위기가 팀워크를 조장하고 지원해줘야 한다. 이런 기업에서는 그렇지 않은 기업에 비해 COQ 시스템이 성공할 확률이 높다.

2.3.2 품질비용의 분석

품질비용 분석의 목적은 효율적인 품질개선시스템의 도입을 촉진하고, 이를 통한 직접적인 품질개선 성과를 측정하는 데 있다. 최고경영자가 품질보증이나 품질경영시스템에 대한 체계적 관심이 결여되는 것도 품질비용에 관한 자료가 충분하지 못하기 때문이라 할 수 있다. 품질 저하로 인한 직·간접 손실이나 품질개선으로 인한 직접적인 기대이익의 증가 등에 관한 정보를 충분히 제공한다면 효과적인 품질개선시스템을 도입하고 운영할 수 있을 것이다.

품질비용자료의 분석은 먼저 (1) 품질비용에 관한 자료의 수집, (2) 수집된 품질비용 자료의 분석, (3) 분석결과의 해석과 (4) 최고경영자 보고의 순서로 진행된다.

불량에 관한 자료는 제품별, 부품별, 공정별, 기간별, 작업장별, 공장별, 공급자별 등으로 기록해야 한다. 불량의 유형과 특성, 불량의 정도, 불량원인 등에 관한 자료도 수집해야 한다. 불량이나 고장으로 인한 비용과 그 인과관계를 파악하기 위해서는 이에 관련된 예방 및 평가비용에 관한 자료도 수집해야 한다. 품질비용의 세부적인 항목은 이의 사용자 수준(최고경영자, 중간관리자 등)에 따라 결정하면 된다. 그리고 각 부서에서 독자적으로 품질비용 자료를 수집할 경우에는 자료의 상당부분이 누락될 우려가 있으므로 중앙집중적인 자료수집방법을 확립하여 각 부서에서 제출한 자료를 검토하는 것이 좋다.

수집된 품질비용 자료를 품질비용의 구성항목에 따라 집계하는데, 품질비용 중 비중이 큰 비용항목을 파악해주는 것이 필요하다. 품질비용절감을 위해서는 큰 비중의 비용을 적극적으로 개선활동을 전개해야 할 것이다. 품질비용의 내역을 살펴보면 소수 항목의 비용이 총비용의 상당부분을 차지하는 경향이 있다.

분석된 품질비용 자료는 그 중요성과 함께 최고경영자에게 보고되면서 품질개선의 기회로 활용할 수 있다. 최고경영자가 이 분석결과를 받아들이면 품질개선을 위한 예산과 인원 확보가 상대적으로 쉽게 이루어질 수 있다. 품질비용을 구성하는 각 항목의 비율은 업종이나 기업에 따라 차이가 날 수 있지만, 대개 [표 2-2]와 같은 비율로 나타난다.

[표 2-2] 품질비용의 항목별 구성비율

품질비용 항목	구성비율(%)
내부 실패비용	25 ~ 40
외부 실패비용	20 ~ 40
평가비용	10 ~ 50
예방비용	0.5 ~ 5

[예제 1] 다음은 어느 출판회사의 품질비용에 관한 자료를 요약한 것이다. 품질비용 구성항목별로 정리하여 비용 합계와 구성비율을 계산하시오.

품질비용 구성항목	금액(억원)	품질비용 구성항목	금액(억원)
검사 및 확인	0.62	표지제작과정에서의 폐기물	0.56
고객의 항의로 인한 재작업	0.41	품질개선프로젝트	0.80
교정작업	7.09	품질계획	0.30
인쇄과정의 오류	3.09	프레스기계의 가동중지비용	4.04
제본과정에서의 폐기물	0.74	프레이트 재작업	0.40

(풀이)

품질비용 구성항목	금액	비율	품질비용 구성항목	금액	비율
(실패비용)			(평가비용)		
프레스기계의 가동중지비용	4.04	22.38	교정작업	7.09	39.28
인쇄과정의 오류	3.09	17.12	검사 및 확인	0.62	3.43
제본과정에서의 폐기물	0.74	4.10	소 계	7.71	42.71
표지제작과정에서의 폐기물	0.56	3.10	(예방비용)		
고객의 항의로 인한 재작업	0.41	2.27	품질개선프로젝트	0.80	4.43
프레이트 재작업	0.40	2.22	품질계획	0.30	1.66
소 계	9.24	51.19	소 계	1.10	6.09
총비용 합계				18.05	

총품질비용(18.05억 원)은 실패비용 9.24억 원(51.19%), 평가비용 7.71억 원(42.71%)과 예방비용 1.1억 원(6.09%) 순으로 구성되어 있다. 비용 중에서 비중이 큰 항목은 교정작업 7.09억 원(39.28%), 프레스기계의 가동중지비용 4.04억 원(22.38%), 인쇄과정의 오류 3.09억 원(17.12%) 등으로 3항목의 비중이 전체 품질비용의 약 80%를 차지하고 있다.

2.3.3 품질비용 곡선

총품질비용은 통제비용과 실패비용의 합이다. 과거에 대부분의 경영자들은 품질향상이 비용의 증가를 초래한다고 인식하였다. [그림 2-2]에서 총품질비용을 가장 낮게 하는 점은 ◎이다. 그래서 경영자는 ◎점을 추구한다. 총품질비용곡선의 최저점을 추구하는 것은 기업으로 하여금 0%의 불량률을 실천하지 못하게 한다. 이것은 과거에 비용이 많이 소요되더라도 불량률 0%는 불가능하다는 경영자의 주장과 일치한다. 그래서 불량률이 0인 완전한 품질수준을 달성한다고 하는 것은 하나의 꿈인지 현실적으로는 가능하지 않다고 많은 경영자들은 믿고 있었다. 그래서 일정한 율의 불량품은 현실적으로 불가피하게 발생한다고 믿었다.

[그림 2-2] 전형적인 총품질비용곡선

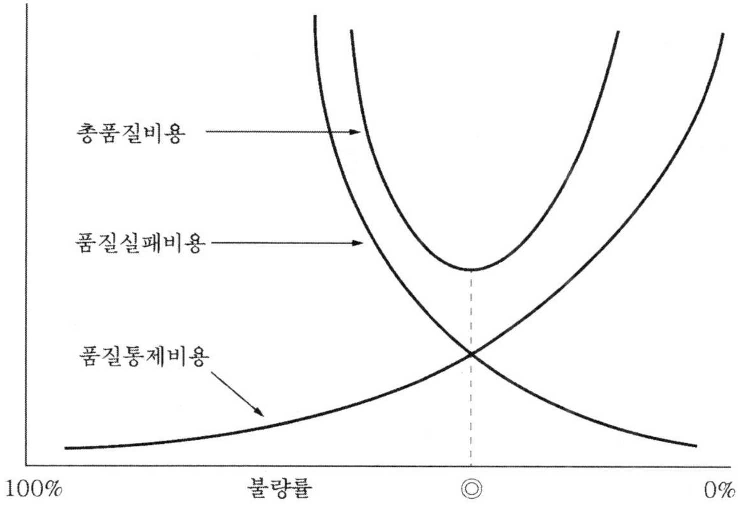

이것은 품질과 비용을 상반된 관계로 보기 때문에 발생한다. 그러나 최근 품질향상은 비용감소를 가져온다는 새로운 설이 제기되었다. [그림 2-3]은 품질과 비용에 관한 새로운 시각을 반영하고 있다. 즉 품질과 비용은 서로 상반관계에 있지 않고, 예방비용은 불량률과 상관없이 일정하며, 이에 따라 불량률을 줄일 수 있는 데까지 줄이는 것이 총비용을 최소화할 수 있는 길이라는 것이다.

새로운 시각에 따른 총품질비용 곡선의 최저점은 0%의 불량률과 일치하고 있다. 이러한 현상은 새로운 기술개발로 인하여 원자재와 부품의 품질수준이 높아졌고, 산업로봇이나 자동화로 인간의 실수를 방지할 수 있으며, 또 자동검사로 인간의 오류를 방지할 수 있기 때문에 가능하다. 그리고 이러한 현상은 한정된 평가비용으로 완전한 품질수준을 달성할 수 있게 만들었다. 실제로 세계의 많은 기업들이 품질향상으로 비용이 감소하는 경험을 하고 있다는 사실을 다양한 문헌을 통해서 알 수 있다.

[그림 2-3] 새로운 총품질비용곡선

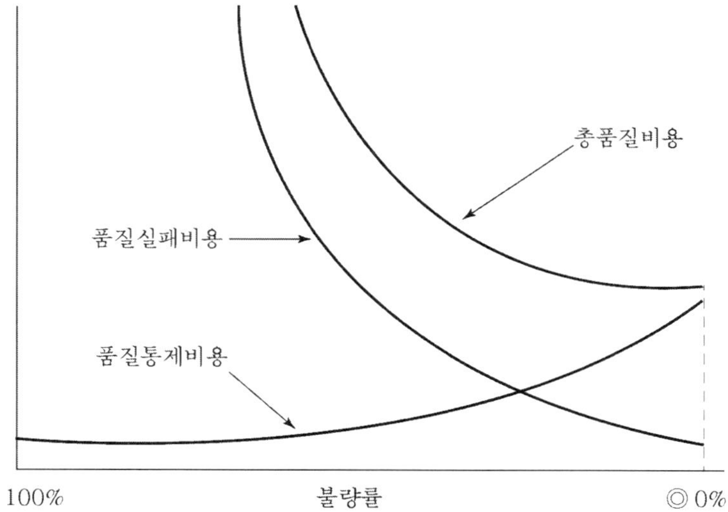

2.4 품질개선의 효과

2.4.1 품질에 관한 설문조사 연구결과

많은 기업인들은 품질의 개념을 정확히 이해하지 못한 채, 단순히 품질향상은 곧 비용의 상승을 초래할 것이라는 등식이 성립된다고 믿는 경향이 있다. 이런 생각이 옳을지 모르지만, 기업의 성장과 경쟁력 강화하는 전략적이고 장기적인 목표를 감안한다면 결코 바람직한 사고일 수는 없다.

우리나라에서는 아직 품질개선에 관한 실증적 연구가 빈약하게 수행되어서, 미국의 한 연구를 예로 들어 살펴보면 선정된 300개의 기업 중 품질면에서 상위 20%에 드는 기업들의 투자에 대한 이익률은 30%로 하위 20%의 이익률에 비해 거의 2배 정도인 것으로 나타났다. 이러한 현상에 대한 배경원리는 간단하다. 품질향상을 위한 지속적인 투자가 제품의 설계품질 및 적합품질의 개선으로 이어져 경쟁제품과의 차이가 뚜렷해지면 소비자의 인지도 또는 충성도가 높아져 반복적 구입을 하게 된다. 또한 시장점유율과는 관계없이 경쟁제품에 비해 높은 가격을 유지할 수도 있어서 결과적으로 투자에 대한 보상은 충분하고도 남게 된다.

미국품질관리협회(American Society for Quality Control; ASQC)의 최근 조사에 의하면, 제품의 품질에 만족하는 소비자는 단지 몇 명에게만 이를 전달하지만, 품질에 만족하지 못한 소비자는 무려 19명에게 이를 이야기한다는 결과를 보여주고 있다. 일반적으로 제품에 대한 불만을 가진 소비자가 기업 측에 직접 불만을 표시하는 경우는 많지 않고, 대개 판매원이나 A/S 담당자에게 이를 표시하며 이러한 자료는 기업 측에 전달되지 않고 사장되는 경우가 대부분이다. 따라서 제품의 품질에 관한 정보가 완전한 형태로 기업에 직접 전달되는 경우는 많지 않아 기업 자체적으로 보유하는 소비자불평에 관한 자료는 실제 소비자의 만족도를 과대평가하는 경향이 있다.

그렇다고 하여 품질과 제조원가 간에 뚜렷한 상관관계가 보이지도 않는다. PIMS(Profit Impact of Marketing Strategies)연구에 의하면, 디자인이나 소요 자재가 유사한 경우 적합품질이 우수할수록 제조원가가 낮으며, 높은 품질이 설계상의 우수성이나 좋은 원자재에 기인하는 경우 이를 생산하는 직접비용은 오히려 낮아지는 경향이 있다고 한다. 또한 TART(Technical Assistance Research Programs)의 연구에 따르면, 품질이 우수한 기업일수록 소비자의 요구가 무엇인지 잘 알 수 있어서 제품의 재설계나 공학적 변경을 할 필요가 줄어들며, A/S비용 역시 상대적으로 적게 소요된다는 것이다. 즉 생산에 들어가기에 앞서 설계의 최적화가 도모되며 이에 따라 제조비용이 절감될 수 있다는 것이다.

2.4.2 품질개선의 효과

품질개선으로 인한 효과를 [그림 2-4]를 참고로 하여 구체적으로 살펴보기로 하자. 우선 설계품질과 적합품질의 개선이 이루어지면 생산현장에서의 불량률이 감소하여 재작업시간이 줄어들게 되고, 생산에 소요되는 원자재의 투입량도 절감할 수 있게 된다. 또한 불량품 비율이 줄어들게 되므로 작업자 1인당 합격품의 생산량도 증가하게 되어 전체적인 노동 및 자본의 생산성이 향상된다. 이는 결국 보다 우수한 품질의 제품을 싼 가격으로 시장에 공급할 수 있어 시장점유율 및 이익의 확대로 이어지게 된다. 이와 같이 지속적인 품질개선이 가능해지면 기업의 성장률이 증가하는 것은 물론 보다 많은 사람들에게 일자리를 제공할 수 있게 된다.

[그림 2-4] 품질개선으로 인한 효과

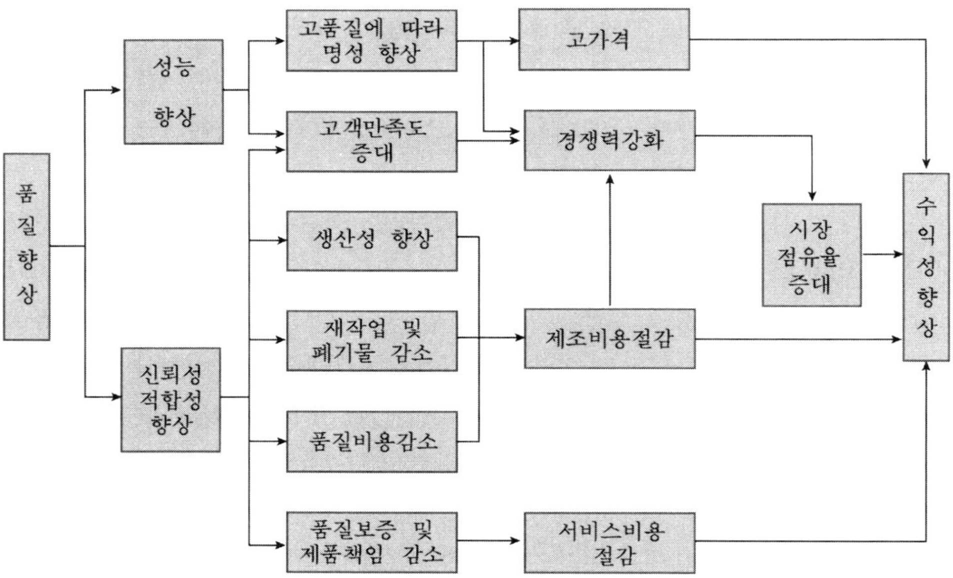

물론 이러한 품질경영이 이루어지기 위해서는 단기이익에 급급해하지 않고, 설계품질 및 적합품질의 개선을 위한 장기적인 연구개발 투자가 필요하다.

많은 경우 품질개선은 최고경영자 자신의 사고전환, 치열한 경쟁, 소비자의 강력한 요구 등에 의해 시작되곤 한다. 특히 이중 시장 환경의 변화에 의한 압력이 가장 큰 영향을 미치게 된다. 예를 들어 품질의 저하로 인해 시장점유율 및 매출액 감소, 이익의 하락, 파산으로 이어지는 현상을 감지하게 되면 품질개선에 대한 경각심을 높이지 않을 수 없게 된다. 또한 자동차부품제조회사와 같이 소비자인 자동차생산회사의 품질개선에 대한 강력한 요구에 의해 품질관리를 적극적으로 도모하는 경우도 있다.

품질개선의 필요성이 인식되면, 품질의 개선 및 유지는 소비자 욕구의 분석, 설계의 개선과 심사, 새로운 제조공정의 개발 및 공정개선 등 다양한 활동을 통해서 이루어진다. 예전과 같이 소수의 인원이 모든 생산을 담당할 때에는 문제가 없었지만, 요즈음처럼 기업규모가 커지고 품질에 영향을 미치는 활동을 담당하는 부서가 여러 개 생겨나게 되어 이들 임무를 조정하고 통합하는데 상당한 시간과 노력이 필요하게 된다.

품질경영 사례 2

현대중공업의 '고백'…"품질관리 못해 날린 돈 작년 6,076억"

("세금폭탄 · 노조와 갈등…지금 회사는 비상 상황")

비상경영 체제로 운영되고 있는 현대중공업이 회사 측에서 스스로 기존 관행의 문제점 등을 지적하며 직접 참회하고 나섰다. 18일 현대중공업에 따르면 지난해 품질관리 등을 제대로 하지 못해 발생한 '품질실패 비용'이 작년 매출의 2.54%에 달하는 6,076억 원에 이르렀다. 품질관리만 제대로 됐어도 지난해 영업손실 1조5,401억 원의 40%를 줄일 수 있었다는 얘기다.

4월 사보를 통해 이 같은 사실을 공개한 현대중공업은 "처음부터 원칙대로 작업했다면 지출하지 않아도 될 비용이 발생해 회사 경쟁력을 깎아 먹고 있다"라고 밝혔다. 현대중공업 측은 "품질관리 개선 등에 대한 직원들의 의지를 고취시키기 위해서 회사에서 직접 계산한 것"이라고 설명했다. 구체적으로 조선 · 해양에서는 공정 지연으로 인한 손실비용이 대부분이었다.

조선업계에서는 통상 프로젝트별로 손익을 따지기 때문에 이번 현대중공업 사례처럼 회사 차원에서 품질실패 비용을 계산하지는 않는다. 업계에서는 "현대중공업이 비상시국에서 직원들이 각성하도록 이례적인 통계를 내놓은 것"이라고 평가했다. 매출액 대비 영업이익률이 최근 6년간 3.2%(영업적자를 기록한 2014~2015년을 제외해도 7.1%)임을 감안하면 매출액 대비 2.54%라는 '품질실패 비용'은 적지 않은 수준이다.

현대중공업이 이 같은 악재를 직접 들고나온 것은 비상시국이기 때문이다. 지난해 국세청이 실시한 세무조사에 따라 최근 1200억여 원을 납부하라는 통보를 받았고 회사 측은 이에 대해 과세적부심을 신청한 상태다. 또 협력업체 대표 등과 짜고 자재 대금을 빼돌린 직원이 최근 구속되는 등의 상황도 이어지고 있다. 본업인 조선업에서는 수주가 사실상 거의 이뤄지지 않아 추가적인 수주가 없다면 내년 말부터는 독(dock)이 빌 수밖에 없는 구조다.

20대 총선 울산 동구에서 당선된 무소속 김종훈 당선자 역시 현대중공업 입장에서는 부담스러운 일이다. 노조 지원을 받은 김 당선자는 주요 공약으로 쉬운 해고 금지, 조선업종 사내 하도급 차별 철폐, 비정규직 처우 개선 등을 강조했다. '19년 무분규' 기록을 세워 왔던 현대중공업 노조는 2014년부터 집행부가 강성으로 바뀌면서 사측과 갈등을 빚고 있다.

정욱 기자(매일경제신문, 2016-04-18)

연습문제

2-1 품질과 비용 간의 관계에 관하여 설명하시오.

2-2 품질비용을 구성하는 항목의 종류와 특징에 관하여 설명하시오.

2-3 내부 실패비용과 외부 실패비용을 비교·설명하시오.

2-4 숨겨진 실패비용에 관하여 설명하시오.

2-5 전통적 관점의 품질비용과 현대적 관점의 품질비용을 비교·설명하시오.

2-6 다음은 예방비용, 평가비용, 내부실패비용, 외부실패비용 중 어디에 해당하는가?

① 수입 원자재의 검사 ② 종업원 품질교육 ③ 품질보증
④ 공정계획 ⑤ 폐기물 ⑥ 품질연구실 운영
⑦ 등급저하로 인한 가격인하 ⑧ 소비자 불평처리 ⑨ 재작업

2-7 다음은 인쇄업을 하는 (주)한마음의 품질비용에 관한 자료이다. 품질비용의 항목별(예방비용, 평가비용, 내부실패비용, 외부실패비용)로 재구성하시오.

구성항목	금액(억원)	품질비용 항목	비고
프레스 기계의 가동중지비용	5.50		
교정작업	7.70		
인쇄과정의 오류	3.90		
최종 검사 및 확인	1.60		
제본과정세서의 폐기물	2.80		
프레이트 재작업	0.10		
표지제작과정에서의 폐기물	0.90		
품질개선 프로젝트	0.50		
고객의 항의로 인한 재작업	1.50		
품질계획	0.60		

제 2 부

통계적 품질관리

3
chapter

품질개선 도구

3.1 지속적 개선(CI; Continuous Improvement)

일반적으로 개선이란 조금씩 조금씩 나아지는 것을 의미한다. 이는 개선에 대한 의지가 있으면 모든 것을 개선할 수 있다. 개선은 작은 관심으로부터 시작할 수 있는데, 지속적 개선의 개념은 제품이나 서비스, 그리고 공정의 개선을 점진적으로 또 지속적으로 달성하는 과정이며, 이를 위한 경영철학이라고 할 수 있다.

이는 미국에서 1940년대에 논의되고 시작되었지만, 1980년대까지 미국에서 큰 관심을 받지 못했다. 그러나 일본기업들은 2차 세계대전 이후부터 지속적 개선 활동을 전개해오고 있으며, 그 결과로 이는 일본기업과 제품에 대한 기본 특장점으로 자리를 잡아가고 있다. 데밍(Edwards Deming), 쥬란(Joshep M. Juran) 등은 일본기업의 품질개선과 생산성 향상을 위한 방법들을 가르쳐서 일본의 경제적 성공을 이끌었던 주요 인물이다.

일본기업들이 세계시장에서 성공을 거두자 미국을 비롯한 다른 여러 나라의 기업들도 지속적 개선에 관한 접근방법을 검토하면서 전 세계적인 관심을 불러

모으게 되었다. 일본에서는 지속적 개선활동을 '카이젠(kaisen; 改善)'이라고 표현한다.

기업활동에서 지속적 개선이 적용되는 영역으로 제품/서비스와 이의 생산공정을 들 수 있으며, 개선을 해야 할 문제의 원천은 장비(machine), 작업방법(method), 자재(material)와 사람(man) 등에서 찾을 수 있다.

품질 문제의 해결이나 프로세스개선의 첫 단계는 자료(data)의 수집과 분석이다. 이를 위하여 여러 가지 도표가 사용되는데, 이들을 일반적으로 '품질개선의 7가지 도구'라고 말한다. 즉, 흐름도, 체크시트, 히스토그램, 파레토도, 산포도, 관리도와 특성요인도이다. 이러한 도구들은 문제 해결, 즉 의사결정의 기본을 제시한다.

3.2 지속적 개선 방법

3.2.1 표준화

표준(standard)이란 일종의 약속(계약)을 의미하며, 표준화(standardization)란 좋은 약속(계약)을 실행하고 또 그것을 활용하여 성과를 올리거나 올리고자 하는 것을 말한다. 예를 들어 무의식적으로 사용되는 언어도 우리를 상호 간의 약속으로 표준의 좋은 실례이며, 이러한 언어처럼 상호간 하나의 약속(계약)을 실행하는 것이 표준화이다. 표준화는 '어떤 표준을 정하고 이에 따르는 것' 또는 '표준을 설정하고 이것을 활용하는 조직적인 행위'를 말한다. 호환성(interchangeability)은 표준의 준수를 의미한다.

특히 기업조직에서는 생산성의 향상, 품질의 향상, 기술의 향상, 사용소비의 합리화와 단순화 및 거래의 경제성을 달성하기 위해 '생산의 3S'를 활용하고 있다. '생산의 3S'란 단순화(simplification), 전문화(specialization), 표준화(standardization)를 말한다. 기업은 '생산의 3S'를 통하여 대량생산을 가능하게 하고 규모의 경제(economy of scale)를 실현할 수 있어서 경제적 생산을 가능하게 한다.

표준화의 궁극적인 목적은 생산, 유통과 소비에 있어서 능률(효율, 생산성)을 증진하고 경제성을 높이는 것이다.

최근에 와서 제품이나 서비스는 기술의 발달과 수요의 다양화로 인하여 매우 복잡해지고 다양화되고 있다. 이러한 환경 하에서 생활의 편의성을 추구하기 위해서는 사물의 불필요한 다양화나 복잡화를 억제하는 것이 필요하다. 이를 가능하게 해주는 것이 표준화하고 할 수 있다. 국제표준화기구의 표준화원리연구 상설위원회(ISO/STACO)에서는 표준화의 목적을 달성하기 위한 표준화의 원리를 다음과 같이 제시하고 있다.

① 단순화의 원리(Principle of Simplification)
② 관계자 합의의 원리(Principle of General Consensus)
③ 다수이익의 원리(Principle of Benefit of the Many)
④ 고정의 원리(Principle of Fixing)
⑤ 개정의 원리(Principle of Revision)
⑥ 객관성의 원리(Principle of Objectivity)
⑦ 보편성의 원리(Principle of Universality)

표준이 적용되는 영역에 따라 사외표준과 사내표준으로 구분할 수 있다.

1) 사외표준

(1) 국제표준(International Standard)

표준화의 규모가 국가의 범위를 벗어나 세계적으로 개방되어있는 것으로써 공통적인 조약이나 협정에 따라 추진되는 것을 국제표준화라고 한다. 국제표준을 추진하는 대표적인 기관으로는 국제표준화기구(International Organization for Standardization: ISO)와 국제전기표준회의(International Electrotechnical Commission: IEC), 국제도량형국(International Bureau of Measure: IBM) 등이 있다.

(2) 지역표준(Regional Standard)

지역적으로 한정된 몇몇 국가들이 지역표준화기구를 조직하여 표준을 제정하여 협의된 국가 내에서만 적용되는 표준을 의미한다. 주로 유럽 표준 위원회(CEN)이나 유럽 전기 표준 회의(CENELEC) 등이 유럽 내 무역, 경제, 산업, 과학기술 등의 향상을 위해 적용하고 있다.

(3) 국가표준(National Standard)

특정 국가에 의해 인정된 표준화 기관이 제정하여 적용하는 표준을 말한다. 세계 최초의 국가표준은 1901년에 영국에서 제정되었다.

한국의 국가표준은 한국공업규격(Korean Industrial Standards : KS)으로 이는 공업표준화법에 의거하여 공업표준심의회의에서 조사와 심리를 거쳐 상공부장관이 제정하여, 1961년 9월 30일 공업표준화법이 제정(법률 제732조) 공포됨에 따라 규격제정의 기능이 발휘되기 시작하였다. 일본의 국가표준으로는 JIS와 JAS가 있고, 미국의 ANSI, 독일의 DIN, 영국의 BS 등이 있다.

(4) 단체표준(Association Society Standard)

한 국가 내에서 학회, 협회 등에 의해 제정되어 그들의 단체기관 내에서만 적용되는 규칙을 의미한다. 미국에서 널리 발전되어 있으며, 미국재료시험협회(American Society for Testing Materials : ASTM)이나 미국기계학회(American Society for Mechanical Engineers : ASME) 등에 의한 단체규격이 제정되어 사용되고 있으며, ASTM의 표준은 미국 뿐만 아니라 한국을 포함한 선진공업국들 사이에서도 활용되고 있다.

(5) 관청표준(Government Standard)

정부 관공서나 공공단체기관을 중심으로 구매자 입장에서 정한 표준이다. 이의 예로는 미국규격(MIL)과 한국의 철도청규격, 조달청규격 등이 있다.

2) 사내표준

특정 회사나 공장 등에서 사용되는 표준으로서, 사내표준은 '회사나 공장 등에서 제조나 부품, 제품 및 조직, 구매, 제조, 검사, 관리 등의 업무에 적용할 것을 목적으로 정한 표준'을 말한다 (KSA3001).

기업 내에서 추진되는 사내표준화는 기업의 생산활동을 합리적이고 효율적으로 수행할 수 있도록 역할을 한다. 사내표준화를 체계적으로 전개하기 위해서는 사내표준 분류체계가 명확해야 하지만, 이는 업종, 생산 형태, 기업규모 등에 따라서 차이가 있어서 일률적인 제시가 쉽지 않다.

3.2.2 PDCA 사이클

PDCA 사이클이란 어떠한 일을 계획하고 실천에 옮겨 실행하고, 이러한 실행이 옳은지 그른지 또는 유익한지를 검증하여 잘못된 점은 개선하고 다음 순환과정에서는 개선된 계획으로 실행하고 검증하여 개선해나가는 반복적인 사이클이라고 할 수 있다. PDCA의 핵심은 이루고자 하는 일에 대해 이룰 때까지 그 계획과 실천방식을 끊임없이 개선하는 데 있다.

PDCA 사이클이란, Plan-Do-Check-Action Cycle의 약자로, 계획(Plan) → 실행(Do) → 검증(Check) → 개선(Action)의 반복적인 흐름으로 그 결과를 다음 계획에 반영하는 프로세스를 말한다. 이는 '통계적 품질관리의 아버지' 라고 불리는 슈하르트(Walter A. Shewart)에 의해서 1920년대에 제시했던 것을 그의 제자인 데밍(W. Edwards Deming)이 1940년대에 체계화하여 2차 세계대전 이후의 일본 부흥에 적용하면서 전 세계적인 관심을 끌게 되었다. 이런 연유에서 PDCA 사이클은 '슈하르트 사이클' 또는 '데밍 휠'로 언급되고 있다. 이 사이클은 [그림 3-1]과 같은데, 이를 원(O)으로 나타내는 것은 지속적인 개선을 강조하기 위한 것이다. PDCA 사이클은 기본적으로 4단계로 구성되어 있다.

(1) **계획**(Plan) : 계획단계는 현재 공정(process)에 대한 연구에서 시작된다. 공정을 표준화하고 문제 인식을 위한 자료를 수집한다. 다음으로 자료를 분석하고 개선을 위한 계획을 개발한다. 그리고 계획을 평가하기 위한 척

도(기준)를 명확히 한다.

(2) **실행(Do)** : 앞 단계에서 개발된 계획을 이행한다. 가능하면 규모를 작게 하여 실행한다. 이 단계에서 일어난 변화를 문서화하고, 평가를 위한 자료를 체계적으로 수집한다.

(3) **검토(Check)** : 실행단계에서 수집된 자료를 분석하여 평가한다. 계획단계에서 설정된 원래 목표와 실행단계에서 성취된 결과 간의 일치 여부를 확인한다.

(4) **조치(Act)** : 만일 결과가 성공적이라면 새로운 방법을 표준화하고 공정에 관련된 모든 사람에게 새로운 방법을 알리고, 새로운 방법에 따른 훈련을 실시한다. 만일 결과가 성공적이지 않다면 계획을 수정하여 공정을 반복하든지 아니면 공정을 중단한다.

성공적인 결과를 조직 내의 다른 부서에서 반복함으로써 PDCA 사이클은 지속된다. 만일 계획이 성공적이지 않더라도 지속되길 원한다면 계획을 수정하여 사이클을 반복한다. 여러 단계의 결과를 적용함으로써 지속적 개선을 향한 체계적 접근을 할 수 있다.

[그림 3-1] PDCA 사이클

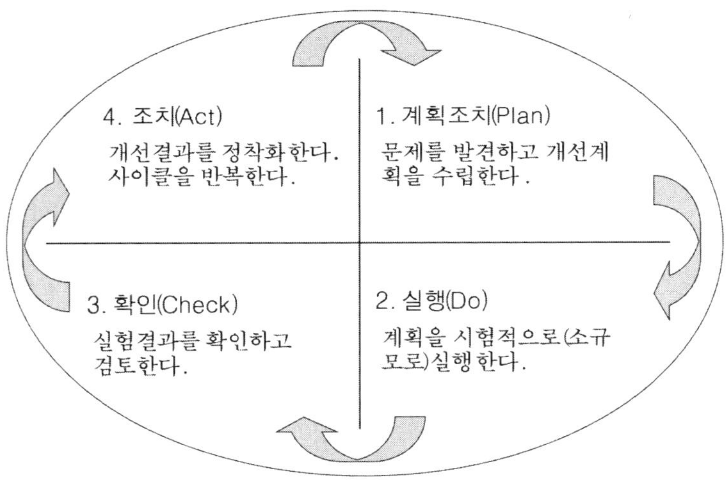

PDCA는 조직 전체 수준의 큰 PDCA에서부터 종업원 수준의 작은 PDCA

까지, 여러 가지의 규모가 있다. 예를 들어, 어느 기업이 연간 예산을 세우고(Plan), 이것을 기초로 일정기간 영업활동을 실시하고(Do), 실수나 문제가 있는지 없는지를 감시함과 동시에 실적과 예산을 비교하고, 그 차액의 원인을 분석하여(Check), 실수나 문제점이 발생했을 때 원인을 개선하고(Action), 사업활동을 계속해 나가는 것이 PDCA 사이클이다.

다른 예로 아침에 출근해 그날의 업무 우선순위를 결정하여(Plan), 업무를 실행해 나가며(Do), 업무의 진행 상황을 확인하거나 능률적이지 않았던 작업을 다시 검토하고(Check), 개선한 후 그날의 작업을 완성하고 다음 계획에 반영하는 것(Action)을 작은 단위의 PDCA라고 할 수 있겠다. 어느 쪽이든 계속적인 개선이 필요하며, 업무를 실시하는 데 있어 매우 유효한 프로세스라고 말할 수 있다.

3.2.3 프로세스 개선

프로세스 개선(Process Improvement)은 지속적 개선을 위한 체계적인 접근방법이다. 이는 프로세스의 기능을 개선할 목적으로 문서화하고 측정하고 분석하는 과정으로 구성되어 있다. 이의 목적은 고객만족 증가, 더 높은 품질 달성, 낭비 제게, 비용 절감, 생산성 향상, 프로세스 시간 감소 등을 들 수 있다.

프로세스 개선단계는 크게 프로세스 파악→프로세스 분석→프로세스 재설계로 구성되어 있으며, [표 3-1]과 [그림 3-2]는 프로세스 개선의 전반적 이해를 가능하게 한다.

[표 3-1] 프로세스 개선의 개요

단 계	순 서	개선 내용
(단계1) 프로세스 파악	A	- 프로세스에 대한 정보를 수집하라. - 프로세스의 각 단계를 파악하라. - 단계별로 다음 사항을 결정하라. (투입물과 산출물, 참여하는 사람, 의사결정) - 단계별 평가기준에 대한 측정값을 적절하게 문서화하라. (시간, 비용, 공간, 낭비, 종업원의 도덕성과 교대, 사고, 안전불감증, 작업환경, 수익과 이익, 품질, 고객만족 등)
	B	- 프로세스를 정확하게 묘사한 흐름도를 만들어라. (흐름도를 지나치게 대략적으로 그릴 경우, 의미있는 분석이 어렵다.) (흐름도를 지나치게 세부적으로 그릴 경우, 분석담당자에게 혼돈을 주어 비생산적이 될 수 있다.) - 중요한 활동과 의사결정이 나타나 있는지 확인하라.
(단계2) 프로세스 분석	A	- 프로세스에 대해 아래와 같은 질문을 하라. (1) 프로세스 흐름이 논리적인가? (2) 특정 단계나 활동이 빠졌는가? (3) 중복이 있는가?
	B	- 단계별로 아래와 같은 질문을 하라. (1) 필요한가? 제거될 수 있는가? (2) 가치를 제공하는가? 낭비가 발생하는가? (3) 수행시간이 짧아질 수 있는가? (4) 수행비용은 감소할 수 있는가? (5) 2개 이상의 단계가 결합할 수 있는가?
(단계3) 프로세스 재설계	A	- 분석 결과를 사용해서 프로세스를 재설계하라.
	B	- 평가기준에 대한 측정값을 적절하게 문서화하라. (시간, 비용, 공간, 낭비, 종업원의 도덕성과 교대, 사고, 안전불감증, 작업환경, 수익과 이익, 품질, 고객만족 등)

[그림 3-3] 프로세스 개선

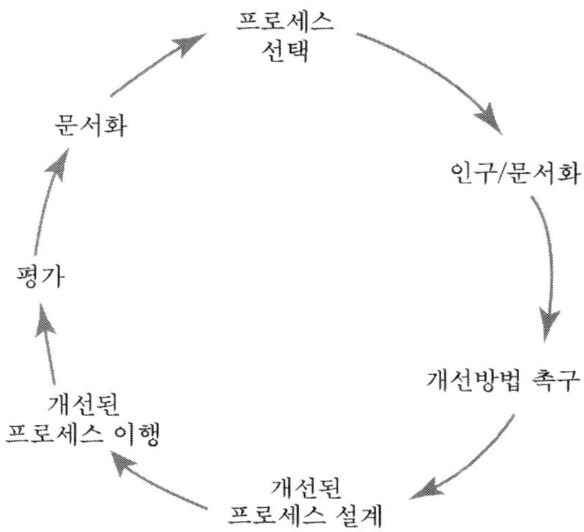

3.3 지속적 개선 도구

지속적 개선을 위한 과정에는 다양한 기법과 도구가 활용된다. 이러한 도구들은 문제해결과 프로세스개선을 위해 자료수집과 분석에 도움을 주며, 의사결정의 기본을 제공한다. 주로 사용되는 7개의 기본적인 품질개선 도구에는 흐름도, 체크시트, 히스토그램, 파레토도, 산포도, 관리도, 특성요인도 등이 포함되고 있다.

3.3.1 흐름도(Flowchart)

흐름도는 과업이나 프로세스의 진행과정을 일단의 기호를 이용하여 시각적으로 나타낸 도표이다. 흐름도를 이용하면 프로세스의 전개과정과 특성, 그리고 프로세스에 참여하는 각 단계의 상호관계를 파악할 수 있어서, 프로세스에서 문제의 발견 · 분석 · 해결 · 개선에 도움을 줄 수 있다.

흐름도에서 '다이아몬드(◇)'는 프로세스에서 의사결정을 하는 단계를, 사각형(□)은 절차를, 그리고 화살표(→)는 프로세스 단계의 진행방향(흐름)을 나타낸다.

흐름도를 만들기 위해서 우선 프로세스 내의 단계를 나열하고, 각 단계를 절차나 의사결정 포인트로 분류한다. 여기서 경계해야 할 사항은 흐름도를 너무 자세히 만들지 않도록 노력해야 하며, 주요 단계를 생략하지 않도록 주의해야 한다. [그림 3-4]는 흐름도의 한 형태를 나타낸 것이다.

[그림 3-4] 흐름도

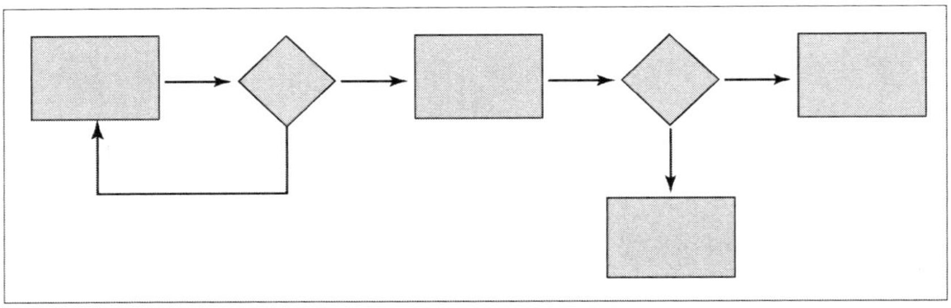

3.3.2 체크시트(Check Sheet)

체크시트는 문제를 확인하기 위해서 자료를 수집 · 기록 · 정리하는 단순한 도구로, 품질현상의 도수분포나 빈도를 보여주고 있다. 특히 불량유형, 불량 발생 시점, 불량 발생 위치 등을 파악하여 불량원인을 정확히 알아내는 데 도움이 된다. [그림 3-5]는 체크시트의 한 형태를 나타낸 것이다.

[그림 3-5] 체크시트

	일 자			
불량 유형	1	2	3	4
A	///		////	/
B	//	/	//	///
C	/	////	//	////

3.3.3 히스토그램(Histogram)

히스토그램은 수집된 자료의 분포를 파악하는 데 도움을 주는 도구이다. 특히 분포의 대칭 여부와 값의 범위를 알 수 있으며, 이상치(outlier)를 파악할 수 있다. 체크시트가 완성되면 그 자료를 이용하여 히스토그램이나 막대그래프를 작성할 수 있다. 히스토그램은 연속된 자료(continuous data)를, 그리고 막대그래프는 불연속자료(이산자료, discrete data) 자료를 나타내는 데 사용된다. [그림 3-6]은 히스토그램의 한 형태를 나타낸 것이다.

[그림 3-6] 히스토그램

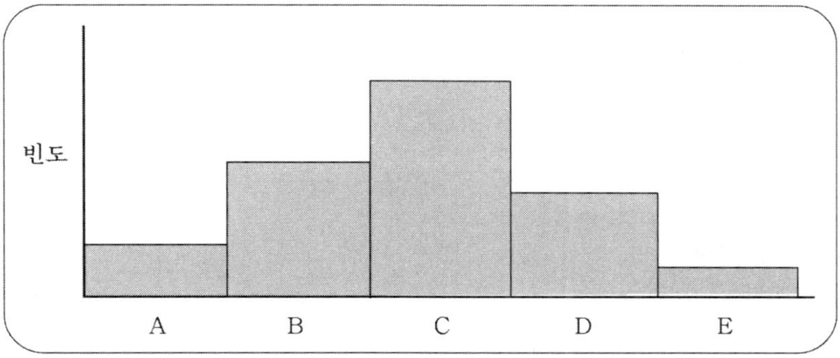

3.3.4 파레토도(Pareto Diagram)

파레토도는 주로 품질불량의 원인을 파악하는 데 사용되는 도구이다. 파레토도라는 명칭은 19세기 후반의 이탈리아 경제학자 파레토(Vilfredo Pareto)의 이름에서 유래한다. 파레토는 소수의 사람이 사회 재산의 큰 몫을 소유하고 있음을 밝히고 있다(파레토의 법칙). 전체 결과의 80%가 전체 원인의 20%에서 일어나는 현상을 가리킨다(80 대 20 법칙). 예를 들어 20%의 고객이 백화점 전체 매출의 80%에 해당하는 만큼 쇼핑하는 현상을 설명할 때 이 용어를 사용한다.

이 용어를 경영학 분야에서 처음으로 사용한 사람은 품질의 대가인 쥬란(Joshep M. Juran)이다. 제품 불량의 원인으로 여러 가지를 들 수 있지만, 대부분의 불량은 극소수의 원인에 의하여 발생한다고 파악하였다. 따라서 생산시스템에서 2~3가지의 불량원인을 발견하여 제거하게 되면 상당한 품질개선 효과를 얻을 수 있다고 주장하였다.

[그림 3-7] 히스토그램과 파레토도

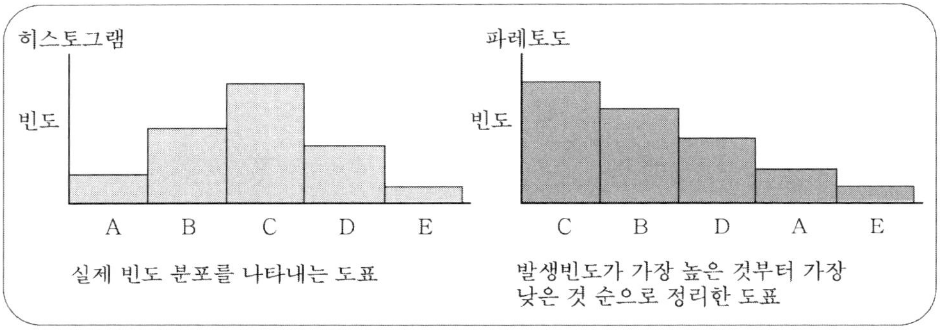

파레토도를 이용하여 분석하는 방법은 먼저 모든 불량원인을 열거하여 불량원인별로 발생한 불량개수를 조사한다. [그림 3-7]의 좌측은 수집된 자료에 대한 도수분포표이고, 이를 발생빈도가 높은 원인에서 빈도가 낮은 원인으로 배열된 [그림 3-7]의 우측 도수분포표를 파레토도라고 한다. 파레토도를 보면 불량원인 A, B, C, D, E 중에서 주된 불량원인은 원인 C와 B임을 알 수 있다. 파레토 분석은 품질개선의 노력이 어디에 초점을 맞추어야 하는가를 명확하게 보여준다.

3.3.5 산포도(Scatter Diagram)

산포도는 두 변수 간의 상관관계(상관의 방향과 정도)를 보여주는 도구이다. 상관관계는 문제의 원인을 밝히는 데 도움이 된다. 예를 들면 불량(변수 B)이

습도(변수 A)와 밀접한 관계가 있다고 생각될 때, 산포도를 작성하면 [그림 3-8]과 같이 확인할 수 있다. 상관의 방향과 관련하여 이 산포도에서는 불량과 습도 간에 정(+)의 상관관계가 존재함을 알 수 있다. 반면에 변수 A의 값이 낮을수록 변수 B의 값이 높아진다면 부(-)의 상관관계가 존재한다고 할 수 있다. 두 변수 간의 상관관계과 높을수록 점들이 직선 형태로 모이게 되어 점들의 산포 정도가 낮게 되고, 반대로 변수 간의 상관관계가 낮거나 없을 경우 점들은 완전하게 흩어지는 경향이 있다. [그림 3-8]은 산포도의 한 형태를 나타낸 것이다.

[그림 3-8] 산포도

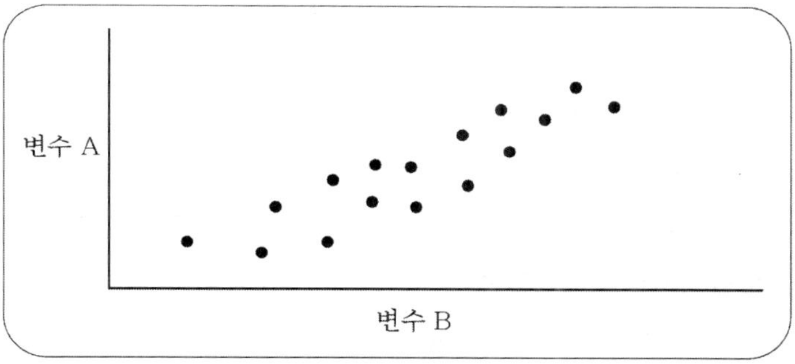

3.3.6 관리도(Control Chart)

관리도는 공정의 이상 유무를 발견하기 위하여 사용되는 도구로, 관리상한선(Upper Control Limit : UCL)과 관리하한선(LCL : Lower Control Limit)을 설정한다. 그리고 일정한 시간 간격으로 측정된 공정 결과들을 관리도 상에 타점하여 측정값이 관리한계 내에 있으면 공정은 '안정상태(in control)'에 있는 것으로 판정하고, 측정값이 관리한계를 벗어나면 '이상상태(out of control)'에 있는 것으로 판정하고 그 원인을 조사하고 제거한다. [그림 3-9]는 관리도의 한 형태를 나타낸 것이다.

[그림 3-9] 관리도

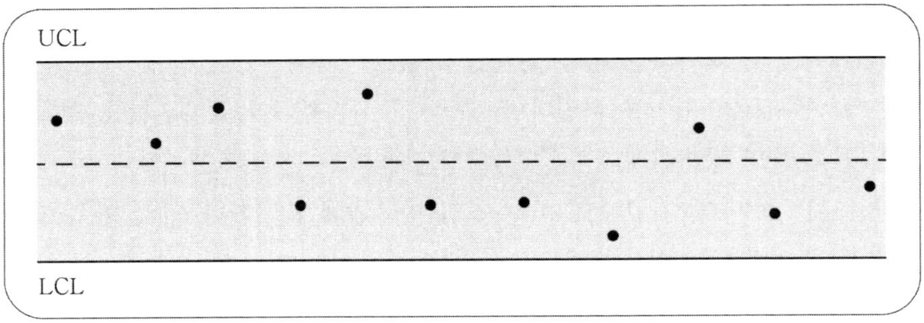

3.3.7 특성요인도(Cause-and-Effect Diagram)

특성요인도는 문제의 가능한 원인을 체계적으로 추적하여 해결하는 도구이다. 이는 모양이 생선뼈 형태여서 '생선뼈 도표(Fishbone Diagram)'로, 그리고 개발한 사람의 이름을 따서 '이시가와 도표(Ishikawa Diagram)'로 불린다. [그림 3-10]은 특성요인도의 한 형태를 나타낸 것이다.

개선하고자 하는 품질특성(결과, 생선의 머리)에 영향을 주는 여러 가지 요인(원인, 생선의 가시)들을 규명해서 해결하는데, 일반적으로 취급하는 주요인에는 4M - 인력(man), 장비(machine), 공정 방법(method), 자재(material)과 환경(environment)을 들 수 있다. 문제를 발생시키는 가능한 세부원인은 품질분임조나 공정개선팀이 브레인스토밍(brainstorming) 회의기법을 활용하여 규명한다.

[그림 3-10] 특성요인도

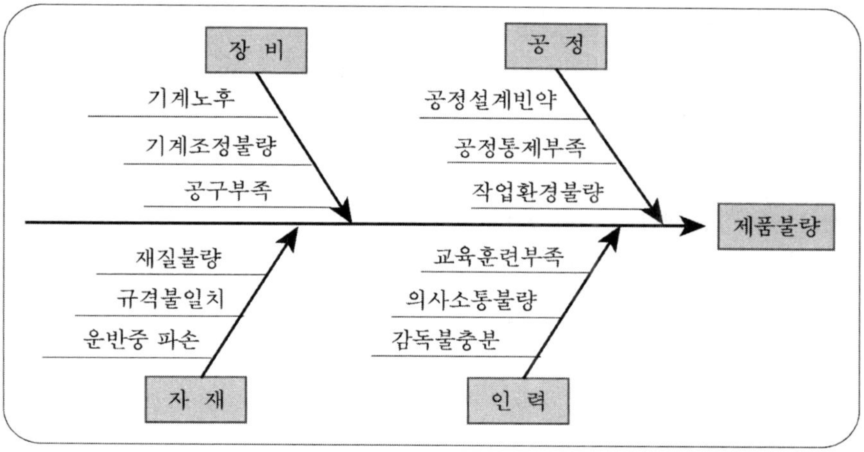

3.3.8 런차트(Run Chart)

런차트는 시간의 경과에 따라 어떤 요인의 변화하는 것을 시각적으로 추적하는 데 사용되는 도구이다. 런(run)이란 어떤 특성을 가진 일련의 관측값들로 정의된다. 런차트는 추세나 발생가능한 패턴을 파악(monitoring)하는 데 도움을 준다. [그림 3-11]은 런차트의 의 한 형태를 나타낸 것이다. 제품 A의 품질은 지속적으로 하락하는 추세에 있지만, 제품 B의 품질은 일정하게 유지되고 있음을 보여주고 있다. 이의 장점은 작성하기 쉽고 해석하기 쉬운 것이다.

[그림 3-11] 런차트

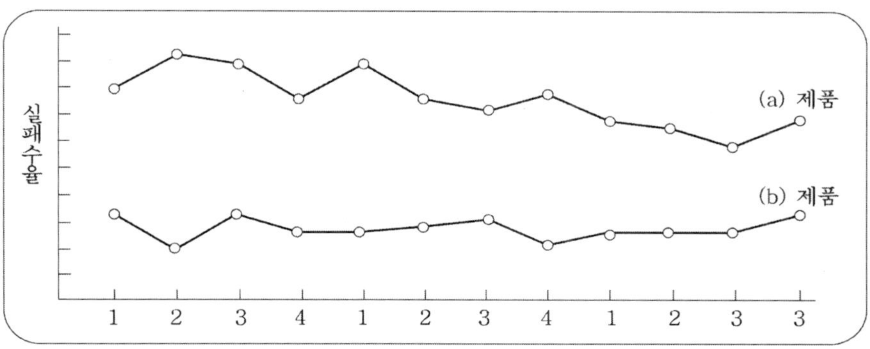

3.3.9 개선도구의 종합 활용

제품이나 공정개선에 몇몇 도구를 종합적으로 활용한 예를 설명하고자 한다. [그림 3-12]에서는 수집된 자료를 바탕으로 하여 체크시트를 작성하여 문제의 유형을 파악하고, 파레토도를 활용하여 가장 빈번하게 발생하는 원인의 유형을 점검하고, 특성요인도를 활용하여 특정 문제(원인)에 관한 해결방법을 모색하는 과정을 나타내고 있다.

[그림 3-12] 다양한 개선도구의 활용

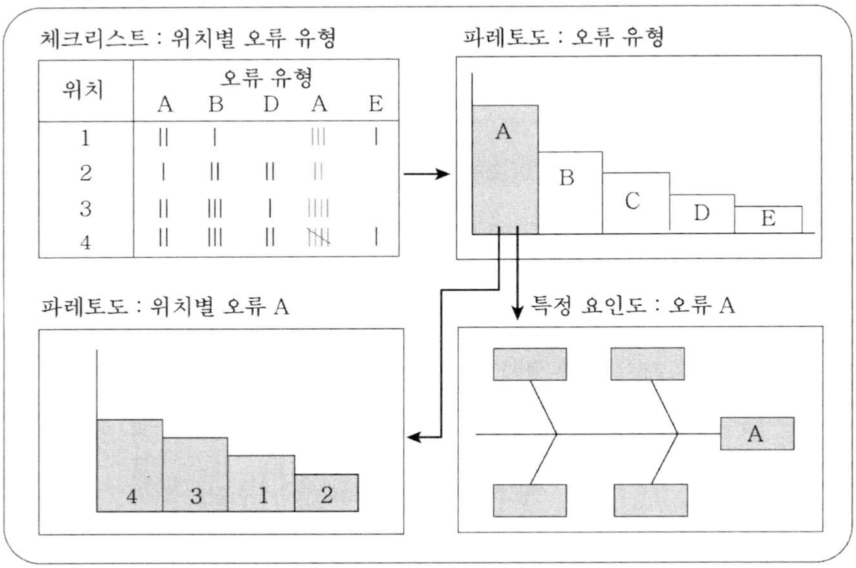

[그림 3-13] 파레토도의 적용 전후의 개선 비교

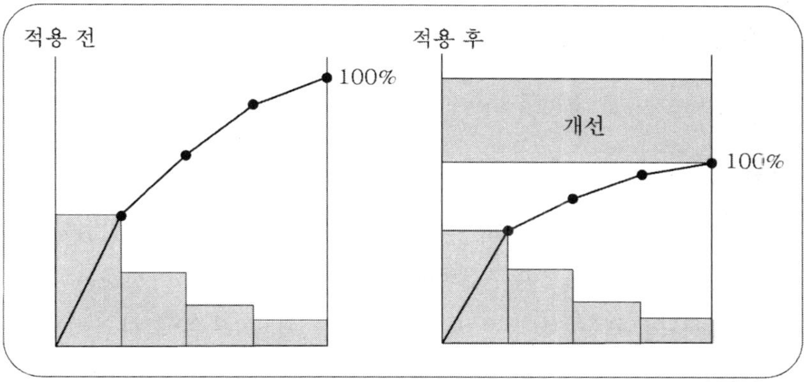

[그림 3-13] 파레토도의 적용 전후의 개선된 모습을 비교하는 것이고, [그림 3-14]는 관리도를 사용하여 통제를 벗어난 공정을 2단계에 걸쳐서 개선해나가는 모습을 보여주고 있다.

[그림 3-14] 관리도를 활용한 공정개선

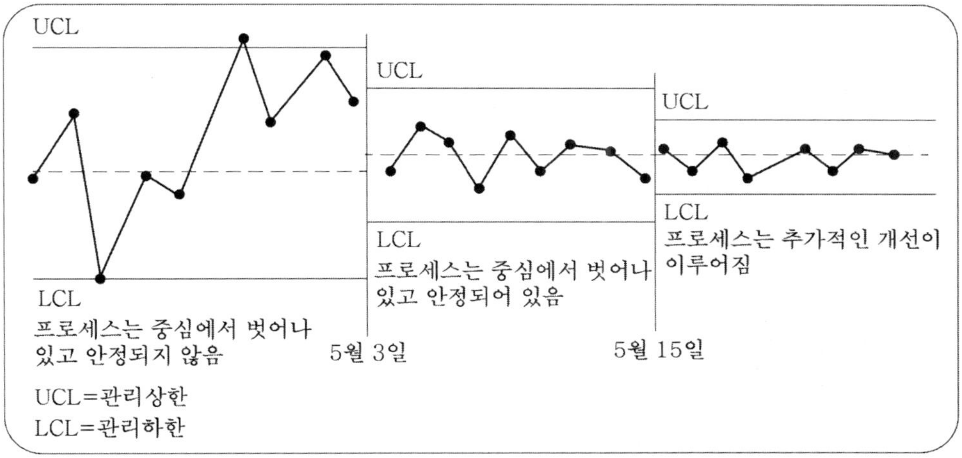

3.4 벤치마킹

벤치마킹(benchmarking)은 조직의 지속적 개선 노력에 새로운 기운을 불어넣을 수 있는 새로운 접근법이다. 벤치마킹은 산업내 최고의 기업이나 최고의 산업에 대해 고객의 주요한 요구사항에 대한 조직 성과를 측정하는 과정이라고 할 수 있다. 회사의 제품, 서비스 또는 프로세스를 최우수 회사의 그것과 비교, 평가하는 지속적이며 체계적인 절차이다. 어떤 조직들이 가장 잘하고 있는가? 그들은 어떻게 일을 처리하고 있는가? 지금 우리는 그것을 어떻게 하고 있는가? 우리는 어떠한 변화를 통해 최고를 따라 잡거나 능가할 수 있는가? 등을 통해서 최고품질을 향해 접근한다. 벤치마킹 대상(benchmark)을 선정하는 것은 경쟁자들이 무엇을 하고 있는가에 대한 통찰력을 제공한다. 하지만 경쟁자들은 이러한 정보를 임의로 공유하는 것을 꺼린다. 일부 조직에서는 벤치마킹 연구를 수행하여 다른 조직에게 자료의 원천을 공개하지 않고 해당 정보를 제공함으로써 이런 어려움에 대응하고 있다.

벤치마킹의 목적은 일류회사를 목표로 하여 자기 회사를 개선하려는 것이다. 쉽게 말해서, 리더회사가 어떻게 하는가를 살펴보고 우리도 최선의 방법(best practices; BP)이라 할 수 있는 그들의 방법을 본받아 잘해 보자는 것이다. 벤치마킹의 진행절차는 다음과 같다.

1) **계획**(planning) : 벤치마킹의 대상(제품, 서비스, 프로세스)과 비교 대상(기업, 산업, 기능 등)을 선정하고, 비교분석에 사용될 성과척도(불량률, 생산원가, 생산성, 투자이익률, 고객만족도 등)를 결정하고 자료를 수집한다.
2) **분석**(analysis) : 회사와 벤치마크회사(비교대상회사)의 성과를 비교하여 차이를 측정하고 그 원인을 조사한다.
3) **통합**(integration) : 목표를 설정하고 이의 달성을 위하여 필요한 제반 자

원을 확보하기 위한 계획과 준비를 한다.

4) **조치(action)** : 개선팀을 형성한다. 개선팀은 문제와 관련된 각 부문의 사람을 망라한 혼성팀으로 한다. 개선팀은 실행계획(action plan)을 수립하고, 실천하고 진도를 확인한다. 벤치마킹팀은 벤치마크회사를 방문할 수 있다.

벤치마킹은 비교의 방법에 따라 경쟁적, 기능적, 내부적 벤치마킹 등으로 분류할 수 있다.

1) **경쟁적 벤치마킹(competitive benchmarking)** : 경쟁관계에 있는 동일업종의 기업을 비교대상으로 한다.
2) **기능적 벤치마킹(functional benchmarking)** : 조직관리, 고객서비스, 판매활동 등 회사의 일부 기능만을 비교한다. 다른 업종의 회사가 벤치마크로 선정될 수 있다. 예컨대 Xerox는 복사기제조업이지만 유통관리와 고객서비스기능을 배우기 위하여 소매업인 L. L. Bean을 벤치마킹하였다.
3) **내부벤치마킹(internal benchmarking)** : 한 회사 내의 부문 간에 벤치마킹을 한다. 부문이나 사업부의 수가 많은 기업에서 유용하게 사용될 수 있다.

어떤 형태이든 벤치마킹은 장기적인 조직개선을 위한 효과적인 수단이 될 수 있다. 그리하여 벤치마킹은 TQM기업의 지속적 개선 프로그램의 수단으로 이용되는 경우가 많다. 세계 최고의 조직(기업)을 다른 산업과 분야에서 선정하는 것은 벤치마킹을 제대로 수행하는 대안이 될 수 있다. 예를 들면, Zerox는 다양한 벤치마크를 활용하고 있다. 종업원 참여는 P&G를, 품질 프로세스에서는 Florida Power & Lights와 Toyota를, 대량생산 분야에서는 Kodak과 Canon을, 청구서 수집은 American Express를, 연구개발은 AT&T와 HP를, 유통부분에서는 L.L. Bean과 Hershey Food를, 그리고 일정관리는 Cummins Engine을 벤치마킹하였다.

품질경영 사례 3

A. 부산항 공(空)컨테이너 불량률 지속적으로 개선돼

올 상반기 부산항에서 유통된 공(空)컨테이너 상태가 지난해부터 지속적으로 개선되고 있는 것으로 나타났다. 부산항만공사(BPA)는 '2022년 상반기 부산항 공컨테이너 실태조사' 결과 컨테이너 불량률이 지속적으로 개선됐으며, 유해 외래생물도 발견되지 않았다고 22일 밝혔다.

이번 조사는 지난 7일부터 2주간 부산지방해양수산청, 농림축산검역본부 및 컨테이너 수리업체와 합동으로 진행했다. BPA는 2017년 해외에서 수입된 공컨테이너에서 유해 외래생물이 처음 발견된 후, 유해 외래생물 유입 방지와 불량 컨테이너로 인한 운송기사들의 애로사항을 해결하기 위해 이듬해부터 관계기관 합동 실태조사를 실시하고 있다.

이번 조사는 부산항에서 반출된 공컨테이너 4만500개 중 2,676개(6.6%)를 표본 조사한 결과, 345개(12.9%)가 불량으로 판정됐다. 이는 지난해 상·하반기 불량률 대비 각각 1.0%포인트와 0.1%포인트 감소한 수치다.
지난해부터 부산항 공컨테이너 수급 상황이 개선되면서 상태가 양호한 컨테이너들이 많이 수입된데 다, 해양수산부·검역본부 등과 선사들의 개선 노력이 불량률 감소의 주요 원인으로 풀이된다. BPA는 선사의 자발적인 공컨테이너 관리 강화를 유도하고, 조사 자료를 관리·분석해 향후 실태조사 개선방안 마련에 활용할 계획이다.

강준석 BPA 사장은 "최근 부산항에 유입되는 공컨테이너의 지속적인 개선은 부산항 이해관계자의 노력이 만들어낸 것"이라며 "유해 외래생물이나 불량 공컨테이너로 인해 부산항 물류에 차질이 발생하지 않도록 최선을 다하겠다"라고 말했다.

오성택 기자(세계일보, 2022-06-22)

B. 안랩, '환경경영방침' 발표‥"'환경성과의 지속적 개선' 최우선 목표"

안랩(대표 강석균)이 친환경 경영 의지를 담은 전사적 환경전략 방향인 '환경경영방침'을 발표했다. 안랩은 '환경경영방침'에서 '환경성과의 지속적 개선'(환경경영의 실천)을 최우선 목표로 삼고 궁극적으로 안랩의 모든 경영활동이 환경에 긍정적인 영향을 미치도록 노력하겠다고 천명했다.

안랩은 환경방침의 구체적인 실행과 관련, '환경을 위해 모든 세세한 부분까지 관리'하겠다는 의미로 'Every Little Detail'을 환경 캐치프레이즈로 정하고 환경경영 성과를 끊임없이 실행·측정·개선해나가겠다고 24일 밝혔다.

또한 안랩은 환경방침에 △국내외 환경 관련 법규준수 △사옥 내 에너지의 효율적 이용·관리 △환경경영 프로세스 구축·운영 △임직원 환경 인식 제고 △환경경영 성과 공개 등 다섯 가지 환경방침 실천사항을 담았다.

안랩은 임직원이 환경경영의 필요성을 공감하고 실천할 수 있도록 '환경경영방침'을 이달 중 사내 게시판과 홈페이지에 게시해 내외부 이해관계자들에 공유하고, 매 분기 환경경영 내재화를 위한 전사 환경 교육을 시행하고 있다. 하반기에는 불용 도서 기부, 불용 IT 자산 재활용 등 자원순환의 관점에서 사내 캠페인을 전개해갈 예정이다.

강석균 대표는 "탄소중립을 향한 전세계적 흐름에서 이제는 안랩과 같은 IT·SW기업도 준비와 동참이 필요하다"라며 "탄소배출 저감을 위해 현재 안랩이 실천할 수 있는 작은 것에서 출발해 점진적으로 범위를 확대해 나갈 것"이라고 밝혔다.

박규진 기자(월드경제신문, 2022-06-24)

C. 청양고추 재배기술, 전국에서 벤치마킹 사례로 각광
(“고추품종비교 전시포 등 운영으로 고추재배기술 우수성 인정받아”)

전국의 고추 재배 농업인들이 차별화된 청양고추 재배기술에 주목하고 있다. 올해 들어 벌써 20여 차례 전국의 고추재배 연구회 및 농업인들이 벤치마킹을 다녀가는 등 특화작목 청양고추를 육성하는 청양군의 맞춤형 기술을 배우려는 발길이 이어지고 있다.

청양군은 전체 약 760ha 면적에 4000여 농가가 고추를 재배해 가장 중요한 소득원으로 자리 잡은 지 오래다. 군 농업기술센터는 ▲고추품종 비교전시포 4개소 ▲노지고추 막덮기 부직포 이용 상품성 향상시범 4개소 ▲총채벌레 방제를 통한 바이러스 예방 실증시험 9개소 ▲태양초 생산 자동건조시스템 설치시범 2개소 ▲시설고추 고온기 환경관리시범 2개소 ▲교미교란제를 활용한 고추 담배나방 방제기술 보급시범 59개소 등 품질고급화 및 비용절감을 위한 다양한 시범사업을 추진, 농업인 실증 교육장으로 활용하고 있다.

지난 11일에는 강화군 농촌지도자회 회원 및 당진시 농촌지도자회 회원 등이 30여 품종을 전시 재배하는 고추품종재배전시포를 방문해 선진기술을 현장에서 보고 배우는 시간을 가졌다. 군 농업기술센터 관계자는 “청양고추의 품질 고급화 노력을 지속적으로 기울여 우수성을 전국에 알리고 안정적인 고추 소비 고객을 확보할 계획”이라며 “더불어 다양한 신기술을 발굴 보급해 경쟁력 제고에 노력하겠다”라고 말했다.

이춘주 기자(중앙매일, 2018-07-15)

연 습 문 제

3-1 지속적 개선의 의의와 중요성에 관해서 설명하시오.

3-2 지속적 개선 방법으로서의 PDCA 사이클에 관해서 설명하시오.

3-3 흐름도의 개념과 특징에 관해서 설명하고, 실생활 적용사례를 드시오.

3-4 체크시트의 개념과 특징에 관해서 설명하고, 실생활 적용사례를 드시오.

3-5 히스토그램의 개념과 특징에 관해서 설명하고, 실생활 적용사례를 드시오.

3-6 파레토도의 개념과 특징에 관해서 설명하고, 실생활 적용사례를 드시오.

3-7 산포도의 개념과 특징에 관해서 설명하고, 실생활 적용사례를 드시오.

3-8 관리도의 개념과 특징에 관해서 설명하고, 실생활 적용사례를 드시오.

3-9 특성요인도의 개념과 특징에 관해서 설명하고, 실생활 적용사례를 드시오.

3-10 탁상용 램프를 켰을 때 불이 들어오지 않는다고 자정해 보자. 가능한 원인을 분석하여 간단한 특성요인도를 작성하시오.

3-11 주문한 부품이 공급자로부터 배달이 늦어지는 원인을 특성요인도를 작성하여 분석하시오.

3-12 기계가 계속해서 불량품을 생산하는 이유를 특성요인도를 작성하여 분석하시오.

3-13 다음은 응급전화에 관한 자료이다. 5분의 시간 간격으로 런차트를 작성하시오. (0~4분, 5~9분 등의 시간 간격을 사용) 전화가 동시에 2개 이상이 걸려올 수 있으며, 야간에는 3명의 전화응답원이 근무한다. 런차트를 통해서 어떠한 결론을 내릴 수 있을까?

전화	시간	전화	시간	전화	시간	전화	시간
01	1:03	12	1:36	23	1:56	34	2:08
02	1:06	13	1:39	24	2:00	35	2:11
03	1:09	14	1:42	25	2:00	36	2:12
04	1:11	15	1:43	26	2:01	37	2:12
05	1:12	16	1:44	27	2:02	38	2:13
06	1:17	17	1:47	28	2:03	39	2:14
07	1:21	18	1:48	29	2:03	40	2:14
08	1:27	19	1:50	30	2:04	41	2:16
09	1:28	20	1:52	31	2:06	42	2:19
10	1:29	21	1:53	32	2:07	43	2:19
11	1:31	22	1:56	33	2:08	44	2:19

3-14 ㈜퍼플핸즈 자동차서비스센터의 다음 자료에 대해 체크시트와 파레토도를 작성하시오.

No	작업내용	No	작업내용	No	작업내용
1	타이어	11	브레이크	21	윤활유와 오일
2	윤활유와 오일	12	윤활유와 오일	22	브레이크
3	타이어	13	배터리	23	트랜스미션
4	배터리	14	윤활유와 오일	24	브레이크
5	윤활유와 오일	15	윤활유와 오일	25	윤활유와 오일
6	윤활유와 오일	16	타이어	26	배터리
7	윤활유와 오일	17	윤활유와 오일	27	윤활유와 오일
8	브레이크	18	브레이크	28	배터리
9	윤활유와 오일	19	타이어	29	브레이크
10	타이어	20	브레이크	30	타이어

3-15 유무상자(주)의 에어콘 수리부서는 지난달에 진행된 42개의 서비스 요구사항에 대한 주요 이유를 다음과 같이 수집하였다. 이 자료를 사용하여 고객 유형

별 문제 유형에 대한 체크시트를 작성하고, 각 유형의 고객별로 파레토도를 작성하시오.

No.	문제/고객 유형	No.	문제/고객 유형	No.	문제/고객 유형
001	F/R	015	F/C	029	O/C
002	O/R	016	O/C	030	N/R
003	N/C	017	W/C	031	N/R
004	N/R	018	N/R	032	W/R
005	W/C	019	O/C	033	O/R
006	N/R	020	F/R	034	O/C
007	F/R	021	F/R	035	N/R
008	N/C	022	O/R	036	W/R
009	W/R	023	F/R	037	O/C
010	N/R	024	N/C	038	O/R
011	N/R	025	F/R	039	F/R
012	F/C	026	O/R	040	N/R
013	N/R	027	W/C	041	O/C
014	W/C	028	O/C	042	N/R
문제 유형	N = 소음, F = 장치고정, W = 과열, O = 냄새				
고객 유형	C = 법인 고객, R = 개인 고객				

3-16 다음의 자료를 이용하여 산포도를 그리고 두 변수 간의 관계를 설명하시오. X축에는 첫 번째 변수를 넣고, Y축에는 두 번째 변수를 넣으시오.

a) 나이와 결석률의 상관관계

나이	24	30	22	25	33	27	36	58	37	47	54	28	42	55
결석률(%)	6	5	7	6	4	5	4	1	3	2	2	5	3	1

b) 온도와 오차율의 상관관계

온도(도)	65	63	72	66	82	58	75	86	77	65	79
오차율(%)	1	2	0	0	3	3	1	5	2	1	

4 chapter 샘플링 검사

4.1 검 사

검사(inspection)란 제품이나 서비스를 표준과 비교하는 평가활동이다. 조직이 품질관리활동을 수행할 때, 높은 품질을 달성하기 위해서 그리고 품질불량을 예방하기 위해서 생산활동의 여러 단계에서 검사를 실시해야 한다. 검사는 생산 이전, 생산 중 및 생산 이후에 실행할 수 있다. 생산 이전의 검사는 투입자원이 적합한지를 확인하는 것이고, 생산 중의 검사는 투입자원이 결과물로 전환되는 과정이 적합한 방식으로 진행되었는지를 확인하는 것이고, 생산 이후의 검사는 고객에게 결과물이 제공되기 전에 적합성을 최종 확인하는 것이다.

생산 이전과 이후의 검사에서는 샘플링 검사(acceptance sampling)가 요청되지만, 생산 중의 검사에서는 공정관리(process control)가 요청된다. [그림 4-1]은 이러한 사항을 보여주고 있다.

[그림 4-1] 샘플링 검사와 공정관리

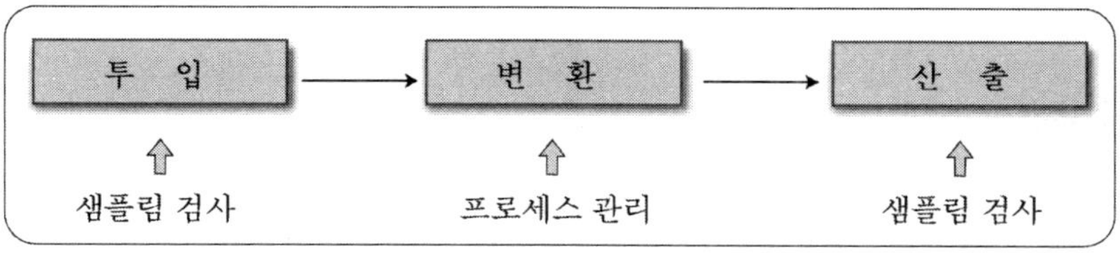

검사의 목적은 특정 품목이 표준에 부합하는 정도에 대한 정보를 제공하는 것이다. 검사에 있어서 자주 논의되는 질문은 다음과 같다.

① 얼마나 많은 수량을 검사해야 하며, 얼마나 자주 검사해야 하는가?
② 공정의 어느 위치에서 검사가 이루어져야 하는가?
③ 중앙과 현장 가운데 어디에서 검사할 것인가?
④ 발생회수(속성)를 검사할 것인가 또는 품질특성(변량)을 검사할 것인가?

드론 제조회사에서의 검사를 고려해보면, 검사비용의 관점에서 생산되는 모든 드론을 검사할 것인지 또는 그중 일부 드론만을 검사하는 것으로 충분할지 논의할 수 있다. 생산공정 상 검사를 다양한 위치에서 진행할 수 있지만, 모든 검사는 비용 측면에서 효과적이지 않아서 검사위치와 시점이 중요하다. 그리고 검사를 위해 생산라인에서 추출한 드론을 실험실로 가져가서 검사할 것인지 아니면 생산현장에서 검사할 것인지를 결정해야 한다.

효과적인 품질관리시스템을 구축하기 위해서는 검사시점, 측정치의 유형, 검사의 크기, 검사자의 4가지 사항이 결정되어야 한다.

4.1.1 검사시점

품질관리시스템 구축의 첫 단계는 검사가 필요한 시점을 파악하는 것이다. 일반적으로 검사에는 수입검사, 공정검사 및 완제품 검사가 있다.

1) 수입검사

생산활동에 투입하는 원자재가 정해진 규격에 맞는가를 검사하는 것이다. 원자재가 불량이면 공급자에게 반품하고, 양품이면 생산활동에 투입하도록 하는 일종의 취사과정이다.

2) 공정검사

생산공정 중에 있는 재공품에 대한 검사를 말한다. 일반적으로 주 가공작업이 이루어지기 전이나 제품에 많은 가치가 부가되기 전에 검사가 이루어져야 한다. 공정검사에서는 생산공정 중 어디에서 검사가 이루어져야 하는가가 공정흐름도 상에서 결정되어야 한다.

3) 완제품 검사

완제품을 생산하여 고객에게 출하하기 전이나 재고로 보관하기 전에 하는 검사를 말한다.

4.1.2 측정치의 유형

품질관리시스템 구축의 두 번째 단계는 각 검사점에서 사용되는 측정치의 유형을 결정하는 것이다. 일반적으로 측정치는 계수치(attributes)와 계량치(variables)로 구분된다.

1) 계수치

불량품의 개수나 단위당 결점수와 같이 셀 수 있는 측정치(discrete data)로서 일반적으로 정수값을 갖는다. 통계적으로 계수치의 분포는 이항분포나 포아송 분포와 같은 이산형 분포를 취한다.

2) 계량치

길이, 무게, 강도 등과 같이 연속적인 값을 갖는 측정치(continuous data)를 말한다. 이는 자나 저울 등과 같은 측정기구를 이용하여 측정이 가능하며, 측정치를 그대로 품질자료값으로 사용한다. 통계적으로 계량치의 분포는 정규분포와 같은 연속형 분포를 취한다.

4.1.3 검사의 크기

일반적으로 검사의 크기(검사량)와 관련해서는 전수검사(total inspection)와 표본검사(sampling inspection)로 구분된다.

1) 전수검사

모집단 전체를 검사하는 것으로, '100% 검사'라고도 한다. 검사비용이 불검사비용(검사 없이 불량품을 통과시킴으로써 발생하는 비용)보다 작으면 전수검사가 진행되어야 한다. 예를 들면, 불량품 1개를 고객에게 제공하여 100원의 비용(반품, 재작업, 품질보증, 미래수익 상실 등)이 발생한다. 그리고 1,000개로 구성된 로트의 평균불량률이 1.5%(로트당 15개의 불량품)이다. 로트검사를 하지 않는다면 불량에 대한 기대비용은 1,500원(=@100원*15개)이 된다. 따라서 로트 전체의 검사비용이 1,500원보다 작다면(즉 개당 검사비용이 1.5원 미만이라면) 그 로트를 전수검사하여 불량품을 가려내는 것이 비용적으로 유리하다. 그리고 의약품이나 의료기기 같이 인간의 생명과 건강에 직간접적으로 관계되는 경우에는 보통 여러 검사점에서 전수검사를 하는 것이 요청된다.

2) 표본검사

모집단 전체를 검사하는 것이 아니라, 모집단의 일부인 표본을 추출하여 검사하고 그 결과에 따라 로트의 합격·불합격 여부를 판정하는 검사방식이다. 일반적으로 표본검사는 검사비용이 불검사비용보다 클 때 사용한다. 그리고 검사를 행할 경우 제품이 파괴되는 파괴검사에서는 표본검사를 해야만 한다.

4.1.4 검사자

품질관리시스템 구축의 마지막 단계는 누가 검사를 담당해야 하는가를 결정하는 것이다. 검사자는 작업자 자신, 조직 내부의 검사전문가, 외부의 검사전문가 또는 이들의 혼합형태가 될 수 있다.

무결점운동(zero-defect)이나 적시생산시스템(Just-in-Time; JIT)을 채택하고 있는 기업의 경우 담당업무 작업자에게 보다 많은 검사책임을 부여한다. 상황에 따라서는 고객이 제품검사에 직접 참여하기도 한다. 예를 들면, 어떤 제품의 발주자가 검사자를 공급자의 공장에 보내 제품이 제공되기 전에 검사하여 합격·불합격을 판정하기도 하고, 또한 정부가 공중의 건강과 안전을 위해 산업체에 검사자를 파견하여 품질검사를 하기도 한다.

4.2 샘플링 검사

샘플링 검사는 1928년 닷지(H. F. Dodge)와 로믹(H. G. Romig)에 의해 개발된 가장 대표적인 통계적 품질관리(statistical quality control : SQC) 기법이다. 샘플링 검사란 로트로부터 임의로 표본을 추출하여 검사한 다음, 그 검사 결과를 미리 정해 둔 판정기준과 비교하여 그 로트의 합격·불합격을 판정하는 절차를 말한다. 이러한 유형의 검사는 고객이 공급자가 품질규격을 충족시키고 있는지를 확인하기 위하여 사용할 수도 있고, 또한 생산자가 제품을 출하하기 전에 제품이 품질표준을 충족하고 있는지를 확인하기 위해 사용하기도 한다. 샘플링 검사는 품질특성, 검사실시방법, 검사회수에 따라 [표 4-1]과 같이 구분된다.

[표 4-1] 샘플링 검사의 분류

품질특성	검사실시방법	검사회수
계수형 샘플링 검사 계량형 샘플링 검사	규준형 샘플링 검사 선별형 샘플링 검사 조정형 샘플링 검사 연속생산형 샘플링 검사	1회 샘플링 검사 2회 샘플링 검사 다회 샘플링 검사 축차 샘플링 검사

샘플링 검사가 적용되는 경우는 다음과 같다:

① 파괴검사의 경우.

② 불량품의 합격으로 인한 비용이 전수검사의 비용보다 더 작을 경우.

③ 유사한 품목이 많아서 샘플링 검사로서 전수조사와 동일한 효과를 얻을 수 있는 경우.

④ 검사의 자동화가 이루어지지 않은 경우.

샘플링 검사의 장점에는

① 검사대상이 많지 않아서 많은 검사인력이 필요치 않고 검사비용이 줄어든다.

② 검사대상이 많지 않아서 검사의 오류(피로, 권태 등)를 줄일 수 있다.

③ 검사에서의 불합격은 제조업자에게 품질향상에 대한 동기부여가 된다.

샘플링 검사의 단점에는

① 나쁜 품질의 로트를 합격시키고, 좋은 품질의 로트를 불합격시킬 위험을 배제할 수 없다.

② 효율적인 샘플링 검사의 계획수립에 많은 시간과 노력이 요구된다.

4.2.1 품질특성에 의한 분류

샘플링 검사는 품질특성의 유형에 따라 계수형 샘플링 검사(acceptance sampling by attributes)와 계량형 샘플링 검사(acceptance sampling by variables)로 구분된다.

1) 계수형 샘플링 검사

계수형 샘플링 검사는 검사대상의 품질특성을 불량개수, 불량률, 결점수 등과 같은 계수치로 할 경우의 샘플링 검사를 말한다. 로트로부터 표본을 추출하여 검사한 다음, 그 결과에 의하여 로트의 합격·불합격 여부를 결정한다. 즉,

$n=$ 표본의 크기 $(n \le N)$
$c=$ 합격판정개수
$x=$ 표본에서 발견되는 불량품의 수.

로 정의할 때, 만일 $x \leq c$ 이면 그 로트는 합격의, $x \geq c$ 이면 그 로트는 불합격의 의사결정이 이루어진다. 예를 들면, 10,000개로 이루어진 로트($N=10,000$)에서 무작위로 100개($n=100$)를 샘플로 뽑아 검사하였는데 불량품이 3개($x=3$)라고 하자. 만일 합격판정개수가 2이라면($c=2$), $x=3 \leq c=2$ 이므로 이 로트는 불합격이 된다.

1회 샘플링 검사법은 n과 c의 값에 의해 규정되므로 n과 c의 값을 어떻게 결정하는 것이 문제가 된다. n과 c의 값은 제품의 생산자와 소비자의 목표를 계량적으로 나타내는 4개 요인(AQL, α, LTPD와 β)의 상호작용에 의해 결정된다.

생산자의 목표는 좋은 품질의 로트가 불합격되는 확률이 낮도록 샘플링 검사계획을 수립하는 것이다. 여기서 로트는 불량률이 미리 정해진 합격품질수준(acceptance quality level; AQL) 이하이면 좋은 것으로 정의된다. 그러나 전수검사가 아닌 샘플링 검사에서는 로트의 불량률이 AQL 이하일 때도 불합격될 수가 있다. 좋은 품질의 로트가 불합격될 확률(α)은 좋은 로트가 불합격될 위험이므로 '생산자위험(producer's risk)' 또는 '제1종 오류(type I error)'라고 한다. 즉 α는 다음과 같이 정의된다.

$$\alpha = \text{불량률이 AQL일 때, 로트가 불합격될 확률.}$$

소비자의 목표는 품질이 나쁜 로트를 합격시킬 확률이 낮도록 샘플링 검사계획을 수립하는 것이다. 로트는 불량률이 미리 정해진 로트허용 불량률(lot tolerance percent defective; LTPD) 이상이면 나쁜 것으로 정의된다. 따라서 로트의 불량률이 LTPD 이상이면 불합격되어야 한다. 그러나 전수검사가 아닌 샘플링 검사에서는 로트의 불량률이 LTPD 이상이더라도 합격될 가능성이 있다. 이와 같이 나쁜 품질의 로트가 합격될 확률(β)을 '제2종 오류(type II error)' 또는 '소비자위험(consumer's risk)'이라고 한다.

$$\beta = \text{불량률이 LTPD일 때, 로트가 합격될 확률.}$$

AQL, α, LTPD와 β의 값은 경제적 요인을 고려하여 결정된다. 즉, 좋은 로트를 불합격시키는 비용이 크면 제1종 오류를 통제하기 위하여 α값을 작게 해야 하며, 반면에 나쁜 로트를 합격시키는 비용이 크면 제2종 오류를 통제하기 위해 β값을 작게 해야 한다.

AQL, α, LTPD와 β의 값이 주어지면 통계적 이론을 이용해 표본크기(n)와 합격판정개수(c)를 구할 수 있다. 현실적으로 통계적 방법을 적용하여 미리 만들어 놓은 표를 이용하여 n과 c의 값을 구한다. 예를 들면, [표 4-2]는 일반적으로 많이 사용되는 $\alpha=0.05$, $\beta=0.1$일 때의 n과 c의 값을 찾을 수 있는 표이다.

[표 4-2] 샘플링검사에서 α=0.05, β=0.1일 때 n과 c의 값

LTPD(%) / AQL(%)	4.51~5.60		5.61~7.10		7.11~9.00		9.01~11.2		11.3~14.0		14.1~18.0		18.1~22.4	
	n	c	n	c	n	c	n	c	n	c	n	c	n	c
0.451 ~ 0.560	80	1	60	1	60	1	50	1	15	0	15	0	10	0
0.561 ~ 0.710	100	2	80	1	50	1	50	1	40	1	10	0	10	0
0.711 ~ 0.900	100	2	80	2	50	1	40	1	40	1	30	1	7	0
0.901 ~ 1.120	120	3	80	2	60	2	40	1	30	1	30	1	25	1
1.130 ~ 1.400	150	4	100	3	60	2	50	2	30	1	25	1	25	1
1.410 ~ 1.800	200	6	120	4	80	3	50	2	40	1	25	1	20	1
1.810 ~ 2.240	300	10	150	6	100	4	60	3	40	2	30	2	20	1
2.250 ~ 2.800			250	10	120	6	70	4	50	3	30	2	20	2
2.810 ~ 3.550					200	10	100	6	60	4	40	3	25	2
3.560 ~ 4.500							150	10	80	6	50	4	30	3
4.510 ~ 5.600									120	10	60	6	40	4

[예제 4-1] 표본의 크기와 합격판정개수 구하기

자율주행차의 카메라를 생산하는 지상천국(주)은 한 협력사로부터 적외선 야간촬영장치를 공급받고 있다. 이 업체는 AQL=2%로 촬영장치를 생산하고 있으며, 생산자위험(α)=0.05를 감수하고 있다. 이 회사는 납품받을 때 1회 샘플링 검사법에서 LTPD=8%, β=0.10을 규정하고 있다. 이 협력사로부터 대규모 로트로 납품이 되었을 때 1회 샘플링 검사법의 n과 c의 값을 구하시오.

(풀이) AQL=2%, α=0.05, LTPD=8% 및 β=0.10일 때, [표 4-2]에서 AQL=2%가 속하는 행과 LTPD=8%가 속하는 열이 만나는 곳에서 n=100과 c=4가 된다. 따라서 지상천국(주)는 협력사에서 들어오는 촬영장치의 로트에서 100개를 샘플로 추출하여 검사한 후 불량품의 수가 4개 이하이면 그 로트를 합격시키고 그렇지 않으면 불합격시키면 될 것이다.

2) 계량형 샘플링 검사

계량형 샘플링 검사는 검사대상의 품질특성을 무게, 길이, 압력, 온도 등과 같은 계량치로 할 경우의 샘플링 검사를 말한다. 이는 측정치가 연속적인 값을 갖는다는 점만 제외하면 계수형 샘플링 검사와 원리는 마찬가지이다. 표본에 포함되는 모든 품목의 품질특성치를 측정한 다음 이들의 평균값을 계산한다. 이 표본평균값이 미리 정해진 기준값을 충족하면 그 로트를 합격시키고 그렇지 않으면 불합격시키면 된다. 품질이 연속변수로서 측정되는 경우에는 계량형 샘플링 검사가 적합하다.

4.2.2 샘플링 검사의 형태별 분류

샘플링 검사의 실시형태에 따라 규준형 샘플링 검사, 선별형 샘플링 검사, 조정형 샘플링 검사, 연속생산형 샘플링 검사로 구분된다.

1) 규준형 샘플링 검사

품질에 대한 사전지식이 없어서 생산자와 소비자 양측이 모두 만족할 수 있는 기준을 정해놓고 검사를 하는 방식이다. 일반적으로 생산자는 좋은 품질의 로트가 불합격되는 것을 피하려 하고, 소비자는 나쁜 품질의 로트가 합격되는 것을 피하려고 하므로 양측의 요구를 동시에 만족시킬 수 있는 형태의 검사방식이 필요로 한다. 규준형 검사는 검사회수에 따라 1회, 2회, 다회, 그리고 축차(sequential) 샘플링 검사로 구분된다.

2) 선별형 샘플링 검사

공급자를 자유롭게 선택할 수 없을 때 사용하는 검사방식으로, 검사원이나 작업자가 일정한 검사기준에 따라 검사의 강약 정도를 선별하여 시행하는 방식이다. 합격된 로트는 받아들이지만 불합격된 로트는 전수검사에 의해서 불량품과 양품으로 구별하여 받아들이는 검사방식이다. 따라서 파괴검사와 같이 전수검사가 불가능한 경우에는 적용할 수 없다. 선별형 검사도 검사회수에 따라 1회, 2회, 다회, 그리고 축차(sequential) 샘플링 검사로 구분될 수 있지만, 1회와 2회 샘플링 검사가 주로 사용된다.

3) 조정형 샘플링 검사

공급자를 자유롭게 선택할 수 있을 때 사용하는 검사방식으로, 품질이 우수한 제품을 공급한 공급자에게는 완화된 합격기준을 적용하고, 반대로 저급한 제품을 공급한 공급자에게는 엄격한 기준을 적용하여 공급자가 품질에 대한 노력을 기울이는데 동기를 부여하는 방법이다.

4) 연속생산형 샘플링 검사

전수검사와 샘플링 검사를 교대로 실시하는 경우에 사용되는 방식이다. 처음에 전수검사를 통해 양품이 일정한 개수 이상이면 샘플링 검사로 전환하여 시행하고, 규정된 수 이상의 불량이 발견되면 다시 전수검사로 환원하는 방식이다. 이것은 이미 만들어진 로트를 대상으로 시행하는 방식이 아니라 컨베이어 벨트를 이용한 생산방법에서처럼 제품이 연속적으로 생산되는 경우 적용하는 샘플링 검사방식이다.

4.3 검사특성곡선

샘플링 검사의 성능은 로트의 품질에 달려 있다. 로트의 불량률이 매우 낮으면 합격확률이 높을 것이고, 로트의 불량률이 매우 높으면 합격확률도 낮을 것이다. 샘플링 검사의 중요한 특성은 좋은 품질의 로트와 나쁜 품질의 로트를 어떻게 정확하게 구별하는가이다. 샘플링 검사의 판별 능력은 검사특성곡선(operating characteristic curve; OC곡선)으로 설명할 수 있다.

검사특성곡선이란 로트의 품질수준(불량률)과 그런 불량률을 가진 로트가 샘플링 검사에서 합격으로 판정될 확률과의 관계를 나타낸 곡선이다. 따라서 OC곡선은 샘플링 검사방식을 변화시킴에 따라 특정 불량률의 로트가 합격할 확률이 어떻게 달라지는가를 비교하는 데 사용될 수 있다.

[그림 4-2]는 전형적인 형태의 검사특성곡선을 보여주고 있다. X축은 로트의 불량률(p)을 나타내고, Y축은 로트의 합격확률을 나타내고 있다. OC곡선은 표본의 크기(n)와 합격판정개수(c)에 따라 그 모양이 다르다. 계수형 1회 샘플링 검사법에서는 n과 c의 값을 결정하기 위해 AQL, α, LTPD와 β의 4가지 값이 필요하다. [그림 4-2] OC곡선에서 AQL과 (1-α)에 의해 정의되는 점과 LTPD와 β에 의해 정의되는 점을 규정한다. 따라서 로트의 불량률이 AQL일 때 합격확률은 (1-α)가 되고, 로트의 불량률이 LTPD일 때 합격확률은 β가 된다.

OC곡선의 값은 로트 크기가 큰 경우에는 이항분포(binomial distribution)를 이용하여 계산할 수 있고, 표본의 크기(n)가 크고 로트의 합격확률(P_a)이 작으면 포아송분포(Poisson distribution)를 이용하여 계산할 수 있다.

[그림 4-2] 검사특성곡선(OC곡선)

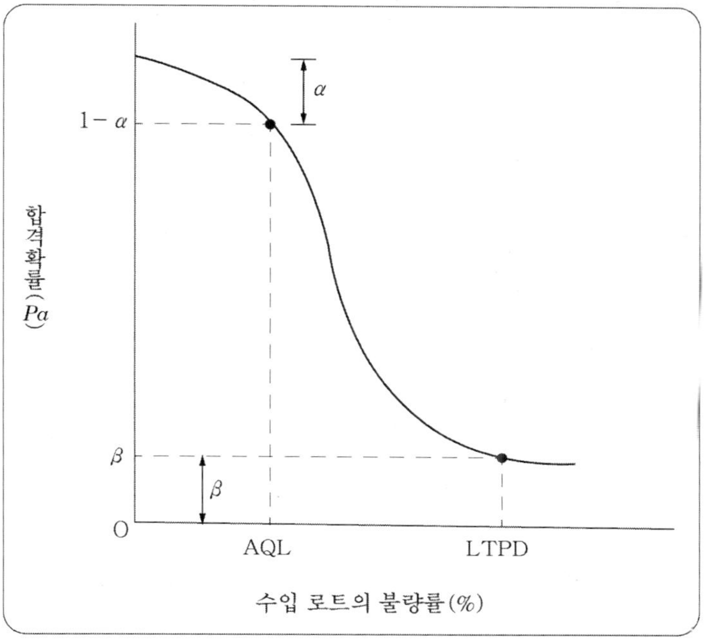

[예제 4-2] OC곡선 작성하기

[예제 4-1]에서 지상천국(주)의 AQL=2%, $\alpha=0.05$, LTPD=8%와 $\beta=0.10$일 때 $n=100$과 $c=4$였다. 로트의 합격확률(P_a)은 $n=100$으로 고정시키고 로트의 불량률(p)을 0.01부터 0.12까지 0.01 단위로 변화시키면서 부록의 포아송분포를 이용하여 OC곡선을 작성하시오.

(풀이) 먼저 로트의 합격확률(P_a)을 구하기 위하여 np를 계산한다. 포아송분포표에서 $c=4$인 열과 np행이 만나는 값을 정리하면 [표 4-3]과 같다. 로트의 불량률(p)과 로트의 합격확률(P_a)을 기초로 하여 OC곡선을 작성하면 [그림 4-3]과 같다.

[표 4-3] 로트의 합격확률(P_a) 계산하기

n	×	p	=	np	P_a(포아송표의 $c=4$에서)
100	×	0.01	=	1.0	0.996
100	×	0.02	=	2.0	0.947
100	×	0.03	=	3.0	0.815
100	×	0.04	=	4.0	0.629
100	×	0.05	=	5.0	0.440
100	×	0.06	=	6.0	0.285
100	×	0.07	=	7.0	0.173
100	×	0.08	=	8.0	0.100
100	×	0.09	=	9.0	0.055
100	×	0.10	=	10.0	0.029
100	×	0.11	=	11.0	0.015
100	×	0.12	=	12.0	0.008

[그림 4-3] AQL=2%, α=0.05, LTPD=8%와 β=0.10인 샘플링 검사법의 OC곡선

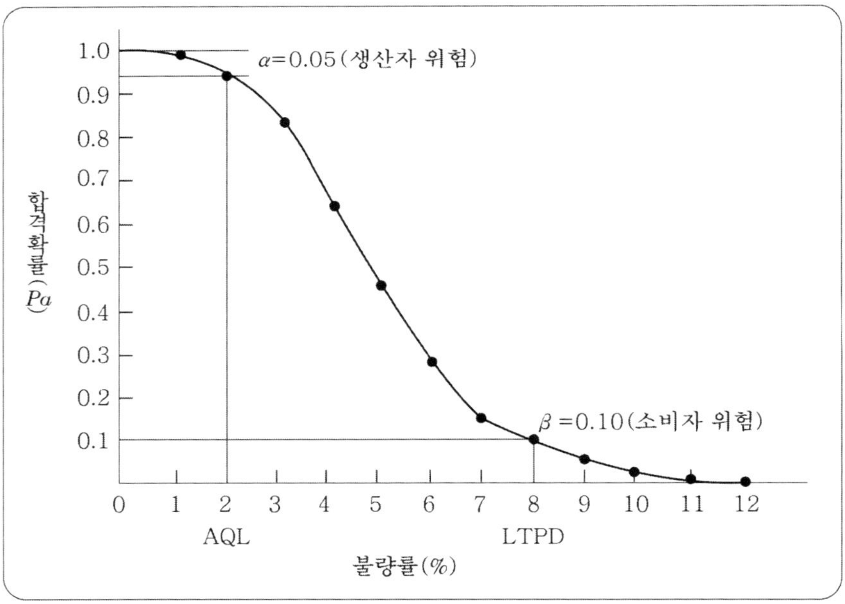

이상적인 OC곡선이란 좋은 로트와 바쁜 로트를 완전히 구분할 수 있는 OC 곡선이다. 예를 들어 불량률이 2% 이하인 로트는 모두 합격시키고, 불량률이 2% 보다 큰 로트는 모두 불합격시키고자 한다면, 이 때의 가장 이상적인 OC 곡선은 [그림 4-4]와 같다. 하지만 이와 같은 이상적인 OC곡선은 전수검사에서만, 그것도 검사가 완전하게 진행된다고 가정할 때만 가능하다. 그러나 전수검사를 수행하는데 소요 비용과 시간을 고려한다면 전수검사는 고려대상에서 제외되는 경우가 많다.

[그림 4-4] 이상적인 OC곡선

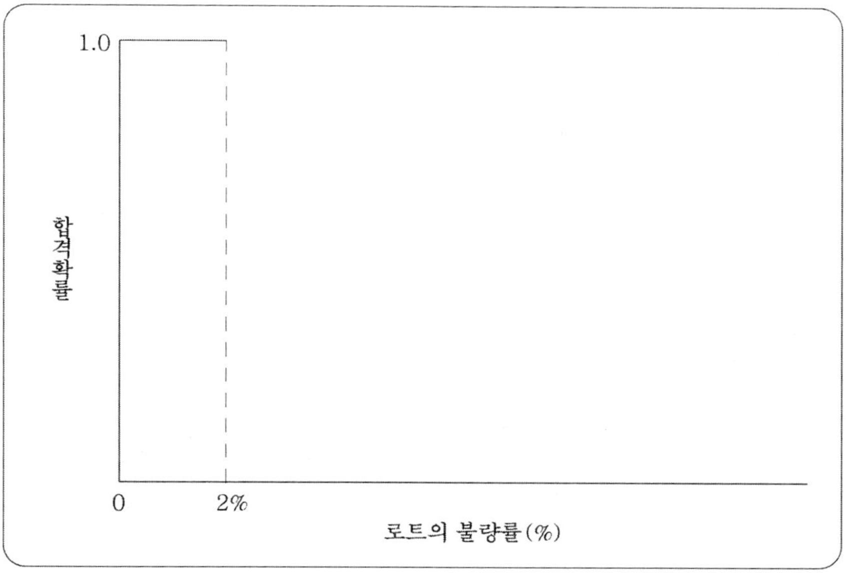

품질경영 사례 4

A. 김영민 SFA 대표 "2차전지, 획기적이고 폭발적으로 성장할 것"

"디스플레이 주춤하자 비(非)디스플레이 공략해 실적 분위기 전환"

김 대표 "중요도 꼽는다면 2차 전지, 배터리, 유통 순"

삼성디스플레이, 중국 BOE 등 글로벌 기업에 장비를 납품하며 디스플레이 업계를 선도했던 SFA가 2차전지 등으로 눈을 돌려 사업 변모를 꾀하고 있다. 전 세계 디스플레이 업계가 주춤하면서 이대로는 회사 자생력에 문제가 생길 수 있다는 위기감이 작용한 탓이다. SFA는 지난 2016년부터 2차전지(배터리), 반도체, 유통 등 비(非)디스플레이 사업을 3대 미래 먹거리 사업으로 지정하고 해당 산업에서 가파른 성장세를 나타내고 있다.

김영민 SFA 대표는 전날 SFA 충청남도 아산사업장에서 열린 'SFA 스마트 팩토리 펩투어'에서 "저희 회사가 과거에 디스플레이 장비 중에서도 국내 메이저 패널사를 대상으로 사업을 해왔다."라며 "물론 능력있는 국내 고객사와 같이 일하는 게 축복일 수도 있지만, 단일 산업으로 단일 고객사에 전적으로 운영을 의존하는 것이 회사 자생력 측면에서 맞지 않다는 것을 명확히 인지했다."라고 강조했다.

김 대표는 "고객사 투자 전략에 따라 저희 회사 실적도 많이 변동이 있었다. 2011년 매출액이 7,800억 원이었는데, 국내 패널산업의 유기발광다이오드(OLED) 변화가 지연되면서 투자가 줄어들어 2015년 3,800억 원으로 절반 수준으로 떨어졌다."라며 "2015년 이후 사업다각화 및 고객 다각화를 꾀했고 동시에 해외수출도 확대해 2018년부터 2021년까지 국내 고객사에 비해 몇 배 이상 되는 수주를 이끌어냈다."라고 말했다.

SFA의 사업다각화 배경에는 최근 수년간 주춤하고 있는 디스플레이 업계의 분위기가 있다. 김 대표는 "고객사들이 생각하는 것처럼 액정표시장치(LCD)에서 유기발광다이오드(OLED)로의 전환이 그렇게 빠르지 않다."라며 "5년 전만 하더라도 중국이 OLED에 투자를 많이 할 것으로 봤지만, 지난해부터 투자가 많이 꺾였다. 품질이 잘 나오지 않고 미국 회사에 납품도 하지 못하는 상황이 되니 투자가 홀딩된 상황"이라고 했다.

이는 SFA 뿐만이 아닌 전반적 업계 상황이긴 하지만 실제 SFA의 실적에도 영향을 크게 미쳤다. 지난 2016년도 1조 4,000억 원에 달했던 수주액은 2021년도 8,000억 원대로 떨어진 상태다. 그러나 김 대표는 '실적 방어'라고 표현했다. 단순히 수치만을 보면 횡보 상태에 가깝지만, 기타 디스플레이 산업에만 집중한 장비회사들의 수주 매출액과 비교해서는 전혀 반대라는 것이다. 실제 비(非)디스플레이 부문 수주 실적은 지난해 전년 대비 1.8배 가까이 늘었고 매출 비중은 71%까지 올라온 상태다.

김 대표는 "저희는 2차 전지와 유통 쪽에 집중함으로써 수주 매출액을 강화했다. 2021년도 공시 수주 매출이 전년도보다 줄어서 횡보라고 생각할 수 있지만, 수주 결정이 난 이후에도 고객과 세부 스펙을 결정하고 계약서를 체결하는 데 시간이 걸려 실적이 아직 잡히지 않았다"라고 했다. 장비 산업의 독특한 수주 매출 회계 기준으로 인해 횡보처럼 보이나 실제로는 매출이 점프하고 있다는 설명이다.

"향후 성장 동력 가장 큰 사업은 2차 전지"

현재 시점에서 SFA가 가장 성장 동력이 크다고 판단한 사업이 어디냐는 질문에 김 대표는 "2차 전지가 획기적이고 폭발적인 성장을 하고 있다."라고 답했다. 이어 "인공지능(AI)을 적용한 2차전지(배터리) 외관 검사기에 이어 내부를 검사해 화재 발생을 줄이는 단층촬영(CT) 검사기도 개발했는데 SFA의 CT검사기는 넘버원이라 자부한다."라고 했다. 또 "SFA 제품은 샘플링 검사 방식이 아닌 전수검사를 한다.라"고 자신감을 보였다.

김 대표는 2차전지 뒤를 이을 미래동력으로 반도체와 유통을 꼽았다. 김 대표는 "반도체는 디스플레이와 기반이 같다. 신규 납품처 발굴보다 안정적이고 보수적인 방식을 선호해 후발주자는 시장진입이 다소 어려운 측면이 있긴 하다"면서도 "다만 우리는 AI와 같은 신기술을 적용해 차별화하며 단계를 밟아가고 있다. 한번 진입하면 20~30년간 무리없이 매년 수천억 매출을 고정적으로 일으킬 수 있는 사업인 만큼 조급하게 생각하지 않고 갈 것"이라고 말했다.

또한 "2차 전지와 반도체는 한국 장비사로서 행운이라고 느끼는 점이, 한국 고객사들이 메이저 플레이어들이라는 점"이라며 "중국 회사도 있지만, 중국은 인건비가 싸기에 단순 장비 위주이고 품질에 대한 눈높이가 높지 않다."라고 했다. 이어 "그렇기에 국내 메이저 플레이어들과 같이하면 세계 납품 실적을 가장 많이 확보할 수 있는 좋은 기회"라고 강조했다.

다만 유통과 관련해서는 "E-커머스가 확대되고 있지만, 유통은 한국보다 미국과 유럽이 5년이나 투자가 빨랐고 외국 장비사가 그만큼 납품 기회가 많았다. 한국 장비사는 시작이 좀 늦긴 했지만, 유통 자동화 설비가 연간 성장하고 있는 만큼 빠르게 성장할 것으로 본다."라며, "저희 사업다각화가 많이 진전된 만큼 올해 상반기부터는 작년보다 많이 진전된 상황을 볼 수 있을 것"이라고 설명했다.

임채현 기자(데일리안: 2022-06-09: hyun0796@dailian.co.kr)

B. 중국, 2021년 11종 화장품 샘플링 검사 합격률 98.03%

"NMPA 2021년 시중유통화장품 샘플링검사 보고"

2021년에 국가약품감독관리부서(NMPA)는 화장품 감독관리를 위해 문제파악과 위험 예방을 목표로, 위험 발생 제품군 및 장소에 대하여 시료채취 중점 대상으로 지정해 관련 기업들의 주의가 필요해 보인다.

NMPA는 모발염색제, 모발 세정/케어류, 색조화장품류, 자외선 차단제, 여드름 제거 제품류, 마스크팩류, 보습 윤기 일반 스킨케어류, 탄력/주름개선 일반 스킨케어 제품류, 아동용 제품류, 기미제거/미백류 및 땀띠분 등의 11종의 화장품에 대해 총 2만 245개의 샘플링 검사를 진행했다고 밝혔다.

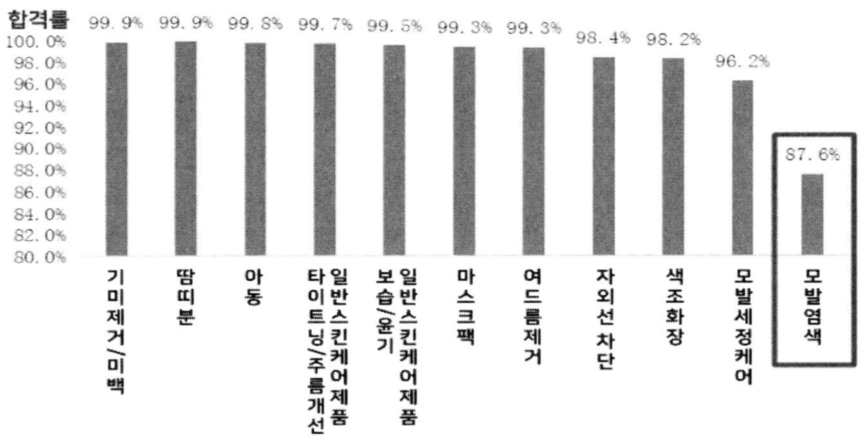

33개의 화장품 검사 기관이 '화장품안전기술규범'(2015년판)에 따라 검사를 진행했고, 그중 19,847개 배치의 제품이 규정에 부합해 중국 전국 화장품 샘플링

검사 합격률은 98.03%로 확인됐다.

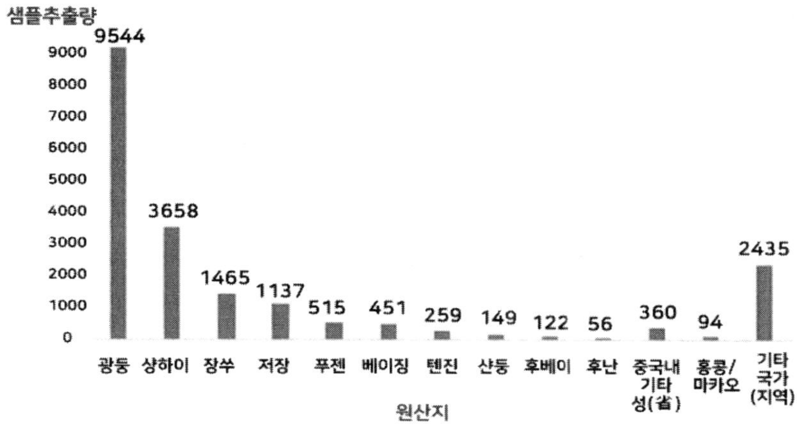

시료채취는 주로 현장 샘플링과 온라인 샘플링으로 수행됐다. 샘플의 생산지는 중국 내 기타 성은 장시, 하이난, 윈난, 허난 등의 16개 성(省)(구(區) 및 시(市)) 포함됐고, 11가지 시판 화장품 중 땀띠분류, 기미제거/미백류 화장품 등 9종 제품의 전체 합격률은 98% 이상이다.

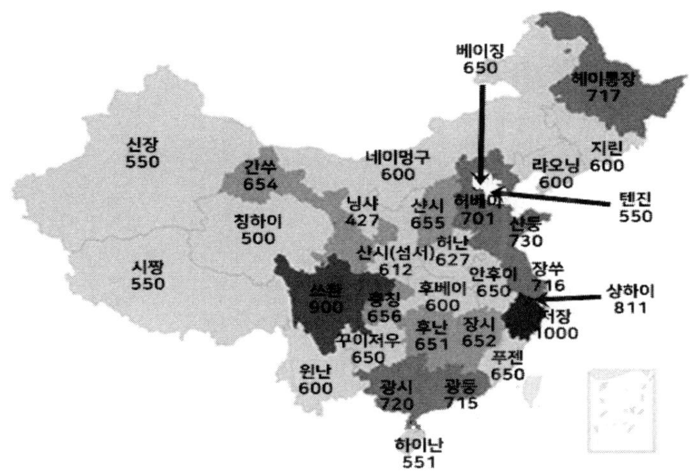

NMPA는 "2021년은 '화장품감독관리조례'가 시행된 첫해로 규정을 뒷받침하는 각종 규정과 규범 문서가 속속 제정, 공포됐다."라며 "법에 따라 화장품 국가 감독 샘플링 작업을 지속적으로 수행하고 화장품 감독관리 능력과 품질향상에

중점을 두고 업계 발전 촉진 및 공공 화장품의 안전성 확보에 더욱 노력하겠다" 라고 밝혔다.

CIRS 지윤규이사는 "중국 NMPA의 신시스템 개통에 따라 중국 NMPA에 등록된 화장품의 등록인/허가인 및 그 생산업체의 품질관리체계, 제품집행표준, 화장품 안전리스크 모니터링 계획 등에 대한 자료가 NMPA에 제출되고, 그 외에 화장품 생산경영 감독관리방법 등의 새로운 NMPA 규정도 발표됐다"라며 "중국으로 화장품을 수출하는 업체는 제품 품질관리에 더욱 신경 써야 한다"라고 조언했다.

김태일 기자(팜뉴스; 2022-04-25; neo@pharmnews.com)

연 습 문 제

4-1 샘플링 검사의 목적에 관해서 설명하시오.

4-2 검사특성곡선이란 무엇이며, 샘플링 검사에서 어떻게 활용되는가?

4-3 다음의 검사측정치는 계수치인가 아니면 계량치인가?

① 철강재의 강도 실험
② 일정 면적당 결점의 수
③ 제품 표면의 흠의 검사
④ 과자에서 설탕 함유량의 검사
⑤ LED전구의 양 · 불량 검사
⑥ 참치 통조림의 무게
⑦ 전기제품 배선판의 불량의 수
⑧ 컴퓨터의 부팅에 소요되는 시간

4-4 생산자위험과 소비자위험은 무엇을 의미하며, 그리고 어떻게 하면 이들 위험을 동시에 줄일 수 있겠는지 설명하시오.

4-5 합격품질수준(AQL)과 로트허용불량률(LTPD)의 의미를 설명하시오.

4-6 1회 샘플링 검사에서 c를 고정시키고 n을 증가시키면 OC곡선은 어떻게 변하는가? 그리고 n을 그대로 두고 c를 감소시키면 OC곡선은 어떻게 변하는가?

4-7 동학사(주)의 품질검사부에서는 불량률 3%로 생산된 중간부품을 최종조립라인에 투입하기 전에 검사 여부를 결정하고자 한다. 만약 검사하지 않고 조립라인에 투입하면 3%의 불량품을 모두 양품으로 대체하게 된다. 그러나 조립라인 투입 전에 중간부품을 검사하더라도 현 단계에서는 전체 불량품의 1/3만을 구별할 수 있다고 한다. 즉 검사하면 3%의 불량률을 2%로 낮출 수 있다.

(1) 검사비용이 단위당 100원, 그리고 최종조립 후에 불량부품 1개를 양품으로 판별하여 발생하는 비용을 40,000원이라고 할 때 검사 여부를 결정하시오.

(2) 만약 검사비용이 단위당 500원이라면 어떻게 할 것인지 설명하시오.

(3) 새로운 검사장비를 구입하여 단위당 1,000원의 검사비용으로 불량품을 전

부 가려낼 수 있다면 검사를 하는 것이 유리한가?

4-8 ㈜퍼플오션은 자재구매부에 검사기능을 두고 있는데, 비용절감을 위해서 검사담당직의 폐지 여부를 검토하고 있다. 이 업무는 불량률이 평균 4%인 구입자재를 1명의 검사담당자가 계속 검사하는 것이다. 검사자는 전수검사를 통해 모든 불량품을 제거할 수 있으며, 시간당 50단위를 검사할 수 있다. 이 검사담당자의 시간당 인건비는 9,000원이다. 이 검사직이 없어지면 불량자재가 조립라인에 투입되어 최종제품시험에서 불량으로 판별될 때 단위당 10,000원의 비용이 발생하게 된다.

(1) 단위당 검사비용은 얼마인가?

(2) 이 검사담당직를 유지해야 할 것인지 아니면 폐지해야 할 것인지 결정하시오.

(3) 이 검사직은 현재 얼마의 이익(또는 손실)을 가져오고 있는가?

4-9 ㈜퍼플오션의 드론사업부에서는 한 협력업체로부터 드론용 프로펠러를 납품받고 있다. 이 협력업체는 AQL=1%로 프로펠러를 생산하고 있으며, 생산자위험(α)=0.05를 감수하고 있다. 이 회사는 프로펠러를 납품받을 때 LTPD=6%와 β=0.10의 1회 샘플링검사를 규정하고 있다.

(1) 협력업체로부터 대규모의 로트로 프로펠러를 납품받았을 때, 1회 샘플링 검사의 n과 c의 값을 구하시오.

(2) 불량률 4%인 로트가 (1)에서 구한 샘플링 검사를 통과할 확률은 얼마인가? (포아송분표를 이용하시오.)

4-10 향토술을 생산하고 있는 솔래원(주)에서 병마개를 중소기업으로부터 납품받을 때, n=100과 c=3인 1회 샘플링 검사를 사용하고 있다. 포아송분포를 이용하여 다음에 답하시오.

(1) 불량률이 8%인 로트가 이 샘플링 검사에서 합격할 확률은 얼마인가?

(2) 불량률(p) = 0.01, 0.02, 0.03, ..., 0.10에 대해 OC곡선을 작성하시오.

5
chapter

관 리 도

통계적 품질관리(statistical quality control; SQC)는 샘플링 검사(acceptance sampling)와 공정관리(process control, 공정통제)로 구분할 수 있다. 샘플링 검사는 제4장에서 다루고 있으며, 공정관리는 이번 단원에서 다루게 된다.

변동(variation)은 모든 품질문제의 기본 원인이다. 모든 공정에 존재하는 변동은 당연한 것으로 받아들여지고 있다. 어떤 변동도 존재하지 않는 공정은 ① 항상 원하는 대로 작동하는 것이거나 ② 전혀 작동하지 않는 것의 둘 중의 하나이다. 변동의 원인과 이에 대한 이해는 품질문제의 개선(해결)에 필수적이다.

생산공정에 적용되는 공정관리는 공정에서 정기적으로 표본을 추출하여 검사한 다음, 그 결과에 따라 현재의 생산공정을 그대로 유지할 것인지 아니면 공정을 중단하고 품질변동의 원인을 파악하여 적합한 개선방안을 택할 것인지를 결정한다. 허용할 수 없는 변동을 제거하고 관리하는 통계적 공정관리(statistical process control; SPC)에서는 관리도, 샘플링 검사, 공정능력분석 등의 기법을 사용하고 있다.

공정관리의 주요 목적은 ① 현재 생산하고 있는 제품/서비스가 설계요건을 충족하고 있는지에 대한 정보를 적시에 제공하고, ② 품질에 영향을 미치는 공정 변화를 찾아내어 개선하는 데 있다. 생산공정에서 품질변동의 원인은 피할 수 없는 우연원인(chance cause)과 피할 수 있는 이상원인(assignable cause)으로 구분되며, 공정관리의 대상은 이상원인에 의한 품질변동이다. 공정관리에서는 품질변동의 이상원인을 찾아내어 조치함으로써 공정을 안정된 상태로 유지하기 위해 관리도란 기법을 주로 사용한다.

5.1 품질변동

생산공정에서 품질변동의 원인은 피할 수 없는 우연원인(chance cause)과 피할 수 있는 이상원인(assignable cause)으로 구분되며, 품질변동의 유형에는 제품 내에서의 변동, 제품간 변동과 시차적인 변동을 들 수 있다.

5.1.1 우연원인에 의한 품질변동

품질변동은 모든 생산공정에서 자연적으로 발생하고 있다. 아무리 공정이 잘 설계되어 통제되고 있다고 해도 제품마다 품질특성에 약간의 변화는 발생하기 마련이다. 예를 들면 특정 장비를 이용하여 일정한 용량의 병에 일정량의 음료수를 담을 때 그 장비는 병마다 정확하게 똑같은 양을 담을 수 없을 것이다. 따라서 음료수의 중량은 어떤 평균값을 중심으로 모일 것이다. 이처럼 표준화된 생산조건 하에서 생산이 이루어졌음에도 발생하는 자연적인 품질변동을 '우연원인에 의한 품질변동' 또는 '우연변동'이라고 하며, 이는 피할 수 없는 품질변동이라고 할 수 있다. 우연변동은 공정의 무작위성(randomness)을 반영하는 변동으로, 그 결과를 정확하게 예측할 수 없다.

이러한 품질변동은 수많은 미미한 원인에 의해서 발생하기 때문에 변동의 많은 부분이 특정 원인에 의한다고 판단할 수 없으며, 일반적으로 통계적 법칙을 따르는 경향이 있다. 공정관리의 목적은 생산공정에서 자연적인 변동범위를 파악하여 생산활동이 이 범위 내에서 이루지고 있는가를 확인하는 것이다. 품질변동이 우연원인에 의해서만 발생할 때, 이 공정은 '관리되고 있는 상태(under control; 관리상태, 안정상태)'에 있다고 할 수 있다.

5.1.2 이상원인에 의한 품질변동

공정상 품질변동의 또 다른 유형은 이상원인에 의해 발생하는 것이다. 이상원인에 의한 품질변동(이상변동)은 우연원인에 의한 품질변동과 달리 비교적 변동의 폭이 크며, 그 원인을 추적할 수 있다. 예를 들면 원자재의 품질이 확연히 달라졌다거나, 장비담당 직원이 평소와 다르게 장비를 조작하였거나, 미숙련자가 숙련자를 대신하여 작업을 수행했을 경우 등과 같은 원인에 의한 품질변동을 말한다. 생산공정에 이상원인이 작용하여 품질변동이 생길 때, 이 공정은 '관리되고 있지 않은 상태(out of control; 이상상태)'에 있다고 한다. 공정관리에서는 이와 같은 이상변동의 원인을 파악하여 제거함으로써 공정을 통계적으로 관리상태, 즉 우연원인에 의한 변동만 있는 상태로 유지하려고 한다.

이상원인에 영향을 받는 품질변동은 통계적 분포가 변하게 되면서 분산(variance)과 평균(mean)이 바뀌게 된다. 공정개선 프로젝트의 주된 목적은 공정 결과의 변화를 이상원인들로 설명하고 향후에 이런 변동이 재발하지 않도록 조치하는 것이라 할 수 있다.

우연원인에 의한 변동과 이상원인에 의한 변동의 구별은 쉽지 않다. 예를 들면 주식에 관한 지식이 없는 사람에게 있어서 코스피(KOSPI) 지수의 움직임(변동)은 완전히 무작위한 것으로 보이지만, 증권전문가에게는 지수의 움직임을 주식시장에 기인한 이상원인들(상장회사별 보고서 공지, 주식거래규칙 공시, 신용평가기관에서 공표한 정보 등)에 의한 것으로 연관하여 인식할 수 있다. 이처럼 일반인에게 무작위로 보이는 움직임들이 전문가에게는 특정 사항(이상원인)에 의한 움직임으로 파악할 수 있는 단서가 될 수 있다.

통계적 공정관리의 목적은 변동을 야기하는 이상원인들이 통계적으로 유의하게 나타날 때, 이를 관리자에게 알리기 위함이다. 하지만 통계적으로 유의하지 않은, 미세한 변동에 대해서는 관리자에게 알리지 않아도 되게 함이다.

5.2 관리도와 관리한계

관리도(control chart)란 생산공정으로부터 일정한 간격으로 표본을 추출하여 측정한 값을 점으로 찍어가면서 이 점들의 위치나 움직임의 흐름에 따라 공정의 이상유무를 판단하는 통계적 품질관리기법이다. 품질변동이 이상원인에 의한다고 판단되면 이를 찾아 제거함으로써 공정을 관리상태로 유지할 수 있게 된다.

[그림 5-1] 공정관리도

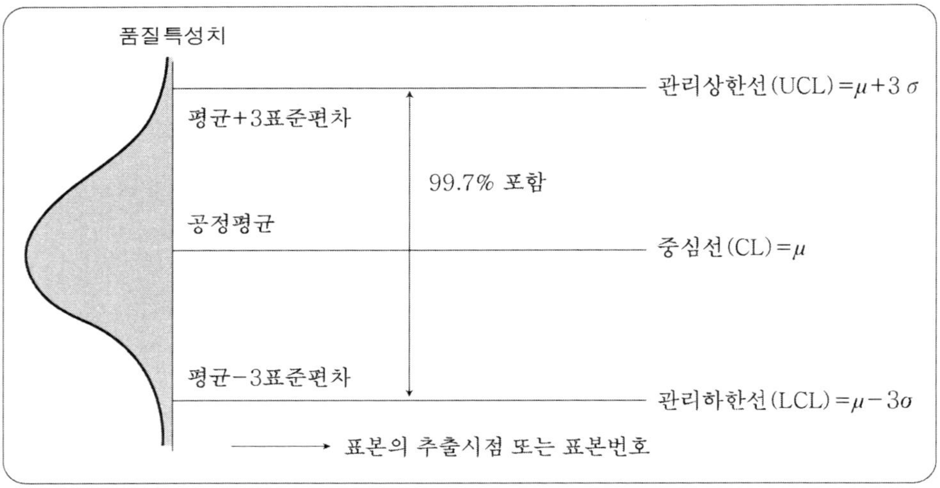

[그림 5-1]은 일반적인 공정관리도이다. y축은 통제되어야 하는 품질특성치를, x축은 생산공정으로부터 추출된 표본의 추출순서(추출시점, 표본번호 등)를 나타낸다. 관리도의 중심선(center line; CL)은 품질특성치의 공정평균을, 관리상한선(upper control line; UCL)은 공정이 관리상태에 있을 때 우연변동의 최대허용치($\mu+3\sigma$)를, 관리하한선(lower control line; LCL)은 공정이 관리

상태에 있을 때 우연변동의 최소허용치($\mu - 3\sigma$)를 나타낸다. 일반적으로 관리상한선과 관리하한선은 공정평균(μ)으로부터 ±3 표준편차(σ)로 설정된다. 만일 정규분포를 가정하면 관찰된 우연변동의 99.7%가 이러한 관리한계 내에 포함될 것이다.

관리도는 다음과 같이 운용된다([그림 5-2]). 생산공정이 안정상태가 되면 일정한 간격으로 표본을 추출하여 필요한 표본통계량(표본평균, 표본범위, 표본불량률 등)을 계산하여 관리도 상에 점으로 찍는다. 이러한 점들이 모두 관리한계 내에서 무작위로 변동한다면 이 공정에는 우연변동만 있고 이상변동은 없으므로 관리상태라고 판단하여 공정을 계속 유지한다.

[그림 5-2] 관리도의 예

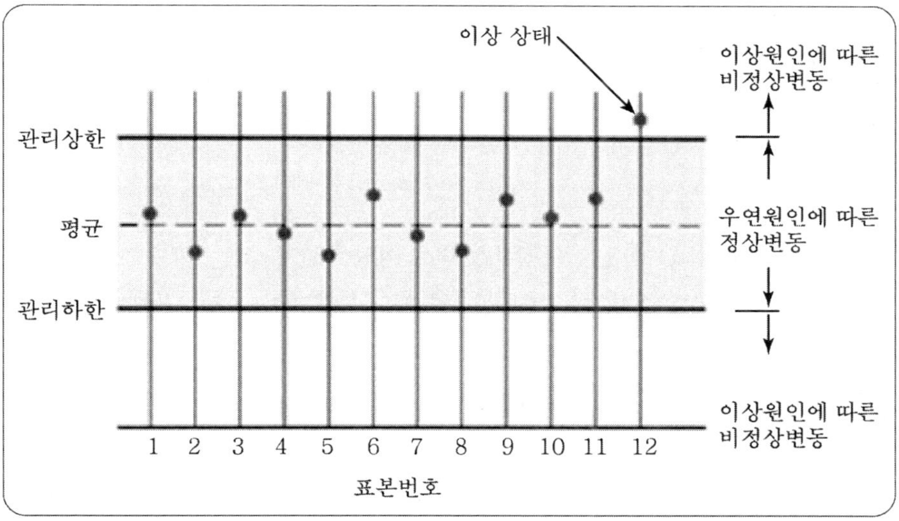

그러나 점들이 관리한계를 벗어나거나 관리한계 내에 있더라도 작위적인 변동을 보이면 이상원인이 영향을 미치고 있는 것으로 판단하여 공정을 중단해서 이상원인을 규명하여 제거하는 것이 필요하다. 사실 측정된 품질특성치에 어떤 패턴이 있을 경우 비우연적인 공정임을 암시한다. [그림 5-3]은 이상원인이 작용하고 있다고 판단되는 몇몇 관리도에서 점들의 움직임(이상 패턴)을 보여주고 있다. 공정관리에서는 이와 같은 단계를 통하여 공정을 항상 통계적으로 관리되고 있는 상태로 유지한다.

[그림 5-3] 관리도의 이상 패턴

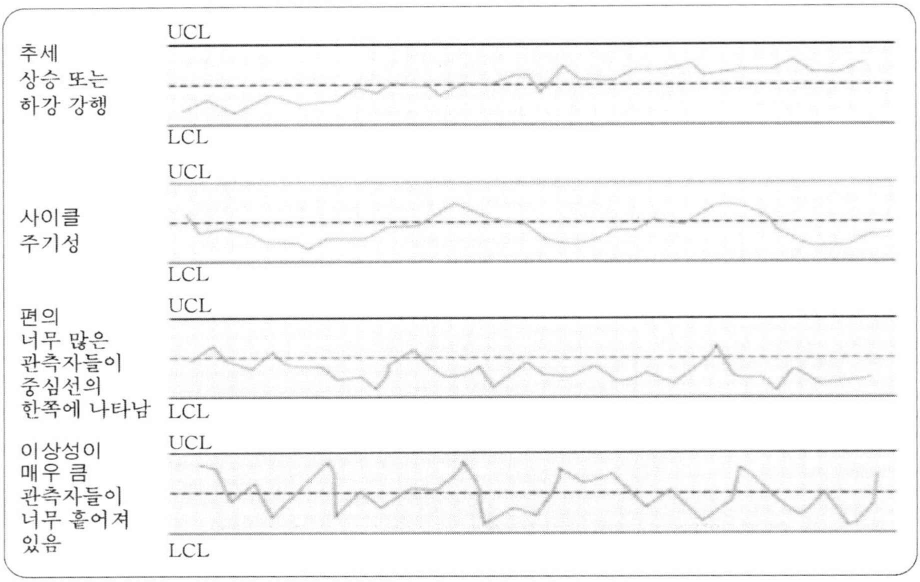

샘플링 검사처럼 관리도도 품질특성치가 계량치인가 또는 계수치인가에 따라 계량형 관리도(변량관리도)와 계수형 관리도(속성관리도)로 구분된다. 계량형 관리도에는 평균관리도($\overline{X}$관리도), 범위관리도(R관리도), 평균 및 범위관리도($\overline{X}-R$관리도)가 있고, 계수형 관리도에는 불량률관리도(p관리도), 결점수관리도(c관리도), 불량개수 관리도(PN관리도), 단위당 결점수 관리도(U관리도) 등이 있다. 계량형 관리도는 정규분포를 적용하고, 계수형 관리도 중에서 불량률관리도는 이항분포를 적용하고, 결점수관리도는 포아송분포를 적용한다.

5.3 계량형 관리도(변량관리도)

계량형 관리도는 품질특성을 길이, 무게, 인장강도, 습도, 순도 등과 같이 연속적인 값을 갖는 계량치로 나타낼 때 사용된다. 품질측성치의 분포를 결정하는 평균과 분산에 어떤 변동이 있다는 것은 곧 생산공정에 변동이 있었다는 것을 의미한다. 계량형 관리도에는 공정의 평균을 관리하는 평균관리도($\overline{X}$관리도), 공정의 분산(변동폭)을 관리하는 범위관리도(R관리도), 그리고 공정의 평균과 분산을 동시에 관리하는 평균 및 분산관리도($\overline{X}- R$관리도)가 있다.

5.3.1 평균관리도($\overline{X}$관리도)

평균관리도(mean control chart; $\overline{X}$ chart)는 공정의 중심화 경향을 관찰하는데 유효한 관리도이다. 생산공정으로부터 추출한 표본의 평균들을 관리도 위에 점으로 찍어서 품질특성의 공정평균이 변화하여 이상원인이 작용하고 있는지를 판단한다. 평균관리도의 작성은 ① 표준편차(σ)를 활용하는 방법과 ② 표본의 범위(R)를 활용하는 방법이 있다.

1) 표준편차(σ)를 활용하는 방법

표준편차(σ)를 모르더라도 합리적인 추정이 가능하다면 표준편차(σ)를 활용하여 다음과 같이 관리한계를 계산할 수 있다. 표본을 추출할 때마다 표본의 평균($\overrightarrow{X}$)과 표본의 범위(R)를 다음과 같이 계산한다.

$$
\begin{aligned}
&\text{중심선}(CL) = \overrightarrow{X} \\
&\text{관리상한}(UCL) = \overrightarrow{X} + z\sigma_{\bar{x}} \\
&\text{관리하한}(LCL) = \overrightarrow{X} - z\sigma_{\bar{x}}
\end{aligned}
\qquad (5\text{-}1)
$$

여기서,

$\sigma_{\bar{x}}$= 표본평균의 표준편차($= \frac{\sigma}{\sqrt{n}}$);
σ = 공정의 표준편차; n= 표본의 크기; z= 표준정규분포의 값; $\overrightarrow{X}$= 표본평균의 평균.

[예제 1] 순간접착제 회사의 품질검사 담당자는 접착 소요 시간(분)을 관찰하고 있다. 표본의 크기가 4(n=4)인 표본 5개를 만들어 시간을 측정하였고, 그 자료는 다음과 같다. 평균시간의 3σ 관리한계를 구하시오. 이 공정의 표준편차는 0.02분이다.

구 분		표 본				
		1	2	3	4	5
측정값	1	12.11	12.15	12.09	12.12	12.09
	2	12.10	12.12	12.09	12.10	12.14
	3	12.11	12.10	12.11	12.08	12.13
	4	12.08	12.11	12.15	12.10	12.12
평균($\bar{x}$)		12.10	12.12	12.11	12.10	12.12

(풀이) 표본 1의 평균($\overline{x_1}$) = (12.11 + 12.10 + 12.11 + 12.08)/4 = 12.10

표본 2의 평균($\overline{x_2}$) = (12.15 + 12.12 + 12.10 + 12.11)/4 = 12.12

표본 3의 평균($\overline{x_3}$) = (12.09 + 12.09 + 12.11 + 12.15)/4 = 12.11

표본 4의 평균($\overline{x_4}$) = (12.12 + 12.10 + 12.08 + 12.10)/4 = 12.10

표본 5의 평균($\overline{x_5}$) = (12.09 + 12.14 + 12.13 + 12.12)/4 = 12.12

$$총평균(\overrightarrow{X}) = \frac{12.10+12.12+12.11+12.10+12.12)}{5} = 12.11$$

표본당 측정값의 수 n=4, z=3, σ=0.02일 때 공식(5-1)을 이용하여 관리한계를 계산하면 다음과 같다.

$$중심선(CL) = \overrightarrow{X} = 12.11분;$$
$$관리상한(UCL) = \overrightarrow{X} + z\sigma_{\overline{x}} = 12.11 + 3(\frac{0.02}{\sqrt{4}}) = 12.14;$$
$$관리하한(LCL) = \overrightarrow{X} - z\sigma_{\overline{x}} = 12.11 - 3(\frac{0.02}{\sqrt{4}}) = 12.08.$$

만약 표본의 평균들을 이 관리한계에 적용하면, 모든 표본평균이 관리한계 내에 있어서 이 접착제의 품질공정은 관리상태에 있다고 판단할 수 있다. 어떤 개별 측정값이 관리한계 밖에 존재하는 것은 상관이 없다. 특히 표본 2의 첫 번째 측정값과 표본 3의 네 번째 측정값은 관계가 없다.

2) 표본의 범위(R)와 3σ 관리한계지수를 활용하는 방법

표본의 범위(R)와 표본범위의 평균($\overline{R}$)을 계산하기 위한 공식은 다음과 같다.

$$표본의 범위(R) = (표본 내의 최대값) - (표본 내의 최소값) \qquad (5\text{-}2)$$
$$표본범위의 평균(\overline{R}) = \frac{\sum X_i}{n} = \frac{R_1 + R_2 + \ldots\ldots + R_n}{n}$$

표본 1의 범위(R_1) = (12.11 - 12.08) = 0.03

표본 2의 범위(R_2) = (12.15 - 12.10) = 0.05

표본 3의 범위(R_3) = (12.15 - 12.09) = 0.06

표본 4의 범위(R_4) = (12.12 - 12.08) = 0.04

표본 5의 범위(R_5) = (12.14 - 12.09) = 0.05

$$표본범위의 평균(\overline{R}) = \frac{(R_1 + R_2 + R_3 + R_4 + R_5)}{5}$$
$$= \frac{(0.03 + 0.05 + 0.06 + 0.04 + 0.05)}{5} = 0.046$$

공식(5-3)과 [표 5-1]을 이용하여 관리한계를 계산하면 공식은 다음과 같다.

$$
\begin{aligned}
&\text{중심선}(CL) = \overrightarrow{X} = 12.11;\\
&\text{관리상한선}(UCL) = \overrightarrow{X} + A_2\overline{R} = 12.11 + (0.73)(0.046) = 12.1436;\\
&\text{관리하한선}(LCL) = \overrightarrow{X} - A_2\overline{R} = 12.11 - (0.73)(0.046) = 12.0764.
\end{aligned} \tag{5-3}
$$

여기서 A_2 = [표 5 − 1]에서 주어진 값;
$\overline{R}$ = 표본범위의 평균.

[표 5-1] 평균관리도와 범위관리도의 3σ 관리한계 지수

표본의 관측수(n)	평균관리도 계수	범위관리도 계수	
	A_2	관리하한 (D_3)	관리상한 (D_4)
2	1.88	0	3.27
3	1.02	0	2.57
4	0.76	0	2.28
5	0.58	0	2.11
6	0.48	0	2.00
7	0.42	0.08	1.92
8	0.37	0.14	1.86
9	0.34	0.18	1.82
10	0.31	0.22	1.78
11	0.29	0.26	1.74
12	0.27	0.28	1.72
13	0.25	0.31	1.69
14	0.24	0.33	1.67
15	0.22	0.35	1.65
16	0.21	0.36	1.64
17	0.20	0.38	1.62
18	0.19	0.39	1.61
19	0.19	0.40	1.60
20	0.18	0.41	1.59

[예제 2] 호텔 입실수속에 소요시간을 조사하는데, 표본크기 $n = 8$인 표본 20개의 자료를 호텔 접수처에서 확보하였다. 20개 표본의 범위평균은 0.96분이고, 총평균은 5분이었다. 이 공정의 3표준편차 관리한계를 구하시오.

(풀이) 총평균(평균의 평균, $\overrightarrow{X}$) = 5분, $\overline{R}$ = 0.96분, n = 8일 때, A_2 = 0.37 ([표 5-1] 참조).

중심선$(CL) = \overrightarrow{X} = 5$분;
관리상한선$(UCL) = \overrightarrow{X} + A_2\overline{R} = 5 + 0.37(0.96) = 5.3552$분;
관리하한선$(LCL) = \overrightarrow{X} - A_2\overline{R} = 5 - 0.37(0.96) = 4.6448$분.

5.3.2 범위관리도(R관리도)

범위관리도(range control chart, R chart)는 공정의 변동폭을 관리하는 데 사용되며, 공정산포(측정값이 중심에서 벗어난 정도)의 변화에 민감하다. 범위관리도의 관리한계는 표본범위의 평균($\overline{R}$)을 사용하여 다음 공식을 통해서 계산할 수 있다.

$$
\begin{aligned}
&\text{중심선}(CL) = \overline{R}; \\
&\text{관리상한선}(UCL) = D_4\overline{R}; \\
&\text{관리하한선}(LCL) = D_3\overline{R}.
\end{aligned}
\tag{5-4}
$$

여기서 D_3와 D_4의 값은 [표 5-1]에서 구할 수 있다.

[예제 3] 측정값의 수 n=10인 25개 표본이 추출되었다. 표본범위의 평균이 0.01cm일 때 범위관리도의 관리한계를 구하시오.

(풀이) $\overline{R}$ = 0.01cm이고 n = 10일 때, [표 5-1]에서 D_3 = 0.22이고 D_4 = 1.78이다.

중심선$(CL) = \overline{R} = 0.01$;
관리상한선$(UCL) = D_4\overline{R} = (1.78)(0.01) = 0.0178$;
관리하한선$(LCL) = D_3\overline{R} = (0.22)(0.01) = 0.0022$.

5.3.3 $\overline{X}-R$ 관리도

평균관리도는 공정평균의 이동에 민감하고, 범위관리도는 공정산포의 변동에 민감하다. 이러한 차이를 상호보완하기 위해 평균관리도와 범위관리도를 함께 사용하면 하나의 관리도를 사용하는 것보다 완벽한 정보를 알 수 있다. 공정평균과 공정분산의 이상변동 여부를 함께 파악하기 위해서는 한 공정에 대하여 $\overline{X}$관리도와 R관리도를 동시에 사용해야 한다.

[그림 5-4] 평균관리도와 범위관리도의 상호보완

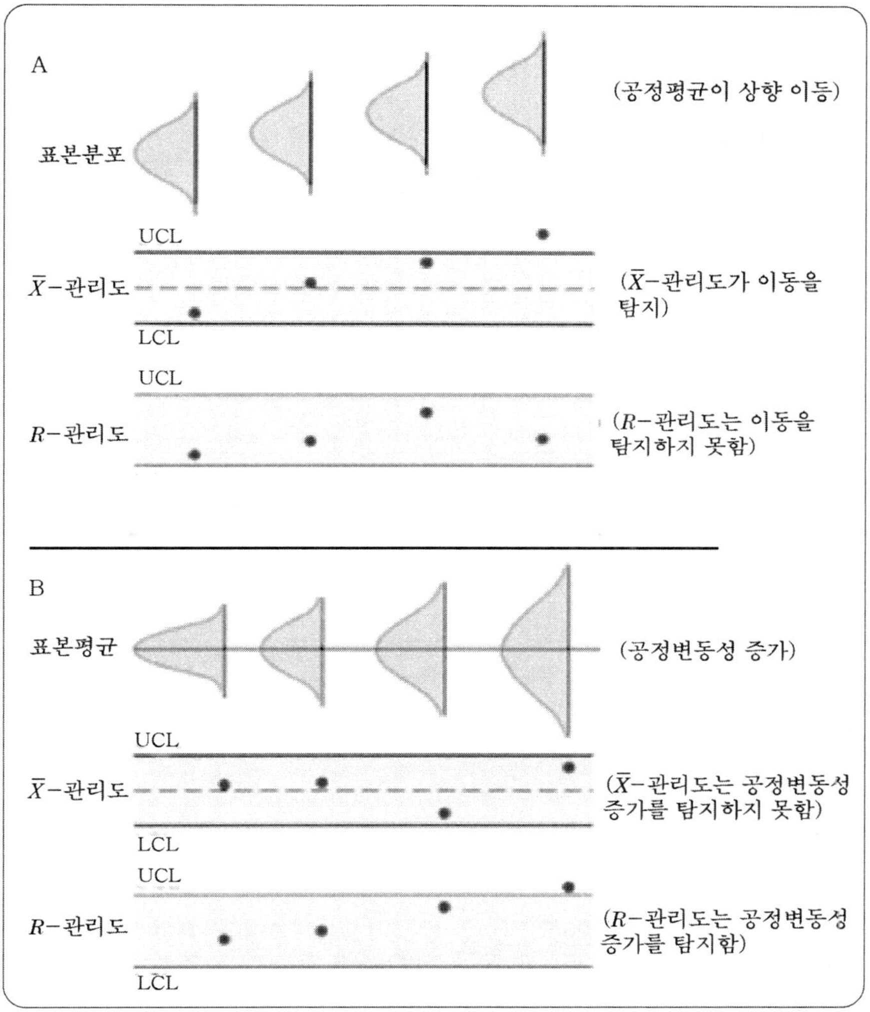

[예제 4] 동귀일체수산(주)은 현재 생산 중인 100g 참치통조림의 무게를 관리하고자 생산공정에서 크기 5인 표본을 10회 추출하여 무게를 측정하였다. 다음의 표는 측정 결과를 정리한 것이다. 관리한계의 계산에는 [표 5-2] 표본의 범위(R)와 3σ 관리한계지수를 활용하시오.

(1) $\overline{X}$관리도의 CL, UCL과 LCL 계산하여 관리도를 작성하고, 공정의 이

상유무를 판정하시오.

(2) R 관리도의 CL, UCL과 LCL 계산하여 관리도를 작성하고, 공정의 이상유무를 판정하시오.

[표 5-2] n=5인 10개의 표본에서 측정된 참치통조림의 무게

구분	표본측정값(g)					계	표본평균	표본범위
	1	2	3	4	5		($\overline{X}$)	(R)
1	104	101	98	102	100	505	101.0	6
2	102	97	96	101	102	498	99.6	6
3	101	107	99	103	100	510	102.0	8
4	98	97	102	98	98	493	98.6	5
5	99	103	98	102	102	504	100.8	5
6	102	95	104	102	95	498	99.6	9
7	100	99	101	102	101	503	100.6	3
8	99	102	100	104	109	514	102.2	10
9	103	104	99	102	94	502	100.4	10
10	102	98	100	99	102	501	100.2	4
						합계	1,005	66
						평균	100.5	6.6

(풀이)

(1) $\overline{X}$ 관리도

(가) CL, UCL과 LCL 계산하기

중심선$(CL) = \overrightarrow{X} = 100.5;$

관리상한선$(UCL) = \overrightarrow{X} + A_2\overline{R} = 100.5 + 0.58(6.6) = 104.3$(또는 $104.328;$

관리하한선$(LCL) = \overrightarrow{X} - A_2\overline{R} = 100.5 - 0.58(6.6) = 96.7$(또는 96.672).

(나) $\overline{X}$관리도 작성하기

[그림 5-5] $\overline{X}$ 관리도

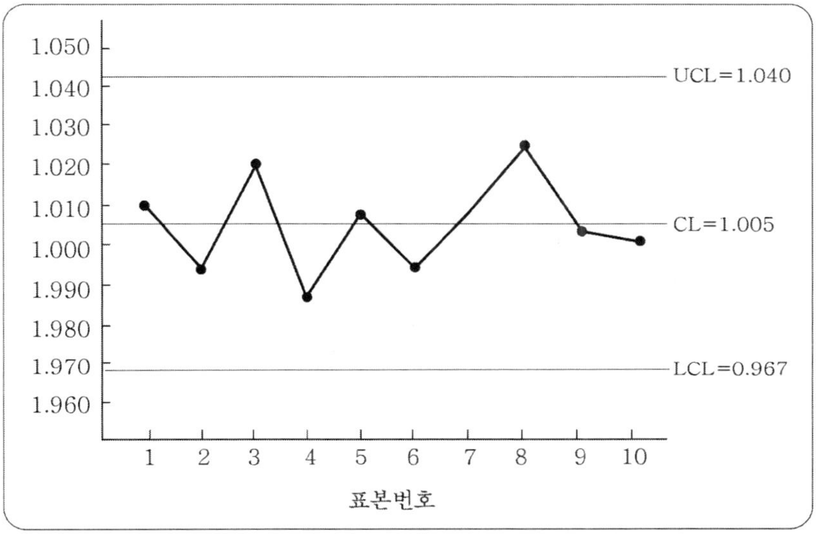

(다) 공정의 이상유무 판단하기

각 표본의 평균값은 모두 관리한계를 벗어나지 않고 있으며, 작위적인 변동(움직임)도 보이지 않고 있어서 이 공정은 현재 관리상태에 있다고 판단할 수 있다. 하지만 이 자료를 실질적으로 사용하기 위해서는 20개 이상의 표본을 관찰하여, 관리한계와 공정 이상유무를 판단하는 것이 요청된다.

(2) R관리도

(가) CL, UCL과 LCL 계산하기

중심선$(CL) = \overline{R} = 6.6$;
관리상한선$(UCL) = D_4\overline{R} = (2.11)(6.6) = 13.9$(또는 13.926);
관리하한선$(LCL) = D_3\overline{R} = (0)(6.6) = 0$.

(나) R관리도 작성하기

[그림 5-6] R 관리도

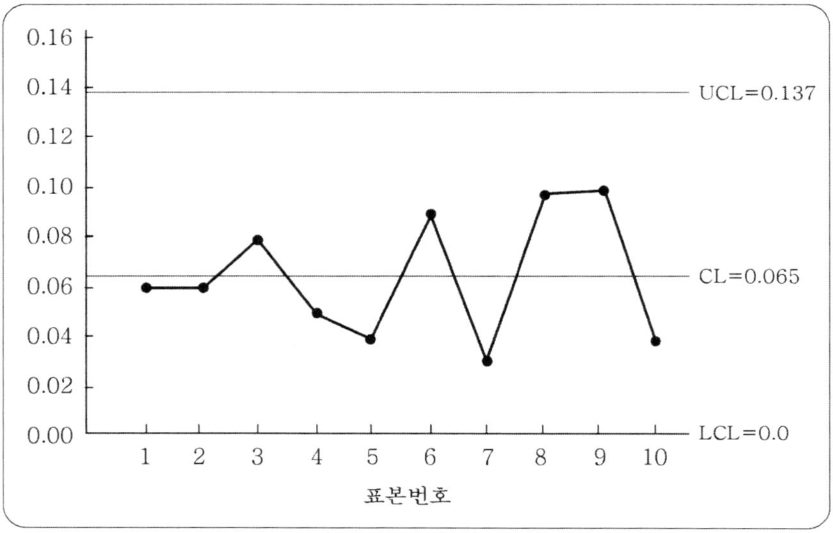

(다) 공정의 이상유무 판단하기

각 표본의 범위는 모두 관리한계를 벗어나지 않고 있으며, 작위적인 변동(움직임)도 보이지 않고 있어서 이 공정은 현재 관리상태에 있다고 판단할 수 있다. 하지만 이 자료를 실질적으로 사용하기 위해서는 20개 이상의 표본을 관찰하여, 관리한계와 공정 이상유무를 판단하는 것이 요청된다.

5.4 계수형 관리도(속성관리도)

계수형관리도는 품질특성을 측정하기 보다는 셀(헤아릴) 수 있는 경우에 사용된다. 예를 들면 표본 속에 들어 있는 불량품의 수는 셀 수 있고, 각 품목의 길이는 측정할 수 있다. 계수형 관리도에는 불량률관리도(p관리도), 결점수관리도(c관리도), 불량개수 관리도(PN관리도), 단위당 결점수 관리도(U관리도) 등이 있는데, 여기에서는 현장에서 많이 사용하고 잇는 불량률관리도(p관리도)와 결점수관리도(c관리도)를 다루고자 한다.

5.4.1 불량률관리도(p관리도)

p관리도는 표본으로 추출된 각 품목을 양품 · 불량품(합격 · 불합격)으로 판단할 때 사용되는 것으로, 불량률(표본 내에서의 불량의 수)의 변동을 보여준다. p관리도에서는 일정한 시간마다 생산공정으로부터 임의 크기(n)의 표본을 추출하여 표본의 불량률을 계산한 다음 이를 관리도에 점으로 표시한다. 기초가 되는 분포는 이항분포이다.

p관리도의 중심선(CL)은 모든 표본의 평균불량률($\overline{p}$)가 되며, 다음과 같이 계산된다.

$$\overline{p} = \frac{\text{모든 표본에서 발견된 총불량의 수}}{(\text{표본의 추출회수}) \times (\text{표본크기})} = \frac{\sum_{j=1}^{N} P_j}{N} \qquad (5\text{-}5)$$

여기서 N = 표본의 추출회수; p_j = j번째 표본의 불량률이다. 표본불량률의 표준편차(σ_p)는

$$\sigma_p = \sqrt{\frac{\bar{p}(1-\bar{p})}{n}} \text{ (여기서 } n = \text{표본의 크기임)}. \quad (5\text{-}6)$$

관리한계를 평균으로부터 ±3표준편차로 할 때 CL, UCL, LCL은 다음과 같다.

$$CL = \bar{p};$$
$$UCL = \bar{p} + 3\sigma = \bar{p} + 3\sqrt{\frac{\bar{p}(1-\bar{p})}{n}};$$
$$LCL = \bar{p} - 3\sigma = \bar{p} - 3\sqrt{\frac{\bar{p}(1-\bar{p})}{n}}. \quad (5\text{-}7)$$

만약 계산된 LCL이 0보다 작으면(음수값이면), LCL = 0으로 처리한다. 그 이유는 음수의 불량률이 존재할 수 없기 때문이다.

[예제 5] ㈜동학사전기는 전기제품에 사용되는 배전판을 개발하여 생산하고 있다. 공정의 안정여부를 검토하기 위해 20일 동안 공정으로부터 50개의 표본을 추출하여 검사하였다. 수집된 표본자료는 [표 5-3]과 같다. (1) 이에 적합한 관리도를 정하고, (2) 그 관리도의 CL, UCL과 LCL 계산하고, (3) 관리도를 작성하고, (4) 공정의 이상유무를 판정하시오.

[표 5-3] n=50인 20개의 표본에서 검사한 전기배선판 자료

추출일자	표본 크기 (n)	불량품 수 (P)	불량률 (%)	추출일자	표본 크기 (n)	불량품 수 (P)	불량률 (%)
7월 4일	50	4	8	7월 18일	50	3	6
5일	50	2	4	19일	50	2	4
6일	50	6	12	20일	50	5	10
7일	50	3	6	21일	50	2	4
8일	50	3	6	22일	50	2	4
11일	50	1	2	25일	50	1	2
12일	50	3	6	26일	50	3	3
13일	50	2	4	27일	50	2	4
14일	50	9	18	28일	50	1	2
15일	50	5	10	29일	50	3	6
				계	1,000	62	124

(풀이)

(1) 적합한 관리도 : 표본 내의 불량품의 수를 파악하여 불량률의 변동을 점검하기 때문이다.

(2) CL, UCL과 LCL 계산하기

$$\text{표본의 평균불량률}(\bar{p}) = \frac{\text{모든 표본에서 발견된 총불량의 수}}{(\text{표본의 추출횟수}) \times (\text{표본크기})} = \frac{62}{20 \times 50}$$
$$= 0.062(\text{또는 } 6.2\%)$$

$$\text{표본불량률의 표준편차}(\sigma_p) = \sqrt{\frac{\bar{p}(1-\bar{p})}{N}} = \sqrt{\frac{0.062(1-0.062)}{50}}$$
$$= 0.034(\text{또는 } 3.4\%)$$

$$\text{중심선}(CL) = \bar{p} = 0.062$$
$$\text{관리상한선}(UCL) = \bar{p} + 3\sigma_p = 0.062 + 3(0.034) = 0.164(\text{또는 } 16.4\%)$$
$$\text{관리하한선}(LCL) = \bar{p} - 3\sigma_p = 0.062 - 3(0.034) = 0(\because LCL < 0\text{은 불가능함}).$$

(3) 관리도를 작성하기

[그림 5-7] p관리도

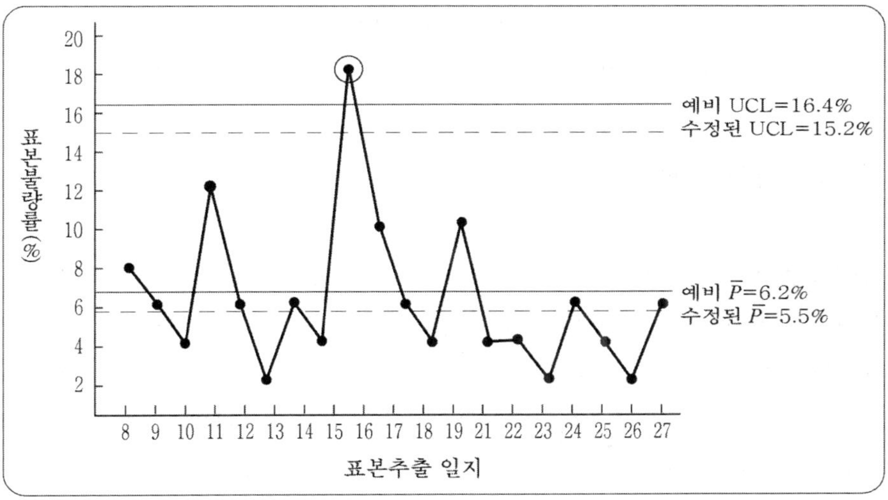

(4) 공정의 이상유무 판정하기

[표 5-3]의 수집된 자료를 관리한계(UCL과 LCL)와 비교해 보면 7월 14일의 불량률(18%)은 관리상한을 벗어나고 있다. 그 원인을 조사해서 이

상원인을 제거한 다음(즉 7월 14일 표본 제외) 나머지 표본에 의한 CL, UCL LCL을 다시 계산한다.

$$\text{표본의 평균불량률}(\bar{p}) = \frac{\text{모든 표본에서 발견된 총불량의 수}}{(\text{표본의 추출횟수}) \times (\text{표본크기})} = \frac{62-9}{19 \times 50}$$
$$= 0.056(\text{또는 } 5.6\%)$$
$$\text{표본불량률의 표준편차}(\sigma_p) = \sqrt{\frac{\bar{p}(1-\bar{p})}{N}} = \sqrt{\frac{0.056(1-0.056)}{50}}$$
$$= 0.032(\text{또는 } 3.2\%)$$
$$\text{중심선}(CL) = \bar{p} = \frac{62-9}{19 \times 50} = 0.056(\text{또는 } 5.6\%)$$
$$\text{예비 관리상한선}(UCL) = \bar{p} + 3\sigma_p = 0.056 + 3(0.032) = 0.152(\text{또는 } 15.2\%)$$
$$\text{예비 관리하한선}(LCL) = \bar{p} - 3\sigma_p = 0.056 - 3(0.033)$$
$$= 0(\because LCL < 0\text{은 불가능함}).$$

예비 및 수정된 관리한계선은 [그림 5-7]에 나타나 있다. 20개의 표본 중에서 7월 14일 표본을 제외한 나머지 표본들은 수정된 관리한계 내에서 무작위로 변동하고 있으므로 현재의 공정은 안정적으로 관리되고 있다고 할 수 있다. 공정관리의 다음 단계는 계속해서 표본불량률이 관리한계 내에 들어오는가를 보는 것이다.

5.4.2 결점수관리도(c 관리도)

c관리도는 일정 단위당 결점(defect)의 수로 품질이 판단될 때 적합하다. 결점이란 제품의 흠을 말한다. 예로 단위 길이(1m)당 결점의 수, 단위 면적($1m^2$)당 점의 수, 단위 부피($1m^3$)당 오염물의 수, 단위 시간(시, 일, 월, 년 등)당 설비고장의 수 등을 들 수 있다. 이는 산출물의 단위당 결점수의 변동을 보여준다. 검사단위당 결점수(c)는 포아송분포를 따른다고 가정한다.

c관리도에서 단위당 평균결점수를 $\bar{c}$라고 하면, 포아송분포를 따르므로 검사단위당 결점수의 표준편차는 $\sqrt{\bar{c}}$이고, CL, UCL, LCL은 다음과 같이 계산된다.

$$\bar{c} = \frac{\text{모든 표본에서 발견된 결점의 수}}{(\text{표본의 추출회수})} = \frac{\sum_{j=1}^{N} c_j}{N} \quad (5\text{-}8)$$

여기서 N = 표본의 추출회수; c_j = j번째 표본의 단위당 결점수이다.

$$CL = \bar{c}; \quad (5\text{-}9)$$
$$UCL = \bar{c} + 3\sqrt{\bar{c}};$$
$$LCL = \bar{c} - 3\sqrt{\bar{c}}.$$

[예제 6] ㈜척척전자에서는 디스플레이 단위 면적당 결점수를 관리하기 위해 16개의 표본을 추출하여 결점수를 조사하여 [표 5-4]와 같이 정리하였다. (1) 이에 적합한 관리도를 정하고, (2) 그 관리도의 CL, UCL과 LCL 계산하고, (3) 관리도를 작성하고, (4) 공정의 이상유무를 판정하시오.

[표 5-4] ㈜척척전자의 16개 표본에서 검출된 결점의 수

표본번호	단위당 결점수	표본번호	단위당 결점수
1	36	9	24
2	38	10	31
3	37	11	34
4	41	12	40
5	32	13	31
6	30	14	32
7	35	15	27
8	28	16	32
		계	528

(풀이)

(1) 적합한 관리도 : c관리도. 표본에서 결점수를 파악하여 그 변동을 점검하기 때문이다.

(2) CL, UCL과 LCL 계산하기

$$\bar{c} = \frac{\text{모든 표본에서 발견된 결점의 수}}{(\text{표본의 추출회수})} = \frac{\sum_{j=1}^{N} c_j}{N} = \frac{528}{16} = 33$$

$$CL = \bar{c} = 33;$$
$$UCL = \bar{c} + 3\sqrt{\bar{c}} = 33 + 3\sqrt{33} \fallingdotseq 50;$$
$$LCL = \bar{c} - 3\sqrt{\bar{c}} = 33 - 3\sqrt{33} \fallingdotseq 16.$$

(3) 관리도 작성하기

[그림 5-8] c 관리도

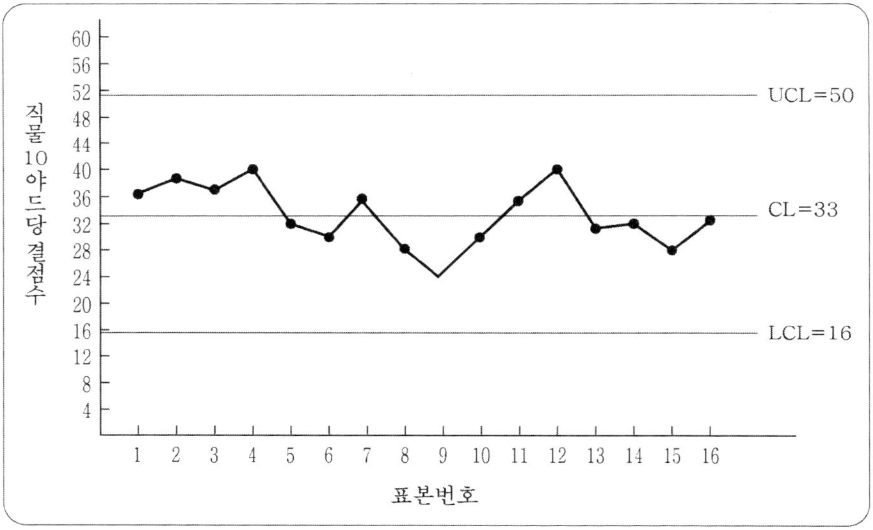

(4) 공정의 이상유무 판정

16개 표본의 결점수를 c관리도상에 나타내 보면, [그림 5-8]과 같다. 모든 표본의 결점수가 관리한계 내에 위치하여 있고, 또 무작위로 변동하고 있어서 이 공정은 관리상태에 있다고 판단할 수 있다.

5.5 공정능력 분석

통계적 품질관리의 주요한 기능은 주어진 제품이나 서비스를 설계규격대로 생산할 수 있도록 생산공정을 안정상태로 유지하는 것이다. 생산공정의 변동은 품질에 많은 영향을 미치고 있다. 공정능력분석이란 생산공정이 규격에 맞도록 제품을 생산할 능력이 있는가를 검토하는 것을 말한다. 관리도를 활용하여 공정이 안정적이라고 판단될 때, 공정의 산출물을 규격과 비교하여 규격 내에 있다면 그 공정은 능력이 있다고 판단할 수 있다.

공정능력에 대한 이해를 위해서 다음의 용어를 정확하게 구별하는 것이 중요하다.

① 규격(specification) 혹은 허용오차 : 공학적 설계나 고객의 요구에 의해 설정된다. 개별 산출물이 받아들일 수 있는 범위이다.

② 관리한계(control limit) : 평균, 범위 등의 표본 통계량이 우연에 의해 변할 수 있는 범위를 나타내는 통계적 한계이다.

③ 공정변동(process variability) : 공정의 자연적이거나 고유한 우연변동을 나타낸다. 이것은 공정 표준편차로 측정한다.

관리한계와 공정변동은 직접적인 관계가 있다. 공정이 변동하게 되면, 중심선과 관리상한선과 관리하한선이 변동한다. 규격은 생산공정이 아니라 공정 결과(산출물)에 관해서 규정하고 있다. 공정이 안정적으로 관리되고 있더라도 산출물은 규격에 적합할 수 있고 그렇지 않을 수도 있다. 따라서 공정능력을 고려해야 한다.

5.5.1 공정능력의 개요

공정능력(process capability)은 설계규격에 의해 허용되는 변동에 대한 산출물의 우연변동(고유변동) 정도를 말한다. 이는 일정기간을 통하여 안정된 공정상태에서 설계규격에 일치하는 제품을 생산할 수 있는가를 나타내는 척도다. 공정능력 분석이란 공정 산출물의 고유한 변동이 공정 산출물의 설계규격이 허용하는 변동범위 내에 있는지 여부를 분석하는 것을 말한다. 만약 산출물이 규격 내에 있다면 그 공정은 능력이 있다고 판단할 수 있고, 그렇지 않다며 그런 상황을 개선하는 방법을 모색해야 한다.

[그림 5-9] 공정능력과 규격

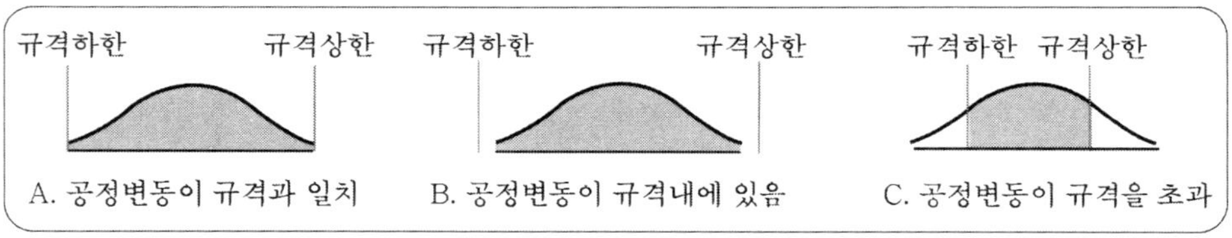

[그림 5-9]에서 첫 번째 경우는 공정능력과 산출물 규격이 일치하고 있다. 따라서 거의 모든 공정 산출물은 규격을 충족시킬 것으로 기대된다. 두 번째 경우는 공정변동이 규격에서 요구하는 것보다 작아서 모든 산출물(산출물의 100%)이 허용오차 내에 들어올 것이다. 그러나 세 번째 경우는 공정능력이 규격을 초과하고 있다. 공정이 정상적으로 작동하더라도 산출물의 일정량은 규격을 충족시킬 수 없다. 즉 불량품이 발생하게 된다. 따라서 품질관리자는 공정이 규격 충족 능력을 보유하고 있는지 확인할 수 있어야 하며, 공정은 생산활동이 시작되기 전에 정상상태여야 하며, 규격을 충족시킬 수 있어야 한다.

[그림 5-9]의 세 번째 경우라면 품질관리자는 공정개선방법을 적극적으로 모색해야 한다. 가능한 방법으로는 (1) 원하는 산출물을 얻을 수 있도록 공정을 재설계하는 방법, (2) 원하는 산출물을 얻을 수 있는 다른 공정으로 대체하는

방법, (3) 현 공정을 유지하면서 전수검사를 통해 불량품을 100% 제거하는 방법, (4) 규격이 필수적인지를 검사하거나 고객만족에 나쁜 영향을 주지 않으면서 규격을 완화하는 방법 등을 들 수 있다.

공정변동은 공정능력에 영향을 주는 주요한 요인으로, 이는 공정의 표준편차로 측정된다. 공정능력 유무를 결정하려면 공정의 ±3 표준편차(즉 6 표준편차)를 공정규격과 비교하면 될 것이다. 예로 어떤 서비스의 수행에 소요되는 이상적 시간이 10분이고 허용 가능한 시간변동 범위를 ±1분이라고 하자. 만약 공정이 0.5분의 표준편차를 가질 경우, ±3 표준편차는 1.5분이 되어서 1분의 허용규격을 초과하여서 공정능력이 있다고 결정을 할 수 없다.

5.5.2 공정능력의 측정

공정관리시스템의 기능은 다양한 변동으로부터 기인하는 이상원인이 존재할 때 통계적인 신호를 제공하는 것이라고 할 수 있다. 과도한 변동을 야기하는 이상원인을 지속적인 노력에 의해 체계적으로 제거하는 것은 공정을 통계적 관리상태로 유도하는 방법이 된다. 즉, 공정능력은 공정변동 중에서 이상원인에 기인한 변동을 제거한 후 달성되는 최소의 변동(우연변동)에 의해 결정된다. 따라서 품질관리담당자는 공정능력을 평가하기 위해서 우선 공정을 통계적으로 관리되고 있는 상태로 운영되도록 구조화하는 것이 요청된다. 공정능력을 측정하는 지표로 공정능력 비율(C_p)과 공정능력 지수(C_{pk})가 있다.

1) 공정능력비율(C_p)

공정능력비율은 공정능력에 대한 규격범위의 비율로 다음과 같이 계산된다.

$$\text{공정능력비율}(C_p) = \frac{\text{규격범위}}{\text{공정능력}} = \frac{\text{규격상한} - \text{규격하한}}{6\sigma} \qquad (5\text{-}10)$$

공정능력의 유무는 공정능력 비율이 최소한 1.00이 되어야 한다. 그러나 C_p

=1.00의 비율은 충분한 공정능력을 나타낸다고 볼 수 없다. 실무에서는 공정능력 비율(C_p)의 목표를 최소한 1.33으로 하고 있다. 공정능력 비율(C_p)=1.00은 2,700ppm(백만 개 중 2,700개)의 불량을 허용하고, C_p=1.33은 30ppm의 불량을 허용한다. 공정능력이 커질수록 공정 산출물이 설계규격을 충족시킬 확률이 커지게 된다.

미국 Motorola사가 1987년 시작한 6시그마 경영기법은 6시그마 개념을 활용하여 공정의 규격한계가 ±3 표준편차가 아니라 ±6 표준편차가 되도록 설계하여 공정변동을 매우 작게 하는 기법이다. 이것은 공정능력 비율이 2.00임을 의미하며, 이 설계규격을 충족시키지 못하는 산출물의 수가 매우 작게 된다.

하지만 공정능력 비율은 공정평균을 고려하지 않고 공정능력을 산정하고 있어서, 사용에 유의해야 한다. 만약 공정평균이 규격 상한과 하한의 중앙에 위치하지 않을 경우 C_p는 오해를 야기할 수 있다. 예로 규격이 10~11이고, 공정의 표준편차가 0.10일 때 C_p=1.67은 매우 바람직할 것이다. C_p는 공정평균이 규격 상한과 하한의 위치할 때 사용할 수 있다.

$$C_p = \frac{\text{규격범위}}{\text{공정능력}} = \frac{\text{규격상한} - \text{규격하한}}{6\sigma} = \frac{11-10}{6(0.1)} = 1.67$$

그러나 공정평균이 12일 경우 표준편차가 0.10이더라도 ±3 표준편차를 적용하면 규격하한 11.7[=12-3(0.10)]과 규격상한 12.3[=12+3(0.10)]의 산출물이 생산되어서 규격 10~11을 충족시키는 산출물이 없게 된다. 이처럼 목표값이 규격한계의 중앙값과 일치하지 않는 상황에는 공정능력지수(C_{pk})를 적용한다.

[예제 7] ㈜척척의 COO(Chief Operating Officer)는 생산활동을 수행하기 위해서 3대의 장비 중에서 1대를 선택하고자 한다. 규격이 25.0mm에서 26.2mm이고, 각 장비의 표준편차가 다음과 같다. 각 장비의 공정능력 비율을 구하고, 공정능력이 있는 장비는 어느 것일까?

장비	표준편차
1	0.21
2	0.12
3	0.25

(풀이) 문제에서 규격 범위는 1.2mm(=26.2 - 25.0)이다. 공정능력 비율을 산정하기 위해서는 우선 각 장비의 공정능력을 파악하고, 장비별 공정능력 비율(=규격 범위/공정능력)을 계산한다. 그 비율이 1.33 이상이면 공정능력이 있다고 판단한다. 장비 B의 공정능력 비율[$C_p(B)$] =1.67이어서 장비 B는 공정능력이 있음을 알 수 있다.

장비	표준편차	장비의 공정능력	공정능력 비율(C_p)	공정능력 판단
A	0.21	1.26(=0.21*6)	1.2/1.26 = 0.95	없음
B	0.12	0.72(=0.12*6)	1.2/0.72 = 1.67	있음
C	0.25	1.50(=0.25*6)	1.2/1.50 = 0.80	없음

2) 공정능력지수(C_{pk})

공정능력지수는 공정평균이 규격 상한과 하한의 중앙에 위치하지 않을 경우에 사용하는 공정능력 평가지표이다. 이는 각 규격한계와 공정평균과의 차이 중에서 작은 값을 공정의 표준편차로 나누어 계산한다.

$$C_{pk} = \min\left[\frac{(\text{공정평균} - \text{규격하한})}{3\sigma}, \frac{(\text{규격상한} - \text{공정평균})}{3\sigma}\right] \quad (5\text{-}11)$$

[예제 8] 공정평균 9.2g, 표준편차 0.3g, 규격하한 7.5g, 규격상한 10.5일 때 공정능력지수(C_{pk})를 계산하시오.

(풀이)

$$C_{pk} = \min\left[\frac{(\text{공정평균} - \text{규격하한})}{3\sigma}, \frac{(\text{규격상한} - \text{공정평균})}{3\sigma}\right]$$
$$= \min\left[\frac{9.2-7.5}{3(0.3)}, \frac{10.5-9.2}{3(0.3)}\right] = \min\left(\frac{1.7}{0.9}, \frac{1.3}{0.9}\right) = \min(1.89, 1.44) = 1.44$$

$C_{pk}=1.44$ 〉 1.33보다 크므로 공정능력이 있다고 판단할 수 있다.

5.5.3 공정능력의 평가와 개선

일반적으로 C_p의 값이 작을수록 공정능력이 부족하고, C_p의 값이 크면 클수록 공정능력이 크다는 것을 알 수 있다. 공정능력의 상태는 공정능력 비율(지수)의 범위에 따라 5개 등급으로 구분하여 평가하고, 상태가 좋지 않은 등급의 경우에는 개선조치를 취해야 한다.

품질관리 담당자는 공정 목표의 변경과 공정 고유변동의 감소 등을 통해 공정능력을 개선할 수 있다. 이를 위해서는 단순화, 표준화, 실수방지, 설비 개선, 자동화 등이 필요하다. 공정능력이 개선되면 검사의 필요성이 감소하고, 품질보증비용이 감소하고, 서비스에 대한 불만이 감소하고, 생산성이 증가하는 효과를 볼 수 있게 된다.

하지만 공정능력의 평가지표는 사용에 한계가 있다:

(1) 전반적으로 공정이 안정적이지 못할 경우, 공정능력을 측정하는 지표는 무의미하다.

(2) 공정의 산출물이 정규분포를 따르지 않을 경우, 불량 산출물에 대한 추정은 부정확하게 될 수 있다.

(3) 공정의 목표값과 공정의 평균이 서로 일치하지 않을 경우, C_p가 사용되면 잘못된 결과를 초래할 수 있다.

[표 5-5] 공정능력의 평가와 조치

등급	C_p 범위	판정	조치
특급	$C_p \geq 1.67$	공정능력이 매우 충분함.	산출물의 변동이 약간 커져도 우려할 필요가 없음. 관리의 간소화나 원가절감 방법 고려.
1등급	$1.67 \geq C_p \geq 1.33$	공정능력이 충분함.	이상적인 상태여서 현상 유지.
2등급	$1.33 \geq C_p \geq 1.00$	공정능력이 충분하다고 할 수 없지만, 비슷함.	철저한 공정관리로 관리상태 유지해야 함. C_p가 1에 가까워지면 부적합품이 나올 우려가 있으므로 필요한 때는 조치를 취해야 함.
3등급	$1.00 \geq C_p \geq 0.67$	공정능력이 부족함.	부적합이 발생하고 있음. 전수검사, 공정능력 향상도모와 관리가 필요함.
4등급	$0.67 \geq C_p$	공정능력이 매우 부족함.	공정 상태가 전혀 만족하지 못함. 속히 현황조사, 원인규명, 공정개선(규격한계 재검토), 작업방법 변경 등을 취할 것.

품질경영 사례 5

김선현 네오오토 회장 "멕시코 공장 안정화…실적 성장 지속될 것"

"최근 사원 주주형 협력사라는 자주경영제도를 도입해 효율성 제고에 주력하고 있습니다. 주가에 기업의 본업 가치가 반영될 수 있도록 앞으로도 최선을 다하겠습니다." 김선현 네오오토 회장은 지난 21일 기자와 만난 자리에서 최근 분기실적 감소와 함께 주가가 좀처럼 힘을 쓰지 못하고 있지만, 회사는 꾸준한 노력을 통해 성장동력을 확보하고 있다며 이처럼 밝혔다.

네오오토는 지난 2010년 오토인더스트리 예산공장이 물적분할을 하면서 설립된 자동차 부품 기업이다. 현재 자동변속기에 들어가는 피니언 기어, 대형 기어 생산과 함께 차동 기어 조립을 주력으로 하고 있다. 주요 고객사는 현대기아차(12% 수준)를 포함한 현대파워텍(82% 수준)이다. 특히 네오오토는 현대기아차에 4가지 대형기어류(트랜스퍼 드라이브, 트랜스퍼 드리븐, 아웃풋 샤프트, 디프 드라이브)를 외주업체 최초로 수주했다. 네오오토가 기어를 제작해 현대파워텍에 공급하면 해당 물량이 기아차 멕시코 공장 생산 차량에 장착되는 방식이다.

김 회장은 "네오오토는 기존 소형 기어류 등의 제작기술력을 인정받아 해외(멕시코)에서 만들어지는 차량에 공급하는 4대기어류를 최초로 수주했다"면서 "특히 대형기어류는 차량의 소음과 진동에 민감하게 작용하기 때문에 최고의 정밀도를 요하는 제품군으로, 네오오토는 이 같은 초정밀기어를 대량생산하기 위해 전달오차 측정기(최종 생산물의 이상여부 및 소음테스트를 하는 측정기)를 도입하고, 통계적 공정관리(SPC · Statistical Process Control)시스템을 적용해 최상의 제품을 생산하고 있다"고 말했다.

실제로 네오오토는 피니언 기어(소형)의 절대 강자로 군림하고 있다. 현재 현대기아차에 피니언 기어를 납품하고 있는 업체는 네오오토와 동보 2곳이다. 네오오토는 국내 생산물량과 중국을 제외한 해외 수출 물량을 담당하고 있고, 중국 수출 물량은 동보에서 전담 중이다. 하지만 규모로 비교하면 네오오토는 현대기아차 피니언 기어 전체 물량 가운데 80% 이상의 점유율을 확보하고 있다. 매출 역시 전체의 64% 가량이 피니언 기어에서 나온다.

1분기 실적 관련, 김 회장은 "지난해 신규 설비투자에 따른 감가상각비가 발생했고, 대형기어 신규 생산에 따른 인력 충원에 따라 영업이익이 소폭 감소했다"면서도 "2분기 현재 생산 안정화 단계에 접어들고 있어 3분기에 이르러서는 호실적을 기대해볼 수 있을 것"이라고 말했다. 이어 김 회장은 "지난해부터 사원주주형 협력사 제도를 야심차게 도입하고 있다"면서 "현장 직원들은 20명 단위로 자발적 창업을 해 라인별 또는 부서별로 독립된 회사를 만들어 주주가 돼고, 네오오토와 거래관계를 하게 된다"라고 말했다.

이는 조직이 커지는 데 따른 비효율을 없애기 위해 고안한 것이라고 설명했다. 조직이 작고 하나의 기어처럼 서로 맞물려 빠르게 작동해야 기업의 생명력이 길다는 김 회장의 철학이 드러나는 부분이다. 다만 부진한 주가의 회복은 회사 측이 풀어야할 숙제다. 앞서 네오오토는 지난해 11월 공모가 1만2000원에 상장했으나 첫날부터 약 15% 급락하는 등 줄곧 공모가를 밑돌며 부진한 흐름을 보여왔기 때문이다. 지난 8개월간 주가가 공모가 위쪽에서 거래된 것은 상장 첫날과 지난 1월 7일 등 단 두 차례에 불과하다.

김 회장은 "그동안 사측에서 주가를 올리기 위한 노력을 안했고, 주식유통수가 적어 시장에서 소외된 측면이 없지 않다"면서도 "앞으로는 배당 등 주주가치 제고를 위한 노력도 꾸준히 진행할 계획이며, 시간은 걸릴지 모르나 주가는 언젠가 기업 내재가치에 수렴할 것"이라고 말했다.

김경택 기자(매일경제, 2016-06-27)

연 습 문 제

5-1 관리도의 기본원리를 설명하시오.

5-2 생산공정의 변동원인을 우연원인과 이상원인으로 구분한다. 이들 두 원인의 기본개념을 각각 설명하고, 이에 해당하는 관련 예를 나열하시오.

5-3 생산공정이 통계적으로 관리되고 있는 상태에 있다는 것은 어떤 의미인가?

5-4 계량형 관리도의 기본개념과 종류, 그리고 작성 목적을 간략히 설명하시오.

5-5 계수형 관리도의 기본개념과 종류, 그리고 작성 목적을 간략히 설명하시오.

5-6 공정능력을 측정하는 지표의 종류와 기본개념과 특징을 간략히 설명하시오.

5-7 공정능력의 개선 방법과 그로 인해 얻게 되는 효과에 관해서 간략히 설명하시오.

5-8 음료수를 병에 주입하는 기계를 이용하여 1,000ml의 딸기막걸리 병을 채우고 있다. 막걸리 주입량은 정규분포를 따르고 있으며, 1,000ml의 평균주입량과 0.01ml의 표준편차를 갖는다. 산출물 25개로 구성된 표본들의 평균으로 공정변동을 관찰한다.

(1) 공정이 관리되고 있을 때, 표본평균의 97%를 포함하는 관리한계를 구하시오.

(2) 다음의 표본평균이 주어진다면 공정은 관리되고 있다고 판단할 수 있는가?

1,005ml; 1,001ml; 998ml; 1,002ml; 995ml; 999ml.

5-9 컴퓨터를 초기화하는데 공식적으로 40분이 걸린다. 5개의 관측값을 갖는 표본이 6개 선택되었고, 그 자료는 다음과 같다. [표5-1]을 활용하여 평균관리도와

변위관리도의 중심선과 관리상한과 관리하한을 구하고, 공정이 관리되고 있는지 판단하시오.

구분		표본 1	2	3	4	5	6	합계	평균
표본측정값	1	39.2	40.5	39.6	38.9	40.5	39.7		
	2	38.8	38.7	39.6	39.4	39.6	40.6		
	3	40.0	41.0	40.4	39.7	40.4	40.5		
	4	38.4	40.4	40.3	39.4	40.8	40.0		
	5	41.0	40.1	40.8	40.6	38.8	41.1		
	합계								
표본평균($\overline{X}$)									
표본범위(R)									

5-10 동학사(주)는 도시락(조코)를 제조 · 판매하고 있는데, 영양가 관리가 매우 중요하다. 설계된 도시락의 열량규격은 400±100칼로리인데, 실제로 제조한 도시락을 5개 추출하여 칼로리를 측정한 결과, 평균 열량은 420칼로리이고, 표준편차는 25칼로리이다. 동학사(주)에서 제조한 도시락(조코)의 공정능력을 판단하시오.

5-11 생산공정으로부터 표본크기 200개인 표본을 12회 추출하여 다음과 같이 정리하였다.

표본	1	2	3	4	5	6	7	8	9	10	11	12	계
표본크기(n)	200	200	200	200	200	200	200	200	200	200	200	200	2,400
불량품수(P)	2	4	4	0	2	6	4	2	0	8	6	4	
불량률(%)													

(1) 적합한 관리도는?

(2) 이 관리도의 중심선, 관리상한선과 관리하한선을 계산하시오.

(3) 관리도를 작성하시오.

(4) 200개의 표본을 추출하여 검사한 결과, 8개의 불량품이 발견되었다면 이 생산공정은 어떤 상태에 있다고 판단할 수 있는가?

5-12 택배회사 솔솔의 춘천지점에서는 배달된 택배물에 대한 고객 불만의 수를 5월

부터 12주 동안 일주일 단위로 정리하여 분석하고자 한다.

구분	관측 표본												계
주	1	2	3	4	5	6	7	8	9	10	11	12	
불만 수	4	10	14	8	9	6	5	12	13	7	6	4	

(1) 적합한 관리도는?

(2) 이 관리도의 중심선, 관리상한선과 관리하한선을 계산하시오.

(3) 관리도를 작성하고, 관리상태를 판단하시오.

5-13 스마트폰용 충전기를 생산하는 공정에서 평균 0.04개와 표준편차 0.003의 불량이 발생하고 있다. 허용규격은 0.03개부터 0.05개이다.

(1) 이 공정의 생산능력 분석에 적합한 평가지표는 무엇이고 계산하시오.

(2) 이 공정은 공정능력이 있다고 판단할 수 있는가?

5-14 다음의 표에서 공정능력이 있는 장비는 어느 것인가?

장비	표준편차(cm)	작업규격(±cm)	공정능력
001	0.02	0.05	
002	0.04	0.07	
003	0.10	0.18	
004	0.05	0.15	
005	0.01	0.04	

5-15 다음의 표에서 공정능력이 있는 장비는 어느 것인가?

공정	평균	표준편차	규격하한	규격상한	공정능력
갑	15.0	0.32	14.1	16.0	
을	33.0	1.00	30.0	36.5	
병	18.5	0.40	16.5	20.1	

(1) 각 공정에 적합한 공정능력 지표는 무엇인가?

(2) 각 공정의 공정능력 지표를 계산하고, 공정능력 유무를 판정하시오.

6 chapter 신 뢰 도

일반적으로 제품을 구매하는 소비자는 그 제품을 가능한 한 오랫동안 사용하길 원한다. 하지만 아무리 우수한 기능의 값비싼 제품이더라도 기대되는 시간동안 구입 의도대로 사용할 수 없다면 그 제품의 가치는 떨어질 수 있다. 품질은 제품의 제조과정과 사용상의 특성을 의미하는데, 신뢰도는 제품이 얼마나 오랫동안 주어진 기능을 발휘하면서 사용될 수 있는가에 대한 평가지표라고 할 수 있다. 가용성이란 고객에 대한 서비스의 연속성으로, 제품이 고장 나지 않아서 이용가능한 상태에 있는 정도를 의미한다. 제품이 고장이나 수리 중이 아니라 사용 가능한 생태에 있는 비율이다. 이 단원에서는 신뢰도에 관한 기본개념과 측정과 개선, 가용성, 그리고 다구치방법을 다룬다.

6.1 신뢰도의 개요

신뢰도(reliability: R)란 제품이나 서비스가 일정기간동안 정상적인 운영 조건 하에서 주어진 기능(intended function)을 고장 없이 수행할 확률이다. 즉 '신뢰도=1-고장률'을 의미한다. 고장률이란 고장개수를 실험개수로 나눈 것으로, 만약 100개의 품목 중에서 정상적인 운영환경 하에서 5개가 고장이었다면, 고장률은 0.05(=5/100)이고, 신뢰도는 0.95(=1-0.05)가 된다.

고장(failure)이란 작동상태에서 작동불능상태로 변하는 것을 말하며, 이는 무반응, 역반응, 과잉반응 등으로 나타나고 있다. 화재경보기의 예를 들어보면, 특정 공간 내에서 연기가 나는 데 아무 소리가 나지 않거나, 소리가 나지만 너무 작아서 들리지 않거나, 연기가 나지 않음에도 소리가 나는 경우를 고장이라고 할 수 있다. 고장의 종류에는 초기고장, 우연고장, 마모고장 등이 있는데, 초기고장은 설계상의 문제로써 자재 불량 · 조립 부적절 · 조정 부정확 등으로 인하여 발생하는데, 이는 그 원인을 규명하여 문제를 해결해야 한다. 우연고장은 때때로 발생하지만, 원인 규명에 어려움이 있다. 마모고장은 구성품이 수명을 다해가면서 발생한다.

신뢰도는 고객의 경우 제품/서비스를 구매할 때 대안들의 비교에 중요한 기준이 되고, 판매자의 경우 제품/서비스의 가격을 결정할 때 고려하는 중요한 요인이다. 신뢰도는 반복 구매와 이미지 형성에 영향을 미치지만, 너무 낮으면 법률적 문제가 야기될 수 있다.

신뢰도는 항상 정상 작동조건(normal operating conditions)과 관련하여 설명된다. 이러한 조건에는 일정한 범위의 무게, 온도, 습도뿐만 아니라 제품의 작동절차와 보전 주기도 포함된다. 제품/서비스의 사용자가 이러한 정상 작동조건을 지키지 않으면 부품이나 전체 시스템이 조기에 고장이 날 수 있다. 예컨대, 승용차로 매우 무거운 짐을 실어 나르거나 비포장도로를 험하게 달리면 차량의 서스펜션에 문제가 발생할 수 있다. 계산기로 못을 박으면 계산기능을 제대로 수행할 수 없을 수 있다.

농기계와 같이 유지비용은 많이 들고 사용기간은 농번기로 한정되며 짧으면서 농한기는 상대적으로 긴 경우에 신뢰도는 매우 민감한 문제가 될 수 있다. 젊은 여성층은 자동차의 경우 높은 신뢰도를 가장 바람직한 품질요인으로 여기고 있으며, 무기 같은 경우에도 많은 유지관리비, 긴 휴지기간(비사용기간), 짧은 사용기간 때문에 무기의 구매방식에는 신뢰도가 가장 중요한 요인이 되고 있다. 그리고 의료기기의 경우 병의 회복, 생명 유지와 연장, 다품종소량생산, 빠른 기술개발, 짧은 사용기간, 극히 낮은 고장률, 병원 환경의 신속한 디지털 전환 등으로 인해서 신뢰도가 중요한 요인이 되고 있다.

6.2 신뢰도의 측정

제품(system)의 구조가 점차 복잡해지고 제품을 구성하는 부품(component)의 수가 늘어남에 따라 제품이 고장 날 확률이 높아지는 경향이 있다. 여러 부품으로 구성된 제품의 신뢰도는 부품의 연결방식에 따라 다르게 계산된다. 연결방식에는 직렬 연결(series connection), 병렬 연결(parallel connection)과 혼합연결(mixed connection)이 있다.

6.2.1 직렬 연결(series connection)에 의한 제품의 신뢰도(R_s)

부품이 직렬로 연결된 경우, 제품의 신뢰도는 각 구성부품의 신뢰도의 곱과 같다. 직렬 연결에서는 제품이 복잡할수록(구성부품이 많을수록) 제품의 신뢰도는 낮아진다. 부품이 많을수록 그 중의 어느 한 부품이 고장이 나면 제품이 고장이 날 확률이 높아지기 때문이다. 만약 또 다른 부품이 추가로 연결되면 신뢰도는 더욱 낮아진다. [그림 6-1] A의 경우 직렬식 배열의 모습을, 그리고 식 (6-1)은 직렬 연결에 의한 제품의 신뢰도(R_s)를 나타낸다.

$$\text{직렬 연결에 의한 제품 신뢰도}(R_s) = (R_1)(R_2)\ldots\ldots(R_n) \qquad (6\text{-}1)$$

여기서 R_i는 부품 i의 신뢰도($i = 1, 2, \ldots\ldots, n$; n = 직렬 연결된 부품의 수.

6.2.2 병렬 연결(parallel connection)에 의한 제품의 신뢰도(R_p)

부품이 직렬로 연결된 경우, 부품 중 어느 하나가 고장 나더라도 제품은 고장이 날 수밖에 없다. 그러나 부품이 병렬로 연결되어 있다면 어느 한 부품이 고장 나더라도 제품은 그대로 제 기능을 수행할 수 있다. 따라서 부품의 수가 증가하더라도 이 부품 모두를 병렬로 연결하면 제품의 신뢰도는 증가하게 된다.

높은 신뢰도가 요구될 경우, 중복부품(redundancy)이나 예비시스템(backup system)이 필요하다. 어떤 부품의 고장이 상당히 중요할 때 중복부품이나 중복하위시스템을 추가하면 고장률을 확실히 줄일 수 있다. 어떤 제품이 병열 연결된 중복부품을 가질 경우, 병렬 연결된 모든 부품이 동시에 고장 날 경우에만 제품 고장이 일어난다. 모든 부품이 동시에 고장 날 확률은 $(1-R_1)(1-R_2)...(1-R_n)$이다. [그림 6-1] B의 경우 병렬식 배열의 모습을, 그리고 식(6-2)는 병렬 연결에 의한 제품의 신뢰도(R_p)를 나타낸다.

$$\begin{aligned}\text{병렬 연결에 의한 제품 신뢰도}(R_p) &= 1 - \text{고장률} \\ &= 1 - [(1-R_1)(1-R_2)....(1-R_n)]\end{aligned} \tag{6-2}$$

여기서 R_i는 부품 i의 신뢰도(i = 1, 2, ..., n; n = 병렬 연결된 부품의 수.

6.2.3 혼합연결(mixed connection)에 의한 제품의 신뢰도(R_m)

실제의 경우, 부품의 연결은 직렬 연결과 병렬 연결을 혼합하여 이루어진다. 모든 부품에 대한 병렬연결(중복부품)은 원가적 측면에서 봤을 때 정당화되지 않을 수 있다. 따라서 신뢰도 문제를 효율적으로 접근하기 위해서는 제품을 구성하고 있는 부품 중에서 부품 신뢰도가 현저히 낮은 부품을 위주로 병렬 연결하여 제품(시스템)의 신뢰도를 향상하고 있다.

[그림 6-1] C의 경우 혼합연결의 모습을, 그리고 식(6-3)은 혼합연결에 의

한 제품의 신뢰도(R_p)를 나타낸다.

$$\text{혼합연결에 의한 제품 신뢰도}(R_m) = (R_1)[1-(1-R_{21})(1-R_{22})] \,.....\, (R_m) \quad (6\text{-}3)$$

[그림 6–1] 부품의 연결 방법

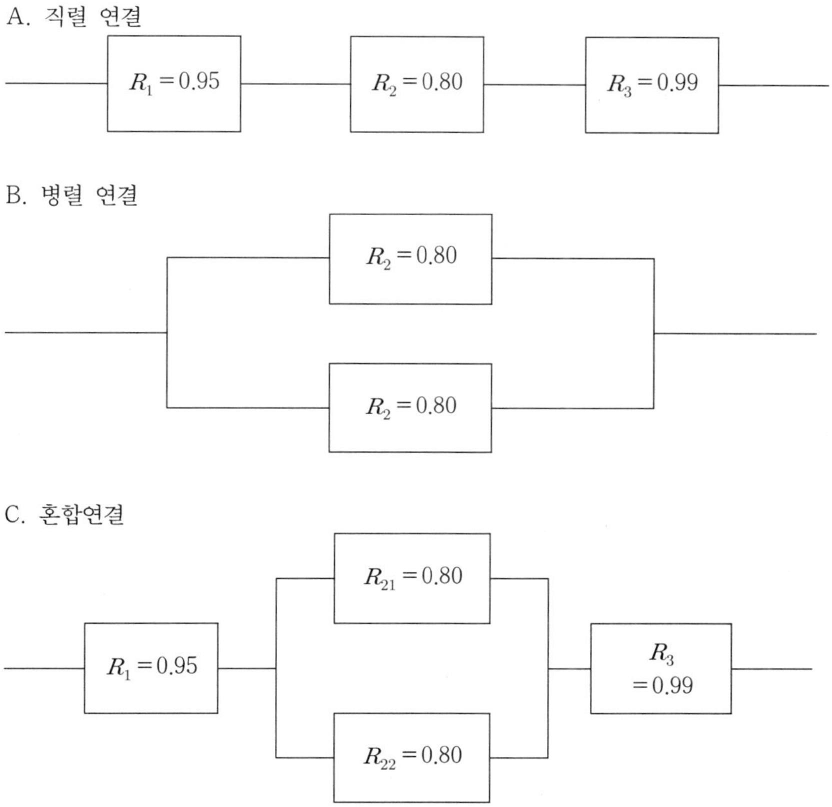

[예제 1] [그림 6-1]의 내용을 참조하여 제품(시스템)의 신뢰도를 계산하시오.

(1) [그림 6-1] A에 대한 직렬연결의 제품 신뢰도를 계산하시오.

(2) [그림 6-1] B에 대한 병렬연결의 제품 신뢰도를 계산하시오.

(3) [그림 6-1] C에 대한 혼합연결의 제품 신뢰도를 계산하시오.

(풀이)

(1) $(R_s) = (R_1)(R_2)(R_3) = (0.95)(0.80)(0.99) = 0.752$

(2) $(R_p) = 1 - \text{고장률} = 1 - [(1 - R_1)(1 - R_2)]$
$= 1 - [(1-0.80)(1-0.80)] = 1 - [(0.20)(0.20)] = 1 - 0.04 = 0.96$

(3) $(R_m) = (R_1)(R_2)(R_3) = (R_1)[1 - (1 - R_{21})(1 - R_{22})](R_3)$
$= (0.95)[1 - (1-0.80)(1-0.80)](0.99)$
$= (0.95)(0.96)(0.99) = 0.903$

6.3 신뢰도의 개선

일반적으로 제품(시스템)은 부품의 수가 많거나 복잡할수록 신뢰도가 낮아진다. 제품의 신뢰도는 여러 가지 방법으로 개선할 수 있다.

(1) 과잉 설계(over-design) : 과잉 설계란 구성부품의 특성을 강화하는 것을 뜻한다. 예컨대 금속부품이 쉽게 부식한다면 소재를 스테인리스강으로 바꾸는 것이다. 제품구조가 단순할 때 과잉 설계는 좋은 대안이 될 수 있지만, 제품구조가 복잡할 경우 과잉 설계방식은 시스템신뢰도를 크게 향상하지 못하면서 부품 비용 상승을 초래할 수 있다.

(2) 설계 단순화(design simplification) : 제품구조를 단순화하거나 부품의 수를 줄이면 시스템신뢰도를 높일 수 있다. 이 방법은 전자제품, 자동차 등의 업종에서 이용되고 있다. 설계 단순화는 제품 신뢰도 향상 및 생산원가 절감에 도움이 된다.

(3) 중복설계(redundant design, backup system) : 시스템의 중요한 부분이나 취약한 부분에 대해서는 예비시스템(예비부품. 중복부품, 중복제품)을 보유하도록 한다. 이렇게 하면 특정 부품이 고장 나더라도 예비부품이 즉각 작동하여 시스템의 고장을 예방할 수 있다. 항공기. 잠수함, 병원의 전력시스템의 고장 발생은 치명적인 결과를 초래할 수 있어서 중복설계가 필수적이다.

(4) **설계변경**(design change) : 설계변경은 생산방법, 사용자재, 제품규격 등의 변경을 수반하여서 생산 비용과 불량률 상승을 초래할 수 있다. 따라서 가급적이면 제품설계를 안정시키는 것이 바람직하고, 시장의 변화에 맞추어 변경해야 한다면 신중을 기하는 것이 요구된다.

(5) **정비**(maintenance) : 사용 중인 기계설비를 정기적으로 점검하고, 낡은 부품을 예방적으로 정비하고 교체를 하면 고장을 감소시키며 신뢰도를 개선할 수 있다.

(6) **작업자 교육훈련** : 시스템의 신뢰도 개선(향상)을 고려할 때는 먼저 충분한 신뢰도 수준을 결정해야 한다. 가정용 전구의 신뢰도와 비행기 전구의 신뢰도는 서로 결이 다르다. 따라서 충분한 신뢰도 수준은 신뢰도 개선에 따른 비용과 혜택에 따라 달라진다. 일반적으로 신뢰도 개선 비용은 누진적으로 늘어난다. 처음에는 혜택이 비용보다 훨씬 빠르게 늘어날 수 있지만, 최종적으로는 역전될 수 있다. 최적 수준의 신뢰도는 개선에 따른 한계비용과 한계혜택이 일치하는 수준이다. 단기적으로는 이런 상충관계(trade-off)는 비교적 소수의 사항들(예, 비용) 사이에서 일어나지만, 장기적으로는 신뢰성 향상과 원가절감 노력 등으로 최적 신뢰수준 그 자체를 끌어 올릴 수 있다.

6.4 가용성

가용성(availability, 이용성)이란 고객에 대한 서비스의 연속성으로, 제품이 고장 나지 않아서 이용 가능한 상태에 있는 정도를 의미한다. 제품이 고장이나 수리 중이 아니라 사용 가능한 생태에 있는 비율이다.

가용성은 제품(장비)의 신뢰도를 표현하는 일반적인 측정지표로 신뢰도(reliability)와 유지성(maintainability, 정비성)에 의해 결정된다. 신뢰도란 특정기간 동안 제품이 고장 나지 않을 확률을 말하며, 유지성이란 제품이 고장 났을 때 얼마나 빨리 사용 가능한 상태로 복원될 수 있는 정도를 말한다. 제품의 신뢰도와 유지성(정비성)이 높으면, 즉 고장이 잘 나지 않고 고장이 난다고 해도 빨리 고칠 수 있으면 가용성은 높아지게 된다.

가용성을 측정할 수 있는 지표로는 평균수명(mean time to failure; MTTF), 평균수리시간(mean time to repair; MTTR), 평균고장시간간격(mean time between failures; MTBF), 평균고장시간(mean down time; MDT), 평균예방정비시간(mean preventive maintenance time; MPMT) 그리고 특정 단위시간당 고장률과 같은 것들이 있다. 이와 같은 개념들은 일반적으로 제품을 일정기간 사용한다는 가정하에 유효한 것들이며, 구입 즉시 소비되는 제품/서비스 같은 경우에는 전혀 유효하지 않은 개념이라고 할 수 있다.

평균사용시간(MTTF)이란 제품(장비)의 처음 사용부터 고장 날 때까지 사용시간의 평균값으로 고장 날 때까지 평균기대시간을 의미한다. 평균수리시간(MTTR)은 부품이 이용 가능하다는 조건 하에서 고장에 대한 수리작업을 시행하는데 소요되는 시간의 평균값이다. 평균고장시간간격(mean time between failures; MTBF)은 고장과 다음 고장 간의 시간의 평균값으로 정상가동시간을 나타낸다. 이는 총가동시간을 고장회수로 나눠서 계산한다. 평균고장시간(MDT)은 고장이 발생하여 고치는데 소요되는 시간들의 평균값으로 평균비가동시간을 나타낸다. 평균수리시간에 예방정비시간과 부품조달시간을 합한 것의 평균이다.

[예제 2] 탕정LED(주)에서 100개의 LED 전구를 8,000시간 동안 시험한 결과, 5개가 고장을 일으켰다. 고장률(failure rate; FR)과 평균고장시간간격(MTBT)을 계산하시오.

(풀이)

$$*\text{고장률}(FR)=\frac{\text{고장횟수}}{\text{실험횟수}}\times 100=\frac{5}{100}\times 100=5(\%)$$

$$*MTBF=\frac{\text{가동시간}}{\text{고장횟수}}=\frac{\text{전체시간}-\text{비가동시간}}{\text{고장횟수}}$$
$$=\frac{(100)(8,000)-(5)(8,000)/2}{5}=\frac{780,000}{5}=156,000\text{시간/고장}$$

(고장이 시험기간 동안 평균적으로 발생한다고 가정함.)

[예제 3] 해달이는 오래되고 낡은 오토바이를 1대 갖고 있는데, 일주일에 1회 정도 고장이 나며, 고장을 수리하는 데 5시간이 소요된다. 예방정비에는 1시간이 걸린다. 해달이는 오토바이를 일주일에 60시간 사용한다. 오토바이 가용성은 얼마인가?

(풀이)

$$\text{가용성}(A)=\frac{\text{가동시간}}{\text{총가동시간}}\times 100=\frac{\text{총가동시간}-\text{비가동시간}}{\text{총가동시간}}\times 100$$
$$=\frac{60-(5+1)}{60}\times 100=\frac{60-6}{60}\times 100=\frac{54}{60}\times 100=90(\%)$$

제품의 가용성은 다음과 같이 계산되기도 한다.

$$\text{가용성}(A)=\frac{MTBF}{MTBF+MDT}\ \text{또는} \tag{6-4}$$

$$=\frac{MTBF}{MTBF+MTTR+PM+L}\ \text{또는}$$

$$=\frac{MTBF}{MTBF+MTTR}.\ (PM\text{과 }L\text{이 무시되는 경우})$$

여기서 MTBF : 평균고장시간간격.

MDT : 평균비가동시간(평균고장시간).

MTTR : 평균고장수리시간.

PM : 예방정비시간.

L : 정비에 필요한 부품조달 소요시간.

[예제 4] 3년 전에 구입한 복사기의 신뢰도를 추정하기 위해 고장횟수와 고장시점을 기록한 결과 다음과 같은 자료를 얻었다. 이 자료에서 고장전 작동시간이란 복사기 수리 이후 다시 고장이 날 때까지의 작동시간을 말한다.

고장횟수	고장전 작동시간	비 고
1	350시간	
2	330시간	
3	400시간	
4	380시간	
5	390시간	사용 후에도 계속 작동

(1) MTBF를 구하시오.

(2) 고장난 복사기의 수리에 평균 8시간이 소요될 때, 가용성(A)을 구하시오.

(풀이)

(1) $MTBF = \frac{\text{총작동시간}}{\text{고장횟수}} = \frac{350+330+400+380+390}{4}$

$= \frac{1,850}{4} = 462.5\text{시간}$

(2) $\text{가용성}(A) = \frac{MTBF}{MTBF+MTTR} \times 100 = \frac{462.5}{462.5+8} \times 100 = 98.3\%$

6.5 다구치방법

6.5.1 다구치방법 개요

다구치방법(Taguchi Method)은 다구치 겐이치(田口玄一) 박사에 의해 개발이 추진되어 온 공정관리 및 품질개선에 대한 새로운 접근법이라고 할 수 있다. 이 방법은 품질손실함수의 개념과 신호 대 잡음의 비율(S/N비; signal-to-noise ratio)를 이용하여 품질을 향상할 수 있는 수단을 제공한다. 1980년 다구치 박사가 미국 AT&T의 벨 연구소(Bell Laboratories)에서 반도체에 관한 생산기술 개발을 지도하여 대성공을 거둔 것이 미국에서 다구치방법이 폭발적으로 보급되는 계기가 되었고, 현재는 세계적으로 확산되어 Taguchi Method, Robust Design 등으로 표현하고 있으며, 일본에서는 품질공학(quality engineering)이라고 칭하고 있다.

다구치방법은 자연의 유일한 해를 찾으려는 과학이라기보다는 품질과 원가의 최적해를 구하려는 의도에서 출발한 것이며, 본 기법은 학자들에 의해 연구되기보다는 기업의 설계를 중심으로 한 관리자들에 의해 연구되고 활용되어야 할 부분이라고 할 수 있다.

다구치방법을 한마디로 정의하면 고품질의 제품을 낮은 원가와 빠른 납기를 이루기 위해 R&D 단계에서의 생산성 향상을 위한 설계법이라고 할 수 있다. 이와 같은 기대효과 때문에 국내에서도 인천에 소재한 어느 자동차 제조회사에서는 부품업체 품질혁신 도구의 하나로 이와 같은 다구치방법을 채택하고 지도활동을 전개하고 있는데, 그 배경에는 이와 같은 고품질, 고효율, 저비용을 달성하기 위함이다.

다구치방법은 기본적으로 품질철학과 통계학과의 결합으로 이루어졌으며, 그 핵심은 품질손실함수(quality loss function)와 강건설계(robust design)로 설명될 수 있다. 이는 과거의 통계적 실험계획법(statistical experimental design)의 개념을 근간으로 다음과 같은 두 가지 새로운 개념을 접목한 가운데 출발한다고 볼 수 있다.

(1) 고객 환경에서 제품 기능의 변동을 경제적으로 줄이는 방법(How to reduce economically the variation of a product's function in the customer's environment.)
(2) 실험실 실험에서 최적이라고 발견된 결정이 제조 및 고객 환경에서도 최적이라고 증명될 것을 보장하는 방법(How to ensure that decisions found optimum during laboratory experiments will prove to be so in manufacturing and in customer environments.)

다구치 품질철학의 기본내용은 다음과 같이 7가지 요소로 정리할 수 있다.

1) 품질의 사회적 관점

다구치방법은 품질에 대한 정의부터 다르게 출발한다. 즉 품질을 사회에 부담을 주는 손실로 규정한다. '사용하기에 적합한', '규격에 맞는' 또는 '소비자 만족' 등으로 표현되는 이제까지의 품질에 대한 정의와 달리 품질이란 '제품이 출하된 때부터 사회에 끼치는 손실'이라고 정의한다. 여기서 손실이란 제품이 완전하지 못함으로 인하여 발생하는 낭비, 비용, 잠재적인 손해 등을 포함한다. 소비자의 사용상 요구가 만족되지 못하거나 제품이 이상적인 성능을 발휘하지 못하는 것이 손실의 예라고 할 수 있다.

품질을 사회적인 관점에서 보면 품질관리의 목적은 사회에 미치는 총손실을 줄이는 것이며, 이를 위하여 품질관리활동은 사회에 순이익을 가져다줄 수 있는 혁신적인 기술을 찾아내고 적용하는 기능을 포함하여야 한다. 품질을 개선하기 위한 계획에 투자하는 것은 개선에 드는 비용보다 더 많은 사회에 가져다주는 한 정당화되는 것이다.

2) 품질개선의 중요성

경쟁력이 있는 기업은 자신의 경쟁전략으로 높은 품질과 낮은 원가를 활용한다. 경쟁 경제체제에서 기업이 살아남기 위해서는 지속적인 품질개선과 원가절감이 필요하다. 현대 산업사회에서 충분한 이익을 내지 못하는 기업은 생존할 수 없다. 기업의 이익은 제품 판매가격과 생산비용에 의해 결정되며 특히 판매가격은 소비자가 충분한 정보와 선택권을 가질 때 다른 경쟁사의 제품과 시장에 의해 결정된다.

따라서 기업의 이익은 제품의 판매량, 즉 시장점유율과 마케팅 비용을 포함한 생산비용에 좌우된다. 시장점유율을 높이는 방법은 고품질의 제품을 저가로 판매하는 것이다. 소비자는 고품질, 저가격의 제품을 구입하기 원하면서도 더 좋은 품질의 제품에 대해서는 약간의 비용을 추가로 지불하는 것을 망설이지 않는다. 가격에 대한 언급 없이 품질에 대해 말하는 것은 의미가 없다. 따라서 지속적인 품질개선과 원가절감만이 자유경쟁체제에서 기업이 살아 남는 길이다.

3) 성능변동의 축소

지속적인 품질개선계획을 통해 제품의 성능 특성의 목표로부터의 변동을 가능한 줄여야 한다. 제품의 품질을 향상하기 위해서는 그 품질 특성치를 알고 이를 측정할 수 있어야 하며 이러한 품질특성치의 이상적인 값이 정해져 있어야 한다.

품질 특성치는 제품에 따라 그리고 시간에 따라 변하는 요소이다. 하나의 제품에도 많은 품질특성치가 존재하지만, 소비자의 요구를 만족시킬 수 있는 제품의 성능을 결정짓는 주된 품질특성을 성능특성이라고 한다. 예를 들어 TV의 경우 화면의 선명도가 소비자 만족도에 가장 큰 영향을 미치는 품질특성으로 알려져 있다.

목표값이란 성능특성의 이상적인 값을 의미하며 품질이 높은 제품이란 제품의 수명기간 동안 성능특성이 목표값 부근에서 크게 벗어나지 않는 제품을 뜻한다. 성능특성도 다른 품질특성처럼 변동하게 되는데, 성능특성의 변동을 '성능

변동(performance variation)'이라고 한다. 따라서 목표값을 중심으로 한 성능 변동이 작을수록 품질이 더 좋다고 할 수 있다.

성능변동에 대한 평가는 성능특성이 계량적일 경우에 효과적으로 이루어질 수 있어서, 계량형 성능특성를 찾는 것이 중요하다. 계량형 성능특성에 대한 규격은 구간을 이용한 표시보다는 목표값과 허용오차를 이용하여 나타내어야 한다. 그 이유는 구간을 이용한 규격표시의 경우 주어진 구간 내의 성능특성을 갖는 제품은 모두 동일한 품질을 갖고 있다고 판단하는데, 다구치방법은 제품의 성능특성이 이상적인 목표값에서 벗어나기만 하면 벗어난 정도에 따라 손실이 발생한다고 보기 때문이다.

4) 성능변동에 따른 고객의 손실 강조

제품의 성능변동에 따른 고객의 손실은 성능특성치와 목표값과의 차이의 제곱에 근사적으로 비례한다. 다구치가 말하는 손실을 발생시키지 않는 제품이란 제품의 특성치가 목표값에 일치함을 뜻한다. 따라서 출하된 제품으로 인하여 손실이 발생했다는 것은 제품의 특성치가 이상적인 값, 즉 목표값에서 벗어났음을 뜻한다. 품질비용에 관한 다구치의 접근방식은 품질특성치가 이상적인 값, 즉 목표값에서 멀어짐에 따라 더 많이 발생한다는 것이다.

다구치는 손실함수(loss function)란 개념을 도입하여 이를 설명하고 있는데, 손실함수는 제품의 성능특성치와 목표값의 차에 대한 2차 함수의 형태를 갖는다.

5) 제품과 공정설계의 중요성

생산된 제품의 최종적인 품질과 비용은 대부분 제품의 설계와 생산공정에 따라 정해진다. 제품의 개발은 일반적으로 제품설계, 공정설계 그리고 생산의 3단계를 거치게 되며, 단계마다 많은 절차가 포함되어 있다. 최근에 개발되는 제품들은 흔히 그 구조가 복잡하여서 무엇보다도 제품의 설계와 공정설계가 매우 중요하며 이에 따라 생산제품의 품질이 좌우된다.

생산제품이 실제로 사용될 때 그 성능에 영향을 미치는 것은 환경적인 요인들과 제품을 작동하는 사람의 차이, 제품의 노후화 정도, 생산과정에서 발생하는 결함 등이 있다. 환경적인 요인과 제품결함은 제조공정의 설계단계에서 해결방법을 찾을 수 있다. 만일 생산공정이 이미 결정된 경우에는 공정관리를 더 강화함으로써 생산과정에서 발생하는 결함을 줄일 수는 있으나 공정관리에 보다 많은 비용이 들게 될 것이다.

6) 오프라인 품질관리

제품(또는 공정)의 성능변동은 성능특성치에 영향을 미치는 제품(또는 공정) 파라미터의 비선형 효과를 파악함으로써 줄일 수 있다. 제품설계 또는 공정설계가 중요하기 때문에 품질관리는 제품개발의 첫 단계에서부터 시작되어 다지막까지 계속되어야 한다.

제품이나 공정의 설계단계에서 품질과 비용을 관리하는 것을 오프라인 품질관리(Off-Line QC)라고 부른다. 이에 반해 생산과정에서 품질 및 비용을 관리하는 것을 온라인 품질관리(On-Line QC)라고 한다. 오프라인 품질관리는 제품의 품질이나 제조성(manufacturability)을 향상시키며, 제품의 개발과 생산에 드는 비용 그리고 사용시에 발생하는 손실을 감소시키는데 쓰인다. 효과적인 품질관리를 위해서는 품질의 평가보다는 개발 및 설계단계에서 품질향상에 더 중점을 두는 오프라인 품질관리기법을 요구한다.

오프라인 품질관리의 예로서는 민감도시험(sensitivity test), 시제품 시험(prototype test), 가속수명시험(accelerated life test), 신뢰도 시험(reliability test) 등이 있다. 성능특성치와 마찬가지로 제품(또는 공정) 파라미터에 관한 규격도 파라미터의 이상적인 값과 이 값으로부터의 허용오차로 나타내야 한다. 제품(또는 공정)의 모든 파라미터 값이 이상적인 값을 가질 때 제품의 성능이 가장 좋게 된다. 다구치는 제품(또는 공정)의 파라미터에 목표값과 허용오차를 정하는 3단계 절차를 제시하였는데, 즉 시스템 설계(system design), 파라미터 설계(parameter design) 그리고 허용차 설계(tolerance design)이다.

7) 파라미터 설계실험

실험계획법을 통하여 제품과 공정의 파라미터 배열을 최적화함으로써 성능변동을 줄인다. 성능변동을 줄이는 제품(또는 공정)의 파라미터 값을 구하기 위해 통계적인 실험설계를 사용한다. 제품이나 공정의 성능특성에 영향을 미치는 변수로 설계 파라미터(design parameter)와 잡음원(source of noise)을 들고 있다.

설계 파라미터란 제품 또는 공정의 파라미터 중에서 엔지니어가 명목치를 정할 수 있는 파라미터를 의미한다. 잡음원은 성능 특성치를 목표값에서 벗어나게 하는 변수들을 가리킨다. 최적 파라미터값을 구하기 위한 실험에서 모든 잡음원을 포함할 수는 없으나 잡음원들 가운데 체계적으로 변화시킬 수 있는 주요한 잡음원을 포함시켜 실험하게 된다. 이와 같은 잡음원을 특별히 잡음요인(noise factor)이라고 한다. 결국 실험의 목적은 성능특성에 대한 잡음요인의 영향을 최소화하는 파라미터값을 구하는 데 있다. 이러한 값은 파라미터값을 체계적으로 변화시켜가면서 실험을 하고 각 실험에서 잡음요인의 효과를 비교함으로써 찾을 수 있다.

다구치의 파라미터 설계를 위한 실험은 설계 파라미터 행렬(design parameter matrix)과 잡음요인 행렬(noise factor matrix)로 구성되어 있으며, 다구치는 각 행렬을 구하는 방법으로 직교배열을 사용할 것을 제안하고 있다.

6.5.2 품질손실함수

다구치는 합격/불합격으로 품질을 결정하고, 규격한계에만 들어오면 손실이 없다고 보는 기존의 사고에서 벗어나 목표치를 벗어나면 그만큼(목표치에 대한 산포만큼) 손실이 발생한다고 주장하였다. 따라서 다구치는 그림과 같이 제품이 정확하게 목표치를 만족시키는 한점(m)에서만 손실이 없고, 그 목표치를 중심으로 품질손실을 2차 함수로 표현할 수 있음을 제시하였다. 다구치에 의하면 좋은 품질을 지닌 제품은 손실함수의 값을 작게 하는 것이다. 이를 수식으로 표현하면 다음과 같다.

$$\text{손실함수 } L(y) = K(y-m)^2 \tag{6-5}$$

여기서

$L(y)$ = 손실함수로서, 목표치로부터 얼마나 벗어나는가의 소비자 민감도.

K = 품질손실계수(상수).

y = 측정된 개개의 품질특성값.

m = 품질특성의 목표값.

[그림 6-2] 다구치의 품질손실함수

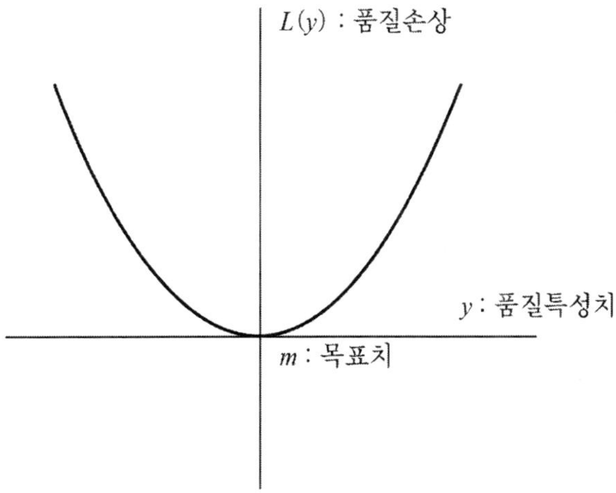

다구치는 제품설계와 공정설계의 특성에 대한 목표값과 허용오차를 결정하기 위해 시스템 설계, 파라미터 설계, 허용오차설계의 3단계 방법을 제시하였다.

1) 시스템 설계(system design)

기본적인 기능을 갖춘 원형을 설계하기 위해 과학적인 지식과 공학적 지식을 응용하는 과정이다. 즉 시스템 설계에서는 제품에 들어가는 부품에 대한 특성, 조립과정, 생산하는 공정기술을 설계한다. 이 과정에서는 고객의 요구를 만족시킬 수 있는 제품을 생산하기 위해 선정된 부품과 재료와 공정에 관한 규격과 표준이 결정된다.

2) 파라미터 설계(parameter design)

시스템 설계가 이루어진 다음에 결정하는 설계이다. 파라미터 설계는 시스템 설계에서 파악한 설계변수 중에서 최상의 목표값을 결정하는 것이다. 즉, 파라미터 설계는 성능변동을 감소하거나 극소화 조건을 파악하는 것으로, 변동을 감소시켜 비용을 줄이는 것이다. 따라서 파라미터 설계는 변동을 줄이는 변수 및 조건을 찾는 일련의 과정으로 이루어진다.

파라미터 설계단계에서는 각 모수의 최적 수준을 결정하게 되며, 각 모수의 최적 수준 결정이란 목표값에 가까우면서도 가급적 잡음의 영향이 최소화할 수 있는 수준들의 조합을 선택하는 것이다. 이를 달성하기 위해 품질특성치 분포의 평균과 산포 정도를 동시에 측정할 수 있는 척도가 필요하다.

파라미터 설계의 특징은 비용을 수반하지 않기 때문에 기업은 파라미터 설계를 통해 비용의 증가없이 높은 품질을 달성할 수 있다.

3) 허용차 설계(tolerance design)

변수의 허용차를 결정하는 것이다. 즉 허용차 설계는 제조비용과 수명비용의 합을 극소화하는 허용오차를 결정하는 방법이다. 파라미터설계에서 통제 가능한 요인을 모두 제거한 후 통제 불가능한 값에 대한 허용오차를 결정하는 단계이다. 실제로 통제 불가능한 요인을 모두 제거하는 것은 불가능하여서 허용차 설계단계에서는 이들의 영향을 가능한 한 최소화한다. 이 단계에서는 생산비의 증가가 필연적으로 수반되기 때문에 품질의 변동에 따르는 소비자의 손실과 생산비용의 증가를 비교하여 허용오차를 결정해야 한다.

따라서, 다구치방법에서는 산포를 작게 하는 조건을 찾게 되며, 신호 대 잡음 비율(S/N비; signal-ro-noise ratio)가 중요한 역할을 한다. 다구치방법은 기존의 생산라인 내(on-line)의 실험계획법에 대해 라인 외(off-line) 품질관리에 유용하게 사용된다.

6.5.3 강건설계(Robust Design)

강건설계는 1950년 초에 다구치(Genichi Taguchi, 田口玄一) 박사가 시작한 다구치방법의 발전된 형태로서, 불리한 작업 조건과 환경 조건에서도 지속적으로 성능 특성이 균일한 제품이 생산되도록 하는 통계적 실험 계획법이 적용된 설계 방법이다. 1980년 초에 미국에 도입되어 특히 미국 자동차 업계의 경쟁력 강화에 지대한 기여해 왔다. 미국의 자동차 업계에서는 이에 보답하기 위하여 1997년 10월에 다구치 박사의 업적을 미국 '자동차 명예의 전당(Automotive Hall of Fame)'에 영구 보존하기로 하였다.

고객의 다양한 사용조건(온도, 습도, 사용 방법, 사용 빈도, 부품의 공차, 부품의 마모, 등)에서도 제품의 수명기간 동안 제 기능을 발휘하는 것을 강건성(robustness)이라 한다. 이러한 제품을 설계하는 것이 강건설계이며 현재의 제품설계와는 근본적으로 상이한 접근방법을 택한다. 예를 들어, 자동차의 엔진에서 소음이나 진동이 발생하면 엔지니어들은 이 문제를 지금 어떻게 해결하고 있을까? 아마도 우선 소음이나 진동을 측정하여 가면서 소음이나 진동에 영향을 준다고 생각되는 설계변수를 한 개씩 한 개씩 변경시켜 가면서 소음이나 진동이 가장 작게 되는 조건을 찾으려고 노력할 것이다.

하지만, 소음이나 진동은 엔진의 설계가 잘못되어 있다는 증상(symptom)에 불과할 뿐이고 이 증상을 개선했다고 해서 엔진의 설계가 개선되는 것은 절대 아니고 오히려 차후에 더 큰 문제를 초래할 수 있으므로 엔진의 기본기능을 향상하는 것만이 소음과 진동을 감소시킴과 동시에 엔진의 성능도 개선할 수 있다는 것이 강건설계의 기본개념이다.

이를 사람의 몸에 비교한다면 이해하기가 쉬울 것이다. 예를 들어, 폐렴에 걸린 사람은 고열과 오한의 증상이 나타나는데 이 경우에 의사는 해열제 처방으로만 끝나는 것이 아니다. 고열이나 오한은 몸에 이상이 생겼다는 것을 알리는 증상에 불과할 뿐이고 해열제로 열을 내린다고 해서 문제가 해결되는 것이 아닌 만큼, 의사는 폐렴을 근본적으로 치료하는 처방을 내려야 한다.

이에 비교하면 엔지니어들은 지금까지 제품이나 공정설계에 있어서 증상을 문제로 삼아 잘못 정의된 문제를 해결하려고 노력해 왔다. 그래서 하나의 문제를 해결하더라도 근본적으로 문제가 해결된 것이 아니기 때문에 계속해서 다른 문제들을 일으키게 되는 것이다.

강건설계에서는 제품을 하나의 엔지니어링 시스템으로 간주하여 각각의 기본기능을 가진 하부시스템으로 나누고 이 기본기능에 적합한 이상적 기능(ideal function)을 찾아서 문제를 근본적으로 해결하려는 접근법을 채택하고 있다. 강건설계기법은 제품개발뿐만이 아니고 제품개발에 필요한 신기술 개발에 더 효과적이며, 또한 제품 생산공정의 설계나 개선에 활용하여도 효과적이다.

강건설계를 성공적으로 수행할 때 얻게 되는 기대효과를 다음과 같이 정리할 수 있다.

① 제품의 품질향상 및 원가절감으로 경쟁력 제고.
② 개발기간을 1/2 이하로 단축. 이 기법을 오랜 기간 활용하여 온 일본의 자동차회사들의 신차 개발기간은 18개월로 단축되었다.
③ 설계변경의 원인 제거.
④ 신제품 개발 또는 주요 부품의 대체에 요구되는 신뢰성 검사를 일주일 이내에 완료 가능.
⑤ 기술 및 제품개발에 동시공학(simultaneous engineering) 활용 가능.
⑥ 생산설비의 운전조건 최적화.
⑦ 기술축적의 도구로 활용.

품질경영 사례 6

A. 미국 에드몬드 옵틱스(Edmund Optics)社, 강건설계를 적용하여 개발한 비열식 이미징 렌즈(TECHSPEC® Athermal Imaging Lenses)

1942년부터 생명 과학, 바이오메디컬, 산업 검수, 반도체, R&D, 국방 등 다양한 시장에 광학 부품, 다중 요소 렌즈, 이미징 시스템, 광기계 장비를 직접 설계 및 제조하여 공급해온, 80년 전통의 세계 최고의 광학 전문 기업인 미국의 에드몬드 옵틱스(Edmund Optics)社에서는 **강건설계를 적용**하여 개발한 비열식 이미징 렌즈(TECHSPEC® Athermal Imaging Lenses)는 광열 안정성을 제공하며 환경적 요건이 까다로운 상황에서 이상적으로 사용할 수 있다.

이 렌즈는 강건설계 개념이 적용되어 넓은 온도 범위에 걸쳐 고해상도를 구현할 수 있도록 설계되었으며, 렌즈에 가해지는 손상을 막아주고, 충격과 진동이 있는 환경에서도 픽셀의 이동을 최소화하며, 온도 변화가 발생하기 쉬운 어플리케이션에서 thermal defocus 효과를 줄이기 위하여 수동식 비열화(passive athermalization)로 광열 안정성을 제공한다.

TECHSPEC® Athermal Imaging Lenses는 C-Mount thread를 특징으로 하며, 최대 1.1"의 센서에 사용이 가능하다.

(에드몬드옵틱스 코리아 홈페이지; 2022-04-25)

B. LG화학 3분기 컨퍼런스 콜 Q&A

(배터리) GM 리콜 원인이 규명되었으면 내용 공유 부탁. 다른 OEM들에게도 리콜 가능성이 있음.

- 볼트 EV 화재 원인은 분리막 밀림과 음극탭단선이 드물게 동시에 발생하는 것으로 나왔음.
- LG는 소비자 안전을 최우선으로 초기 생산분은 모듈과 팩을 전수 교체.
- 최근 모델은 BMS 진단 소프트웨어 강화로 모듈 선별교체 진행.
- 현재까지 배터리/셀과 모듈 라인 공정개선은 완료.

- 9월 말부터 생산 재개된 상황. 10월 중순부터는 교체 배터리 가능.
- 총충당금은 1.4조 원 정도. LG전자와 중간값으로 7,100억 원 반영.
- 2분기 반영한 910억 원에 추가적으로 3분기 6,200억 원 반영.
- 다른 고객사 리콜 확대 가능성은 내연차량 경우에도 다양하게 화재 발생.
- 전기차도 배터리 문제가 아닌 화재 발생 가능.
- LG 에너지솔루션은 고객사와 함께 조사. 다른 모델에 대해서는 공동 원인분석 진행 중.

- 최근 생산모델들에서는 강건설계 적용되어 개선된 모델을 사용하여, 화재 발생 가능성 낮아.
- 품질관리 포인트를 고도화하고, 전수 자동검사 적용으로 불량 유출 가능성 낮췄음.
- 배터리 안전문제를 위해 강화된 BMS 진단기능을 사용하여 진단기능을 고도화했음.
- 따라서 앞으로 화재가능성으로 인한 리콜이 확대될 가능성은 낮을 것으로 생각.

(미래에셋; 2021-10-25)

연 습 문 제

6-1 신뢰도를 개선하는 방법에 관해서 설명하시오.

6-2 고장의 정의와 유형에 관해서 설명하시오.

6-3 제품의 가용성과 신뢰도와 유지성 간의 관계를 설명하시오.

6-4 다구치의 품질에 대한 정의와 품질손실함수에 관해서 설명하시오.

6-5 강건설계에 관해서 설명하시오.

6-6 다음과 같이 부품으로 연결된 제품의 신뢰도를 계산하시오.

(1) 직렬 연결(a)

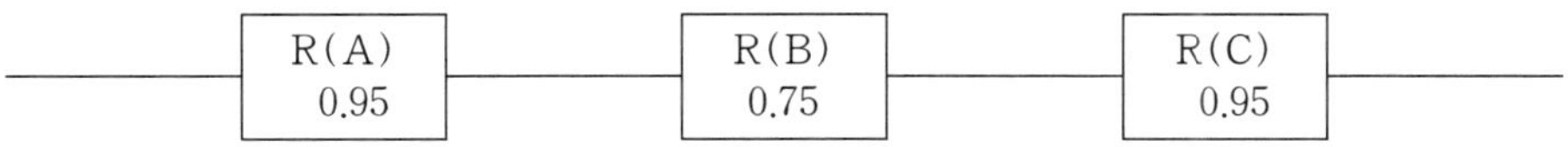

(2) 직렬 연결(b)

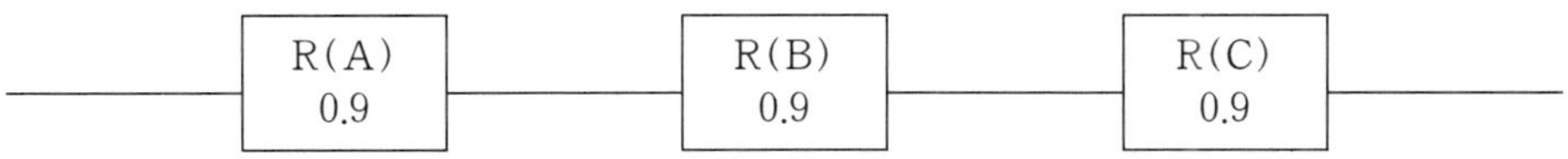

(3) 병렬 연결(a)

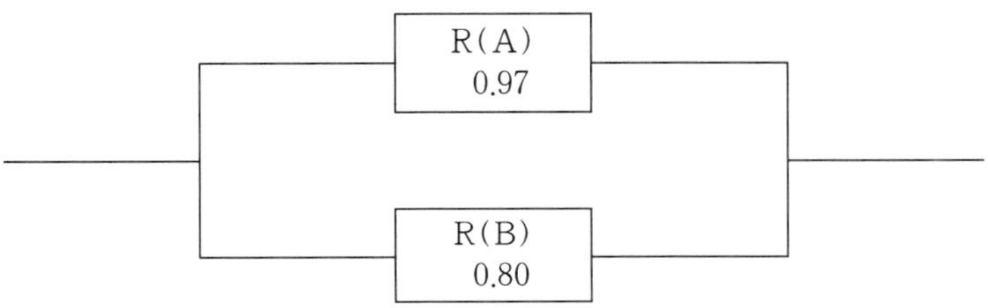

(4) 병렬 연결(b)

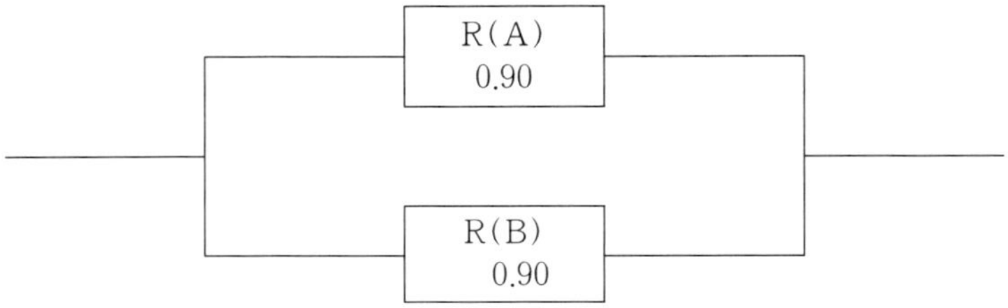

(5) 혼합연결

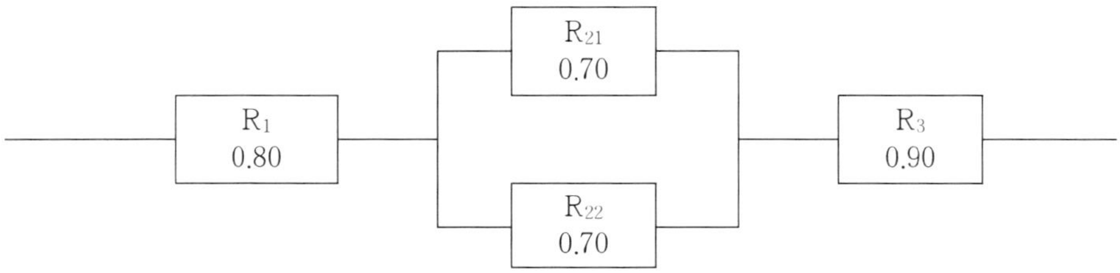

6-7 제품의 신뢰도를 높이기 위해서는 중복(redundancy)을 이용한다. 중복에는 부품중복과 제품(시스템)중복이 있는데, 다음의 예를 통해서 어떤 경우가 바람직한지 판단하시오.

(1) 부품중복

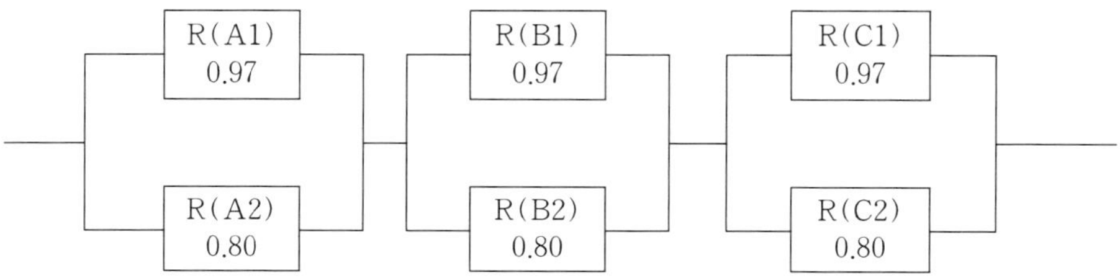

(2) 제품(시스템)중복

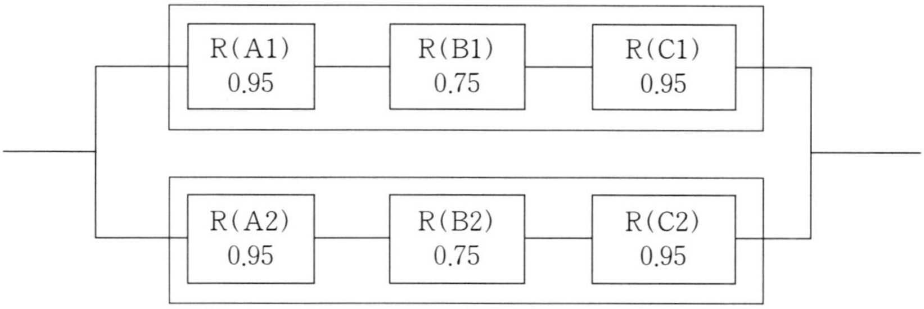

(3) 경영자로서의 의사결정과 그 근거는?

6-8 제품 A의 평균고장시간간격은 30시간이고, 평균수리시간은 5시간이다. 그리고 제품 B의 평균고장시간간격은 60시간이고, 평균수리시간은 6시간이다.

(1) 어느 제품의 신뢰도가 더 높은가?

(2) 어느 제품의 유지성이 더 높은가?

(3) 어느 제품의 가용성이 더 높은가?

6-9 3년 전에 구입한 복사기의 신뢰도를 추정하기 위해 고장횟수와 고장시점을 기록한 결과 다음과 같은 자료를 얻었다. 이 자료에서 고장전 작동시간이란 복사기 수리 이후 다시 고장이 날 때까지의 작동시간을 말한다.

고장횟수	고장전 작동시간	비고
1	200시간	
2	220시간	
3	180시간	
4	250시간	
5	300시간	사용 후에도 계속 작동

(1) MTBF를 구하시오.

(2) 고장난 복사기의 수리에 평균 5시간이 소요될 때, 가용성(A)을 구하시오.

제 3 부

고객만족을 위한 전략적 품질경영

7
chapter

전사적 품질경영(TQM)

7.1 품질철학의 발전

7.1.1 품질관리의 발전과정

기업경영에 있어서 품질관리는 19세기 말 이후 미국을 중심으로 발전을 해왔다고 할 수 있다. 일반적으로 품질관리의 발전과정은 검사위주의 품질관리 → 통계적 품질관리(SQC) → 종합적 품질관리(TQC) → 종합적 품질경영(TQM)의 단계로 이해할 수 있다.

1) 검사에 의한 품질관리

(1) **작업자 품질관리(operator quality control)**; 20세기 이전의 생산조직에서는 작업자가 한 제품을 처음부터 끝까지 완성하는 개별생산이 보편화되어 있었다. 이런 상황에서 작업자는 한 제품의 생산과정 전체를 혼자서 관리하고 자신의 제품에 대하여 전적인 품질책임을 지게 되었다.

(2) **직장품질관리(foreman quality control)**; 20세기 초에 대규모 공장시스템이

출현하여 유사한 과업을 수행하는 작업자들로 작업반이 형성되었다. 작업반의 지도자인 직장(職長; foreman)은 작업반을 감독하고 품질을 통제하는 책임을 졌다.

(3) 검사에 의한 품질관리(inspection quality control); 제1차 세계대전이 발발한 이후 생산시스템은 더욱 커지고 작업자의 수도 증가하면서 직장은 작업반을 효과적으로 감독할 수 없게 되었다. 이때부터 공장에는 별도의 검사부서가 설치되어 검사원이 품질검사를 수행하게 되었다. 이와 같은 상황은 제2차 세계대전 직전까지 지속되었다.

2) 통계적 품질관리(Statistical Quality Control; SQC)

현대적 품질관리의 선구자인 Shewhart는 1931년에 관리도(control chart)에 관한 이론을 정리하여 발표하였다. 한편 Dodge와 Romig는 1929년에 샘플링 검사(sampling inspection)에 관한 이론을 발표하였고, 1941년에 샘플링 검사표를 발간하였다. 이들의 관리도와 샘플링 검사에 관한 이론에 의하여 통계적 품질관리의 기초가 형성되었다. 제2차 세계대전이 시작되면서 미국은 군수물자의 대량생산과정에 SQC기법을 본격적으로 적용하였다. Shewhart의 관리도는 주로 공정통제수단으로 사용되고, Dodge와 Romig의 샘플링 검사는 로트품질을 판정하는데 이용되었다.

1946년 미국품질관리학회(ASQC)가 창립되어 통계적 기법의 연구와 보급에 기여하였다. 제2차 세계대전이 끝난 후 1950년대에 미국의 Deming과 Juran은 일본에 건너가 통계적 기법을 포함한 품질관리의 원리를 일본기업에 전수하였다. 이를 계기로 일본제품의 품질은 크게 향상되어 1970년대에 이르러서는 세계시장에서 우수성을 인정받게 되었다.

3) 종합적 품질관리(Total Quality Control; TQC)

1956년에 Feigenbaum은 '종합적 품질관리'라는 저서를 출간하였다. 이 저서는 1960~70년대에 보편화된 종합적 품질관리의 기초가 되었다. TQC란 '소비자가 충분히 만족할 수 있는 제품과 서비스를 가장 경제적으로 생산할 수 있도록 조직 내의 각 부문의 품질개발, 품질유지, 품질개선의 노력을 통합하는 효과적인 시스템'이라고 정의되었다. 당시 품질은 검사부나 품질관리부의 책임이라 인식되었는데, Feigenbaum은 회사의 모든 부문이 품질과 관련이 있으며 구성원 모두에게 품질책임이 있음을 강조하였다.

또한 당시의 품질보증수단으로는 최종검사와 통계적 기법이 주로 이용되었지만, 검사나 통계적 기법의 사용만으로는 효과적인 품질보증을 할 수 없었다. 그리하여 TQC에서는 사후적인 검사위주의 방법보다는 생산현장에서 처음부터 제품을 제대로 만들려는 원천적 품질관리(control at the source)가 강조되었다. 이와 같은 품질철학의 실천프로그램으로서 1960년대 초에 일본에서는 품질분임조활동(quality circle program)이 전개되었고, 미국에서는 무결점운동(zero defects program: ZD)이 실행되었다.

4) 종합적 품질경영(Total Quality Management; TQM)

1970~80년대에 일본제품이 품질우수성을 앞세워 미국시장을 크게 잠식함으로서 미국 경영자들은 품질관리의 전략적 성격을 인식하게 되었다. 1970년대 말부터 미국기업은 품질결함의 최소화라는 소극적인 입장에서 벗어나 품질을 경쟁수단으로 이용하려는 적극적인 입장을 취하였다. 이와 같은 새로운 접근법은 전사적 품질경영 또는 종합적 품질경영(TQM)의 계기가 되었다.

TQM은 기존의 TQC의 기초 위에 전략적 품질경영의 요소를 도입하여 이를 오늘의 고객중심의 경쟁 환경에 적합하게 발전시킨 것이다. TQM은 고객만족을 지향하여 조직의 모든 기능과 계층이 참여하는 전략적인 품질경영시스템이라 할 수 있다. 과거의 SQC나 TQC에서는 불량최소화나 품질안정이 강조되었다. 그러나 이것만으로는 부족하다. 오늘의 품질관리는 고객지향성을 가져야 한다. 고객만족을 달성할 수 없는 제품은 아무리 우수한 제조공정에서 정밀하게 가공되었어도 경쟁력을 가질 수 없는 것이다.

최근에는 국제표준화기구(International Organization for Standardization)의 ISO-9000시리즈는 국제품질인증제도에 의하여 경영시스템으로서의 품질경영이 강조됨을 볼 수 있다. ISO-9000시리즈는 제품품질을 보증하는 것이 아니라 생산시스템의 품질을 보증함으로서 개별품질보다는 종합적인 시스템경영의 중요성을 부각시키고 있다. 기존의 품질관리(QC)가 기술적인 공정통제에 초점을 맞추었다면 오늘날의 품질경영(QM)은 전략적인 시스템인 시스템경영에 중점을 두는 것이라 말할 수 있다.

7.1.2 오늘날의 품질철학

오늘날의 새로운 품질철학의 특징은 무엇인가? 여기서는 전통적 품질철학이 오늘에 어떤 모습으로 변하였는가를 살펴보기로 한다.

첫째, 전통적 경영에서는 품질관리와 고객과의 연결이 미약하였다. 품질표준이나 품질설계는 고객요구보다는 기술적, 경제적 조건을 고려하여 결정되었다. 그러나 오늘날의 품질관리에서는 고객만족이 최대의 과제이다. 현대기업은 고객만족을 달성하기 위하여 고객요구를 정확히 파악하고 품질설계나 품질표준의 결정에 이를 최대한 충실히 반영하려고 노력한다.

둘째, 전통적 품질관리에서는 불량의 출하를 최소화하여 고객의 불만을 해소하는 데 중점을 두었다. 전략적인 관점에서 볼 때 이것은 지극히 소극적이며 방어적인 자세이다. 그러나 오늘의 기업은 품질을 기업전략의 핵심적 요소로 간주하고 품질의 전략적 이용을 중시한다. 품질은 시장개척과 확장을 위한 경쟁무기나 차별화의 수단으로 적극 활용되는 것이다.

셋째, 과거의 기업경영에서 품질관리는 일부 기능부문(검사부, 품질관리부, 제조부)의 소관이며 타 부문과는 무관한 것으로 생각되었다. 그러나 오늘날 품질관리는 전사적인 과업으로 인식되고 있다. 기업의 모든 부문은 직접, 간접으로 품질과 연관되어 있으며 모든 구성원은 각기 고유의 품질책임이 있다는 것이다.

넷째, 과거의 품질관리는 적합품질 또는 규격적합성에 중점을 두고 고정중심으로 운영되었다. 그러나 오늘날 품질의 개념은 규격적합성에서 고객요구의 충족 또는 업무탁월성으로 확장되고 있다. 이에 따라 과거의 공정중심의 품질관리는 오늘날 기업 전체의 기능과 프로세스가 품질전략 또는 품질목적과 연계되어 종합적으로 운영되는 품질경영의 체제로 전환되고 있다.

다섯째, 과거의 기업은 품질보증의 방법으로 최종검사에 크게 의존하였다. 그러나 최근에는 사후적인 검사보다는 공정개선에 의하여 불량의 발생을 원천 억제하는 예방적 품질관리가 강조되고 있다.

여섯째, 전통적 품질철학에 따르면 생산공정에서 완전품질(불량률=0)을 달성하는 것은 필요 이상의 너무 많은 원가가 소요되어, 다소의 불량이 허용되는 품질수준이 가장 경제적이라고 생각되었다. 그러나 지금은 생산공정에서 처음부터 완전품질을 추구하는 것이 가장 경제적이라는 사고가 지배적이다.

1) 예방적 품질관리

전통적 품질관리에서는 최종검사에 크게 의존하였다. 검사를 엄격히 하면 불량은 모두 적발되고 합격품만이 출하된다는 것이다. 그러나 검사위주의 품질관리의 경우 검사를 강화하면 출하품질은 향상되지만, 공정품질은 개선되지 않는다는 문제가 내재되어 있다는 것이다. 품질은 검사가 아니라 공정에 의하여 만들어지기 때문이다.

오늘날의 기업은 감사보다는 공정개선위주로 품질관리의 방향을 바꾸고 있다. 공정을 개선하여 처음부터 불량품이 만들어지지 않도록 한다. 공정을 그대로 방치한 채 검사에 매달리는 것은 낭비적이다. 공정에서는 불량품이 계속 생산되고 이들은 결국 폐기되거나 재가공될 것이다. 오늘날의 품질관리는 사후적인 검사보다는 불량품의 생산을 최소화하려는 예방적 품질관리가 그 특징이라 할 수 있다.

2) 완전품질의 추구

과거의 품질이론에 의하면, 완전품질(무결점)을 추구하는 것은 너무 비싸게 든다고 한다. [그림 7-1]은 이와 같은 견해를 보여준다. 품질수준을 높이려면 품질개선활동을 강화해야 하는데, 이렇게 하면 예방비용과 평가비용이 상승하고 실패비용은 감소한다. 이 때 총품질비용이 최소화되는 품질수준(P)이 존재하는데, 이 점은 어느 정도의 불량이 허용되는 품질수준임을 알 수 있다.

[그림 7-1] 전통적인 품질비용

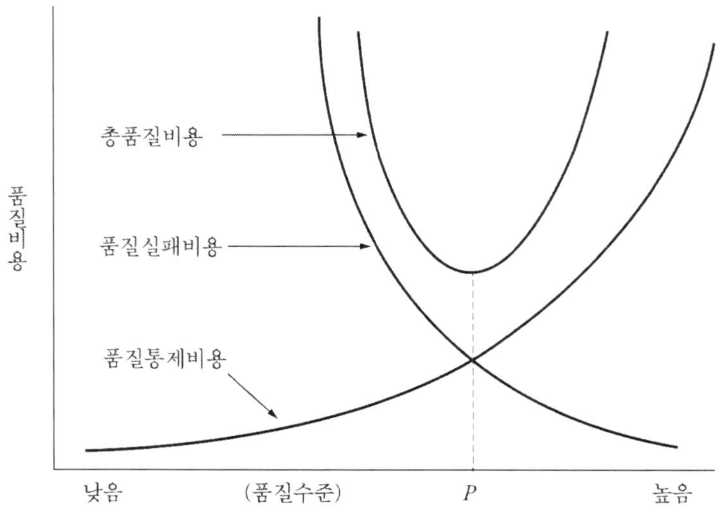

이와 같은 품질과 비용의 트레이드 이론은 오늘날 용인되지 않는다. 품질개선으로 품질비용은 오히려 감축되며, 완전품질이 가장 경제적이라는 것이 오늘날의 정설이다. 품질향상으로 품질비용이 절감되는 이유는 무엇일까?

첫째, 품질개선을 위해서는 예방비용과 평가비용이 증가되어야 하지만 품질향상의 결과로 실패비용이 크게 감소되어 이를 충분히 상쇄하고도 남아서 총비용은 오히려 감소하게 된다. 처음부터 완전품질이 달성될 수 있다면 실패비용은 전혀 발생하지 않을 것이다. Crosby의 'Quality is Free!'라는 표현은 바로 이것을 두고 하는 말이다.

둘째, 품질개선의 노력은 품질향상뿐만 아니라 비용절감의 효과도 나타낸다. 불량률이 감소하면 반사적으로 생산수량이 증가하여 단위당 생산비용이 절감하는 것이다. 또 품질향상을 위하여 부품과 공정의 표준화, 단순화, 공통화 등의 방법이 사용되는데 그 결과로 품질만 향상되는 것이 아니라 생산성도 향상되고 생산비용도 감축된다. JIT, TQM 등 대부분의 품질프로그램은 품질향상, 생산성 향상, 원가절감이라는 다수의 효과를 동시적으로 실현시키는 복합적 성격의 프로그램이라고 할 수 있다.

7.2 품질경영의 대가

품질관리는 여러 선구자의 창조적 노력에 의하여 발전하였다. 이들이 주장한 품질관리의 철학과 방법론은 현대 품질경영의 핵심적 기초가 되고 있다. 이 단원에서는 품질 대가들의 주장 및 기여내용을 살펴보기로 한다.

7.2.1 W. A. Shewhart

Shewhart는 현대 품질관리에서 널리 사용되고 있는 통계적 공정관리(Statistical Process Control: SPC)의 방법을 개발하였다. 그는 Bell 연구소에 근무하면서 공정의 우연변동과 이상변동을 식별하는 방법을 개발하였다. 공정의 변동이 우연적일 때 공정은 정상상태로 판정되고, 공정의 변동이 이상원인에 의하여 야기될 때는 그 원인을 제거하여 공정을 정상상태로 복귀시킨다.

7.2.2 W. E. Deming

Deming은 Shewhart의 제자로서 통계적 공정관리의 전문가였는데, 제2차 세계대전 이후 일본으로 건너가 일본기업들의 품질관리를 지도하게 되었다. Deming은 자신의 탁월한 지도활동과 업적으로 인하여 일본에서 품질관리의 창시자로 존경받고 있으며, 일본정부도 그의 공로를 기려 '데밍 상(Deming Prize)'을 최고권위의 품질관리상으로 제정하였다.

Deming은 품질변동을 최소화하기 위한 SPC의 사용과 공정의 지속적인 개선을 강조하였다. 불량률을 줄이기 위해서는 사후적인 검사보다 통계적 품질관리가 효과적이라고 하였다. 모든 구성원이 품질을 책임져야 하며, 충분한 품질교육이 필요함을 역설하였다. 그는 품질개선이 비용의 상승을 초래한다는 통념을 반박하였다. 제품이 제대로 만들어져 불량률이 감소되면 재가공이나 폐기와 같은 불필요한 비용을 줄일 수 있음을 보였다.

Deming은 그의 품질철학을 14개 항목으로 요약하여 품질관리지침을 내놓았다. 또 그는 품질개선의 추진방법으로 'PDCA 사이클'의 사용을 권장하였다. PDCA 사이클은 계획-실행-확인-조치(plan-do-check-act)의 4단계로 구성된 품질개선과정을 나타낸다. 이 관리모형은 품질개선이 체계적으로 또한 지속적으로 추진되어야 함을 보여준다.(제3장 품징개선 도구 참조)

7.2.3 J. M. Juran

Juran은 Deming과 마찬가지로 제2차 세계대전 후 일본에서 품질관리의 지도자로 활동하였다. Juran은 품질의 중요성을 강조하고 품질관리의 개념과 방법을 전수하였다. Juran과 Deming은 모두 일찍이 일본에서 존경을 받았으나, 모국인 미국에서는 1980년대에 비로소 인정을 받게 되었다.

Juran은 품질을 사용적합성(fitness for use)이라 정의하였는데, 이는 품질을 사용자의 입장에서 정의한 것으로 가장 널리 통용되는 품질개념이라고 할 수 있다. 또 Juran은 품질비용의 개념을 예방비용, 평가비용 및 실패비용으로 분류하여 품질관리의 수단으로 이용할 수 있게 하였다.

Juran은 '품질의 3요소(quality trilogy)'라 하여 품질계획, 품질통제 및 품질개선의 3가지를 강조하였다. 품질계획에서는 회사의 사업목적, 목표고객 및 요구되는 제품을 명확히 정의하며, 신제품은 고객요구에 적합한가를 확인한 후에 출시하며, 품질문제는 가장 중요한 것부터 차례로 해결해야 함을 강조하였다. 품질통제의 수단으로는 Deming과 마찬가지로 통계적 기법의 사용을 권장하였다. 또 품질개선과 관련하여 그는 혁신적인 개선과 점진적 개선의 2가지를 모두 인정하였다. 지속적인 품질개선을 위해서는 종업원의 참여와 교육훈련이 필수적임을 강조하였다.

7.2.4 A. Feigenbaum

Feigenbaum은 1956년에 'TQC'로 불리는 종합적 품질관리(total quality control)를 제창하였다. 통계적 기법의 사용만으로는 불충분함을 지적하고 회사의 모든 부문이 품질책임을 지고 서로 협조하는 품질관리체제를 강조하였다. 일본기업들은 TQC를 적극적으로 수용하며 '전사적 품질관리(company-wide quality control)'라고 불렀다. Feigenbaum도 Juran과 마찬가지로 품질비용의 개념을 중시하고 품질비용의 정확한 측정과 활용을 강조하였다. 또 여러 부문에 걸친 복잡한 품질문제의 해결을 위하여 전문적인 품질 스탭의 활용을 권장하였다.

7.2.5 P. Crosby

Crosby는 엔지니어 출신으로 몇 개의 대기업에서 품질관리를 담당하고, 또한 품질대학을 직접 설립하여 운영하기도 하였다. Deming과 마찬가지로 그는 품질개선에 의하여 품질비용이 감축될 수 있음을 강조하였다. 이와 같은 Crosby의 품질철학은 'Quality is Free!'라는 그의 저서에 잘 나타나 있다.

Crosby는 불량률 제로의 무결점생산을 주장하고, 이를 위하여 "처음부터 잘 만든다(make it right the first time)."는 원칙을 강조하였다. Crosby는 불량은 불가피하다거나 품질개선의 노력은 생산비용을 증가시킨다는 고정관념에 도전한 것이다. 그는 처음부터 불량이 발생하지 않도록 하는 것이 가장 경제적이라고 하였다.

제품의 폐기, 불량품의 재가공, A/S, 이미지 손상 등으로 인해 발생하는 모든 비용과 손실이 포함하는 개념인 불량비용(실패비용)은 생각보다 클 수 있어서 품질개선투자는 얼마든지 정당화될 수 있다. Crosby는 제조회사의 경우 불량비용은 매출의 25%에, 서비스회사의 경우 운영비의 40%에 달할 수 있다고 추정하였다.

7.2.6 G. Taguchi

Taguchi에 의하면 품질관리는 공정통제나 검사만으로는 불충분하여 제품설계단계부터 제대로 해야 한다고 한다. 이를 위한 방법으로는 Taguchi는 주요품질변수에 대한 실험의 중요성을 강조하고 이를 위한 실험계획법(design of experiments)을 제시하였다. 또 Taguchi는 강건설계(robust design)를 주장하였다. 품질안정을 위하여 생산공정을 계속 감시하고 조절하는 것은 비효율적이므로 그 대안으로 강건설계를 주장하였다. 강건설계란 극단적이거나 변동적인 생산 또는 사용조건에서도 제품이 정상적으로 기능을 발휘할 수 있도록 설계하는 것을 말한다.

Taguchi는 사회적 품질비용의 개념도 제시하였다. 이것은 Juran의 품질비용의 개념을 더욱 확장한 것이다. Juran의 품질비용(외부 실패비용)은 불량품을 출하하는 회사에서 발생하는 손실만을 의미하지만, Taguchi는 불량품을 구입하여 사용하는 다른 회사와 일반소비자의 손실까지도 품질비용에 포함시켰다. 기업의 품질과 관련된 의사결정에서는 이와 같은 사회적 비용도 고려되어야 한다. 그렇게 한다면 품질개선을 위한 노력과 투자는 아주 가치가 큰 것이라 할 수 있다.

7.3 전사적 품질경영의 주요 내용

기업들은 이상적인 품질경영시스템으로 전사적 품질경영(total quality management; TQM)을 구축하고 있다. TQM의 성공적 구축을 위하여 많은 기업들이 조직구조를 개편하고 조직문화를 혁신하며 품질프로그램을 재조정하는 현상을 볼 수 있다. TQM은 사람에 따라 그 개념이 다를 수 있어서 간단히 정의하기가 어렵지만, 지난 50년간에 걸쳐 많은 기업과 전문가들의 경험과 아이디어를 반영하여 통합하면서 진화한 것으로 이해될 수 있다.

한 마디로 TQM은 고객이 원하는 품질의 제품이나 서비스를 생산하기 위하여 조직 내의 모든 구성원들이 품질을 지속적으로 개선시키고자 하는 전사적인 접근법이라 할 수 있다. 고객이 만족하는 제품이나 서비스를 생산하려면 조직의 모든 부문이 품질목표에 초점을 맞추어 운영되어야 한다. TQM은 단순한 개별적인 품질프로그램이 아니라 품질을 매개로 하여 조직을 통합적으로 운영하려는 거대한 경영의 체계라 할 수 있다.

품질경쟁이 보편화되고 있는 오늘날의 기업환경 하에서 TQM은 기업의 전략적 계획에 가장 중요한 구성요소라 할 수 있다. 세계시장을 선도하고 있는 초일류기업에서는 TQM이 경쟁전략의 주요한 역할을 하고 있다. 이들 기업에게서 공통적으로 발견되는 것은 품질을 통한 고객만족을 달성하려는 전략적 비전이다. Ford 자동차의 "품질은 제1순위 과업(Quality is Job 1)"이라는 구호와 Motorola사의 "총체적 고객만족(total customer satisfaction)"이라는 구호는 모두 품질과 고객만족을 중심으로 한 장기 전략과 비전을 단적으로 보여준다.

7.3.1 TQM의 원칙

TQM의 기반을 형성하고 있는 품질에 관한 원칙은 다음과 같다.

(1) **고객참여** : 품질은 고객의 입장에서 정의되고 평가되어야 한다. 제품품질은 고객요구를 최대한 충족하며 고객만족을 달성할 수 있어야 한다.

(2) **최고경영자의 리더십** : 최고경영자는 깊은 관심과 열의를 가지고 품질경영을 선두에서 지휘하고 지원해야 한다.

(3) **종업원 참여** : 완전품질을 달성하려면 종업원의 적극적인 참여가 있어야 한다. 모든 종업원은 자신의 품질에 대하여 책임을 져야 한다. 이를 위해서는 종업원을 위한 충분한 교육과 훈련, 권한부여 및 동기유발이 있어야 한다.

(4) **지속적 개선** : 회사는 품질개선을 위하여 지속적으로 노력해야 한다. 품질

개선의 한 방법으로 벤치마킹을 이용할 수 있다.

(5) **우수한 제품설계** : 고객의 욕구를 충족시켜줄 수 있는 우수한 제품설계가 있어야 한다. 제품설계가 좋아야 좋은 제품을 얻을 수 있는데, 이를 위해 최신 설계기법들을 활용할 수 있다.

(6) **우수한 공정설계와 통제** : 사용적합성이 높은 품질을 구현하려면 생산공정이 잘 설계되고 통제되어야 한다.

(7) **공급자와의 협력** : 공급자와의 협력관계를 구축한다. 좋은 제품을 생산하려면 좋은 원자재가 확보되어야 한다. 우수한 공급자를 선택하여 장기적인 협력관계를 형성해야 한다.

(8) **품질관리도구** : 품질문제의 해결을 위하여 제반 품질관리도구를 활용해야 한다.

7.3.2 최고경영자의 리더쉽

TQM 프로그램이 성공적으로 구축되어 실행되려면 최고경영자의 리더쉽이 필수적이다. TQM은 최고경영자의 확고한 결심과 참여로부터 시작된다. 최고경영자의 지원이 없으면, TQM은 과거의 수많은 반짝 구호나 이벤트처럼 곧 시들해질 것이다. 이와 같은 사실은 여러 연구결과에 의하여 입증되었다.

TQM은 전사적인 프로그램으로서 회사의 모든 부문과 구성원이 이에 참여하게 된다. TQM을 위해서는 미래의 목표와 계획이 제시되고, 또 이것이 조직 전체에 전달되어야 한다. 이것은 바로 최고경영자의 책임이다. 최고경영자는 TQM을 사업전략의 한 중요한 부분으로 통합하고 또한 품질이 최우선순위의 과제임을 말뿐만 아니라 행동으로 보여줌으로서 TQM추진의 원동력이 된다.

TQM이 성공하려면 조직문화에 근본적인 변화가 일어나야 한다. 제품설계와 공정설계의 기준을 고객중심으로 전환하고 공급자를 회사의 협력자로 받아들이며 종업원에게 결정권을 부여하고 팀워크를 조성하여야 한다. 이와 같은 본질적인 변혁은 최고경영층의 리더십 없이는 실현될 수 없는 것이다.

7.3.3 고객 참여

TQM의 중요한 특징의 하나는 고객요구를 최대한 존중하고 수용한다는 것이다. 즉, 품질결정에 고객참여를 최대화하는 것이다. 기업은 고객의 품질요구를 정확하게 파악하고 제품설계나 품질결정에 있어서 이를 충실하게 반영해야 한다. 제품은 고객이 좋다고 해야 좋은 것이고 서비스는 고객이 만족해야 만족스러운 것이다. 고객참여가 현실적으로 실행되기 위해서는 이를 위한 구체적인 방법이 있어야 한다. 품질기능전개(Quality Function Deployment; QFD), 포커스그룹, 시장조사 등은 이와 같은 목적에 이용할 수 있는 방법들이다.

QFD는 고객요구를 체계적으로 반영하기 위한 설계기법이다. QFD를 사용함으로서 고객의 희망사항이 명확하게 파악됨과 동시에 이를 실현하기 위한 기술적 방법이 합리적으로 도출된다. 예컨대 연필을 설계하는 경우를 보자. 소비자는 손에 편하게 잡히는 연필을 원한다. 이렇게 평범하게 표현된 고객의 희망사항은 QFD의 과정을 거치면서 연필의 길이, 직경, 무게, 표면처리 등 기술적인 제품명세로 전환된다.

포커스 그룹(focus group)이란 회사가 품질문제를 함께 토의하고 평가하기 위하여 구성하는 고객집단을 말한다. 회사는 포커스 그룹을 통하여 소비자의 요구사항이나 회사제품에 대한 반응을 확인할 수 있다. 이 외에도 각종 시장조사의 방법이 고객요구를 파악하기 위한 수단으로 이용될 수 있다.

7.3.4 지속적 개선

지속적 개선(continuous improvement; CI)은 종합적 품질경영(TQM)의 한 중요한 부분이다. 지속적 개선이란 기업은 끊임없이 제품과 공정의 개선을 추구해야 한다는 관리 철학이다. 어떤 활동이든 거기에는 언제나 개선의 여지가 있다. 개선을 위해서 문제가 악화되기를 기다릴 필요가 없다. 잘 되는 일도 더 잘하기 위하여 개선의 대상이 될 수 있다. 지속적 개선의 최종목적은 완전성이라 할 수 있는데 이것은 영원히 성취될 수 없는, 그러나 끊임없이 추구해야 할 목표가 되는 것이다.

개선활동의 대상은 아주 다양하다. 개선활동은 제품품질에 국한되지 아니하고 공정(기계, 자재, 노동력, 생산방법)에도 적용된다. 병원에서의 환자대기시간의 단축, 용접작업에서의 불량률감소, 건설현장에서의 사고건수 줄이기 등은 그 예이다. 지속적 개선에서는 대체로 점진적이며 연속적인 변화를 추구한다. 이것은 획기적인 기술혁신에 의한 돌발적이며 대폭적인 변혁과는 대조가 된다. 지속적 개선운동은 제조업에서 시작되었는데 지금은 서비스업에서도 많이 보급되고 있다.

1) 지속적 개선을 위한 여건의 조성

지속적 개선을 위해서는 모든 종업원이 지속적 개선의 정신에 동화되고 개선의 방법과 수단을 익혀야 한다. 이를 위해서는 팀조직을 형성하고 종업원 참여를 활성화하여야 한다. 또한 종업원에게 문제해결기법과 통계적 품질관리기법을 교육하여 이를 일상적으로 사용할 수 있게 한다. 종업원은 팀의 일원으로 자신에게 충분하고 필요한 권한이 주어질 때 개선활동에 적극 참여하고 협조하게 된다. 이와 같이 지속적 개선을 위한 동기를 유발하고 그 여건을 조성하는 것은 많은 시간과 노력을 필요로 한다.

2) 지속적 개선의 수단

지속적 개선을 위한 프로그램으로는 PDCA사이클, 통계적 공정통제기법, 브레인스토밍, 종업원 제안 등의 방법이 사용된다. 여기서는 그 중에서 관리 개선모형으로 많이 사용되고 있는 PDCA사이클([그림 7-2])을 살펴보기로 한다.

[그림 7-2] PDCA사이클

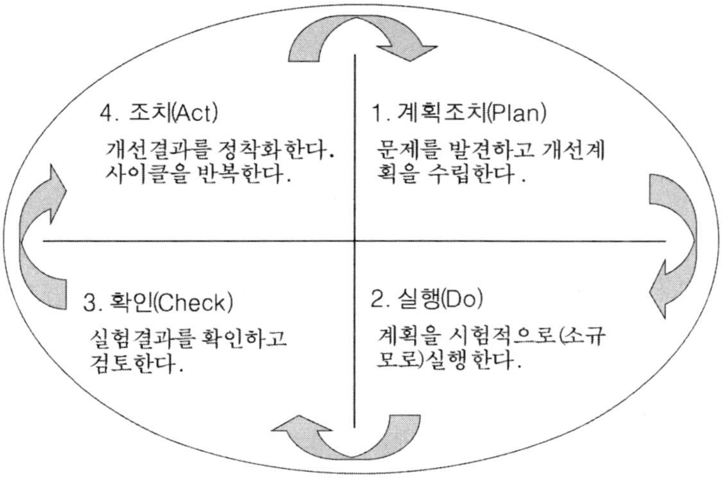

이 관리모형은 plan-do-check-act의 4단계의 순환과정을 보여주는데, 이것은 지속적 개선의 순차적·연속적인 성격을 잘 표현하고 있다. 공정개선활동은 주로 팀 단위로 이루어진다.

(1) 계획(plan)

팀은 개선대상공정(활동, 방법, 기계, 방침 등), 즉 해결해야 할 문제를 결정한다. 팀은 데이터를 분석하고, 개선의 목표를 설정하며, 목표의 달성방법을 토의한다. 여러 대안의 장단점과 비용을 검토하고 문제해결의 방법을 결정한다. 계획의 목표는 가급적 계량적으로 측정할 수 있게 설정한다.

(2) 실행(do)

팀은 계획된 개선활동을 실행하고 그 진도를 파악한다. 전문가들은 처음에 시험적으로 소규모로 시작할 것을 권고한다. 개선효과를 측정하기 위하여 데이터를 계속 수집한다. 공정의 변동(개선)사항은 반드시 문서화하여야 한다.

(3) 확인(check)

실행단계에서 수집된 데이터를 분석하여 실행의 결과가 목표에 얼마나 근접

하였는가를 확인한다. 만일 큰 차질이 발견된다면 계획을 재검토하여 수정하거나 프로젝트를 중단하여야 한다.

(4) 조치(act)

만일 실행결과가 성공적이라면 회사는 개선된 방법(개선안)을 회사의 표준절차로 확정하여 이를 정착화 시킨다.

7.3.5 종업원 참여

종업원 참여는 TQM의 핵심적인 요소의 하나이다. 이제 많은 회사가 종업원으로 하여금 품질관리의 주동적 역할을 수행하도록 조직화하고 있다. 종업원 참여는 종업원의 품질의식을 높여주며 종업원의 협조를 강화하고 그들의 창조적인 능력을 최대한 활용할 수 있게 한다. 종업원 참여는 하루아침에 성취되지 않는다. 종업원 참여는 조직문화의 변혁을 요구하는 장기적이고 어려운 과제일 수 있다. 여기서는 종업원 참여의 방법에 대하여 알아보기로 한다.

1) 내부고객(internal customers)

일반적으로 고객이라 하면 외부고객을 생각하게 된다. 그런데 대부분의 종업원은 외부고객과의 직접적인 접촉이 없으므로 고객의 개념이 희박하다. 그러나 그에게도 내부고객이 있다. 그의 생산품을 인수하여 후속처리를 하는 다음 공정의 종업원이 바로 내부고객인 것이다. 후속공정은 곧 나의 고객이라는 인식이 바로 내부고객의 개념이다. 작업자가 내부고객을 만족시킬 수 있어야 외부고객도 만족시킬 수 있다. 내부고객의 개념은 부서 간에도 적용된다. 예컨대 구매부는 제조부를 내부고객이라 생각할 수 있을 것이다. 내부고객의 개념은 종업원의 품질의식을 강화하고 부서간의 협조를 촉진한다.

2) 원천적 품질관리(quality at the source)

원천적 품질관리란 불량은 그 근원에서 발견, 시정하여 후속공정에 넘기지 않는다는 품질관리의 원칙이다. 이것은 제품생산자에게 품질책임을 귀속시키며 그에게 품질관리의 주동적 역할을 부여하는 것이다. 작업자는 자신의 제품을 직접 검사하고 불량을 시정한다. 불량예방을 위하여 필요한 경우, 작업자는 생산라인을 정지시킬 수 있다. 원천적 품질관리는 별도의 검사원이 사후에 제품을 검사하는 검사중심의 품질관리와는 대조가 된다. 원천적 품질관리는 불량의 예방에 치중하므로 사후적으로 불량을 폐기하거나 재가공해야 하는 검사위주의 방식보다 경제적이다. 또 검사원이나 품질요원은 검사 대신에 품질개선이나 교육 등 좀더 전문적인 업무에 집중할 수 있게 된다.

3) 종업원 권한부여(employee empowerment)

회사가 최상의 품질을 달성하려면 종업원의 능력을 최대한 활용할 수 있어야 한다. 종업원은 각자의 생산단계에서 품질에 대한 책임을 져야 한다. 그러나 그에 앞서 종업원에게 필요한 권한이 부여되어야 한다. 권한부여는 종업원에게 품질우수성을 위하여 지속적으로 노력하게 하는 강력한 동기가 된다. 관리자가 일방적으로 지시하고 결정하는 조직문화에서는 종업원의 협조를 얻을 수 없다. 종업원이 품질관리과정에 참여할 수 있고 또 그들에게 응분의 결정권이 주어질 때 그들의 협조를 기대할 수 있는 것이다.

4) 종업원 교육훈련(employee training program)

근래 많은 기업들이 종업원교육을 더욱 강화하는 경향을 볼 수 있다. 각종의 교육프로그램 중에서도 기업이 가장 역점을 두는 것은 품질관리분야라 할 수 있다. 품질관리교육에 의하여 종업원의 품질개선의 능력과 의욕은 크게 높아질 수 있다. 품질교육에서는 통계적 품질관리기법 뿐만 아니라 품질관리의 철학과 기본원리도 다루어져야 한다.

근래 종업원교육에서 볼 수 있는 새로운 경향은 담당직무 외의 다른 직무에 대해서도 교육을 한다는 것이다. 이것은 한 직무의 품질문제가 다른 직무에도 영향을 미칠 수 있음을 이해시키는데 도움이 된다. 또 품질교육은 관리자에게도 실시되어야 하는데 관리자교육에 있어서 부하에게 품질교육을 실시할 수 있는 능력의 배양이 점차 중요시되고 있다.

5) 품질분임조(quality circles)

품질분임조는 1960년대 초에 일본기업에서 처음으로 형성되었다. 우리나라에서는 1970년대 초에 형성되기 시작하였고 그 외에 미국, 영국, 브라질, 인도네시아 등 여러 나라에 보급되었다. 품질분임조는 종업원의 자주적인 노력에 의존하는 동기부여의 프로그램으로서 아마도 품질개선을 위한 최초의 팀워크 조직이라 할 수 있을 것이다.

품질분임조는 품질개선을 자주적으로 수행하기 위하여 조직된 소집단으로 직장의 지속적인 개선과 종업원의 자기계발을 도모한다. 분임조는 8~10명의 같은 부서(작업장)의 종업원과 감독자로 구성된다. 분임조의 리더는 구성원 중에서 선출되어 집단의 토의를 주재하지만, 의사결정은 구성원의 합의에 의한다. 가입은 자발적이며 구성원에게는 분임조 활동에서 얻는 성취감이 중요한 동기가 된다.

분임조는 한 주에 한 번 정도 모여서 현장의 문제를 토의하고 해결방안을 모색한다. 취급할 문제는 분임조가 스스로 선택하는데 때로는 관리자가 제시할 수 있다. 분임조가 다루는 문제는 품질문제가 큰 비중을 차지하지만, 그 외에 생산성 향상, 원가절감, 안전, 설비보전, 환경보호 등의 문제도 포함될 수 있다. 그런 의미에서 품질분임조는 적절한 명칭이라 할 수 없을 것이다.

분임조가 제시하는 해결방안이나 권고사항은 회사가 최대한 이를 존중한다. 이와 같이 분임조는 종업원 중심으로 추진되는 개선활동이라 할 수 있다. 현장의 문제점은 종업원이 가장 잘 알고 또 가장 적절한 해결방안을 내놓을 수 있다는 것이 분임조의 논리이기도 하다. 효율적인 문제해결을 위하여 분임조는 각종의 품질관리기법과 문제해결기법의 교육을 받는다.

품질분임조는 품질개선, 생산성 향상, 비용절감 면에서 상당한 효과를 얻을 수 있음이 입증되었다. 그뿐 아니라 종업원은 분임조활동을 통하여 의사결정에 참여하고 창조적 능력을 발휘하게 되므로 직무만족도 크게 향상된다. 그러나 이와 같은 긍정적 효과는 단시일에 나타나는 것이 아니다. 분임조활동은 장기적인 안목에서 꾸준히 추진되어야 효과를 볼 수 있다. 또 분임조활동만으로 모든 품질문제가 완전하게 해결되는 것이 아니다.

제품불량이나 낮은 생산성의 원인이 시스템이나 관리자에게 있을 수 있으며 이 때는 관리 시스템의 개선이 필요하다. 종업원 중심으로 전개되는 분임조활동은 이와 같은 면에서 한계가 있는 것이다.

6) ZD프로그램(zero defects program)

ZD프로그램은 1962년에 미국 Martin사가 개발하고 실시한 품질향상과 원가절감 프로그램이다. 그 당시 Martin사는 미국 육군과 계약된 퍼싱 미사일의 생산과정에 이 프로그램을 적용하였다. 우리나라에서는 군대의 생산조직에서 도입하여 ZD운동 또는 무결점운동으로 알려졌는데, 60년대 후반에는 민간기업에도 보급되었다.

ZD프로그램은 종업원에게 품질의 완전성을 추구하도록 동기를 유발한다. 인간에게는 완전성을 추구하는 강한 욕구가 있다. ZD프로그램은 작업자가 애초부터 완전한 제품을 만들도록(make it right the first time) 유도한다. 제품의 결점은 작업자의 오류에서 생기는 것이므로 오류의 원인을 자주적으로, 또한 체계적으로 제거하게 한다. 이것을 오류원인제거(error cause removal, ECR)라 한다.

ZD프로그램에서 무결점을 주장하는 논거는 다음과 같다. 사람들은 오류나 실수를 예사로운 것으로 생각하는 경향이 있다. "완전한 사람은 없다" 또는 "한 번 실수는 병가의 상사"라는 말은 이와 같은 사고를 잘 보여준다. 그래서 사람들은 생산공정에서 다소의 불량이 발생하는 것은 당연한 것으로 생각한다. 그런데 세상에는 실수가 전혀 용납되지 않는 경우도 있다. 예컨대 음악연주회에서 5%의 오류(불량률?)가 허용될 수 있을까? 무대 위에서는 한 번의 실수가 치명적일 수 있다.

그렇다면 생산현장에서는 실수가 용납될 수 있는 것일까? 이에 대해서는 흔히 사용되는 준비된 답변이 있다. 완전품질은 너무 비싸게 먹힌다는 것이다. 그러나 이와 같은 고정관념은 시정되어야 한다. 더 좋은 품질 또는 완전품질이 더 경제적이라는 것이 최근 TQM의 사고방식이다. 불량품을 만들어 이를 폐기하거나 재가공하거나 소비자 불만을 사거나 소송을 당하는 것보다 처음부터 제품을 완전하게 만드는 것이 훨씬 경제적일 수 있는 것이다.

품질경영 사례 7

A. 리츠칼튼 호텔의 버지니아 아주엘라(Virginia Azuela)

Total Quality Management(TQM)이란 Deming 박사의 품질개념을 총괄하는 경영관리기법이다. TQM의 기본적 메시지는 품질을 개선하고, 고객을 섬기며, 고객의 요구를 만족시키고, 직원에 의한 혁신을 권장하며, 정보의 자유로운 흐름을 지원하고, 시스템(직원이 아니라)을 손보며, 직원의 긍지와 팀워크를 고취하고, 혁신과 지속적 개량의 분위기를 조성하라는 것이다.

미국 샌프란시스코의 리츠칼튼 호텔에는 세계적인 청소부라 불리는 버지니아 아주엘라 (Virginia Azuela)가 있다. 겉보기에는 여느 청소부와 다를 바 없는 그녀는 호텔 직원에 있어 영광인 Five Star Award을 받기도 하였으며, 세계적인 경영 평론가인 톰 피터슨이 지식인으로 뽑은 사람이기도 하다.

그녀는 고객 만족을 위한 전사적 품질경영(Total Quality Management : TQM)이라는 호 텔의 경영철학을 현장에 적용하고, 여기서 생긴 문제점에 대해 끊임없이 개선방안을 찾아 나갔으며, 자기가 찾아낸 문제해결 방법을 동료들과 공유해왔다. 자신이 하는 일을 꾸준히 개선하여 함께 함으로써 부가가치를 높였다는 것이 톰 피터슨이 그녀를 지식인의 전형으로 뽑은 이유였다고 한다.

동료들은 청소 같은 허드렛일이 품질과 무슨 관계가 있느냐고 말했지만, 그녀는 객실 서비스가 호텔에 대한 만족 여부는 물론 호텔의 이미지를 결정한다고 보았으며 사실 고객들은 객실 안에서 가장 많은 시간을 보내는 것이 사실이었다. 객실을 청소하면 언제나 '고객만족 제일'이라는 생각으로 개선하려고 하였으며, 고객카드를 만들어 청소 도구함에 달고 다니며 고객들의 이름을 외우고 고객들의 특성과 습관 등을 기록해두고 그들이 원하는 객실 서비스를 하였다.

B. 엔프라니, TQM 추진사례 최우수상 수상

엔프라니㈜(대표 김해관)가 지난 7일 능률협회 컨설팅에서 주최하는 '2002 세계 생산 혁신 세계대회'에서 TQM 추진사례 부문에서 최우수상의 영예를 안았다. 생산혁신세계대회는 한국경제의 발전을 주도해온 혁신적인 모범사례를 통해 지속적인 생산혁신문화의 보급과 변화하는 경제환경에 대한 대응 전략 및 세계화 방향을 제시하는 생산성 혁신의 통합 제전이다. 국내외 전문가 7인이 사전 서류심사와 현장실사를 거쳐 엄격히 6개 부문의 추진사례를 선별, 수상 기업을 선정한다. 이번에 TQM 추진사례부문 최우수상에 선정된 엔프라니㈜는 공장설립 이전부터 축적한 생산전략, 제품개발력, 마케팅력, CGM기준의 최고시설과 품질보증체계, 혁신활동으로 다져진 고효율의 생산체계와 운영노하우 측면에서 높은 평가를 받았던 것으로 알려졌다.

특히 선진 SCM(Supply Chain Management) 시스템의 도입으로 선진 경쟁력을 갖추고 있다는 점에서 높은 점수를 받았다고 밝혔다. 이와관련해 엔프라니㈜는 97년부터 TPM우수기업상 및 경영자상, TPM 세계대회 경영자상 수상, 그리고 대한민국 제조업우수공장 인증, 환경친화기업 지정, 안전 무재해 인증 등으로 공장의 성과를 소비자와평가기관으로부터 인정받은 바 있다.

97년 준공한 화장품공장은 화장품법에 의해 CGMP(우수화장품 제조 및 품질관리기준)기준으로 건설하여 완벽한 시설과 설비를 갖추고 있는 것은 물론이고 기준서 및 운영시스템도 철저히 품질이 보증되도록 프로세스화, 습관화되어 고품질의 제품을 소비자에게 공급함으로서 98년 CGMP 최초인증, 2001년 재인증을 받았다.

지속적인 6시그마 품질개선활동의 추진, 고객과 품질지향의 연구, 개발프로세스의 구축, 실시간 영업대응시스템 운영, 성과주의 인사시스템의 도입, 현장교육체계의 수립, 지식경영체계의 구축, CGMP의 준수, 유지, 개선 등의 활동으로 품질 및 생산성이 혁신적으로 향상된 것으로 평가를 받았다. 뿐만아니라 엔프라니는 현재까지 추진한 품질 우위의 혁신활동을 더욱 발전시켜 성과를 극대화할 것이며, 지식경영시스템(KMS)의 정착, 6시그마 신품질경영의 지속추진, 생산성 50%향상, 품질수준의 6시그마 달성, ERP 및 SCM 구축으로 이익율을 향상시킴으로서 최고품질의 경쟁력있는 제품을 공급해 고객으로부터 인정과 사랑 받는 전문화장품회사의 초우량 공장으로 발돋음할 것이라고 기대를 모았다. 한편, 엔프라니는 1백 60여 명의 종업원을 거느리고 있으며, 자본금 2백23억원에 2002년 매출 5백50억원을 예상하고 있다.

박지향 기자(장업신문(http://www.jangup.com; 2002-11-13)

연 습 문 제

7-1 현대 기업경영에서 요구되는 최고경영자의 리더십 요건에 대하여 간략히 설명하시오.

7-2 TQM 실행에 주요한 원칙에 관해서 설명하시오.

7-3 고객의 소리를 청취하고 분석하는 방법에 관해서 설명하시오.

7-4 지속적 품질개선은 무엇이며, 이를 조직에 구축하는 방법에 관해서 설명하시오.

7-5 TQM에서 '조직구성원의 참여'의 개념을 정의하고, 왜 중요한지 설명하시오.

7-6 품질분임조 경진대회를 주관하는 한국표준협회(www.ksa.or.kr) 홈페이지를 방문하여 품질분임조와 경진대회에 관해서 알아보자.

8
chapter

6시그마 경영

8.1 6시그마의 전략적 가치

8.1.1 6시그마의 정의

6시그마는 다양하게 정의되고 있다. McFadden은 "6시그마는 경영품질의 전반적인 기반을 제공하는 고객지향적인 접근방법"이라고 하였다. Snee와 Fontenot는 6시그마를 "무결점을 달성하고자 하는 프로세스 능력과 1백만 개 중에서 단지 3.4개의 불량 제품과 서비스를 생산하는 능력, 즉 초일류의 공정능력을 측정하는 통계적 단위"라고 정의하고 있다. Blakeslee는 6시그마를 "기업에서 발생하는 문제의 근원을 분석하고 그 문제를 해결하기 위해 데이터에 의존하고, 높은 성과를 제공하는 기법"이라고 정의하고 있다.

한국능률협회컨설팅(www.kmac.co.kr)에서는 6시그마를 "경영의 과학화(계량경영의 실현), 기업의 생존 전략 및 경영철학으로써, 비즈니스 프로세스 개선을 통해 기업의 핵심역량을 강화하고 글로벌 표준(Global Standard)에 대응함으로써 세계적인 경쟁력을 배양할 수 있는 전략 과제"라고 정의하고 있다.

Yilmaz와 Chatterjee는 "6시그마는 고도의 로버스트 품질을 창출하는 생산 프로세스"로, Pande는 "6시그마는 기업의 성공을 달성하고, 유지하고, 극대화하는 종합적이고 유연한 시스템"이라고 정의하였다.

그러나 여기에서는 6시그마의 창시자인 Harry와 Schroeder의 정의를 사용하기로 한다. 그들은 6시그마를 다음처럼 정의하였다. 6시그마란 자원의 낭비를 극소화하는 동시에 고객만족을 증대시키는 방법으로 일상적인 기업활동을 설계하고 관리하여 수익성을 엄청나게 향상시키는 비즈니스 프로세스이다.

[그림 8-1] 6시그마 비즈니스 개선

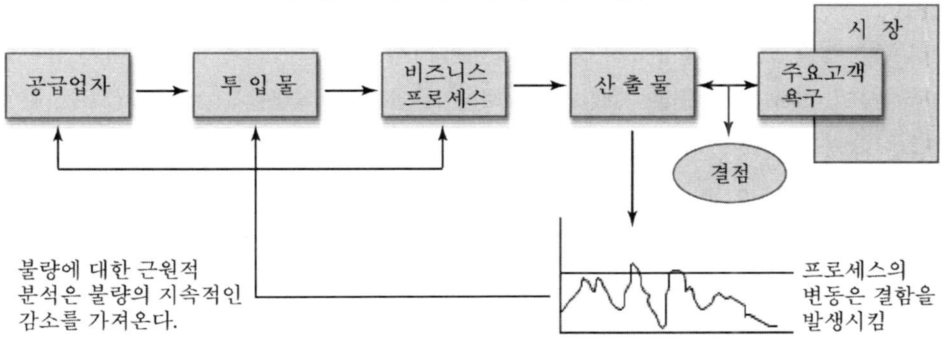

출처: Jerome A. Blakeslee. Jr., "Implementing the Six Sigma Solution," Quality Progress. July 1999. p. 78.

6시그마는 낭비를 제거하여 자원을 가장 효율적으로 사용하고자 한다. 낭비제거는 사실 6시그마뿐만 아니라, 일본의 JIT(Just-In-Time)에서도 중시하는 요소이다. 낭비를 제거하기 위해서는 모든 활동과 업무에 있어서 실수를 최소화하여야 한다. 그렇게 하기 위해서는 미리 실수를 방지하여야 한다. 또 자원의 낭비를 없애기 위해서는 초기에 품질의 오류를 제거하도록 하여야 한다.

6시그마 이전의 많은 품질 프로그램들은 서비스와 제조 그리고 설계상의 결함들을 간파하고 수정하는 데 주로 초점을 두었다. 그러나 6시그마는 처음서부터 결함과 오류가 발생하지 않도록 프로세스를 재창조하는 특수한 방법을 제공하였다. 그래서 6시그마는 임시변통적 해결방법이 아니라 프로세스 자체를 개선하는 방법으로 여겨진다. 또, 6시그마는 TQM과 마찬가지로 고객만족을 극대화시키고자 하여서, '카우보이 품질(cowboy quality)'이라고 불린다. 이렇게 부르는 이유는 6시그마의 창시자인 Harry와 Schroeder가 카우보이 생활을 즐기는 탓이기도 하고, 또 다른 이유는 6시그마의 인습타파적인 문제해결방식 때문에 그렇다. 6시그마는 TQM처럼 목표를 향해 지속적으로 나아간다. 그러나 6시그마는 TQM과 차이점이 많이 있다. 단 여기에서 가장 중요한 사실은 6시그마가 엄청난 수익성을 기업들에게 준다는 사실이 6시그마의 핵심 포인트며, 바로 많은 기업들에게 매력이 있는 중요한 이유이다.

6시그마는 이론이 아닌 활동에 중점을 둔다. 또 6시그마는 일반적인 상식으로는 도저히 이해할 수 없다. 왜냐하면 일반적인 상식으로는 6시그마의 엄청난 성과를 창출할 수 없기 때문이다. 그래서 6시그마는 과거의 모든 기존 관념을 부정하고 새로운 질문을 던진다. 그래서 종업원들의 행동을 변화시킬 수 있는 답을 얻을 때까지 계속해서 질문을 던진다. 이렇게 6시그마는 수익성을 창출하기 위해 구체적이고 계량적인 질문을 유도하는 일련의 과정이다. 6시그마는 이렇게 지속적인 개선을 하는 개념이다. 6시그마가 처음에 도입되었을 때에는 단순히 제품의 품질혁신에 치중하였다. 그러나 GE가 6시그마를 도입할 때부터 6시그마는 경영혁신의 도구로 바뀌었다.

시그마는 원래 고대 알파벳 24개 글자 중 18번째 글자의 이름으로 문자로 쓸 때에는 "σ"로 표기한다. 그리스 문자 "σ"는 통계학에서 표준편차(standard deviation)를 의미하며, 산포를 표시하는 여러 측정치 중의 하나이다. 그래서 6시그마는 정규분포에서 평균을 중심으로 양품의 수를 6배의 표준편차 이내에 생산할 수 있는 공정능력을 말한다. 즉, 6시그마는 생산되는 제품 1백만 개당 결함을 0.002개 이하로 생산할 수 있는 공정능력을 말한다. 이렇게 6시그마는 공정의 능력을 정량화한 값이다.

그런데 왜 시그마라는 개념을 사용하게 되었을까? 1980년대 초 복잡성이나 특성에 상관없이 다양한 제품들의 품질을 보편적으로 측정하는 통계적인 측정치가 필요하게 되었다. 이러한 필요성에 의해 창안된 개념이 시그마이다. 그래서 시그마는 결점의 발생가능성을 제공해 주며, 모든 경영활동을 객관적인 통계수치로 나타낸다. 따라서 제품이나 업종 및 프로세스가 다르더라도 시그마를 이용하여 각 업종을 비교할 수 있다. 그리고 고객만족의 달성 정도와 방향 및 위치 등을 정확히 알 수 있게 해준다. 이렇게 시그마는 제품과 서비스 프로세스의 적합성을 측정하는 탁월한 척도이다.

제품의 유형에 관계없이 시그마 값이 높아질수록 품질이 우수하고, 반대로 시그마 값이 낮아질수록 좋지 않은 품질을 나타낸다. 또 시그마가 한 단계씩 향상될 때마다 결함의 수는 정비례로 감소되지 않고 기하급수적으로 감소된다. 이렇게 시그마의 값이 올라가게 되면, 제품의 신뢰성이 급속도로 향상되고, 테스트와 검사의 필요성이 급격하게 감소된다. 이것은 다시 비용과 사이클 타임을 감소시켜 고객만족도를 크게 증가시킨다.

여기서 하나 주의할 점은 6시그마가 제품 또는 서비스 전체가 아닌 제품이나 서비스에 내재된 개개 주요품질특성인 CTQ(critical-to-quality)에 적용하는 성과 목표라는 것이다. 이것은 무슨 말인가? 이제 6시그마 자동차를 하나의 예로 들어보자. 이것은 백만 대의 자동차 중 0.002대가 불량이라는 것이 아니고, 한 대의 자동차에서 CTQ의 평균 결함가능성이 백만 번 중 0.002번뿐이라는 것을 의미한다. 그래서 어떤 제품이 6시그마라고 하기보다는 어떤 한 제품 내의 평균 불량가능성이 6시그마라고 말하는 것이 바람직하다.

8.1.2 6시그마의 탄생

1987년에 Motorola의 Harry박사가 처음으로 6시그마라는 용어를 사용하였다고 위에서 설명하였지만, 6시그마의 불씨는 이보다 8년 전인 1979년 Motorola의 Art Sundry에 의해서 커졌다. 어느 날 Motorola의 문제점을 해결하기 위한 회의에서 Sundry는 Motorola의 진짜 문제는 다른 무엇보다도 Motorola에서 생산하는 제품들의 형편없는 품질이라고 말하였다. 이 말은 당시 Motorola의 직원들에게는 상당히 충격적인 말이었다. 왜냐하면 그 동안 Motorola는 품질에 대해서는 상당히 자신감이 있었기 때문이다. 처음 Motorola의 직원들은 이 말에 반신반의하였지만, Sundry의 말에 귀를 기울이기로 결정하였다. 이것이 Motorola에서 6시그마가 나오게 된 계기가 되었다. 이후

Motorola에서는 품질에 대해 많은 관심을 가지고, 품질에 대해 많은 연구를 하였다.

이 때 Motorola가 가장 먼저 시도한 것은 과거의 고정된 관념에 도전하는 것이었다. 품질을 향상시키기 위해서는 비용이 많이 든다는 과거의 고정관념은 오랫동안 Motorola뿐만 아니라 다른 대부분의 기업들에게 뿌리 깊게 내재해 있었다. 그러므로 이 당시 많은 기업들은 가장 경제적인 적정한 품질 수준을 항상 추구하고자 하였다. 이것은 품질의 향상을 방해하였고, 어느 정도 불량이 발생하는 것은 당연하다는 고정관념을 낳게 하였다. 그러나 Motorola에서는 이 관념에 회의를 갖기 시작하였다. 그래서 이 고정관념에 대해 연구를 하기 시작하였다. 연구가 거듭될수록 Motorola는 이 관념이 옳지 않다는 사실을 확인하게 되었다. 이 관념이 틀리는 것은 물론이고 오히려 반대의 결과가 나오게 되었다. 즉, 품질이 좋아지면 좋아질수록 비용이 더 많이 드는 것은 고사하고, 오히려 비용이 더 적게 든다는 것이다. 이것은 정말로 획기적인 결과로써, 과거의 고정관념을 송두리째 엎어버리는 예상 밖의 결과이었다. 그래서 이제 Motorola에서는 품질을 가장 좋게 하는 것이 비용을 가장 적게 한다는 품질에 대한 새로운 관념을 갖게 되었다.

1981년 Motorola의 회장이었던 Robert W. Galvin은 5년에 걸쳐 10%가 아닌 10배의 개선을 달성하라고 명령을 내렸다. Motorola의 임원들은 회장의 명령을 달성하기 위해 모든 아이디어를 짜냈다. 이 때 엔지니어인 Bill Smith가 현장에서 수집한 제품의 A/S 데이터를 이용하여 생산 중에 발생하는 제품의 수리횟수와 그 제품의 수명과의 관계를 연구하고 있었다. 4년 후인 1985년 Bill Smith는 생산 도중에 수리를 많이 한 제품일수록 소비자에게 판매된 후에도 더욱더 많은 문제들을 발생시킨다는 사실을 발견하였다. 즉, 생산 중에 아무런 문제가 없었던 제품들이 소비자가 사용하는 동안에도 거의 문제가 발생하지 않는다는 것이다. 다시 말하면, 처음부터 잘 조립된 제품이 고객이 사용할 때 고장이 거의 발생하지 않는다는 것이다. 결과적으로 Motorola는 어떤 분야이든지 그 분야에서 세계 최고인 기업은 제품의 제조과정에서 수리나 재작업이 별로 없는 제품을 생산한다는 사실을 알았다. 이는 6시그마의 주요한 개념 가운데 하나인 '숨은 공장(hidden factory)'과 '누적수율(rolled throughput yield)' 등에 대한 아이디어를 제공했다고 할 수 있다. Motorola의 경영층이 Smith의 보고서를 인정하였지만, 이 결론을 구체적으로 실천하기에는 많은 어려움이 따랐다. 그 이후 Mikel J. Harry 등이 주축이 되어 6시그마를 달성하기 위한 구체적인 전략과 방법론이 개발되었으며, 다른 기업으로 전파되면서 각 기업에 맞는 형태로 수정되고 발전되었다.

1980년대 초 미국의 Motorola의 Harry박사에 의해서 창안된 6시그마는 최근 미국과 유럽, 그리고 일본뿐만 아니라 한국에서도 선풍적인 관심을 끌고 있다. 1988년에는 미국의 반도체 회사인 Texas Instruments(TI)가, 1992년에는 산업설비 회사인 스웨덴의 Asea Brown Boveri(ABB)가, 그리고 1994년에는 미국의 화학업체인 AlliedSignal이 6시그마를 도입하였다. 또 1995년에는 General Electric(GE), 1997년에는 일본의 Sony, 그리고 Ford 자동차가 1998년 1월에 6시그마를 도입하였다. 2000년 일본산업신문에서는 Sony가 일본 대기업으로는 최초로 6시그마를 도입하기로 했다고 하였으며, 기존의 일본식 품질관리가 한계에 도달했기 때문이라는 설명도 달았다. 이미 Sony는 미국 컨설팅 회사인 6시그마 아카데미와 수억 엔에 달하는 계약을 체결했다. 국내에서는 삼성 SDI가 6시그마를 1996년에 처음으로 도입하였다. 이렇게 세계의 초일류 기업들이 앞다퉈 6시그마를 도입하고 있다. 이 기업들 이외에도 Black & Decker, Bombardier, IBM, Dupont, Dow Chemical, Federal Express, Johnson & Johnson, Kodak, Polaroid, Toshiba, Navistar, Seagate's Technologies 등이 6시그마를 도입하였다.

미국의 경우, 제조업체들이 6시그마를 가장 많이 도입하였고 높은 성과를 이미 달성하였다. 이 중에서도 자동차산업과 기계산업 등이 선두를 달리고 있으며, 전자산업이 뒤를 따르고 있고, 장치산업도 6시그마를 도입하고 있다. 제조업체에 비해 조금 늦게 출발한 서비스산업도 이제 점차로 많은 기업들이 6시그마를 도입하고 있다. 아시아에서는 한국과 일본이 가장 적극적으로 6시그마를 도입하고 있다. 특히 한국은 최고경영자의 강력한 리더십 아래 6시그마를 추진하고 있지만, 일본에서는 중간관리자나 실무자층에서 적극적으로 추진하고 있는 실정이다. 한국의 6시그마 추진속도는 우려할 정도로 빠른 편이라고 할 수 있다. 빠른 것이 나쁘다고 말할 수는 없지만, 잘못하여 흐지부지 끝날까 염려되는 부분이 없지는 않다. 다음으로 아시아에서 6시그마를 추진하고 있는 국가는 대만과 싱가포르를 들 수 있다. 아시아에 비해 유럽은 6시그마 추진이 더딘 설정이다.

1980년대에 나온 6시그마가 세계 초일류 기업들의 관심을 끌게 된 것은 1990년대 중반 이후이다. 6시그마에 불을 붙인 사람은 GE의 Jack Welch 회장이었다. Welch 회장의 강력한 리더십 아래 6시그마를 도입한 지 5년 후 GE는 순전히 6시그마 때문에 그 해에 20억 달러의 수익성을 달성하였다.

8.1.3 미국 경쟁력의 회복

1970년대 중반 이후 국제 시장에서 미국의 경쟁력이 서서히 약화되기 시작했다. 미국 경쟁력의 쇠퇴는 미국 역사상 최대의 무역적자와 재정적자를 1980년대 초에 발생시켰다. 20세기 초 W. Frederick Taylor의 과학적 관리법과 Henry Ford의 대량생산 방식으로 20세기 내내 세계시장을 거의 석권했던 미국의 경쟁력이 20세기가 저물어 가는 시점에서 흔들거리기 시작한 것이다. 특히 이 당시 가장 거세게 미국의 아성에 도전한 나라는 일본이었다.

여기에서 우리는 다음과 같은 두 가지 의문점을 갖게 된다. 첫째, 어떻게 해서 수십 년 동안 세계 경제를 지배해 왔던 미국의 경쟁력이 갑자기 쇠퇴하기 시작하였는가? 둘째, 어떻게 해서 전쟁에서 패한 지 30년밖에 안 되었고 자원도 거의 없는 일본의 경쟁력이 세계시장에서 강화되었는가? 이 두 질문에 대한 답은 무수히 많을 수 있다. 그러나 이 질문들에 대한 답을 얻기 위해서 미국의 MIT 대학교의 교수(1989)들이 쓴 책 『미국산 제품(Made In America)』이 질문에 대한 답을 주고 있다. 이 책에서 미국의 기업들은 그동안 품질을 소홀히 하였고, 반대로 일본의 기업들은 품질을 중요시하였다고 하였다.

통계적 공정관리도를 만든 Walter Shewhart, 샘플링 검사표를 만든 Dodge와 Romig, 종합적 품질관리의 창시자 Armand Feigenbaum, 그리고 품질 석학인 W. Edwards Deming과 Joseph M. Juran 박사 모두 미국 사람들이고,

이들이 만든 모든 품질기법들도 전부 미국에서 생성되었는데, 미국의 기업들이 그동안 품질을 소홀히 하였다는 사실은 일종의 아이러니가 아닐 수 없다. 그러나 분명한 사실은 그동안 미국의 기업들이 품질보다 생산량을 중시하였고, 고객만족보다 생산계획의 달성에 치중하였다는 것이다. 반대로 일본은 생산량보다 품질을 중요시하였고, 생산계획보다 현장과 고객만족을 중요시하였다. 데밍상과 JIT(Just-in-Time)에 일본의 기업들이 중점을 두는 동안, 미국의 기업들은 자재소요계획(Material Requirements Planning; MRP) 시스템과 기능의 전문성에 초점을 두었다. 이렇게 미국은 품질보다는 능률을 중시하였고, 기능의 전문화로 조직이 비대화되었다. 야스히코는 이 당시 미국과 일본의 품질차이를 [그림 8-2]처럼 설명하였다.

[그림 8-2] 미국과 일본의 에러발생건수 비교

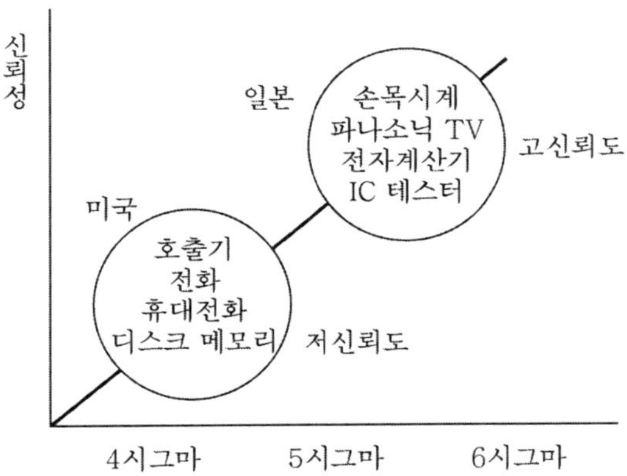

출처 : 아오키 야스히코 외. 6시그마 도입전략. 한국능률협회 6시그마 추진센터 옮김. 21세기 북스. 1998. p. 28.

그러나 21세기 초기인 지금 세계시장은 어떻게 변하였는가? 1990년대 중반 이후 미국은 계속 경제 호황을 누리고 있다. 그러면 어떻게 해서 미국의 경쟁력이 이렇게 급속하게 강화되었는가? 이 시점에서 우리는 이제 6시그마를 이야기하지 않을 수가 없다. 한 예로 경쟁력을 회복한 미국의 자동차 산업은 모두 예외 없이 6시그마를 도입하고 있다. 또 예외 없이 Six Sigma Academy (www.6-sigma.com), Six Sigma Qualtec(www. sixsigmaqualtec.com), Juran Institute(www.juran.com), ASI(American Supplier Insititute : www.amsup.com)과 같은 거대한 컨설팅 기업들이 6시그마를 기업들에게 교육시키고 훈련시키고 있다.

1990년대 이후 세계시장에서 미국의 경쟁력을 강화한 가장 강력한 무기 중 첫 번째를 들라 하면 제일 먼저 6시그마를 들 수 있다. TQM과 함께 미국은 1980년대 초부터 품질에 엄청난 열정을 보여 왔고, 또 막대한 투자를 하여 왔다. 1980년 6월 24일 미국의 NBC 방송국에서는 "일본이 할 수 있는데, 왜 우리라고 … 못 하나?"라는 품질 특집 프로그램을 방영하였다. 이 프로그램 마지막 15분 동안 그 동안 미국에서는 잘 알려지지 않았던 Deming 박사가 나와 품질의 중요성을 역설하였다. 이것이 미국에 품질 열풍을 가져온 계기가 되었다. 그리고 이 열풍은 곧 미국의 경쟁력을 회복시키는 핵심적 요인이 되었다.

8.2 무결점운동과 6시그마

Crosby에 의해서 처음으로 소개된 무결점의 개념이 1987년 Motorola의 Mikel Harry에 의해 6시그마라는 새로운 이름으로 소개되었다. 당시 정부용 전자기기 사업부에서 일하던 Harry는 어떻게 하면 품질을 획기적으로 개선시킬 수 있는가를 생각하였다. 그래서 나온 결론이 통계 지식을 적극적으로 활용하자는 것이었다. 그럼 먼저 여기에서 무결점운동에 대해 잠깐 생각해 보기로 하자.

'무결점(zero defects)'이라는 용어는 1961년 Crosby가 처음으로 사용하였는데, 무결점이라는 용어를 사용하게 된 이유는 그동안 만연해 왔던 대량검사를 탈피하기 위한 것이었다. 그렇게 하기 위해서는 초기서부터 결점이 없는 제품을 만들어야 했다. 그래서 Crosby는 무결점을 경영의 목표로 삼았다. 그러나 무결점의 목표를 실제 달성하기에는 너무나 장벽들이 많았다. 우선 프로세스 자체가 제일 큰 문제였다. 프로세스의 개선 없이 무결점을 달성한다고 하는 것은 어불성설이었다. 또한 무결점을 실행에 옮길 수 있는 작업자들이 엄청나게 부족하였다. 그들에 대한 교육과 훈련도 없었고, 또 그럴 예산도 없었다. 그러므로 무결점이라는 목표는 단순히 하나의 꿈이었지, 현실적인 목표는 되지 못하였다.

그럼에도 불구하고 무결점운동은 1960년대 미국에서 상당히 활발하게 실행되었다. 무결점운동을 가장 처음으로 시작한 회사는 미국의 Martin Marietta 항공사이었다. 이 회사는 미 육군에게 퍼싱(Pershing) 미사일을 공급하였는데, 미사일은 고도의 신뢰성을 요구하는 제품이었기 때문에 Martin Marietta 회사는 무결점에 대해 다른 기업들보다 훨씬 높은 관심을 가졌다. 무결점은 다른 제품들보다도 높은 신뢰성을 필요로 하는 제품에게서 요구된다. 그래서 무결점운동도 군수무기를 취급하는 기업들 사이에서 상당히 유행하였다. 그리고 무결점운동을 실행하지 않는 업자와는 계약을 체결하지 않는 미국 국무성의 방침 때문에 무결점운동은 군수업자를 중심으로 미국 전역에 급속도로 전파되기 시작하였다.

이렇게 한 때 무결점운동은 많이 유행하였지만, 그리 큰 성과를 거두지 못하고 미국에서조차 시들시들해져 유명무실하게 되었다. 그럼 왜 무결점운동이 성공하지 못하였을까? 첫째, 무결점운동은 무결점의 목표를 달성하는데 필요한 분명하고 구체적인 방법을 제시하지 못하였다. 그래서 단순히 작업자가 열심히 일하면 무결점을 달성할 수 있다는 주관적이고 불분명한 방법에 의존하였다. 둘째, 무결점 목표를 달성하기 위해서는 작업자에게 동기를 부여하고 충분한 교육과 훈련을 시켜야 하는데 그렇지 못했다. 그래서 작업자들은 품질에 대한 의식도 약했고, 또 무결점을 달성할 수 있는 능력과 기술도 없었다. 셋째, 프로세스에 문제가 많았다. 프로세스 능력이 무결점의 제품들을 생산할 수 있는 수준이 안 되었다. 프로세스가 좋지 않은데 무결점이라는 결과만 주장하는 것은 공허한 메아리에 그칠 뿐이고, 경영자와 작업자들 사이에 불신감만 쌓이게 하였다.

6시그마는 무결점의 정신을 계승하였다. 그러나 6시그마는 위에서 방금 설명한 무결점운동이 실패한 원인들을 집중적으로 공략하여 무결점을 실행할 수 있는 현실적인 해결책을 제시하였다. 프로세스를 개선하고, 충분한 교육과 훈련을 종업원들에게 실시하고, 또한 무엇보다도 분명하고 객관적인 확실한 방법을 제시하고 있다.

8.2.1 6시그마 품질수준

6시그마에 대한 Motorola의 개념은 불량품이 수율, 신뢰성, 사이클 타임, 재고, 그리고 생산계획 등에 영향을 끼친다는 사실에 기인한다. 일반적으로 불량품은 표준규격의 범위를 벗어남으로써 발행한다. 표준규격은 USL(upper specification limit), T(target), 그리고 LSL(lower specification limit)의 세 가지 요소로 구성되어 있다. 그래서 품질 특성치가 이 범위를 벗어나게 되면 불량으로 판정된다. 그리고 USL과 LSL을 사용하는 곳은 정규분포를 기반으로 하고 있다.

Motorola는 한때 결함을 한개 기준으로 측정하였다. 그러나 이 기준은 시대의 흐름에 맞지도 않았고, 또 품질의 중요성 때문에 폐지되었다. 그래서 다음으로 Motorola가 사용한 기준이 불량품을 백만 개 기준으로 측정하는 ppm(parts per million)이었다. 그리고 가까운 미래에 Motorola는 결함을 십억 개 기준, 즉 ppb(parts per billion)로 측정할 계획을 가지고 있다. 물론 어떤 분야에서는 이미 ppb기준으로 불량품을 측정하고 있다.

1992년 Motorola의 목표는 6시그마이었다. 6시그마는 통계적인 용어로써 99.99966%의 양질의 품질을 의미한다. 6시그마 수준에서 생산되는 제품은 정의상으로 1백만 번 기회 중 결점수(DPMO: Defects Per Million Opportunities)가 0.002이다. 그러므로 6시그마는 0.002ppm을 의미한다. 과거의 대표적인 표준이었던 4시그마는 DPMO가 63개이고, 5시그마는 0.57개이다. [표 8-1]은 각 시그마 품질수준에 해당되는 천 번 기회 중의 결점수와 DPMO를 보여주고 있다. 여기에서 결점 기회는 모든 CTQ의 합을 말한다.

[표 8-1] 각각의 시그마 품질수준과 결점수

품질수준	천 번 중의 결정수	DPMO
1 시그마	317	317,310
2 시그마	45	45,500
3 시그마	2.7	2,700
3.5 시그마	0.465	465
4 시그마	0.063	63
4.5 시그마	0.0068	6.8
5 시그마	0.00057	0.57
6 시그마	0.000002	0.002

이 표를 보면, 6시그마 수준에서 결점이 1백만 개당 0.002개밖에 되지 않는다. 다시 말하면, 10억 개의 제품 중 오직 2개의 불량품만 생산하는 프로세스만이 6시그마를 달성할 수 있다. 또 오자의 수로 시그마 수준을 설명하면 ([표 8-2] 참조), 1시그마(1σ)는 페이지 당 오자의 수가 159개, 2시그마(2σ)는 페이지 당 23개, 3시그마(3σ)는 페이지 당 1.35개, 4시그마(4σ)는 31페이지에 1개, 5시그마(5σ)는 몇 권의 책 중에 1개, 6시그마(6σ)는 소규모 도서관에서 1개, 그리고 7시그마(7σ)는 대규모 도서관에서 오자의 수가 1개이다.

[표 8-2] 시그마 수준과 결점률

시그마 수준	정전 시간/1개월	오자의 수
1	228.5시간	159개/쪽
2	32.8시간	23개/쪽
3	1.94시간	1.35개/쪽
4	2.72시간	1개/31쪽
5	1.48시간	1개/몇 권의 쪽
6	0.005시간	1개/소규모 도서관
7	0.00001초	1개/대규모 도서관

또 정전의 예를 들어보면, 1시그마는 정전이 한 달에 228.5시간, 2시그마는

한 달에 32.8시간, 3 시그마는 1.94시간, 4시그마는 2.72분, 5시그마는 1.48초, 6시그마는 0.005초, 그리고 7시그마는 정전이 한 달에 0.00001초이다. 그러므로 6시그마는 무결점을 의미한다고 볼 수 있다.

6시그마에서는 프로세스의 능력을 표시하기 위하여 C_p라는 공정능력 지수를 사용한다. C_p는 설계표준의 간격을 확률분포의 간격으로 나눈 값이다. USL과 LSL이 결정된 좌우대칭의 프로세스에 있어서 공정능력지수 C_p는 다음과 같다.

$$C_p = \frac{USL - LSL}{6\sigma} \qquad (8\text{-}1)$$

[그림 8-4] USL과 LSL이 결정된 좌우대칭의 프로세스??

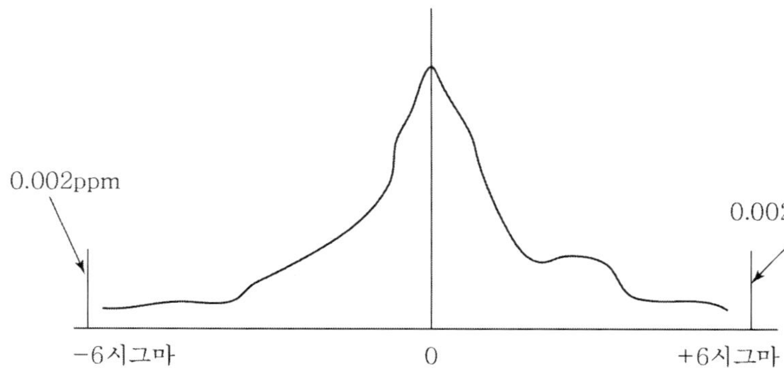

일반적으로 프로세스의 평균이 이동하지 않을 경우에 C_p를 사용한다. 그리고 6시그마에서의 $C_p = 2$이다. 각 시그마 수준에 대한 C_P값과 ppm은 [표 8-3]과 같다.

6시그마에서 말하는 결함은 전에 비해 훨씬 광범위한 의미를 지니고 있다. 과거의 결함은 고객의 기대나 요구를 충족시키지 못하는 모든 것들을 의미하였다. 그러나 6시그마에 있어서 결함은 프로세스나 서비스를 방해하는 모든 요인들을 말한다.

[표 8-3] 시그마 수준과 C_P값

시그마 수준	C_P	ppm
3	1	2,700
4	1.33	63
5	1.67	0.57
6	2	0.002

8.2.2 센터링 에러

6시그마는 1백만 번의 기회 당 0.002개의 결함을 나타낸다고 하였다. 그런데 대부분의 논문들과 책들은 6시그마 품질수준을 3.4ppm으로 규정하고 있다. 이것은 왜 그런가? 이것은 바로 프로세스의 센터링 에러(centering error) 때문이다. 모든 프로세스는 초기에는 아주 안정된 상태에서 출발한다. 그러나 시간이 흘러갈수록 공구의 마모, 자재의 변환, 또는 기계의 준비시간 등으로 프로세스의 폭이 점차로 증가해 프로세스 중앙값이 이동하게 된다. 이렇게 처음에는 안정된 프로세스라 하더라도 시간이 지나면 센터링 에러 때문에 불량이 발생할 가능성이 점차로 높아지고 비용이 증가하게 된다.

보통 프로세스의 평균 센터링 에러를 약 1.5시그마로 본다. 이것은 물론 Motorola에서 나온 수치이다. 사실 1.5시그마 정도의 오류가 Motorola같은 우수한 기업에서 발생한 사실에 대해서 의문을 품는 사람도 있다. 그래서 처음에 4시그마 수준의 프로세스라면 시간이 흘러감에 따라 설계목표치로부터 약 1.5시그마씩 좌우로 이동된다. 이 센터링 에러로 프로세스의 단기 능력의 38%가 상실된다. 그래서 단기 능력이 4시그마 수준인 프로세스는 장기적으로 약 2.5시그마 수준의 프로세스로 변한다. 그러므로 프로세스나 제품 또는 서비스를 설계할 때에는 이 센터링 에러를 감안하도록 하여야 한다. 따라서 프로세스가 6시그마라고 주장하는 기업은 그 기업의 단기 프로세스 능력이 6시그마라는 것이다. 그러나 장기적 성과는 프로세스의 센터링 에러 때문에 4.5시그마가 된다. 6시그마는 프로세스의 센터링 에러를 인지하고 있으며, 프로세스의 능력을 평가할 때

이 센터링 에러를 고려하여 평가하고 있다.

[표 8-4]는 1.5시그마의 센터링 에러를 가정하였을 때 평균에 있어서 이동 이전과 이후의 시그마 품질수준을 보여 주고 있다.

[표 8-4] 평균에 있어서 시그마 이동 이전과 이후의 시그마 품질수준

시그마 수준	1백만 번 기회당 결함수	
	이동이 없는 경우	이동이 있는 경우
1 시그마	317,400	697,700
2 시그마	45,400	308,537
3 시그마	2,700	66,807
4 시그마	63	6,210
5 시그마	0.57	233
6 시그마	0.002	3.4

그러나 센터링 에러 자체에 대해서 의문을 제기하는 통계학자들도 있으며, 또 1.5라는 특정 수치에 대해서도 많은 의문 역시 제기되고 있다. 1990년대 Ford 자동차에서는 많은 협력업체로부터 C_{pk}지표를 보고 받았는데, 프로세스의 이동 폭이 기업마다 너무 차이가 많이 나서 센터링 에러에 대해 그리 큰 관심을 보이지 않았다.

또 1.5라는 수치도 모든 프로세스에 일괄적으로 무조건 규정할 것이 아니라, 각각의 프로세스나 경험에 의해 결정되어야 한다는 의견도 있다. 또 Tadikamalla는 어떻게 해서 Motorola같은 회사에서 1.5시그마의 이동이 발생하였는지에 대해 의문을 품었다. 그리고 일반적인 프로세스에서 1.5시그마의 센터링 에러는 부적합하다고 하였다.

그러므로 기업은 각자 그 기업의 특성에 맞는 센터링 에러를 감안하여 목표를 수립하도록 하여야 한다. [표 8-5]는 여러 가지 다양한 프로세스 센터링 에러를 감안하였을 때 어떤 특정한 시그마 수준에서 나타나는 1백만 번 기회당 결함수를 표시하고 있다.

[표 8-5] 다양한 센터링 에러와 시그마 수준별 DPMO

에러 (시그마)	3 시그마 수준	3.5 시그마	4 시그마	4.5 시그마	5 시그마	5.5 시그마	6 시그마
0	2,700	465	63	6.8	0.57	0.034	0.002
0.25	3,577	666	99	12.8	1.02	0.1056	0.0063
0.5	6,400	1,382	236	32	3.4	0.71	0.019
0.75	12,288	3,011	665	88.5	11	1.02	0.1
1	22,832	6,433	1,350	233	32	3.4	0.39
1.25	40,111	12,201	3,000	577	88.5	10.7	1
1.5	66,803	22,800	6,200	1,350	233	32	3.4
1.75	105.601	40,100	12,200	3,000	577	88.4	11
2	158.700	66,800	22,800	6,200	1,300	233	32

출처 : Pandu R. Tadikamalla. "The Confusion Over Six Sigma Quality." Quality Progress, November 1994. p. 36.

[표 8-5]에서 프로세스 센터링 에러를 1시그마로 가정하였을 때, 6시그마 수준에서는 백만 번 기회당 결함수가 0.39개이고, 5시그마 수준에서는 32개, 그리고 4시그마 수준에서는 1,350개이다. 이렇게 각 프로세스의 센터링 에러와 시그마 수준에 의해 백만 번의 기회당 결함수가 결정된다.

그러므로 6시그마 품질을 3.4ppm으로 보는 것은 1.5시그마의 프로세스 센터링 에러를 가정하여 결정된 것이다. 그런데 사실 3.4ppm을 달성하는 방법은 다음처럼 여러 가지가 있을 수 있다.

· 5시그마 품질수준에서의 0.5 시그마의 센터링 에러
· 5.5시그마 품질수준에서의 1시그마 센터링 에러
· 6시그마 품질수준에서의 1.5 시그마 센터링 에러

그러므로 3.4ppm을 달성한다고 하는 것은 무조건 6시그마 품질수준을 달성한다는 그런 뜻은 아니다. 그런데 3.4ppm 달성은 프로세스의 변동을 감소하는 비용과 또 프로세스의 평균을 조정하는 비용에 의해 결정된다. 일반적으로 프로세스의 변동을 감소하는 것보다는 평균을 조정하는 것이 훨씬 경제적이다. 그러므로 장기적으로 센터링 에러가 발생하지 않는 기업에서는 낮은 시그마의 품질

수준에서도 낮은 DPMO를 달성할 수 있다.

프로세스의 이동이 있는 경우에는 공정능력지수로 C_{pk}를 사용한다. 그리고 프로세스의 이동이 없는 경우에 C_p와 C_{pk}는 동일하다. C_{pk}는 평균에서 최단 거리에 있는 한계규격을 뺀 절대값을 프로세스의 자연스런 변동의 절반으로 나눈 값이다. 즉,

$$C_{pk} = \frac{|\mu - \text{최단의 품질규격}|}{3\sigma} \tag{8-2}$$

6시그마 프로세스에 있어서의 C_{pk}값은 1.5이다. 평균이 1.5시그마 이동한다고 가정할 때, 각 시그마 수준에 대한 C_{pk}값과 ppm은 [표 8-6]과 같다.

[표 8-6] 시그마 수준과 C_{pk}값

시그마 수준	C_{pk}	ppm
3	0.5	66,803
4	0.833	6,200
5	1,167	233
6	1.5	3.4

6시그마 수준에 도달한다고 하는 것은 품질이 높은 수준의 제품을 생산하는 것을 의미할 뿐 아니라, 프로세스의 능력과 능률성을 향상시킨다는 것을 동시에 의미한다. 프로세스의 능력과 능률의 향상은 낭비의 감소를 가져오고, 이것은 다시 고객만족 향상, 그리고 궁극적으로 수익성의 향상을 가져와 기업의 경쟁력을 강화시킨다.

8.2.3 6시그마와 품질비용

6시그마는 품질비용을 감소시킨다. 6시그마에서는 산포를 품질불량 때문에 발생하는 비용이라고 보고 있다. 그래서 DeFeo는 6시그마 프로젝트를 선정할 때

품질비용을 중요한 기준으로 삼아야 한다고 하였다. 1994년에 6시그마를 도입한 Honeywell은 20억 달러의 품질비용을 감소시켰다. 1996년도에 6시그마를 도입한 GE에서는 3년 동안 20억 달러 이상의 품질비용을 감소시켰다.

그런데 실제로 기업에서 측정하는 품질비용은 빙산의 일각에 불과하다. 일반적으로 빙산에서 보이는 부분은 기업에서 실제 측정하는 비용이지만, 매출액의 5~8%밖에 되지 않는 극히 작은 부분이다. 문제는 물밑, 즉 미처 인식하지 못하면 보이지 않는 오류에 원인이 있는 비용이다. 이렇게 물에 잠긴 빙산의 아래 부분은 전체 품질비용의 대부분을 차지하고 있다. 그러므로 6시그마를 도입하는 기업에서는 숨겨진 비용까지 측정하여 개선하여야 한다.

DeFeo는 품질비용을 측정하는 4단계를 다음처럼 제시하였다. 첫째, 불량을 야기하는 활동을 파악한다. 둘째, 비용을 추정하는 방법을 결정한다. 셋째, 자료를 수집하고 비용을 추정한다. 넷째, 결과를 분석하고 다음 단계를 결정한다.

6시그마에서는 이 품질비용을 화폐 언어인 금액으로 표시한다. 그래서 기업의 공통목표와 연결시킬 수 있는 인프라를 구축한다. 이렇게 6시그마는 품질비용을 감소하고자 한다. 즉, 6시그마는 COPQ(cost of poor quality)와 CTQ(critical to quality)를 2가지 주요한 요인으로 삼고 있다. 대부분의 기업에 있어서 6시그마는 품질비용을 감소시키는 것으로 결과가 나왔다. 그러나 초기보다는 몇 년이 지난 후에 성과가 있었다. 이것은 한국기업들이 6시그마를 준비 없이 도입한다고 해석할 수 있다. 시그마 수준과 품질비용의 관계는 [표 8-7]과 같다.

[표 8-7] 시그마 수준과 품질비용

시그마 수준	매출액 대비 품질비용	비 고
1		
2	30~40%	경쟁력 없음
3	20~30%	
4	15~20%	산업 평균
5	10~15%	
6	10% 보다 적음	세계 초일류

출처: Mikel A. Harry, "Six Sigma: A Breakthrough Strategy for Profitability," Quality Progress, May 1998, p. 61.

6시그마 수준에 있는 세계 초일류 기업은 매출액 대비 품질비용이 10%보다 적고, 5시그마는 10~15%정도 된다. 4시그마는 산업 평균으로써 15~20%정도 된다. 여기에서의 품질비용은 보이지 않는 비용을 포함한 수치이다. Harry와 Schroeder는 품질비용을 개선하기 위해여 고려하여야 할 요소들을 [표 8-8]처럼 말하였다.

서비스 기업의 품질비용은 어떨까? 서비스업의 품질비용은 제조업체처럼 그리 명확하지는 않다. 그러나 서비스업체의 운영비용 중 30~50%가 품질비용이며, 그 중에서 약 70%는 실패비용으로 보고 있다. 그리고 실패비용의 대부분은 재작업비용이다. 비록 서비스 기업에서 품질비용의 측정이 어렵다 하더라도 품질비용을 소홀히 해서는 안 된다. Ritz-Carlton 호텔에서는 서비스 품질비용 보고서를 가장 중요시하고 있다.

[표 8-8] 품질비용을 개선할 때 고려해야 할 여섯 가지 주요 분야

주요인	기본적인 쟁점
1. 기본적인 조직의 능력	· 비즈니스 프로세스를 개선하는 데 필요한 기술과 도구가 부족하다.
2. 제조 프로세스의 변동	· 낮은 공정능력은 높은 COPQ(재작업, 폐품, 외부실패)를 낳는다. · 고객의 요구가 자주 엔지니어링 부서에 전달되지 않는다. · 비능률적인 초기 단계 엔지니어링
3. 비즈니스 프로세스의 변동	· 제품 원가 추정이 종종 목표에서 크게 벗어나 결국 좋지 못한 재무성과와 공정 상 잘못된 결정을 내리도록 한다.
4. 엔지니어링/설계 프로세스의 결합	· 엔지니어링 시스템, 설계프로세스, 그리고 문서화가 종종 부정확하고 결함이 발생한다.
5. 품질규격의 품질	· 공급업체에게 제공되는 스펙에 문제가 있어 결국 불량한 품질의 부품을 만든다.
6. 협력업체의 능력	· 우수한 협력업체가 부족할 경우 결국 불량한 부품/서비스, 부품납기지연, 높은 부품/서비스 비용 등을 초래한다.

8.3 6시그마의 성과측정

결과는 반드시 측정되어 평가를 받아야 한다. 특히 요즘처럼 제품의 수명주기가 점점 짧아지는 시기에는 보다 신속하고 정확하게 측정을 하여야 한다. 예를 들어, 제품이 2개월마다 바뀌는 상황에서 4~6개월의 수명이 6시그마 프로젝트를 어떻게 평가할 것인가? Pearson은 6시그마의 단계별 활동인 DMAIC의 M은 단순히 어떤 가치를 측정하고 수치를 부여하는 것이 아니고, 모든 핵심 프로세스의 변동을 완전하게 평가하는 것이라고 하였다. 6시그마의 측정기준으로는 수익성, 6시그마 수준, 누적수율, 또는 COPQ(cost of poor quality)가 적합하다. 6시그마 수준과 COPQ에 대해서는 이미 앞에서 설명하였다.

먼저 수익성이다. 6시그마의 성과는 반드시 수익성과 연계시켜야 한다. 6시그마의 성과를 수익성과 연계하여 측정하는 절차는 다음과 같다. 첫째, 6시그마 개선팀에 회계나 재무 전문가를 포함시킨다. 이들은 프로세스의 비능률성 또는 불량을 화폐로 추정할 수 있다. 둘째, 프로젝트의 성과를 계량화하기 위한 재무 가이드라인을 문서화한다. 셋째, 6시그마 프로젝트를 재무관점에서 평가하고 검토한다. 넷째, 조직에게 지속적으로 재무적 성과를 알리고, 그런 성과를 거둔 사람들을 파악하고 인정해준다. 다섯째, 기업의 위험관리를 프로세스 개선과 통합시킨다.

과거의 성과 측정 기준은 생산량을 중시하였다. 하지만 6시그마는 결함을 중시한다. 과거의 기준들은 숨겨진 비용을 파악하지 못하기 때문에 6시그마를 추구하는 기업에게 적합하지 않다. 과거의 대표적인 측정기준으로는 초기수율과 최종수율이 있다. 최종수율은 한 단위의 제품이나 서비스가 프로세스의 마지막 단계에서 모든 요구 조건들을 성공적으로 통과할 확률이다. 많은 산업에 있어서 최종수율은 프로세스를 측정하고 보고하는 유일한 성과측정 기준으로써, 초기수율과 동일한 방법으로 계산되지만, 프로세스의 일련의 단계들 중 최종 단계 후에 계산된다는 점에서 초기수율과 다르다.

6시그마에서 사용하는 측정 기준은 누적수율, 단위공정수율 그리고 정상수율의 3가지이다. 누적수율(rolled throughput yield)은 제품 또는 서비스가 프로세스 전체 단계를 무결함 상태로 통과할 수 있는 확률이다. 즉 프로세스의 모든 단계가 정상적으로 운영되고 있을 확률이다. 단위공정수율(throughput yield)은 프로세스의 어떤 특징 단계에서 발생하는 결함기회가 성과표준과 일치할 확률이다. 즉, 프로세스의 어떤 특정 단계에 있어서 모든 것이 제대로 진행되고 있을 가능성을 말한다. 정상수율(normalized yield)은 프로세스의 특정단계에서 기대할 수 있는 평균수율의 값으로써, 시그마 측정치의 기초로 사용된다.

과거의 측정치와 6시그마 측정치 사이에는 중요한 차이가 있다. 초기수율과 최종수율은 제품 내의 결함기회의 수에 상관없이 총생산량을 근거로 계산된다. 하지만 6시그마 측정치들은 전부 결함의 총 개수를 근거로 계산된다. 이렇게 과거의 측정치들은 불량을 고려하지 않고 계산되지만, 6시그마 측정기준은 이것들을 전부 고려하여 계산된다. 그래서 과거의 측정 기준들은 제품의 생산량만 고려하지만, 6시그마 측정기준들은 제품 또는 서비스에 포함된 결함기회의 총개수뿐만 아니라 제품의 복잡성도 고려한다. 또 초기수율은 거의 항상 단위공정수율보다 같거나 더 높다. 그래서 단위공정수율을 초기수율의 최저수준이라고 볼 수 있다.

이렇게 볼 때, 과거의 수율은 프로세스를 얼마나 잘 운영하는지를 측정하는 반면, 6시그마 수율은 프로세스의 품질을 얼마나 잘 운영하는지를 측정한다고 할 수 있다. 이것이 바로 6시그마 수율 측정이 노동력, 비용, 사이클타임, 그리고 재공품과 높은 통계적 상관관계를 갖는 이유이다. 이에 반해 과거의 측정치들은 이것들과 상관관계가 매우 낮다.

또 초기수율과 최종수율은 서로 아무 상관관계가 없다. 그러나 6시그마 측정치들은 모두 결함 데이터를 기준으로 하기 때문에 서로 상관관계가 있다. 즉, 단위공정수율은 기회당 결함수(defect per opportunity) 데이터를 근거로 하고, 누적수율은 단위당 결함수(defect per unit) 데이터를 근거로 한다. 이렇게 두 측정치들은 생산량보다는 품질정보를 바탕으로 하고 있다.

누적수율은 프로세스 단계의 수가 늘어날수록 급속히 감소한다. 그러므로 높은 누적수율을 달성하기 위해서는 프로세스 각 단계의 수율이 높아야 한다. 또 프로세스 단계와 CTQs의 수를 가급적 감소하여야 한다. 또 단위공정수율은 제품의 CTQs의 수만 감안하는 데 비해 누적수율은 CTQs의 수와 프로세스 단계의 숫자(프로세스의 복잡성) 모두를 감안한다. 그래서 가장 중요한 수율은 누적수율이다. 그래서 6시그마는 누적수율을 감소시키는데 최대의 중점을 둔다.

8.4 6시그마의 추진조직

6시그마는 열정적인 사람들에 의해 운영되어야 소기의 목적을 달성할 수가 있다. 단순히 몇 개의 팀을 만들어 6시그마의 목적을 달성하고자 하는 것은 실패하기 쉽다. 그러므로 6시그마는 전문적인 지식과 열정을 가진 사람들에 의해 주도되고 운영되어야 한다. 6시그마의 주역들로는 최고경영자, 챔피언, 마스터 블랙벨트, 블랙벨트, 그리고 그린벨트 등이 있다. 6시그마 수준의 기업이 되기 위해서는 철저하고 체계적인 훈련과 교육을 통해 이 주역들을 개발하고 키워야 한다. 특히 6시그마 교육은 과거의 기법들과 달리 훈련에 있어서 독특한 특성을 갖고 있다. Pande 등은 6시그마 훈련의 특성을 실무를 통한 학습, 실제 세계와의 연결, 지식구축, 다양한 학습방법, 단순한 배움 이상의 훈련, 그리고 지속적인 훈련의 6가지로 말하였다.

8.4.1 최고경영자

사실 모든 경영혁신에 있어서 최고경영자는 항상 중요하다. 어떤 혁신이든지 최고경영자의 강력한 리더십과 열정 없이는 그 아무 것도 성공할 수 없다. TQM에서도 그랬고, 6시그마 경영혁신도 예외는 아니다. 그래서 6시그마를 추진하고자 하는 기업에서는 최고경영자가 강력한 의지를 가지고 앞장서 6시그마를 강력하게 밀고 나가야 한다. 그래서 최고경영자는 조직의 모든 임직원에게 6

시그마가 기업의 경쟁력을 강화하는 아주 강력한 방법인 것을 확실하게 선포하고, 또 6시그마를 지금부터 강력하게 실행한다는 의지를 확실하게 선포하여야 한다. 또 왜 6시그마를 도입하지 않으면 안되는 이유와 6시그마의 강력한 힘을 확실한 의지를 가지고 천명하여야 한다. 또 6시그마가 조직에 미치는 효과와 6시그마를 통한 기업의 강력한 비전을 제시하고, 6시그마가 조직에서 성공할 수 있는 환경을 만들도록 하여야 한다.

GE의 Jack Welch 회장, Motorola의 Bob Galvin 회장, AlliedSignal의 Larry Bossidy 회장은 바로 강력한 리더십을 지니고 6시그마 혁신전략을 성공적으로 이끈 가장 대표적인 최고경영자들이다. 이들은 부하 직원들이나 임원들에게 6시그마의 도입을 일임하지 않고 직접 나서서 강력한 리더십으로 6시그마를 이끌었다. 6시그마를 최고경영자가 직접 수행하지 않고 부하 직원들에게 그 책임을 전가하는 기업에서는 6시그마가 절대로 성공하지 못할 것이다. 한국 LG그룹의 구본무 회장도 직접 나서서 6시그마 혁신전략을 지휘하고 있다. 그래서 LG그룹에서는 그룹 전체로 6시그마가 효과를 나타내고 있다.

최고경영자는 6시그마를 총괄적으로 지휘하는 기업의 실질 최고 책임자이다. 그래서 최고경영자는 6시그마 프로그램의 도입과 실행을 위한 포괄적이고 전반적인 계획을 수립하고, 또 6시그마를 전사적으로 추진할 수 있는 조직을 결성하고, 그 조직을 지휘한다. 그리고 6시그마가 전반적으로 어떻게 진척되고 있는지 상황을 점검하고, 6시그마의 재무적 성과를 점검한다.

8.4.2 챔피언

최고경영자 다음의 직급으로 챔피언이 있다. 챔피언(champion)에는 시니어 챔피언, 추진 챔피언 그리고 프로젝트 챔피언의 세 챔피언이 있다.

시니어 챔피언(Senior Champion)은 챔피언 중에서 가장 직급이 높은 챔피언으로써 6시그마를 위해 전임으로 일을 한다. 시니어 챔피언은 6시그마를 총괄적으로 지휘하고, 6시그마 결과에 대해 최종적으로 책임을 지며, 다음에서 설명하는 추진 챔피언과 프로젝트 챔피언을 직접 선정한다. 시니어 챔피언에 적합한 사람은 조직의 임원으로써 강력한 리더십과 강한 책임감, 그리고 원만한 인간관계를 지니고 있는 사람이어야 한다. 시니어 챔피언은 가끔 각 사업부의 장들과 함께 팀을 형성하여 특정한 재무 목표 및 성과 목표를 달성하도록 책임과 권한을 위임받기도 한다. 시니어 챔피언은 대체로 그 자리를 무기한 맡게 되며, 6시그마가 어느 정도 진전됨에 따라 전임으로 일하지 않을 수도 있다.

추진 챔피언(Deployment Champion)은 조직 내 각 사업부의 6시그마 총괄 책임자로써 시니어 챔피언과 마찬가지로 6시그마를 위해 전임으로 일을 한다. 추진 챔피언은 각 사업부에서 6시그마의 도입과 추진을 위한 실행계획을 수립하고, 6시그마의 결과에 대해 역시 책임을 진다. 추진 챔피언에 적합한 사람은 역시 조직의 임원 중에서 혁신프로그램을 많이 다루었고, 또 다양한 팀들을 많이 지도하고 관리한 경험이 풍부한 사람이어야 한다. 추진 챔피언은 6시그마에 대한 진척상황이나 결과를 각 사업부의 장과 시니어 챔피언에게 보고한다. 시니어 챔피언과 마찬가지로 추진 챔피언도 6시그마가 어느 정도 진척됨에 따라 전임으로 일하지 않을 수도 있다.

앞의 챔피언들과 마찬가지로 프로젝트 챔피언(Project Champion)도 각 사업부에서 전임으로 일을 하는 챔피언이다. 프로젝트 챔피언은 6시그마 프로젝트를 선정하고, 6시그마 프로젝트의 결과에 대해 총괄적인 책임을 진다. 6시그마의 성공에 있어서 프로젝트의 선정은 상당히 중요하다. 만약 잘못된 프로젝트가 선정되면, 수익성이 떨어지고 6시그마에 대한 열의가 감소하여 결국 6시그마가 실패하게 된다. 그러므로 6시그마 프로젝트는 기업의 가치를 창출하는 것이어야 하며, 적절한 시기에 완성되고, 관련된 부서들이 참여하여야 한다.

프로젝트 챔피언이 프로젝트를 선정하는 기준은 고객의 욕구와 현재 수준과의 차이가 큰 부문, 비용절감 효과가 큰 제품이나 서비스, 고객만족도가 낮은 중요한 제품(서비스)군과 시스템, 기업의 지속적인 성장에 영향을 많이 주는 요소, 명확하지 않은 문제 등이다. 또 프로젝트는 아이디어 창출과 마찬가지로 조직의 내부와 외부에서 광범위하게 수집되어야 한다. 그래서 고객, 협력업체, supply chain에 있는 파트너, 종업원 설문조사 등의 모든 방법들을 전부 사용하여야 한다.

Pande 등은 프로젝트를 선정할 때에는 일정한 규칙들을 따라야 한다고 강조하였다. 확실한 기준에 의해 프로젝트를 선정한다. 비용절감과 고객만족의 균형을 맞춘다. 확실한 목적과 주제에 관한 프로젝트를 선정한다. 많은 프로젝트를 선정하지 않는다. 큰 프로젝트를 흐지부지 여러 달 끄는 것보다 조그만 프로젝트를 빨리 완성한다. 프로젝트를 선정한 이유를 명확하게 밝힌다.

[표 8-9] 올바른 6시그마 프로젝트의 특성

1	프로젝트는 기업의 우선순위와 분명하게 연계되어야 한다. · 기업의 전략 및 실행계획과 연계되어야 한다.
2	조직에 중요한 문제이어야 한다. · 프로세스를 획기적으로 개선하여야 한다. · 수익성을 획기적으로 개선하여야 한다.
3	기간과 범위가 적절하여야 한다. · 6개월이 지나면 프로젝트에 대한 열의가 식는다. · 범위가 너무 큰 프로젝트는 일상적인 문제이다.
4	계량적으로 분명하게 측정하여야 한다. · 기준, 목표, 가치를 분명히 정의한다.
5	프로젝트의 중요성을 조직의 모든 사람들이 알아야 한다. · 사람들은 자기가 이해하고 또 중요하다고 생각하는 것을 지지한다.
6	경영진의 승인과 지원을 받아야 한다. · 자원을 승인받고, 애로사항들을 제거한다.

출처: Ronald D. Snee, "Dealing With the Achilles' Heel of Six Sigma Initiatives," Quality Progress, March 2001, p. 66.

올바른 프로젝트의 선정이 6시그마 성공에 중요한 요소인데, [표 8-9]는 올바른 6시그마 프로젝트의 특성을 설명하고 있다. Snee는 또 프로젝트의 선정기준으로 '숨겨진 공장'과 같은 낭비요소, 고객 서비스와 환경에 있어서의 문제점, 고비용 품목, 그리고 생산능력 부족으로 인한 재고부족 등을 들었다. 그리고 선정해서는 안 될 또는 지양하여야 할 프로젝트의 7가지 특성을 다음처럼 열거하였다. 즉, 분명하지 않은 목적, 비계량화, 수익성과 연계가 없음, 너무 광범위한 주제, 전략 또는 실행계획과의 연계성 부족, 이미 알고 있는 해결책, 그리고 너무 많은 목적 등을 들었다.

프로젝트를 선정하는 방법에는 하향식(top-down)과 상향식(bottom-up)의 두 방식이 있다. 하향식은 회사 목표를 바탕으로 개선목표를 결정하고, 성과측정 기준을 수립하고, 그리고 구체적이고 측정 가능한 목표를 가진 개선 프로젝트를 수립한다. 이에 비해 상향식은 현장에서 품질이나 프로세스를 직접 개선하는 사람들에 의해 이루어진다. 그러나 이 방식은 부서 간의 전략적 목표와 사업 방향이 서로 잘 연계되지 못하는 단점을 지니고 있다. 하향식방식은 경영적인 측면에서 설득력이 있고, 상향식방식은 조직 하부의 의견을 상부에 반영한다는 점에서 효과가 있다. 그러나 가장 좋은 방법은 이 두 방식을 잘 결합하여 사용하는 것이다.

8.4.3 마스터 블랙벨트

마스터 블랙벨트(Master Black Belts: MBB)는 6시그마 전문가로서 챔피언에 의해 선정되며, 전임으로 6시그마 혁신전략을 조직에 전파하는 사람이다. 마스터 블랙벨트가 되기 위해서는 마스터 블랙벨트 교육을 이수한 다음 인증을 받아야 한다. 마스터 블랙벨트도 통계학을 사용하지만, 통계학을 사용하는 시간보다는 주로 팀에 인원을 배정하거나 강의와 정보수집 등에 많은 시간을 보낸다. 이들은 또 6시그마를 조직의 문화로 동화시키고, 블랙벨트가 프로젝트를 수행하는 것을 도와준다. 그리고 종업원들에게 6시그마의 관점에서 행동하고 생각하도록 6시그마에 대한 교육과 훈련을 시킨다. 마스터 블랙벨트에는 추진 마스터 블랙벨트와 프로젝트 마스터 블랙벨트의 두 종류가 있다.

추진 마스터 블랙벨트(Deployment Master Black Belts)는 6시그마를 위해 전임으로 일을 하는 사람으로서, 6시그마의 비전과 기술개발을 위해 일을 한다. 특히 이들은 6시그마의 기술버전을 개발한다. 또 6시그마를 수행하는 새로운 방법들을 개발하고, 개발한 지식들과 방법들을 실제 작업에 활용시킨다.

프로젝트 마스터 블랙벨트(Project Master Black Belts)도 6시그마를 위해 전임으로 일을 하는 사람으로서, 6시그마에 대한 지식과 도구를 블랙벨트와 그린벨트에게 교육하고, 또 현장에서 종업원들을 직접 지도하는 6시그마 전문가이다. 프로젝트 마스터 블랙벨트에 적합한 사람은 종업원들로부터 고도의 기술능력을 지닌 사람으로 인정받고, 다른 사람들과 원만한 인간관계를 지니고 있는 사람이어야 한다.

Harry와 Schroeder는 보통 100명의 블랙벨트 당 1명의 마스터 블랙벨트가 필요하다고 하였다. 또 최고의 성과를 거두기 위해서 많은 기업들에서는 마스터 블랙벨트에게 인센티브를 주고 있다. 그래서 GE에서는 마스터 블랙벨트에게 40%의 스톡옵션(stock option)을 받을 수 있는 혜택을 주고 있다.

8.4.4 블랙벨트

6시그마의 주역 중에서 상당히 중요한 실질적인 활동을 담당하는 전문가가 블랙벨트이다. 블랙벨트(Black Belts; BB)라는 이름은 1980년대 Mikel Harry가 미국 Utah주 Salt Lake City에 위치한 Unysis Corporation에서 인쇄회로판에 대해 컨설팅을 하던 중 만든 명칭으로써, 일본 가라테의 유단자에서 따온 것으로 알려져 왔다. 이것은 가라테와 6시그마가 모두 강한 정신력과 육체적인 힘을 요구하는 공통점을 가지고 있다고 Harry가 믿었기 때문이다. 그래서 블랙벨트는 강한 정신력과 기술능력을 지니고 있어야 한다. 그래서 태권도나 가라테의 유단자 인증처럼 6시그마 블랙벨트도 고도의 통계능력과 기술능력, 그리고 전문적인 지식을 지니고 있어야 딸 수 있다. 또 태권도나 가라테의 유단자는 실제 대련을 통하여 인증을 받는다. 마찬가지로 6시그마 블랙벨트도 실제 성과에 의하여 인증을 받는다.

6시그마 초기에 블랙벨트는 Motorola, Texas Instruments, IBM, Kodak과 같은 기업들 사이에서 연합으로 개발되었다. 그리고 초기에 블랙벨트는 제조업체에서 기술 자격증으로 인정되었는데, 최근에는 기술 이외의 광범위한 영역으로 확대되었다. 그래서 지금은 할당된 프로젝트에서 어떤 일정한 성과 이상을 달성한 사람에게 블랙벨트 자격을 주고 있다. 물론 블랙벨트 인증제도는 모든 기업에 똑같지 않고 기업마다 다르다. 그래서 어떤 기업에서는 일정한 교육훈련 프로그램을 이수한 사람들에게는 무조건 블랙벨트 자격을 주기도 한다.

블랙벨트는 6시그마가 성공하는 데 있어서 아마도 가장 중요한 사람일지도 모른다. 물론 모든 전문가가 다 중요하다. 그러나 블랙벨트의 역할이 특히 중요하다는 말이다. 그래서 GE의 Jack Welch 회장은 "블랙벨트 훈련을 받은 사람만이 GE를 이끌고 나갈 수 있다"라고 확실하게 말하였다. 이렇게 블랙벨트를 가장 중요시하는 이유는 기업의 수익성과 시그마 수준을 향상시키는데 블랙벨트의 역할이 상당히 중요하기 때문이다. 이들은 과감히 과거의 관습과 방식에 도전하는 사람들이다. 그러므로 이들은 조직의 상사와 부하들로부터 강한 믿음과 신뢰감을 지니고 있어야 한다. 또 블랙벨트를 양성하는 이유로는 미래의 경영자를 개발하고, 경영능력을 훈련시키고, 그리고 기술적인 능력을 주입시키기 위함이다.

블랙벨트로는 6시그마의 능력에 대해 확신을 갖고, 기존의 방법에 대해 회의감을 갖는 도전적인 사람들과 또 회사의 제품과 서비스 그리고 프로세스를 잘 아는 사람들이 적합하다. 블랙벨트는 6시그마를 위해 전일제로 일을 하는 사람들로서 마스터 블랙벨트의 지도 하에 6시그마 기법과 지식을 프로젝트에 적용한다. 블랙벨트는 통계와 문제해결 기법을 배우고 그린벨트들을 훈련시킨다. 그리고 블랙벨트는 기업의 수익성에 영향을 미치는 주요 프로세스들을 파악하고 개선한다.

블랙벨트 훈련은 4개의 강좌로 구성되어 있으며, 보통 4개월 동안 이루어진다. 매월 각 강좌는 6시그마의 핵심단계(측정-분석-개선-관리) 중 하나를 중심으로 이루어진다. 블랙벨트 훈련은 처음에는 강의실 훈련으로 이루어지지만, 위의 4단계에 대한 훈련이 끝나면, 반드시 강의실에서 배운 지식을 현장의 실제 프로젝트에 적용한다. 즉, 한 주간은 강의실에서 이론과 문제해결 방법들을 배우고, 다음 3주간은 현장에서 이론과 문제해결 방법들을 실제 문제에 적용시키게 된다. 블랙벨트 교과과정은 주로 6시그마에 대한 이론과 혁신적인 기법들에 중점을 둔다. 특히, 통계, 계량적 벤치마킹, 프로세스 관리기법, 그리고 실험계획 등에 중점을 둔다. 또 계획-훈련-적용-검토(Plan-Train-Apply-Review) 학습 사이클을 통해 블랙벨트들은 제조, 엔지니어링, 그리고 서비스 및 관리상의 중대한 문제들을 해결하기 위한 과학적이고 반복 가능한 프로세스를 구축하기 위하여 주요 도구들을 어떻게 연결하고 결합하여야 하는지를 배운다. 일반적으로 블랙벨트는 1년에 4~6개의 프로젝트를 완수한다.

평균적으로 하나의 블랙벨트 프로젝트는 175,000달러의 비용을 절감시킨다. 그리고 전임으로 일하는 1명의 블랙벨트는 1년에 평균 5～6개의 프로젝트를 수행할 수 있다. 그러므로 1년에 1명의 블랙벨트가 기업에 백만 달러의 성과를 가져다줄 수 있다.

최고경영자와 챔피언들은 무엇을 할 것인가에 대해 생각하고, 마스터 블랙벨트와 블랙벨트는 어떻게 할 것인가에 대해 생각한다. 또 최고경영자는 블랙벨트 프로젝트를 순전히 수익과 고객만족의 측면에서 측정하지만, 블랙벨트는 돈 뿐만 아니라 결함과 프로세스 그리고 능력과 변동의 측면에서 측정한다.

블랙벨트는 몇 명이 적합한가? 이것은 조직에 따라 다르다. 보통 제조업체에서는 종업원 100명당 1명의 블랙벨트가, 그리고 서비스업체에서는 50명당 1명의 블랙벨트가 적절하다. 또 한 사업부나 한 지역 내에 1명의 마스터 블랙벨트가, 그리고 1,000명의 종업원에 대해 1명의 마스터 블랙벨트가 적절하다. 이렇게 볼 때, 기업은 매년 평균 6% 정도의 비용을 절감할 수 있다. 미국 GE는 블랙벨트를 따지 못하면 사업팀장(임원)으로 승진할 수 없도록 하고 있다.

Harry는 블랙벨트의 역할을 다음과 같이 기술하였다.

- 정신적 지주 : 각 개인을 연결하는 6시그마 네트워크를 설정한다.
- 선생 : 새로운 전략과 도구를 공식적으로 가르친다.
- 코치 : 일 대 일로 도와준다.
- 전도사 : 훈련 · 워크숍 · 사례 · 심포지엄 등을 통해 새로운 전략과 도구를 전달한다.
- 개발자 : 다른 조직과의 파트너십을 통해 비즈니스 기회를 파악하고 발견한다.
- 영향을 끼치는 사람 : 조직에게 6시그마의 전략과 도구를 알린다.

Harry와 Schroeder는 블랙벨트의 특성을 [표 8-10]과 같이 설명했다. 그러나 이 특성들은 이상적인 지침들이다. 그래서 이 지침들은 챔피언이 블랙벨트를 선정할 때 참고용으로 사용하는 것이 바람직하다.

[표 8-10] 시그마 블랙벨트의 특성

1	상급자, 동료, 그리고 부하 직원들로부터 몹시 존경받는다.
2	비즈니스의 큰 그림을 이해한다.
3	기업의 최종 결과인 순이익의 중요성을 이해한다.
4	돈, 시간 등 경영진의 용어를 사용한다.
5	뛰어난 성과를 위해서라면 무슨 일이든 적극적이다.
6	부사장, 이사 또는 사업부장의 지원을 받는다.
7	자신의 특정 분야에 있어서 전문가이다.
8	서면 및 구두의 탁월한 커뮤니케이션 기술을 가지고 있다.
9	다른 사람들로 하여금 뛰어난 능력을 발휘하도록 영감을 준다.
10	다른 사람들로 하여금 창조적 도전 의식을 갖도록 한다.
11	컨설팅, 가르침, 지도 등을 제공한다.
12	전통적 지혜에 도전하고, 새로운 방법을 개발적용하고, 혁신전략을 개발함으로써 변화를 주도한다.
13	창조적·비판적이며, 틀에 박히지 않은 지적 능력을 보유하고 있다.
14	자신의 선택에 대해 책임을 진다.
15	비판을 전진을 위한 자극제로 본다.
16	전력투구, 헌신, 그리고 팀워크를 권장한다.
17	핵심 목적을 위해 팀을 단결시키고 격려한다.
18	한 문제의 모든 측면에 대해 이야기 할 수 있다.
19	다양한 아이디어와 시각을 추구한다.
20	자신의 주장이 분명하다.
21	Win-Win 해결 방안을 추구한다.
22	거절할 것은 기술적으로 거절하고 과도하게 반응하지 않는다.
23	압력을 받을 때는 단호하게 행동한다.
24	문제를 조기에 예상하고 대응하며 원인을 시정한다.
25	비즈니스 관점에서 우선순위를 효과적으로 파악한다.
26	한정된 자원을 효율적 및 효과적으로 관리한다.
27	팀원에게 비현실적으로 많은 과업을 배정하지 않도록 주의를 기울인다.
28	인간은 한계가 있다는 사실을 이해하고 존중한다.
29	타인에 대해 진정한 관심과 감성을 보인다.
30	개인의 이득보다는 비즈니스의 성공을 우선적으로 염려한다.
31	화려한 타이틀이나 실크 잠옷보다 결과가 중요하다는 사실을 인정한다.

출처: Mikel Herry and Richard Schroeder, 『6시그마 기업혁명』, 안영진 옮김, 김영사, 2000, pp. 209-210.

8.4.5 그린벨트

그린벨트(Green Belts: GB)는 현업을 수행하면서 6시그마 프로젝트팀에 합류하여 블랙벨트의 활동을 돕거나 자신의 고유 업무와 직접적으로 관련 있는 소규모 프로젝트의 수행을 책임지는 사람들이다. 6시그마 프로젝트에 파트타임으로 참여하며, 블랙벨트보다 6시그마에 대한 책임도 적고 훈련도 덜 받는다. 그린벨트의 두 가지 목적은 6시그마의 추진을 돕고, 배정된 소규모 프로젝트를 완수하는 것이다. 그린벨트들은 또 6시그마 원리를 직접 현장에 적용함으로써 후에 블랙벨트가 되기 위한 많은 경험을 쌓는다. 삼성 SDI에서는 과장 이상 간부사원이 되려고 하는 경우 반드시 이 자격증을 따도록 하고 있다. 이 자격은 삼성 SDI에서는 2천만원, 그리고 GE에서는 1만 달러 이상의 비용절감효과를 내는 경우에 획득할 수 있다.

8.4.6 화이트벨트

화이트벨트(White Belt: WB)는 가장 초보의 자격증으로써, 6시그마를 이해하는 입문단계이다. 삼성 SDI에서는 모든 임직원들에게 화이트벨트를 따도록 하고 있다. 그리고 이것을 못 따면 승진하지 못한다. 또 일부 기업에서는 일당 근로자들에게도 6시그마 교육을 시켜서, 이들을 화이트벨트라고도 한다.

[그림 8-4]는 최고경영자부터 프로젝트팀들이 수행하여야 할 과제들을 일목요연하게 설명하고 있다. 그림에서 KPOV(key process output variable)는 핵심 프로세스 산출물 변수이고, KPIV(key process input variable)는 핵심 프로세스 투입물 변수이다. 최고 경영자를 포함한 임원은 6시그마를 기업전략과 연계시키고, 고객 피드백 프로세스를 설정하고, 전략 목표를 수립하고, 필요한 자원을 분배하고, 보상계획을 수립하고, 연말성과의 검토 시 책임소재에 대한 지침을 수립하고, 6시그마 운영위원회를 조직하고, 그리고 점차로 6시그마 운동에 참여하는 부서의 폭을 넓힌다. 운영위원회는 관련된 부서의 전략을 수립하고, 6시그마 교육 및 훈련계획을 수립하고, 6시그마 프로젝트 선정기준과 평가기준

을 수립하고, 프로젝트 리포트에 대한 규정을 확립하고, 조직 내에 있는 문화적인 장애요소를 파악하고 제거하며, 종업원간의 커뮤니케이션 채널을 확립하고, 그리고 6시그마를 적용하는 최선의 방법을 파악하고 공유하도록 한다. 챔피언은 사업단위별로 최선의 프로젝트를 선정하고, 각 프로젝트의 리더와 CFT(cross functional team) 멤버를 결정하고, 6시그마 수행에 필요한 자재 및 기기를 구매하고, 각 팀의 진행과정을 추적하고 문제점을 제거하며, 지속적으로 종업원의 사기를 향상시키고 변화를 추구한다. 프로젝트팀은 프로젝트 KPOV를 결정하고, 프로세스를 측정하고, 분석한 다음 KPIV를 결정하고, 프로젝트를 개선하고, 그리고 KPIV를 관리한다.

[그림 8-4] 6시그마 도입 프로세스

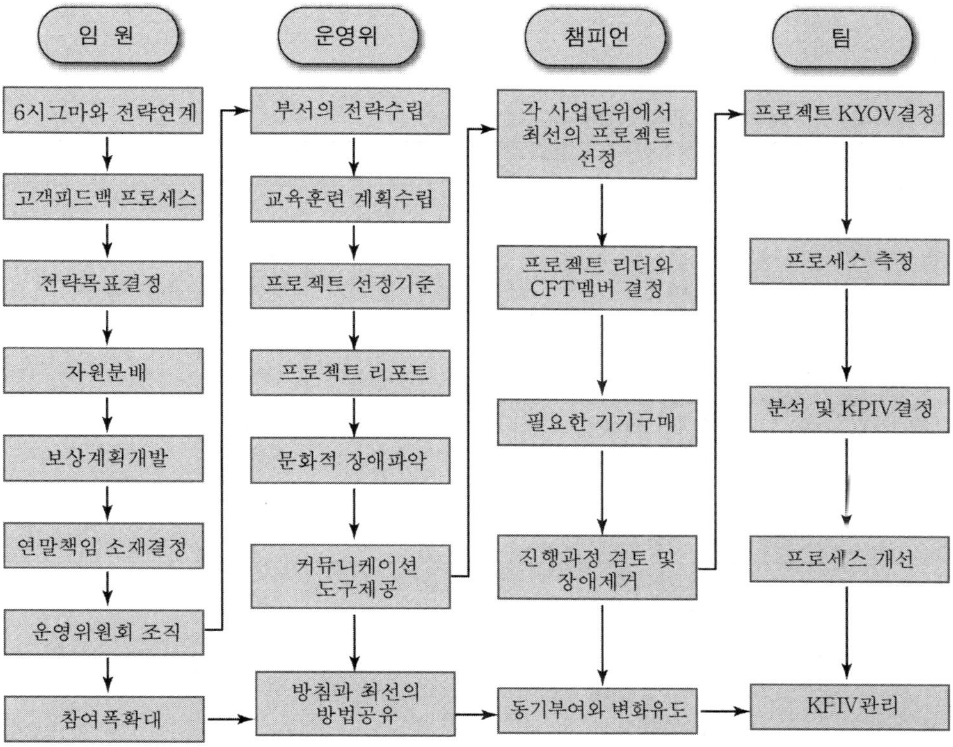

출처: Breyfogle III, Forrest W., and Becki Meadows, "Bottom-Line Success with Six Sigma", Quality Progerss, May 2001, p. 102.

8.5 6시그마 추진요원의 양성

8.5.1 6시그마 추진요원의 양성과정

6시그마에서 가장 핵심적인 역할을 하는 사람을 '블랙벨트'(Black Belt)라고 한다. 이것은 태권도, 유도, 가라데 등과 같은 무술 유단자들이 매는 띠의 이름이다. 블랙벨트가 6시그마 혁신 프로젝트를 책임지고 수행한다. 일반적으로 블랙벨트는 DMAIC 단계별로 1주 교육 및 3주 실습을 통해 4~5개월 동안의 교육 및 실습을 통해 양성된다. 단계별 주요 교육내용은 [표 8-11]에 정리되어 있다.

[표 8-11] 블랙벨트 교육과정의 예

기 간	내 용	비 고
1주차	· 6시그마 개요 · 프로세스 매핑 · 품질기능전개(QFD) · FMEA · 통계 패키지 활용방법 · 공정능력 · 측정시스템 분석	주로 측정(Measure)에 필요한 교육
2주차	· 통계적 사고 · 가설검정 · 상관분석 · 회귀분석 · 팀 평가	주로 분석(Analyze)에 필요한 교육
3주차	· 실험계획법 · 팩토리얼 실험 · 블록설계 · EVOP · 반응표면분석 · 다중회귀분석	주로 개선(Improvement)에 필요한 교육

4주차	· 관리계획 · 통계적 공정관리 · 실수방지(Mistake-Proof) · 팀 개발 · 도구활용 총정리	주로 통제(Control)에 필요한 교육

6시그마 혁신 프로젝트의 수행방법이 과거와 다른 점 중 가장 중요한 것은 혁신활동만 전담하는 별도의 추진요원을 둔다는 점이다. 프로젝트를 실무적으로 책임지고 추진하는 블랙벨트와 이들을 양성하고 지도하는 마스터 블랙벨트가 바로 전담요원이다. 종래와 같이 현업을 수행하면서 혁신활동을 주관하거나 이에 참여하는 사람들로서는 챔피언과 그린벨트가 있다. 6시그마 추진요원들의 구성과 역할은 [표 8-12]에 정리되어 있는데 이를 좀더 살펴보면 다음과 같다.

[표 8-12] 6 시그마 추진요원의 구성과 역할

구 분	주요 인력	역 할	교 육
챔피언	사업부 책임자	6시그마 추진에 필요한 자원을 할당하고 블랙벨트의 개선프로젝트 수행을 뒷받침한다. 또한 성과에 따른 보상을 실시한다.	1주일간의 챔피언 교육
마스터 블랙벨트	교육 및 지도 전문요원 (6시그마 전임)	블랙벨트 등과 같은 품질요원의 양성교육을 담당하고, 블랙벨트를 지도·지원한다.	블랙벨트 교육을 받은 후, 2주일간의 추가 교육
블랙벨트	개선프로젝트 추진책임자 (6시그마 전임)	6시그마 개선프로젝트의 실무 책임자로서 활동한다.	4주간의 교육을 포함하여, 총 4개월간의 교육 및 실습
그린벨트	현업 담당자 (모든 임직원이 가능)	블랙벨트의 개선프로젝트에 파트타임으로 참여하거나, 상대적으로 작은 규모의 프로젝트를 책임지고 수행한다.	블랙벨트와 동일한 교육을 받는 것이 좋으나, 통상 1~2개월의 교육 및 실습

8.5.2 브레인스토밍

6시그마는 종업원들로부터 창의력과 참신한 아이디어를 요구한다. 아이디어를 수집하는 방법 중 하나가 브레인스토밍이다. Osborn에 의해서 제창된 브레인스토밍(brainstorming)은 종업원들로부터 문제해결을 위한 다양한 아이디어를 얻기 위해 널리 사용되는 집단사고 기법이다. 브레인스토밍은 이렇게 집단적으로 아이디어를 창출하여 새로운 가능성을 도출하고자 할 때 사용한다. 브레인스토밍은 아이디어의 수를 최대로 수집하고자 하는 기법이기 때문에, 아이디어의 질보다는 수에, 그리고 단일의 해결책보다는 다양한 해결책을 구하는데 중점을 둔다. 그래서 종업원들로부터 창의적인 아이디어를 자유스러운 분위기에서 도출한다.

브레인스토밍의 단계는 다음과 같다.

① 주제의 목적을 참가자 모두가 확실하게 알도록 한다.
② 참가자 모두가 주제를 확실히 이해하고 있는지 확인한다.
③ 참가자 모두 자유로이 아이디어를 제안하도록 분위기를 조성한다.
④ 모든 사람들에게 브레인스토밍의 규칙을 인지시킨다.
  ⓐ 타인의 아이디어에 대해 일체의 비판은 하지 않는다.
  ⓑ 아이디어에 대한 극히 부분적인 설명을 제외하고는 타인의 아이디어대해 평가를 하지 않고, 절대로 긴 설명도 용납하지 않는다.
  ⓒ 반드시 모든 사람들이 최소한 하나 이상의 아이디어를 제안하여야 한
  ⓓ 자유발상을 전제로 한다. 그래서 어떤 아이디어도 환영이다. 실현성은째이다.
  ⓔ 타인의 아이디어에 자기의 의견을 덧붙일 수 있다. 그래서 다른 사람의견을 바꾸거나 개선해서 자기의 아이디어로 낼 수가 있다.
⑤ 1~2분 정도의 시간을 줘 각 사람들에게 자기의 아이디어를 정리하도록 한다.

⑥ 돌아가면서 사람들로부터 하나의 아이디어를 수집하며, 모든 아이디어를 부 수집할 때까지 이 과정을 되풀이한다. 한번 돈 다음에는 순서대로 하지 않는다.
⑦ 각 아이디어를 기록한다. 비슷한 아이디어는 발언자들의 동의를 얻어 함처리한다.
⑧ 각 아이디어에 대한 평가를 실시한다.
⑨ 중복되거나 실현성이나 관련성이 없는 아이디어를 제거한다.
⑩ 아이디어를 항목별로 분류하고, 투표에 의해 순위를 매긴다. 투표를 하기 전에는 각 아이디어에 대한 장단점을 평가한다.

브레인스토밍을 보다 효과적으로 운영하기 위해서는 수집한 아이디어를 모든 사람들이 볼 수 있는 곳에 기록하는 것이 좋다. 그리고 각각의 아이디어 옆에 그 아이디어를 말한 사람의 이름을 적어 두는 것이 좋다.

Hunt는 브레인스토밍의 목적은 대안과 최선안에 대해 상세하게 논의하는 것이 아니라고 말하였다. 이렇게 브레인스토밍은 새로운 아이디어를 타진하여 새로운 전략의 수립을 가능하게 하고, 모든 사람들로 하여금 아이디어의 창출에 참여케 함으로써 참여의식을 높이고자 하는 기법이다.

B. Brocka와 M. Brocka는 새로운 형태의 브레인스토밍인 스토리보딩을 개발하였다. 스토리보딩(storyboarding)이란 참가자들이 카드에 기록한 아이디어를 즉시 벽에 무작위로 게시하면, 다른 참가자들이 이 카드를 보고 새로운 아이디어를 생각하게 하는 제도이다. 모든 아이디어가 수집되면 카드는 유형별로 분류된 다음, 중복되거나 관련성이 없는 아이디어를 제거한다. 그리고 남아있는 카드를 가지고 계속 진행한다.

NGT(Normal Group Technique)는 그룹 합의를 이루기 위한 기법으로써, 브레인스토밍과 비슷하지만, 브레인스토밍보다 더 조직적이고, 상이한 아이디어가 많으며, 모든 사람들을 참여시키며, 보다 결정지향적인 기법이다.

NGT는 다음과 같은 순서에 의해 이루어진다.

① 보통 10~15분 동안 모든 사람이 주제에 대해 생각한다.
② 각 사람이 돌아가면서 생각한 아이디어를 말한다.
③ 리더는 각 사람이 발표한 아이디어를 도표에 기록한다.
④ 제출한 아이디어는 논의나 비판 없이 기록된다.
⑤ 모든 사람이 전부 아이디어를 제출하였는지 확인한다.
⑥ 중복된 아이디어는 제거한다.
⑦ 참가자들은 수집된 아이디어 중에서 (1+0.5N)개의 아이디어를 마음속 평가한다. 여기에서 N은 제출된 총 아이디어의 수이다.
⑧ 참가자들은 평가한 아이디어에 대해 우수한 아이디어 순으로 우선순위를 매긴다.

[표 8-13]은 고객이 매장에 왔을 때 고객을 만족시키는 방법에 대해 NGT 기법을 사용한 하나의 예이다.

[표 8-13] 고객서비스를 향상하기 위한 NGT 기법의 예

아이디어	투표수	총점수
가이드북을 종업원에게 제공한다.	11	98
실제로 교육을 시킨다.	10	87
중요한 문제점 10개를 제시한다.	9	78
친절하게 말하는 법을 배운다.	8	67
필요한 지식을 완전하게 습득한다.	7	55
복장을 청결하게 한다.	6	43
말을 절도 있게 한다.	5	33
웃는 법을 배운다.	4	27

8.5.3 6시그마 금언

M. Harry는 Motorola를 그만둔 뒤, “6시그마 아카데미(Six Sigma Academy : www.6-sigma.com)” 컨설팅회사를 설립하였다. 이 회사에서 6

시그마를 자문하면서 다음과 같은 6시그마에 대한 '6가지 금언'을 강조하였다.

첫째, 살아있는 질문을 하라. 동일한 질문은 대부분 동일한 결과를 초래한다. 그러므로 과거와는 다른 살아있는 공격적인 질문을 하여야 한다. 그래야만 보다 나은 미래를 향한 새로운 비전과 방향을 창조할 수 있다.

둘째, 항상 새롭게 사고하라. 6시그마는 대단히 높은 기준이지만, 상황에 따라 다르다. 예를 들면, 항공사고는 단 한 번의 실수로 엄청난 인명피해를 입는다. 그러므로 이런 상황에서는 절대로 오류가 없는 지속적인 발전을 가져올 새로운 사고력을 키워야 한다.

셋째, 프로세스를 개선하라. 프로세스의 개선 없이는 품질이 향상되지 않는다. 프로세스를 이해하지 못하고서는 품질혁신을 기대할 수 없다.

넷째, 시그마는 측정수단이다. 시그마는 동질적이든 이질적이든 동일한 척도로 모든 사물들의 비교를 가능하게 한다. 그러므로 우리 기업을 타사와 비교하게 한다.

다섯째, 품질은 설계서부터 이루어진다. 품질은 사후가 아닌 사전에 이미 보장된다. 일반적으로 공정능력을 개선하면 제조비용의 30%, 납기의 50%를 감소할 수 있다.

마지막으로 6시그마는 전문가가 필요하다. 왜냐하면 6시그마에 도달하기 위해서는 새로운 지식과 도구가 필요하기 때문이다.

품질경영 사례 8

A. LG 정보통신

1999년 2월 LG정보통신 청주공장 회의실에서 9백MHz 무선 전화기의 불량 원인에 대해 6시그마팀의 연구결과 발표가 있었다. 6시그마 운동을 도입한 이후, 첫 번째 사례발표로 제조라인에서 아무런 이상없이 제작된 무선전화기에 대해 고객들의 불만이 계속 접수되었지만, 원인을 발견하지 못하고 현장에서는 공정별 불량건수가 극소수인 1~2건 정도로 이 정도는 불가항력이라고 판단했다.

그렇기에 더 이상 개선의 필요성을 느끼지 못했지만, 고객의 입장에서는 잡음이나 통화 문제에 있어 불만은 계속 터트렸다. 현장에서는 모두 고개를 갸우뚱해 6시그마팀의 조사 결과는 이러한 고정관념을 완전히 바꾸어 놓았다.

고객불만을 일으키는 결정적인 요소인 품질특성치(CTQ)를 중심으로 품질수준을 점검한 결과 불량률이 항목별로 최고 51만 ~ 1백만 PPM에 이른다는 사실을 밝혀냈지만, 이는 6시그마 개념에서 정의되지 않는 수치이다.

원인진단을 마친 제고종정의 이상을 일으킬 수 있는 모든 조건을 원점에서 재검토하기 시작했다. 그 결과 회로 조정 불량이 결정적 원인이라는 사실을 밝혀냈으며, 계측기의 측정 범위가 지나치게 넓은데다 사용빈도나 사용연한에 따른 교정이 전혀 이뤄지지 않는 사실을 확인했다. 바로 측정시스템에 문제가 있었던 것으로 계측기의 측정범위가 지나치게 넓은데다 사용빈도나 사용연한에 따른 교정이 전혀 이뤄지지 않은 사실을 확인이 되었습니다.

공장 내의 모든 계측기에 대한 검사와 교정을 실시한 결과 무선전화기의 품질수준을 4.49시그마까지 끌어올리며 공정손실비용 또한 75% 줄이며, 그때서야 직원들이 각 공정단계에서 주어진 작업내용을 그대로 받아들이게 되면서 그대로 최종 생산단계까지 진행된 것이다.

이 프로젝트 완료 후 사업장 전 직원이 6시그마의 필요성을 절감했다.

B. 씨티은행

6시그마 경영혁신이 반드시 제조업체에만 적용되는 건 아니며, 금융 및 서비스업체도 업무 프로세스를 향상하는데 6시그마 경영을 활용할 수 있다. 국내에서 서비스업체 중 성공적으로 6시그마 경영을 도입한 업체로 씨티은행 서울지점을 꼽을 수 있다.

당시 씨티은행 미국 본사는 영업과 주가 측면에서 좋은 성과를 보였지만, 고객 만족 측면에서 몇 가지 문제점을 안고 있었다.

문제는 전화통화 연결이 너무나도 어려웠기에 해결책으로 연결이 가장 어려운 시간대에 조사부서 인력을 온라인팀에 투입을 하여 통화시간을 줄이기 위해 노력했으며, 은행측은 직원들이 고객에게 정보를 신속하게 제공하도록 전산시스템을 개선했다.

연 습 문 제

8-1 6시그마의 통계적 의미를 간략하게 설명하시오.

8-2 6시그마 경영이 출현한 배경에 관하여 간략히 설명하시오.

8-3 TQM과 6시그마 경영을 비교하여 설명하시오.

8-4 생활 주변에서 6시그마 기법을 적용하여 일상생활을 개선해 보자.

8-5 블랙벨트의 역할에 관하여 설명하시오.

8-6 브레인스토밍은 무엇이며, 성공적인 진행을 위한 절차를 설명하시오.

9
chapter

6시그마 경영의 실행

9.1 6시그마의 도입과 단계별 활동

6시그마 품질혁신 프로젝트는 DMAIC라는 로드맵에 따라 수행되는 것이 보통이다. 6시그마 품질혁신 프로젝트의 기본적 추진방법을 나타내는 6시그마 로드맵은 정의(Define), 측정(Measure), 개선(Improve), 분석(Analyze), 관리(Control)의 다섯 단계로 이루어져 있는데, 통상 이 5단계의 영문 머리글자를 따라 DMAIC라고 표기하고 '드마익'이라고 읽는다. DMAIC 로드맵의 각 단계는 [표 9-1]과 같이 요약할 수 있는데 이를 좀더 자세히 살펴보도록 하자. DMAIC 사이클은 Mikel Harry가 세운 6시그마 전문교육기관인 Six Sigma Academy에서 제시하고 있는 문제해결 절차이다.

DMAIC 사이클은 기존의 PDCA 사이클(Plan-Do-Check-Action Cycle)과 기본골격에서는 크게 다르지 않다. 다만 DMAIC 사이클은 현실의 문제를 파악한 후 이것을 통계적 형태의 문제로 바꾸고, 이것의 해답을 구하여 그 결과를 다시 현실에 적용하는 네 단계로 이루어진다는 것이 차이라고 할 수 있다.

[표 9-1] 6시그마 프로젝트의 수행단계

정 의 (Define)	핵심적 품질특성(CTQ)을 파악하고 개선 프로젝트를 선정한다.
측 정 (Measure)	측정방법을 확인하고, 현재의 CTQ 충족정도를 측정한다.
분 석 (Analyze)	CTQ와 그에 영향을 미치는 요인의 인과관계를 파악한다.
개 선 (Improve)	CTQ의 충족정도를 높이기 위한 방법과 조건을 찾는다.
통 제 (Control)	개선된 상태가 유지될 수 있도록 관리한다.

문제해결의 추진절차로서 반드시 DMAIC 사이클을 따를 필요는 없다. DMAIC는 단지 하나의 기준일 뿐이다. 기업의 특성이나 제품의 특성에 따라 DMAIC 단계는 여러 형태로 변형될 수가 있다. 예를 들어, 제너럴 일렉트릭(GE)의 경우, DMAIC 사이클을 DMAIC 사이클로 변환하여 사용하고 있는데, 여기서 D는 정의(Definition)를 의미한다. 정의란 주요 고객과 고객의 요구사항을 정의하는 것을 말하며 이것은 고객의 중요성을 강조하는 GE의 경영방침을 반영하는 것이라고 할 수 있다. 그리하여 GE의 6시그마 품질수준 달성을 위한 지침서에는 12+2스텝이라고 하여 DMAIC 각 단계를 세부적으로 나누어 사용하고 있다. 모토롤라의 경우에도 6시그마 실행 6단계라고 하는 개선절차가 있으며, 국내에서도 SDI의 CSI, 삼성전자의 SMART Way라고 부르는 독자적인 문제해결 절차가 있다.

9.1.1 정의(Define)

DMAIC의 첫 번째 단계인 정의 단계에서는 6시그마 프로젝트를 선정하고, 프로젝트의 목표와 범위를 구체적으로 정의하는 부분이다. 이 단계를 소홀히 하고 지나치는 경우가 많은데, 실질적으로 6시그마가 얼마나 성공할 수 있는가는 프로젝트의 선정이 얼마나 잘 되었느냐에 따라 결정된다고 보아도 과언이 아니다. 따라서 문제를 정의하고 프로젝트를 구체화하는 이 단계는 매우 중요하다.

[그림 9-1] 6시그마 프로젝트의 추진사이클

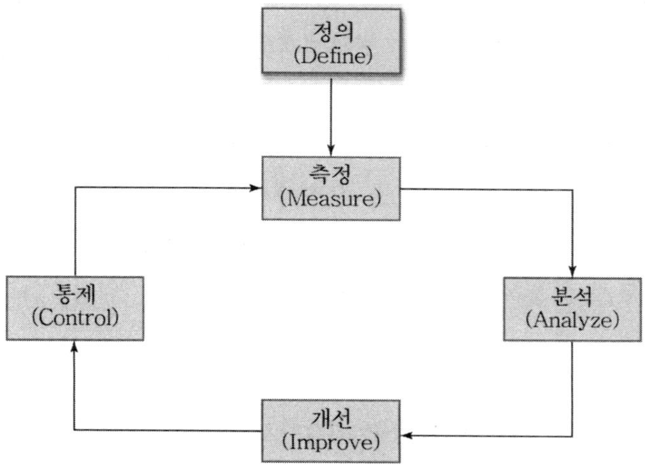

정의 단계에서는 우선 누가 우리의 고객이며, 그들의 요구사항이 무엇인지를 파악하는 것으로부터 출발한다. 즉 고객을 정의하고, 그들의 핵심적 요구사항을 정량적으로 표현할 수 있는 핵심적 품질특성인 CTQ(critical-to-quality)를 도출해 내게 된다. 도출된 CTQ 각각을 개선하는 것은 6시그마의 잠재적 개선 프로젝트가 될 수 있다.

일반적으로 좋은 프로젝트가 되기 위해서는 고객이 혜택을 피부로 느낄 수 있는 의미있는(meaningful) 것이면서 개선팀이 실질적으로 다룰 수 있는(manageable) 규모의 것이라야 하는데, 이 두 가지 조건을 요약해서 M&M이라고 부르는 경우가 많다.

1) CTQ규명

본격적인 DMAIC 사이클에 진입하기 전에 예비단계로서 고객에 대한 정의와 고객의 요구가 무엇인가를 파악해야 한다. 6시그마 활동은 궁극적으로 고객을 만족하기 위함이다. 그러기 위해서는 우선 고객이 누구이며, 그 고객의 요구사항이 무엇인지를 정확히 정의해야만 고객이 생각하는 품질에 결정적인 영향을 미치는 요인인 CTQ(Critical to Quality)를 파악할 수 있다.

고객은 크게 내부고객과 외부고객으로 분류할 수 있다. 내부고객은 현재 속해 있는 조직 내에 있는 고객으로서 1차 고객이라고도 한다. 후속공정 작업자 같은 경우가 대표적인 내부고객이 된다. 외부고객은 다른 조직 혹은 제품의 최종소비자를 의미하며 2차 고객이라고도 한다.

CTQ가 파악되면 고객의 요구수준이 어느 정도인지를 파악해야 한다. 즉, 요구수준을 반드시 수치화하여 목표를 설정하기에 용이하도록 한다. 고객의 요구는 때때로 추상적이고 주관적인 경우가 많으나, 구체적으로 불량률, 시간, 납기 등과 같은 지표를 이용하여 수치화한다.

2) 프로젝트 선정

개선을 요하는 고객의 요구사항을 해결하기 위해서 내부적인 검토를 거쳐 프로젝트를 선정한다. 다수의 프로젝트가 동시에 출현하는 경우에는 이들에 대한 우선순위를 결정하여 가급적 전사적으로 큰 기여를 할 수 있는 것을 택하도록 한다. 예를 들어 기대효과금액이 크다든지, 아니면 전체적인 시그마 수준향상에 크게 기여할 수 있다든지 하는 식으로 구체적인 선정기준을 사용해야 한다. 선정된 프로젝트의 명칭은 전적으로 고객의 관점에서 요구되는 최종 품질특성을 잘 나타내는 내용으로 제목을 삼는다.

9.1.2 측정(Measure)

측정단계에서는 먼저 개선활동에 착수할 시점의 품질수준이 얼마인가를 파악하게 된다. 이것은 달리기에 나서기 직전의 출발 기준선을 정한다는 의미에서 '베이스라인(Baseline)을 결정한다.'고도 한다. 측정 단계의 수행과정 중 주요한 내용으로는 개선대상 프로세스의 CTQ를 나타내는 척도인 Y를 선정하고 이에 영향을 주는 원인 인자인 변수 X를 찾는 것이다.

6시그마의 가장 큰 특징 중 하나는 모든 판단근거는 사실(데이터)로써 입증되어야 한다는 것이다. 6시그마에서는 이 데이터를 Y와 X로 나타내는데, Y는 프로세스의 결과(Output) 혹은 성과에 대한 척도를 상징하며, 고객의 요구사항과 연결된다. X는 프로세스 성과에 영향을 미치는 투입(Input)의 척도를 상징하며, Y와 X의 관계는 흔히 다음과 같은 방정식으로 표현될 수 있다.

$$Y = f(x_1, x_2, \cdots, x_n)$$

이 공식으로 예를 하나 들어보자. 만일 Y라는 결과가 공인 어학점수라면 그것에 영향을 주는 투입 X로는 문법, 단어, 청해, 독해 등이 있을 것이다.

구체적으로 데이터를 수집하기에 앞서 측정시스템 분석을 행해야만 한다. 만약 다이어트를 할 목적으로 현재의 몸무게를 측정한다고 가정할 경우 몸무게를 재는 저울이 믿을 만하지 못하거나 저울의 눈금을 읽는 방법이 표준화되지 않으면 측정데이터의 신뢰성이 떨어진다. 따라서 측정할 시스템을 분석해 보고, 신뢰할 만한 수준일 경우에 그 시스템을 이용하여 데이터를 수집해야 할 것이다. 측정시스템 분석으로 많이 쓰이는 대표적인 기법으로는 시스템의 반복성(repeatability)과 재현성(reproducibility)으로 측정시스템의 신뢰성을 검증하는 게이지 R & R이 있다.

데이터를 어떤 방법으로, 얼마나 자주, 얼마나 많이 수집할 것인가에 대한 측정방법을 확립하고 측정시스템을 검증한 후에 그 계획에 따라 데이터를 수집하는 것이 좋다. 마지막으로 수집된 데이터를 시그마수준으로 변환하게 되면 현재 수준을 정확히 파악할 수 있다. 앞에서도 언급한 바와 같이 시그마 척도는 서로 다른 프로세스의 성과를 비교하고, 그것들을 고객의 요구사항과 연결시키는 데 매우 큰 도움이 된다.

1) 현상 파악

프로젝트가 선정되면 프로젝트를 효율적으로 추진하기 위한 팀을 구성해야 한다. 프로젝트의 리더는 직급에 상관없이 프로젝트의 성격을 가장 잘 알고 있으며, 주도적으로 프로젝트를 추진해 나갈 수 있는 사람으로 한다. 하지만 일반적으로 그린벨트(GB) 이상의 자격을 가진 사람이 맡도록 한다. 프로젝트의 추진 일정은 DMAIC 사이클에 맞추어서 정하는 것이 좋다. 따라서 한 프로젝트에 4~5개월 정도로 잡는 것이 일반적이다.

팀구성과 추진일정이 확정되면 본격적으로 현상파악에 들어간다. 현상파악은 우선 현재의 관리현황을 파악하고, 품질특성에 대한 규격의 적정성 여부를 검토하며 공정능력과 불량률의 상태를 조사한다. 이 과정에서 품질특성치에 대한 정규성(normality) 검증은 빼놓을 수 없는 작업 중의 하나이다. 정규성이란 품질특성치가 평균치를 중심으로 많이 몰려 있으며, 평균치에서 멀어질수록 적게 분포하는 것을 말한다. 정규성 검증은 정규확률지를 이용하여 할 수도 있으나 간단히 히스토그램을 이용하여 할 수도 있다.

2) CTQ에 대한 요인 규명

앞의 준비단계에서 CTQ를 찾았으면 CTQ에 영향을 미치는 요인들을 찾아야 한다. 이 요인들은 우리가 제어할 수 있는 대상이어야 하며, 이 요인들을 공정에 영향을 주는 인자(CTP : critical-to-process)라고 한다. 얼라이드 시그널(Allied Signal)사와 같은 회사에서는 CTQ와 CTP를 각각 KPOV(key process output variable)과 KPIV(key process input variable)를 구분하여 부르기도 한다.

[표 9-2] CTQ와 CTP의 비교

CTP(KPIV)	CTQ(KPOV)
· $X_1, X_2, X_3, \ldots$	· $Y=f(X_1, X_2, \ldots)$
· 독립변수	· 종속변수
· 원인(Input)	· 결과(Output)
· 문제점	· 증상
· 개선 · 관리의 대상	· 관찰 · 감시의 대상

[표 9-2]는 CTQ와 CTP를 비교하여 정리한 것이다. 요약하여 말하면 CTQ는 CTP의 여러 요인들 X1, X2, …의 함수로 나타난다. 따라서 CTP를 제어하면 CTQ를 제어할 수 있으며, 결과적으로 CTQ에 대한 검사비중은 줄어들게 된다.

3) 프로세스 매핑

프로세스 매핑(process mapping)은 제조 프로세스 또는 서비스 프로세스를 적절한 그림으로 표현하여 프로세스에 대한 이해를 돕는 것을 말한다. 프로세스 매핑을 통하여 프로세스별로 입력인자와 출력인자를 확인하며, 입력인자들은 다시 제어가능한 인자와 잡음인자(noise)로 나누게 된다. 잡음인자란 출력에 영향을 주지만 기술적인 의미를 갖지 않으며, 단지 출력의 산포에 영향을 주는 인자를 의미한다.

프로세스 매핑을 통하여 CTQ와 CTP를 확정할 수 있으며, 프로세스의 어느 지점에서 데이터를 측정할 것인가를 결정할 수 있게 된다. 또한 프로세스 매핑의 결과는 다른 분석 도구에 사용되기 때문에 관련된 사람들이 모여 세밀하게 실시하는 것이 좋다. 프로세스 매핑은 일반적으로 사용하는 공정기호를 써서 해도 좋다.

9.1.3 분석(Analyze)

분석 단계에서는 Y에 영향을 주는 X를 찾아 그 상관관계를 파악하게 되는데, 이 단계의 주요 내용은 데이터를 수집, 분석하고 CTQ Y에 큰 영향을 주는 핵심인자(Vital Few X)를 결정하는 것이다. 이 단계를 통해 문제의 근본 원인을 찾게 된다.

데이터를 수집할 때, CTQ Y에 영향을 주는 잠재요인 X의 수는 대단히 많기 때문에 이들의 파악에는 어려움이 따르기 마련이다. 이러한 잠재적인 원인을 충분히 파악하지 않은 채 해결책을 찾으려 시도한다면 후에 결함은 다시 발생할 수 있다. 따라서 결함의 잠재적인 원인들을 완벽하고 관리가능한 형태로 목록을 작성할 필요가 있다.

잠재원인을 파악할 때에는 브레인스토밍, 특성요인도, 계통도 등의 방법이 많이 쓰이는데 한정된 자원이 불필요한 곳에 투입되는 것을 막기 위해서는 소수의 핵심인자(Vital Few)를 추출하는 것이 매우 중요하다.

1) 산포 원인의 규명

분석단계는 측정단계에서 찾아낸 결함들이 언제, 어디서 발생하는지를 찾아내는 단계이다. 이것을 위해 가장 먼저 산포의 원인을 규명해야 한다. 즉, CTQ에 영향을 미치는 잠재인자를 규명하여 이에 대한 데이터를 확보함으로써 통계적인 분석이 가능한 형태로 변환하는 것이다.

산포의 원인규명을 위해서 브레인스토밍(Brainstorming), 특성요인도(Cause and Effect Diagram), 불량유형 및 효과분석(FMEA), 파레토그래프(Pareto's Graph) 등 여러 가지의 기법이 사용된다.

2) 잠재적 인자의 파악

산포의 원인분석을 통하여 추출된 잠재적 인자에 대하여 수준을 파악한다. 즉, 규격과 대비하여 목표값에서 벗어났는지를 확인하고, 산포가 어느 정도인지를 파악한다. 또한, 관리도 같은 것을 이용하여 공정이 안정상태에 있는지의 여부도 확인해야 한다.

3) 상관관계 분석

잠재적 인자의 수준이 파악되면 CTQ와 품질특성에 직접적인 영향을 미치는 인자를 찾기 위해 상관관계분석을 실시하게 된다. 상관관계분석은 간단히 산점도를 이용하여 상관의 유무를 확인할 수 있으며, 보다 상세하게 상관관계 분석, 가설검정, 회귀분석, 분산분석과 같은 방법을 사용하여 실시한다.

4) 개선목표 확인

선정된 잠재적 인자에 대하여 개선을 결정하게 되면 그러한 잠재인자의 개선을 통하여 CTQ와 품질특성을 얼마나 개선할 수 있는가를 결정할 수 있다. 즉, 개선목표를 재설정한다. 여기서 개선목표는 기대효과금액과 함께 시그마 수준으로 표현하는 것이 가장 좋다.

9.1.4 개선(Improve)

개선단계는 문제의 근본원인을 제거하고, 프로세스 개선을 위한 최적 조건을 찾아내어 실행하는 단계이다. 개선방안을 찾기 위해서는 실험계획법이나 각종 아이디어 발상법, 창조적 문제해결 기법 또는 벤치마킹 등과 같은 여러 가지 방법들을 이용하여 해결방안을 모색한다. 개선방안을 도출한 후에는 잠재적 해결방안들 중에서 분석 단계에서 파악한 원인들을 가장 효과적이고, 효율적으로 해결해 줄 수 있는 개선방안을 선택한다.

개선방안을 결정했으면 개선방안을 제한된 범위 내에서 시범적으로 적용하여 그 효과를 검증하고, 추가적으로 개선해야 할 부분을 찾아가면서 개선방안의 적용범위를 점차 넓혀 나가도록 한다. 이러한 과정들이 끝나면 개선된 상태를 유지・관리하는 마지막 단계로 넘어가게 된다.

1) 유의한 소수인자 선정

개선단계에서는 우선 분석단계에서 얻어진 인자들 중에서 품질특성에 통계적으로 유의한(significant) 인자들을 선정해야 한다. 통계적으로 그러한 인자를 찾는데는 가설검정, 실험계획법, 분산분석, 회귀분석 같은 방법을 사용한다.

2) 최적조건 도출

품질특성에 치명적인 영향을 주는 인자가 선정되면 현재의 인자수준이 최적수준인지를 재확인하고, 현재의 인자수준이 최적이 아니라고 판단이 되면 최적 인자수준을 찾는 작업을 하게 된다. 인자의 최적조건을 찾는데는 실험계획법과 분산분석을 가장 많이 사용하며, 경우에 따라서 EVOP나 반응표면실험(RSM : Response Surface Methodology)같은 방법을 사용하기도 한다.

하지만 이 과정에서는 현실적으로 어려움에 직면할 수도 있다. 생산현장에서 현재 진행되고 있는 조건을 변화시키는 것에 대한 강한 거부감이 그것이다. 그러나 그것은 보다 나은 결과를 향한 도전으로 인식하고 협력할 수 있는 분위기로써 극복해야만 한다. 6시그마를 성공적으로 이루기 위해서는 가장 중요한 요소로 경영자의 확고한 의지와 협력을 꼽는 이유가 여기에 있다.

3) 개선효과 분석

최적조건에 대한 기술적인 검토를 끝내면 실제로 공정에 적용하여 그 효과를 분석하게 된다. 개선효과를 나타내는 지표로는 CTQ와 품질특성에 대한 불량률(PPM), 공정능력지수(Cp, Cpk), 금전적인 효과, 그리고 궁극적으로 시그마 수준으로 나타내면 된다.

개선효과의 검증은 개선효과가 통계적으로 유의한가를 검증하는 것으로, 개선 전후의 평균치의 차이, 비율의 차이, 산포의 비율 등의 검증을 통하여 파악하면 된다. 개선효과가 검증되더라도 일정기간은 공정과 결과를 관찰(monitoring)하여 확인할 필요가 있다.

9.1.5 관리(Control)

6시그마를 통해 개선된 프로세스를 유지・관리하는 것은 개선을 이루어 내는 것만큼 중요하다. 조직이나 프로세스는 고무밴드와 같은 습성이 있어서 고무밴드를 멋진 모양으로 아무리 늘려놓아도 손만 떼면 제자리로 돌아오는 것과 같이 가만히 두면 개선 전의 상태로 돌아가기 쉽다. 예를 들어 오랜 기간에 걸친 힘든 다이어트를 통해 아름다운 몸매를 가꾸었다 하더라도 유지・관리에 소홀하면 예전의 상태로 되돌아가게 된다. 이와 같이 관리단계는 가꾸는 것, 유지하는 것, 예전으로 돌아가는 것을 방지하기 위한 것이다.

따라서, 관리단계에서는 개선사항을 표준화하고 개선안의 이행 책임자를 결정하고 주기적 모니터링을 통해 개선된 상태가 유지되고 있는지 확인해야 한다. 효과적인 유지・관리를 위해서는 개선안의 이행방법과 개선된 상태가 유지되지 못할 경우에 어떻게 대처할 것인가를 정리한 관리계획서(Control Plan)를 작성해 둘 필요가 있다.

1) 관리계획의 실행

개선의 내용이 성공적이었다면 이것을 유지할 관리시스템이 필요해진다. 즉, 공정의 지속적인 관찰을 위한 모니터링 시스템을 구축해야 한다. 여기에서는 대개 관리도나 통계적 공정관리(SPC : Statistical Process Control)의 여러 기법들을 사용한다.

2) 문서화 및 표준화

관리의 마지막 업무는 프로젝트에 대한 개선내용을 문서화하고 표준화하는 것이다. 개선내용에 대한 기술적인 내용과 관리적인 내용을 정리하여 작업표준서, 공정도와 같은 문서에 반영하여 개선효과가 지속적으로 유지될 수 있도록 한다.

3) 공유 및 확산

프로젝트가 완성되면 그 성과를 공지하고 다른 부서나 부문에 파급될 수 있도록 사내에 홍보한다. 일반적으로 개선성과 발표회나 세미나 등의 형식을 빌어 얻어진 정보나 노하우를 공유하고, 궁극적으로 6시그마 운동을 확산시키는 것이 좋다.

9.2 6시그마 단계별 기법과 도구

DMAIC 단계를 간단히 요약하면, 측정을 통하여 문제점을 추출하고, 그 문제점을 통계적으로 분석하여, 통계적으로 해결하고, 통계적으로 관리하는 것이라고 할 수 있다. 여기에 이용되는 통계적 기법은 대체로 100가지가 넘는 것으로 알려지고 있다. 하지만 이러한 기법들을 모두 습득하고 구사할 필요는 없다. 기업의 특성과 제품의 특성에 따라 특정 기법들을 취사선택하여야 효과적인 추진이 될 수 있을 것이다. 예를 들면, 제조업에서 강조되는 기법이 서비스업에서도 똑같이 강조될 필요는 없는 것이다.

일반적으로 대개의 기업에서 6시그마 활동을 수행하는 과정에서 필요한 기법과 도구들을 정리하면 [표 9-3]과 같다. 하지만 앞서 언급한 바와 같이 기업과 제품의 특성에 따라 단계별로 취사선택하여 사용하면 된다.

[표 9-3] DMAIC 단계별 주요 기법과 도구

단 계	기 법 및 도 구
측정단계 (Measurement)	· CTQ(Critical-To-Quality) 선정 · 프로세스 매핑(Process Mapping) · 파레토 그래프(Pareto's Graph) · 공정능력분석(Cp, Cpk) · 4 Block Diagram · Gage R&R · 불량유형 및 효과분석(FMEA) · 품질기능전개(QFD) · 제품구성도, 공정도
분석단계 (Analysis)	· Logic Tree · Brainstorming · 특성요인도(Cause and Effect Diagram) · CTP(Critical-To-Process)선정 · GAP 분석 · Graph 분석(Histogram, Box Plot 등...) · 상관관계분석 · 가설검정 · 회귀분석 · 다변량분석 · 분산분석(ANOVA)
개선단계 (Improvement)	· 가설검정 · 분산분석(ANOVA) · 실험계획법(DOE) · 반응표면실험(RSM) · EVOP(Evolutionary Operation)
관리단계 (Control)	· 통계적 공정관리(SPC) · 관리도(Control Chart) · 공정모니터링 시스템

9.3 6시그마 도입전략

기업이 수행하던 기존의 사고방식과 방법으로는 6시그마의 목표를 달성하기가 어렵다. 그래서 6시그마는 6시그마의 극적인 성과를 달성하기 위한 방법을 기업에게 제공하고 있다. 6시그마가 기존의 품질기법들과 다른 점들 중의 하나는 바로 6시그마의 목표를 달성하는 확실한 도구를 제공하기 때문이다. 이 장에서는 이러한 도구 중에서 전략적 도구인 6시그마 혁신전략과 6시그마의 성공적 도입을 위해 경영자 및 조직구성원들이 고려해야 할 사항들을 설명하고자 한다.

혁신전략은 6시그마의 목표를 달성하기 위한 수단이며, 경쟁력을 향상시키는 고도의 전략이다. 혁신전략은 기업의 시그마 수준을 향상시킨다. 그래서 제품 및 서비스의 품질을 향상시키고, 원가를 절감시킨다. 또 고객만족 경영을 실천하고, 기업의 경쟁력을 강화한다. 6시그마 혁신전략은 기업 또는 사람에 따라 전략의 범위가 달라진다. 여기에서는 Harry와 Schroeder, 그리고 Pande 등의 혁신전략을 설명하도록 한다. 이 장에서는 Harry와 Schroeder의 6시그마 혁신전략, PNC의 6시그마 혁신전략, 각 조직 계층에서의 6시그마 혁신전략, 균형성과표(Balanced Scorecard), 6시그마 설계(Design for Six Sigma), 그리고 6시그마의 성공적 도입을 위한 고려사항을 다루고자 한다.

9.3.1 Harry와 Schroeder의 6시그마 혁신전략

Harry와 Schroeder는 6시그마 목표를 달성하기 위한 6시그마 혁신전략을 다음과 같이 8단계로 분류하였다. 인식(recognize), 정의(define), 측정(measure), 분석(analyze), 개선(improve), 관리(control), 표준화(standardize), 그리고 통합(integrate)이다. 또 혁신전략의 8단계를 확인(identification), 특성화(characterization), 최적화(optimization), 그리고 제

도화(institutionalization)의 4가지 범주로 묶었다.

1) 확인 범주

인식과 정의는 확인(identification)의 범주에 속한다. 이 범주에서 기업은 6시그마의 기본적인 개념, 혁신전략의 특성, 그리고 고객과 경쟁업체에 대해 파악한다. 즉, 프로세스 매핑, 측정시스템, 고객에 대한 정기 조사, 경쟁업체의 변동상황 등을 파악한다. 또 혁신전략이 기업의 수익성에 어떤 영향을 끼치고 있는지를 조사한다.

2) 특성화 범주

측정과 분석단계는 특성화(characterization)의 범주에 속한다. 여기에서 기업은 현재 프로세스 수준을 파악하고, 또 벤치마킹을 이용하여 새로운 개선목표를 수립한다. 그리고 수립한 새로운 목표를 달성하기 위해 현재의 작업방법을 개선하는 실행계획을 개발한다.

측정단계는 6시그마에 있어서 상당히 중요하다. 왜냐하면 무엇인가 개선하려면 반드시 측정을 하여야 하기 때문이다. 그래서 관리하고 또 변화시키기를 원하는 모든 활동은 반드시 계량적으로 측정하여야 한다. 이것은 관리의 기본이다. 제조업체는 물론이고 서비스업체도 관리하기 위해서는 측정하여야 한다. 기업은 어떤 대상이든지 측정하기 전까지는 그 대상에 대해 잘 알지 못한다. 또 기업은 가치가 없다고 판단되는 활동은 측정하지 않는 것이 상례이다. 그래서 어떤 기업의 가치를 알고 싶다면, 그 기업이 무엇을 측정하고 있는지 보면 된다. 예를 들어, 종업원 만족을 중요시하는 기업은 종업원 만족도를 측정할 것이고, 납기를 중시하는 기업은 납기율을 측정할 것이다. 우리도 일반적으로 우리가 관심있는 것만을 주의 깊게 보고 평가하는 경향이 있다. 이것은 아주 보편적인 현상이다. 그러므로 어떤 사람을 평가하고자 한다면, 그 사람이 현재 주로 하고 있는 활동을 보면 된다. 마찬가지로 어떤 기업을 평가하고자 한다면 그 기업이 주로 수행하고, 그리고 평가하고 있는 활동을 보면 된다.

이렇게 6시그마 측정단계에서는 기업이 당면하고 있는 현재 상황을 명확하게 파악하여야 한다. 여기에서 현재 상황이란 현재 프로세스의 흐름과 문제점, 기업에 가장 심각한 영향을 주는 프로세스, CTQ, 수익성에 영향을 주는 활동 등이다. 그런데 측정단계에서 한 가지 유의할 점은 6시그마가 제품 전체가 아닌 각각의 CTQ에 적용된다는 점이다. 즉, 6시그마는 제품 전체의 품질을 한번에 개선시키는 것이 아니고, 제품에 있는 각각의 CTQ를 측정하고 개선하는 것이다. 그래서 측정단계에 있어서 블랙벨트는 하나 또는 그 이상의 CTQ를 선정하고, 이 CTQ와 관련된 모든 프로세스를 파악하고, 관련된 요소들을 측정하고, 그 결과를 기록하고, 그리고 단기 및 장기 프로세스 능력을 추정한다.

분석단계는 측정단계에서 수집한 자료를 이용하여 가장 많은 문제점을 발생시키는 요인들을 파악하는 것이다. 그리고 특히 문제를 파악하기 위해서 통계적인 방법을 많이 이용한다. 분석단계에서는 다시 파악된 실제 문제점을 통계적인 문제로 전환시킨다. 그리고 이 문제들이 지속적 또는 간헐적으로 발생하는지 그리고 기술 또는 프로세스와 관련된 문제인지를 분석한다. 이 분석단계에 있어서 블랙벨트는 주요한 제품의 성능을 분석하여 관련된 결함의 원인을 파악하고, 제품의 최상의 성능을 주는 요인들을 찾아낸다.

3) 최적화 범주

향상된 프로세스 능력을 유지하고 극대화하는 최적화(optimization) 범주에는 개선과 관리단계가 포함된다. 최적화 범주에서는 통계적인 기법을 이용하여 프로세스를 유지하고, 개선하고, 관리한다.

개선단계는 앞의 분석단계에서 파악한 문제점들을 제거하기 위해 실제로 개선방안을 강구하는 단계이다. 개선이 없는 분석은 아무 의미가 없다. 그래서 프로세스에 변동을 발생시키는 핵심적인 요인들을 실험계획법이나 6시그마 설계(DFSS : design for six sigma)를 이용하여 개선한다. 관리단계에서는 주로 통계적 공정관리(SPC)를 이용하여 개선된 프로세스를 문서화하고, 검토하고, 재분석하며, 개선된 새로운 프로세스가 목표로 하는 효과를 실제로 달성하고 있는지를 지속적으로 검토하고 파악한다.

4) 제도화 범주

제도화(institutionalization) 범주에는 표준화 단계와 통합단계가 속하며, 이 범주에서는 6시그마 프로젝트의 우수한 성과를 일상적인 업무로 표준화하고 통합시킨다. 제도화 범주에서는 소규모 프로젝트들의 전체적인 결과가 대규모 프로세스에 끼치는 영향이 얼마나 큰지를 알 수 있게 해 준다.

표준화 단계에서는 그 동안 분석해 온 수많은 6시그마 프로젝트들을 종합하여 최상의 방법을 파악하고 그것을 표준화하는 것이다. 표준화를 통해 기업은 프로세스를 이전보다 훨씬 더 능률적이고 효율적으로 운영할 수 있다. 프로세스의 개선이 표준화가 되지 않으면 일시적인 방편에 그치고 만다. 그래서 지속적인 개선이 이루어지지 않는다.

통합단계는 6시그마가 추구하는 철학과 개념을 체질화하기 위해 표준화 단계의 결과를 조직 전체에 확대시키는 것이다. 그래서 6시그마 프로젝트에 의해 확인된 최상의 방법을 이용하여 기업의 경영 프로세스를 개선하는 것이다.

Harry와 Schroeder는 6시그마 혁신전략의 8단계를 [표 9-4]로 집약하였다.

[표 9-4] 6시그마 혁신전략의 8단계

범 주	단 계	목 표
확 인	인식, 정의	주요 비즈니스 문제 확인
특성화	측정, 분석	현재 수준 이해, 블랙벨트
최적화	개선, 관리	혁신적 개선 달성, 프로젝트
제도화	표준화, 통합	일상적 경영방법 바꿈

출처: Mikel J. Harry and Richard Schroeder, 『6시그마 혁신전략』, 안영진 옮김, 김영사, 2000, p. 112.

9.3.2 PNC의 6시그마 혁신전략

Pande, Neuman 및 Cavanagh(PNC)는 6시그마 혁신전략을 다섯 단계로 분류하였다.

① 핵심 프로세스와 주요 고객을 파악한다.
② 고객의 욕구를 정의한다.
③ 현재 성과를 측정한다.
④ 우선순위에 의해 분석하고, 개선을 추구한다.
⑤ 6시그마 시스템을 확대하고 통합한다.

1) 핵심 프로세스와 주요 고객 파악

첫 번째 단계는 경쟁의 치열함으로 인해 점점 세분화되고 다양한 고객을 만족하고, 또 점점 다양화되는 제품과 서비스 범위를 충족하기 위함이다. 그래서 여기에서는 조직에 있어서 각 부서의 중요한 공통 업무를 분명히 이해하고, 이러한 업무가 외부 고객과 어떻게 상호작용을 하는지 파악한다. 즉, 핵심적인 프로세스를 파악한다. 핵심적인 프로세스란 기업에 따라 다르지만 다음과 같은 프로세스들을 말한다. 고객유치, 주문접수, 고객서비스, 생산, 또는 제품 및 서비스 개발, 자금관리 등이다 또 핵심적인 프로세스는 고객의 가치를 증진시키는 활동이며, 세부적이 아닌 총괄적인 활동이다. 그래서 이 단계에서는 다음과 같은 질문을 한다. 우리의 핵심 또는 부가가치를 가장 많이 창출하는 프로세스는 무엇인가? 우리는 고객에게 어떤 제품과 서비스를 제공하는가? 조직에 걸쳐 프로세스가 어떻게 흘러가는가?

〈SIPOC 모형〉

이러한 핵심적인 프로세스들을 Pande 등은 SIPOC 프로세스 모형을 이용하여 파악하는 것이 좋다고 하였다. SIPOC 모형은 프로세스를 관리하고 개선하는 데 있어서 아주 유용하게 자주 사용되는 모형이다. 즉, SIPOC모형은 작업흐름을 개괄적으로 보여 주는 모형으로써 공급업자(supplier), 투입물(input), 프로세스(process), 산출물(output), 그리고 고객(customer)의 약자이다([그림 9-2] 참조). 공급업자(S)는 프로세스에 주요한 정보, 자재, 또는 다른 자원들을 제공하는 사람이나 그룹이다. 투입물(I)은 프로세스에 들어가는 것이다. 프로세스(P)는 투입물을 전환(이상적으로 가치를 부가)하는 일련의 단계이다.

산출물(O)은 최종 제품 또는 프로세스이다. 고객(C)은 산출물을 받는 사람, 그룹 또는 프로세스이다.

[그림 9-2] SIPOC 모형

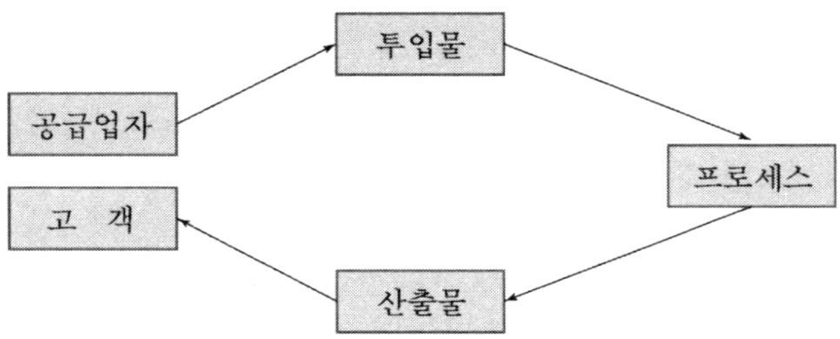

공급업자와 투입물을 파악하기 위해서는 다음과 같은 질문들을 사용하는 것이 좋다. 첫째, 프로세스에 제공되는 핵심적인 자재, 정보, 또는 제품들은 무엇인가? 모든 핵심적인 프로세스에 제일 중요한 투입물은 가공되거나 운영되어지는 것들이다. 조립공장에서는 부품, 대출회사에서는 대출청구서, 항공회사에서는 승객이 투입물이 될 것이다. 또 여기에서 중요한 투입물에는 대출회사의 고객데이터, 항공회사의 승객예약 등 프로세스의 성공에 아주 중요한 것들도 포함시킨다. 둘째, 위에서 파악한 요소들 중에서 프로세스에 절대적으로 중요한 요소들은 과연 무엇인가? 즉, 프로세스에 치명적인 결과를 낳는 요소들은 무엇인가? 셋째, 이 요소들이 프로세스를 거치는 동안 소비되는가, 사용되는가, 아니면 산출물로써 고객에게까지 전달되는가? 넷째, 이런 투입물을 누가 공급하는가?

프로세스는 '블록도표(block diagram)'를 이용하면 효과적이다. 블록도표의 각 블록은 주요한 활동 또는 하위 프로세스(sub-process)를 나타낸다. 아주 상세한 단계까지 표시하는 프로세스 도표나 흐름도표와는 달리 블록도표는 의사결정점이나 재작업 루프, 또는 대체 흐름을 가지고 있지 않는 아주 단순한 도표이다. 그리고 너무 상세한 그림이 되는 것을 막기 위하여 블록도표에서는 대개 4~10개의 블록만 이용한다.

SIPOC은 사람들이 기업을 프로세스의 관점에서 보도록 도와주며, 일반적으로 3가지 장점을 지니고 있다. 첫째로는 조직의 다양한 기능들의 상호활동을 단일의 단순한 도표로 제시해 준다. 둘째는 모든 규모의 프로세스, 심지어 조직 전체에도 적용할 수 있는 하나의 틀을 제공해 준다. 셋째는 사람들로 하여금 조직의 '큰 그림' 그리고 물론 세부적인 그림까지도 볼 수 있도록 해 준다. 그래서 SIPOC모형은 어떤 프로세스의 산출물과 이어지는 프로세스의 투입물을 연결함으로써 기업을 전체적으로 연결하는 높은 단계의 프로세스 도표를 개발하도록 해 준다.

2) 고객 욕구의 정확한 정의

두 번째 단계는 고객의 욕구를 정확하게 정의하는 것이다. 여기에서는 프로세스의 효율성과 고객만족을 정확히 측정하기 위해 실제 고객의 욕구에 의해 성과 표준을 결정하고, 지속적으로 고객의 소리에 의거해 전략을 수립한다. 또 앞에서 설명한 VOC(voice of customer)를 통해 고객의 소리를 적극적이고 능동적으로 수집하고 파악한다. 특히 전형적인 과거의 방법들(서베이, 포커스 그룹, 면담, 공식불평시스템, 시장조사 등)보다는 새로운 적극적인 방법들(목표고객 서베이, 고객 스코어카드, 데이터창고, 고객/공급업자 감사, 품질기능전개 등)을 사용하는 것이 좋다.

고객의 욕구는 다음과 같은 과정에 의해 파악한다. 첫째, 출발점으로써 산출물 또는 서비스를 파악한다. 둘째, 고객 또는 고객군을 파악한다. 고객을 세밀하게 분류하면 할수록 초점을 맞추기가 쉬워진다. 셋째, 고객의 욕구, 기대, 비평, 불만 등에 관한 기존의 자료를 객관적으로 검토한다. 여기에서는 가급적 객관적이고 계량적인 자료를 이용하는 것이 바람직하다. 넷째, 고객의 욕구를 계량적인 요소로 전환하고, 명백한 성과 표준을 설정한다. 이것은 그리 쉬운 과정이 아니다. 그래서 될 수 있으면 많은 사람들에게 질문을 하여 성과표준이 객관적이고, 확실하고, 계량적이고, 이해하기 쉬운지를 확인하는 것이 바람직하다. 다섯째, 고객의 욕구가 정말로 고객의 진정한 기대와 욕구를 반영하는지 알아보기 위하여 실제 고객에게 질문을 던져 재점검한다. 여섯째, 고객의 실제 욕구와 차이가 있는 경우에는 수정하여 고객 욕구에 대한 최종문안을 작성한다.

3) 현재 성과의 측정

세 번째 단계의 초점은 측정이다. 여기에서는 계량적으로 측정할 수 있는 고객의 욕구에 대해 각 프로세스의 성과를 정확하게 측정하고, 또 주요 산출물과 서비스를 측정하는 시스템을 설정하는 것이다. 측정시스템은 다음과 같은 절차를 따른다([그림 9-3] 참조). 첫째, 측정할 대상을 선정한다. 즉, 우리가 대답하여야 할 주요한 질문이 무엇이고, 어떤 데이터가 여기에 대한 해답을 주는지 파악한다. 둘째, 측정할 대상을 명확하게 정의한다. 셋째, 사용할 데이터 소스(source)를 결정한다. 과거의 경험이 유익한지 또는 기업의 정보시스템에 있는 기존의 정보들도 유익한지를 결정한다. 또 새로운 정보를 획득하기 위한 시간, 돈, 사람들이 충분한지도 검토한다. 넷째, 샘플링계획을 수립하고 데이터를 수집한다. 여기에서는 누가 데이터를 수집하고 정리할 것인지, 데이터를 효과적으로 분석하기 위해 어떤 정보들이 또 필요한지, 그리고 수집한 자료의 대표성이 있는지를 검토한다. 다섯째, 측정을 개선한다.

[그림 9-3] 측정시스템의 5단계

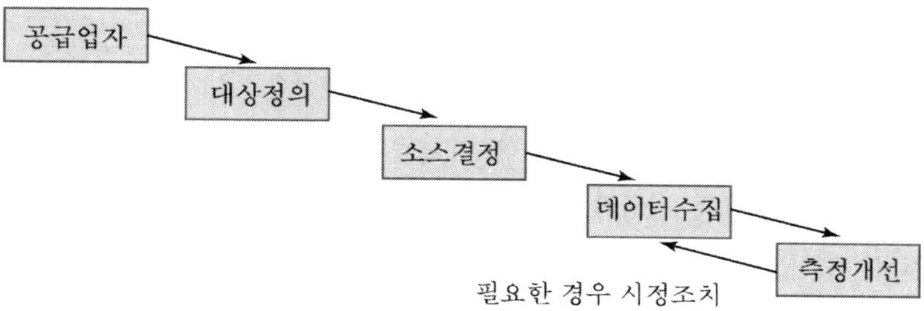

출처 : Peter S. Pande. Rebert P. Neuman, and Ronald R. Cavanagh, The Six Sigma Way : How GE, Motoroia, and Other Top Companies Are Honing Their Performance. McGraw-Hill, 2000, p.204

4) 우선순위에 의한 분석과 개선 추구

네 번째 단계는 개선 여지가 가장 높은 부문을 파악하고, 사실 분석과 창조적인 사고력에 의해 프로세스 지향적인 해결책을 개발하는 것이다. 문제의 원인을 파악하고 개선하기 위한 방법으로 특성요인도, PDCA 사이클, 프로세스 매핑(process mapping), 파레토 분석, 또는 상관분석 등을 사용한다. 이러한 도구를 사용할 때에는 다음과 같은 점들을 고려하는 것이 좋다. 첫째, 어떤 도구를 사용하고자 할 때에는 언제든지 먼저 명백한 목표를 갖고 있어야 한다. 단지 어떤 도구가 책에 있으므로 또는 한 번도 사용하지 않았다는 이유로 그 도구를 사용해서는 안 된다. 둘째, 다른 방법이 있는지 확인하고, 가장 목적에 적합한 도구를 선정한다. 항상 어떤 문제를 해결하고자 할 때에는 대개 하나 이상의 적절한 방법이 존재한다. 셋째, 단순화하고, 도구의 복잡성을 상황과 비교하여 선정한다. 가급적이면 가장 단순한 방법을 사용하는 것이 최선이다. 너무 복잡한 도구를 사용하는 것은 자칫 문제를 복잡하게 만들 우려가 있다. 넷째, 도구를 목표에 맞도록 조정한다. 즉, 현재 문제를 해결할 수 있도록 도구를 변형하는 것이 바람직하다. 다섯째, 도구가 문제 해결에 도움이 안 된다면, 도구 사용을 중지한다. 아마도 다른 도구를 찾는 것이 바람직할 것이다.

Pande 등은 문제를 파악하고 분석하기 위한 방법으로 원인분석 사이클 모형을 제시하였다. [그림 9-4]에서 볼 수 있듯이, 원인분석 사이클 모형은 문제의 뿌리인 원인을 파악하기 위해 자료와 프로세스를 분석하는 것이다. 자료는 기존의 자료 또는 새로운 자료를 수집하여, 문제를 야기하는 현상의 추세나 행태를 파악한다. 프로세스는 프로세스의 흐름을 방해하는 주요한 문제들을 파악하기 위하여 분석한다.

[그림 9-4] 원인분석 사이클 모형

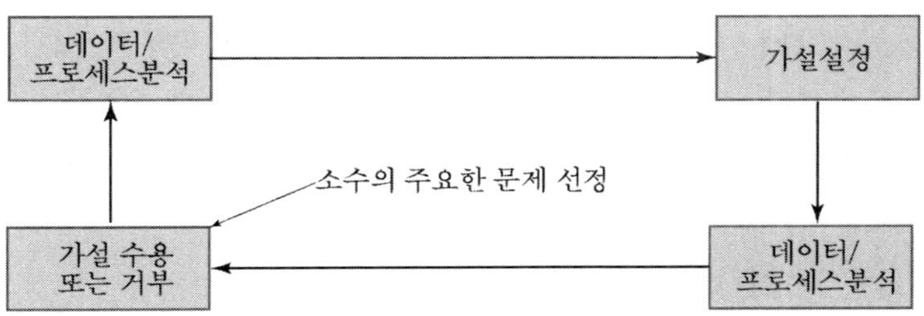

출처: Peter S. Pande, Robert P. Neuman, and Ronald R. Cavanagh, The Six Sigma Way : How GE, Motorola, and Other Top Companies Are Honing Their Performance, McGraw-Hill, 2000, p. 256

5) 6시그마의 확대와 통합

다섯 번째 단계는 개선을 가져오는 현재의 비즈니스 활동을 지속적으로 추구하고, 또 제품과 서비스 그리고 프로세스와 과정을 지속적으로 분석하고, 측정하고, 개선하는 것이다.

9.3.3 조직계층별 6시그마 혁신전략

일반적으로 조직은 최고, 중간, 그리고 하위의 세 개의 계층으로 많이 분류된다. 즉, 비즈니스(business) 계층, 오퍼레이션(operation) 계층, 그리고 프로세스(process) 계층으로 분류된다. 6시그마 혁신전략은 이 세 계층을 포함한 조직의 모든 계층에 전부 적용된다. 그러나 각 계층에서 달성하는 결과는 똑같지 않고 서로 상이한 관계로 6시그마 혁신전략은 근본적으로 조직의 상부와 하부를 전부 포함하고 또 연계시킨다. 그래서 장기적으로 또 전사적으로 경영을 개선하기 위해서는 조직의 모든 계층이 이 6시그마 혁신전략을 반드시 이해하고 추구하여야 한다.

위에서 설명한 6시그마 혁신전략의 모든 단계를 충분히 실행하고 추진하는데 보통 비즈니스 계층에서는 3~5년, 오퍼레이션 계층에서는 12~18개월, 그리고 프로세스 계층에서는 6~8주가 소요된다. 이렇게 6시그마 혁신전략을 완수하는데 소요되는 기간도 조직의 계층에 따라 같지 않다. 이것은 상부계층은 기업의 전략을 다루고, 하부 계층은 세세하고 일상적인 업무를 다루고 있기 때문이다. 또 실행하는 방법과 추진방법도 조직의 계층에 따라 다르게 운영된다.

비즈니스 계층에서의 6시그마 혁신전략의 목표는 다른 어떤 것들보다도 수익성의 향상이다. 그래서 비즈니스 계층에서는 기업의 경쟁력을 강화하고, 수익성을 향상시키는 방법으로 6시그마를 사용한다. 이것은 최고경영층인 비즈니스 계층에게는 당연한 목적이라고 할 수 있다. 이 계층은 조직의 최고 계층으로써 미시가 아닌 거시적인 차원, 즉 경쟁력과 고객에 몰두하여야 하기 때문이다. 그러므로 비즈니스 계층은 기업의 경쟁력과 수익성에 절대적으로 영향을 끼치는 고객과 주요 경쟁업자들을 계속 파악하고 조사하도록 하여야 한다. Harry와 Schroeder는 비즈니스 계층에 6시그마 혁신전략을 적용하기 위한 방안을 혁신전략의 8단계에 맞춰 설명하였다.

R 비즈니스 현황을 명백하게 인식하라
D 각 현황을 개선하기 위한 계획들을 수립하라
M 이 계획을 지원하는 비즈니스 시스템을 측정하라
A 시스템 성과를 검토하고, 차이를 분석하라
I 목표를 달성할 수 있도록 시스템 구성 요소들을 개선하라
C 가치에 있어서 중요한 시스템 수준의 특성을 통제하라
S 최상의 시스템을 선정하고 표준화하라
I 최상 시스템을 전략에 통합하라

조직의 두 번째 단계인 오퍼레이션 계층에서의 6시그마 혁신전략은 성과인 수율을 향상시키고, 숨겨진 공장을 제거하며, 원가를 절감하는 것이다. 오퍼레이션 계층은 비즈니스 계층보다는 덜 전략적이지만 프로세스 계층보다는 더 전략적인 업무에 중점을 둔다. 그래서 과거의 고정된 관념 속에 그냥 지나쳐 버릴 수 있는 숨겨진 낭비들을 파악하고 개선하는 데 중점을 둔다. Harry와 Schroeder는 6시그마 혁신전략을 적용하는 데 있어서 오퍼레이션 계층에서의 역할을 혁신전략의 8단계에 맞춰 다음과 같이 설명했다.

R 주요한 비즈니스 시스템과 연결된 오퍼레이션 이슈들을 파악하라
D 오퍼레이션 이슈를 해결하기 위한 6시그마 프로젝트들을 정의하라
M 6시그마 프로젝트들의 성과를 측정하라
A 오퍼레이션 목표와 관련하여 프로젝트의 성과를 분석하라
I 6시그마 프로젝트 관리 시스템을 개선하라
C 프로젝트 관리 시스템의 투입 요소들을 관리하라
S 최상의 관리시스템 업무를 표준화하라
I 표준화된 6시그마 업무를 정책과 업무절차로 통합하라

프로세스 계층에 있는 블랙벨트들은 6시그마를 적용하여 제품 및 서비스의 결함과 변동을 감소시키고, 프로세스의 능력을 개선하기 위해 노력한다. Harry와 Schroeder는 혁신전략을 적용하는 데에 있어서 프로세스 계층의 역할을 다음처럼 설명하였다.

R 오퍼레이션 이슈와 연계된 기능적 문제들을 인식하라
D 기능적인 문제들을 해결하는 프로세스를 정의하라
M 오퍼레이션의 효과를 높이는 각 프로세스의 능력을 측정하라
A 현재 자주 나타나는 패턴과 경향을 평가하기 위해 데이터를 분석하라
I 주요 프로세스들에 의해 창출되는 주요 제품 및 서비스의 특성을 개선하라
C 부정적인 영향을 미치는 프로세스의 변수들을 관리하라
S 최상의 성과를 낳는 방법과 프로세스를 표준화하라
I 표준화된 방법과 프로세스를 설계 사이클에 통합하라

이렇게 조직의 계층별로 6시그마 혁신전략이 다르게 적용되지만, 기업의 목표를 달성하기 위해서는 이 모든 계층이 서로 협조해야 한다. 하나의 예로 측정단계를 들어보자. 측정단계는 모든 계층에게 중요한 단계지만 측정의 대상은 각 계층에 따라 전부 다르다. 즉, 비즈니스 계층에 있어서는 수익성을, 오퍼레이션 계층에 있어서는 인건비, 자재비 그리고 제조 간접비를, 그리고 프로세스 계층에 있어서는 단위당 결함의 수, 사이클 타임 그리고 수율에 측정의 초점을 둔다. 그렇다고 해서 각각의 측정치들이 독립적으로 운영되는 것은 아니다. 기업의 목표를 달성하기 위해서는 각각의 측정치들이 다른 측정치들과 서로 연결되고, 통합되어야 한다. 이제 개선단계를 예로 들어보자. 비즈니스 계층은 6시그마 프로젝트를 선정하는 것에 목표를 준다. 또 프로세스 계층에 있는 블랙벨트는 실험계획과 같은 통계적 기법 등을 사용하여 문제의 원인을 파악한다. 또 관리단계에 있어서 비즈니스 계층은 6시그마의 효과를 지속하기 위한 조치들을 취하고, 오퍼레이션 계층은 성과인정 및 보상시스템 구상에 중점을 두며, 프로세

스 계층의 블랙벨트는 프로세스의 성과개선이 유지될 수 있도록 하는 절차 등을 문서화한다. 이렇게 각 계층은 다른 계층과 서로 연계되고 협력하여야 한다.

9.3.4 균형성과표(Balanced Score Card : BSC)

기업을 평가하는 방법은 다양하다. 그러나 과거에 기업들은 대부분 재무제표에 의존하여 기업을 평가하였다. 그러나 이러한 평가는 기업의 전략을 반영하지 못하였다. 즉, 과거의 시스템에 적합한 재무제표는 새로운 환경에서의 기업의 다양한 성과를 반영하기에 불충분하였다. 그래서 1990년 Kaplan과 Norton에 의해 균형성과표(Balanced Score Card: BSC)가 개발되었다. 이들은 우수한 평가시스템을 가지고 있는 미국의 12개 기업을 연구하였다. 이 연구에서 이들은 재무적인 측정치만으로는 기업의 다양한 성과를 측정하기가 부족하다고 판단되어서 품질, 혁신, 유연성과 같은 다양한 요소들을 측정하는 BSC를 개발하게 되었다.

고객의 욕구는 대개 시간, 품질, 서비스 및 성능, 그리고 비용의 네 가지 범주에 속한다고 Sytsma(www.sytsma.com)는 말하였다. 그래서 기업성과의 측정치는 고객만족, 사이클 타임, 품질, 종업원 기술, 그리고 생산성에 가장 영향을 많이 끼치는 프로세스와 연관되어야 한다. 이렇게 BSC는 기업의 다양한 성과를 측정할 수 있어야 한다.

APQC(American Productivity and Quality Center : www.apqc.org)는 BSC를 핵심적인 비재무성과 측정치를 조직의 기본적인 경영 틀로 통합하기 위한 다양화된 도구라고 정의하였다. 그리고 BSC는 미래 성공의 가장 효과적인 지표를 정의하고 관리하며, 조직을 핵심적인 활동에 집중시킨다고 하였다. 또 BSC는 재무 측정치 위주로 구성되어있는 전통적인 성과평가시스템의 취약점을 보완하여 기업의 상태를 종합적이고 체계적으로 표현할 수 있도록 고안된 새로운 성과평가시스템이라고 하였다. 이미 BSC는 GE, Mobil Oil, Intel, 3M, AT&T와 같은 초우량기업의 성과평가뿐만 아니라 병원과 같은 비영리 조직의 성과평가에도 활용되고 있다.

기업의 비전과 전략을 성공적으로 달성하기 위한 BSC의 기본구조는 [그림 9-5]처럼 네 개의 요소로 구성되어 있다. 이 4개의 요소는 재무적 관점, 고객의 관점, 기업내부 관점, 그리고 학습과 성장의 관점이다. 이 기본구조의 가정은 기업이 재무적인 성과를 거두기 위해서는 반드시 고객을 만족시켜야 한다는 것이다. 그래서 조직은 가치를 창출하는 내부 프로세스를 최적화시키고, 배우고, 종업원의 능력을 향상시켜야 한다는 것이다. 그리고 각각의 요소별로 목표치와 성과측정치를 기록하고 관리하게 된다.

재무적 관점은 전통적인 재무측정치이며, 수익성, 안전성, 그리고 성장성 등을 측정한다. 고객 관점은 고객이 욕구를 충족시키며, 고객만족, 고객유지, 그리고 시장점유율 등을 측정한다. 기업내부 관점에서는 기업 자체의 핵심경쟁력을 의미하며, 적시납품, 불량률, 리드타임 등을 측정한다. 그리고 학습과 성장의 관점에서는 인력자원과 시스템의 개선을 추구하며, 교육훈련 프로그램, 신제품개발 등을 측정한다.

[그림 9-5] BSC의 구성요소와 관계

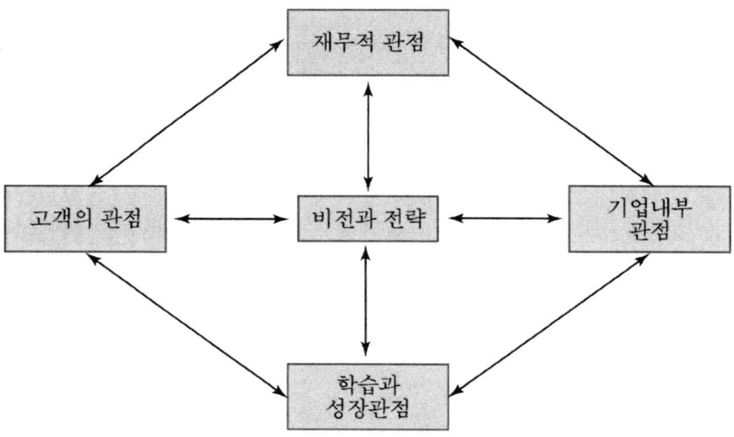

출처: 전웅수, 나가사까, 손병규, 왕영호, 안영진, 이건영. 글로벌 경쟁시대의 22가지 경영혁신 기법과 사례. 경문사. 2000. p. 300.

BSC의 개념은 단순하지만, 도입은 쉽지 않다. 이것은 기업의 전략과 각 요소들이 논리적으로 잘 연결되어야 하는데 실제로는 그것이 그리 쉽지 않기 때문이다. 또 BSC는 구성원들의 합의로 결정을 하기 때문에 많은 시간이 요구된다. 또 팀조직처럼 조직을 재구성하고, 적합한 정보시스템을 구축하고, 그리고 직무를 체계적으로 다시 설계하여야 한다. BSC는 고객서비스를 개선하고, 조직을 변화시키고, 비용을 감소하여 수익성을 향상시키는데 유용한 기법으로 평가되고 있다.

9.3.5 6시그마 설계(Design for Six Sigma; DFSS)

최근 경영자들은 품질의 문제가 생산이 아닌 설계에서 발생한다는 사실을 인식하고 제품의 설계단계에서부터 품질에 중점을 두고 있다. 즉, 제품의 설계품질이 좋아야 제품의 품질이 좋아지게 된다. 6시그마를 추진하는 기업은 설계품질이 설계기사의 노력에 의해서만 향상되는 것이 아니라, 이미 앞의 동시공학(concurrent engineering; CE)에서도 설명하였지만, 마케팅, 연구개발, 엔지니어, 구매, 수송 등 다른 분야 사람들의 의견수렴을 통해서 이루어진다고 판단하여, 제품을 설계할 때 기업의 모든 부서가 협동으로 의사결정을 하는 동시설계과정을 수행한다. 그래서 제품과 서비스 설계, 그리고 프로세스 설계를 동시에 진행한다. 이것은 기업에서 설계변동과 생산 사이클타임의 감소, 그리고 품질향상과 비용감소의 효과를 가능하게 한다.

그래서 Harry와 Schroeder는 6시그마 목표를 달성하기 위해서는 반드시 6시그마설계(design for six sigma : DFSS)를 도입하여야 한다고 주장하였다. 특히 이들은 5시그마 벽을 넘어설 수 있는 유일한 방법으로 6시그마 설계를 사용하여야 한다고 주장하였다. 그래서 DFSS를 이용해서 초기부터 제품 및 서비스를 재설계하여야 한다고 하였다. Harry와 Schroeder는 DFSS를 제품 및 서비스를 설계하는 엄밀한 방법으로써, 처음부터 기업들로 하여금 고객의 기대를 충족시킬 수 있도록 하는 프로세스라고 정의하였다. 그리고 DFSS의 세 가지 목적을 다음처럼 설명하였다. 첫째, 자원을 능률적으로 사용한다. 둘째, 복잡성과 수량에 관계없이 높은 수율을 발생시킨다. 셋째, 프로세스 변동이 발생하지 않는 로버스트 설계(robust design)를 가능하게 한다.

한국능률협회컨설팅(www.kmac.co.kr 2001)에서는 DFSS를 다음처럼 세세하게 설명하고 있다. 6시그마 공정능력을 가지고 소비자 요구 중심의 설계, 제조, 서비스 공정을 수행하며, 설계품질을 정직하게 예측하며, 능력의 상향 흐름에 맞는 상의하달 요구의 하향흐름이며, 초기설계단계 동안 품질측정과 개선을 예측할 수 있는 능력을 갖게 하며, 현 설계공정을 개선하며, 교차기능적 통합설계를 포함하며, 6시그마 소비자 요구에 맞는지 확인하기 위해서 공정변동을 감시하는 기법이라고 하였다. 그리고 DFSS 프로세스를 G(Gate) - P(Prioritize) - D(Design) - O(Optimize) - S(Settle)의 5단계로 구분하였다. G에서는 CFT(cross functional team)을 구성하고 프로젝트를 선정한다. P에서는 제품과 단위생산원가를 분석하고, 신제품 재무분석 및 위험을 평가하고, 스코어카드를 작성하고, 전반적인 검토를 한다. D에서는 개선 아이디어를 수집 및 평가하고, FMEA를 전개하고, 제품의 투입/산출 변수를 선정한다. O에서는 최적화를 위한 실험을 실시하고, 로버스트 제품을 설계하고, 공차설계와 공정설계를 수행한다. S에서는 프로세스 FMEA를 전개하고, 예방보전관리를 하며, 공급체인(supply chain)을 구축하고, 프로젝트 평가를 실시한다.

[사례; LG연구개발에서의 6시그마]

VCR을 생산하는 LG전자에서는 원가절감을 통한 제품의 경쟁력 강화를 위해 6시그마를 도입하여 상당한 성과를 거두고 있다. 특히 LG전자에서는 비교적 불모지인 연구개발 분야에 6시그마를 도입하여 새로운 시도를 꾀하고 있다. 사업부장, 실행팀 및 지원팀으로 추진팀을 구성하여 신제품 설계와 프로세스 개선을 시도하고 있다. 6시그마를 도입한 연구개발의 프로세스 혁신은 크게 상품기획, 기본구상, 개발, 그리고 다음 단계에 대한 준비로 이루어져 있다.

특히 프로세스를 개선하기 위한 단계는 주요 품질특성(Critical- To-Quality; CTQ) 선정, CTQ 최적화, 실행, 그리고 CTQ 추적으로 구성되어 있다. 즉, 연구개발부서의 6시그마는 고객의 소리를 청취하고, 품질기능전개 기법을 이용해 CTQ를 선정하고, 선정된 CTQ를 최적화하여 관리하고 있다. 또 CTQ를 선정하기 위한 기법으로 품질기능전개(Quality Function Deployment; QFD) 기법, FMEA(Failure Mode and Effects Analysis), 상관도법 등을, CTQ 최적화를 위한 기법으로는 실험계획법, 다구치 기법 등을 사용하고 있다.

[그림 9-6] LG연구개발부서에서의 6시그마 혁신전략

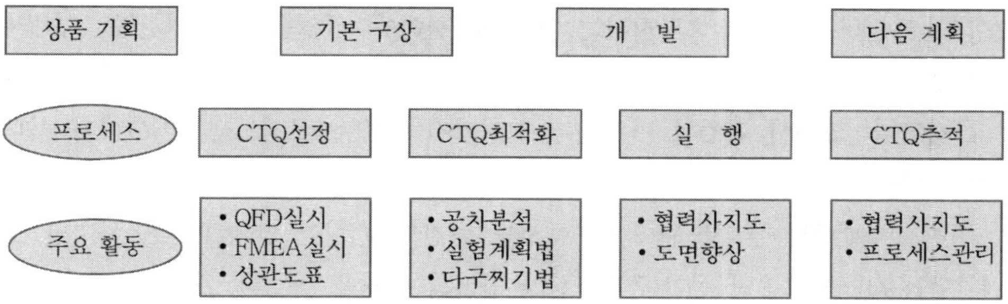

9.4 6시그마의 성공적 도입을 위한 고려사항

9.4.1 수익성 향상의 목적

기존의 많은 품질관리기법들과는 달리 6시그마의 목적은 품질을 향상시키는 것이 아니다. 그래서 Harry와 Schroeder는 품질과 능률의 향상은 6시그마의 직접적인 부산물이지, 결코 6시그마의 목적은 아니라고 하였다. 6시그마의 목적은 장단기간에 걸쳐 수익성을 창출하는 것이다. 6시그마도 다른 품질 기법들과 마찬가지로 제품과 서비스의 품질을 향상시킴으로써 경쟁력을 강화시키지만, 6시그마의 가장 두드러진 특성은 기업의 수익성을 즉각적으로 향상시킨다는 점이다. 물론 6시그마의 효과는 장기적으로 나타난다. 그러나 프로젝트를 해결함으로써 6시그마는 단기적인 수익성을 조직에게 제공한다.

수익성의 향상은 다음처럼 달성된다. 과학적인 방법을 사용하는 6시그마는 정확한 데이터를 수집하고, 통계기법을 이용해 데이터를 분석하여 문제의 원천을 확실하게 파악한다. 다음에는 문제의 원천을 제거하여 원가를 절감하고 고객만족을 향상시킨다. 또 6시그마는 프로젝트를 선정하는 데 있어서 고객에게 가장 큰 영향을 미치는 프로젝트를 선정해 수익성을 최대한으로 향상시킨다. 즉, 6시

그마는 수익성과 프로젝트를 연계하는 데 최대로 중점을 둔다. 이렇게 6시그마는 다른 품질기법들과는 달리 단지 품질 자체를 위해 품질을 추구하지 않고, 고객과 기업의 가치를 증가시키는 경우에 한하여 품질을 향상시킨다. 그래서 Blakeslee도 6시그마 프로젝트는 반드시 수익을 실현하는 프로젝트이어야 한다고 하였다. 그래서 기업의 가치를 증진시키지 않는 프로젝트는 6시그마가 아니라고 하였다.

6시그마에 투자한 첫 해에 GE에서는 약간의 손실이 발생하였다. 하지만 그 이후 1998년까지 3년 동안 7억 5천만 달러의 이익을 남겼다. AlliedSignal도 6시그마를 도입한 1991년부터 1998년까지 7년 동안 150억 달러의 이익을 달성하였다.

9.4.2 무결점 지향

무결점의 정신을 계승한 6시그마는 인간의 한계에 도전하는 개념이다. 3.4ppm이란 생산하는 일백만 개의 제품 당 불량품의 수가 3.4개인 것을 의미한다. 이것은 거의 무결점에 가까운 수치이다. 그러나 6시그마의 무결점은 Crosby가 주창하는 1970년대의 무결점 개념과는 구별되어야 한다. 무결점의 개념은 제품의 무결점에 초점을 둔다. 그래서 프로세스보다는 결과에 중점을 두는 개념이다. 하지만 6시그마는 제품이 아닌 공정 또는 프로세스에 초점을 둔다. 즉, 프로세스를 개선하여 불량품이 나오지 않도록 하는 개념으로서, 과정을 중시한다. 여기에 6시그마와 기존의 무결점 개념과의 차이가 있다.

9.4.3 통계의 집중적인 사용

TQM도 통계를 중요시 하지만, TQM에 비해 6시그마에서는 통계를 상당히 광범위하게 그리고 효과적으로 사용한다. 6시그마를 도입하여 성공하기 위해서는 통계를 집중적으로 사용하여야 한다. Harry와 Schroeder는 통계학은 우리의 문제점들을 보여 주고, 더 나아가 미래를 보여 주는 능력을 제공한다고 하였다. 또 통계학은 자료를 분석하여, 기업의 많은 문제들을 해결해 주고, 프로세스를 개선해 준다. 이렇게 기업은 통계학을 이용해 자료를 수집하고, 이 자료를 정보로 전환하고, 이 정보에 의하여 의사결정을 내린다. 이 의사결정은 과거의 주관적인 경험이 아니라 사실에 근거한 의사결정이다. 즉, 6시그마는 경험이나 느낌이 아닌 객관적인 자료에 근거해 관리를 한다. 그렇게 하기 위해서는 사실을 명확하고 객관적으로 보는 능력을 키워야 한다. 그래서 6시그마를 도입하는 기업에서는 정확한 자료를 객관적으로 수집하고, 정리하고, 처리할 수 있는 데이터시스템을 구비하여야 한다. 또 통계학은 기업의 최고경영자부터 현장의 작업자에게 이르기까지 전부 교육되어야 한다. 특히 중간 관리자들은 반드시 통계학의 중요성을 이해하고 이용할 줄 알아야 한다. 물론 알아야 할 통계의 내용은 조직의 계층에 따라 다르다. 하지만 각 계층에서 의사결정을 하는 데 문제점이 없도록 통계를 알아야 한다. 이렇게 통계는 우리의 미래를 바꾸는 혁신의 언어이며, 우리가 추구하는 목표에 도달하게 하는 강력한 경영혁신 도구이다.

6시그마에서는 컴퓨터를 많이 이용한다. 그러므로 예전처럼 통계에 대한 여러 가지 공식들을 암기할 필요가 없다. 이것으로 인해 많은 사람들이 통계에 대한 좋지 않은 경험을 가지고 있다. 그래서 너무 복잡한 많은 공식들 때문에 통계가 많은 사람들로부터 배척을 받아 왔다. 그래서 대학에서조차 통계학 강의는 학생들이 기피하는 가장 첫 번째 과목으로 정평이 나 있다.

9.4.4 벨트제도의 활용

과거의 품질기법들은 전통적으로 전문적인 품질부 사람들에 의해 거의 주도되어 왔다. 그러나 6시그마는 전문적인 품질부가 아닌 조직의 다른 부서들의 협조 없이는 성공할 수 없다. 그래서 6시그마는 유능한 사람들을 선발하여야 한다. 그리고 그 사람들의 행동과 협조에 의해 6시그마의 성과가 크게 달라진다. 이렇게 6시그마는 능력 있는 사람들을 선발하여 6시그마의 개념과 방법론에 대해 집중적으로 교육시키고 훈련시킨다. 그리고 이들에게 벨트라는 인증을 부여하여 전문가로서의 자격증을 주고 있다. 이렇게 6시그마는 다양한 벨트제도를 효과적으로 활용한다. 특히 6시그마에서는 블랙벨트로 알려진 고도로 숙련된 종업원들을 많이 양성하여야 한다. 왜냐하면 이미 앞에서 언급하였듯이, 이들이 바로 6시그마의 목표를 달성하는 혁신전략의 대표이기 때문이다.

GE에는 약 5천명 이상의 블랙벨트들이 있는데, 이들은 품질도구와 원인분석, 그리고 통계적 방법들에 대해 철저하게 교육을 받고 있다. GE의 블랙벨트 한 명은 보통 3~5개의 개선팀을, 그리고 한 명의 마스터 블랙벨트는 10~15개의 개선팀을 지도한다. 이들이야말로 바로 GE의 변화를 추구하는 핵심 전도사들이다. 삼성 SDI는 모든 임직원들에게 블랙벨트를 따도록 하고 있다. 그리고 이것을 못 따면 승진하지 못한다.

Harry와 Schroeder는 수익이 천만 달러인 기업에 한 명의 블랙벨트가 필요하다고 권장하였다. 이렇게 볼 때 수익이 1,900억 달러인 GM과 같은 회사에서는 약 19,000명 정도의 블랙벨트가 필요하다고 볼 수 있다.

9.4.5 혁신전략

6시그마는 6시그마의 목적을 달성할 수 있는 확실하고 구체적인 방법을 제공한다. 바로 이것이 위에서 언급한 Harry와 Schroeder의 8가지 혁신전략(인식, 정의, 측정, 분석, 개선, 관리, 표준화, 통합화)과 Pande 등의 5가지 혁신전략이다. 6시그마는 각각의 혁신전략을 연계하고 통합해 목적을 가장 효과적으로 달성하도록 한다. 반면에 TQM은 목적을 달성할 확실한 구체적인 도구를 제공하고 있지 않다. 물론 6시그마 혁신전략은 기업의 환경과 요구조건에 따라 다른 용어로 또는 8가지 이상 또는 이하의 단계로 변경되기도 하지만, 분명한 것은 6시그마의 목적을 달성할 수 있도록 고도로 집중적인 문제를 해결하는 구체적인 방법을 제공한다는 것이다.

9.4.6 기타 고려사항

1) 통합적으로 업무를 개선

TQM과 6시그마 개념의 차이는 초점의 문제라고 Harry와 Schroeder는 말하였다. 또 Pande 등도 6시그마와 TQM은 통합에 있어서 차이가 있다고 하였다. TQM은 개별 업무들을 개선하는 데 초점을 둔다. 그래서 결국 하나의 프로세스 내의 모든 업무들이 개선되기까지는 수년이 걸렸다. 그러나 6시그마는 모든 업무들을 개선하기 때문에 TQM에 비해 훨씬 빠르고 효율적인 결과를 얻는다. 또 품질위원회에 기업의 핵심적인 사람들이 참여하지 않고, 품질부서가 전략과 잘 통합되고 연계되지 않아 비능률적이었다.

그래서 과거의 품질 프로그램들은 각각의 개별 부서에서는 효과가 컸지만, 회사 전반에 걸쳐 통합되고 집중된 형태로의 효과는 약했다. 그러나 6시그마는 모든 부서들을 통합시키고, 공동의 목표와 가치를 창출한다. 그래서 6시그마는 기업을 하나의 단위로 보고 개선한다. 그래서 기능별 영역의 구분이 없어진다. Hoerl도 Scott사의 사례에서 말하기를 6시그마는 품질 부서에서 하는 것이 아니라 조직 전체가 수행한다고 하였다. 그래서 GE에서의 6시그마도 품질운동이 아닌 경영혁신 운동이었다. 그러므로 6시그마를 도입하는 회사에서는 품질부가 아닌 전체 조직 차원에서 6시그마를 추진하도록 하여야 한다. 물론 TQM에서도 CFT(cross functional team)가 사용되지만, 6시그마처럼 초기부터 끝까지 통합이 이루어지지 않는다. 또 TQM은 공장관리에 중점을 두지만, 6시그마는 공장 프로세스의 설계에도 중점을 둔다. 그래서 6시그마의 범위는 기업활동 전체를 포함한다.

2) 명백한 책임소재

6시그마에서는 다양한 그룹과 각 개인들의 임무와 책임이 비교적 소상하고 확실하게 규정되어 있다. 그래서 최고경영자, 챔피언, 마스터 블랙벨트, 블랙벨트, 그린벨트, 그리고 프로젝트 팀원들이 무엇을 하여야 하고, 어떤 책임을 져야 하는지를 명백하게 알고 있다. 이미 앞에서도 언급하였지만, 각 사람들은 자기의 지위와 벨트 등급에 따라 6시그마의 혁신전략에 대한 책임과 임무를 지니고 있다.

3) 프로젝트 중심

6시그마는 프로젝트 중심으로 이루어진다. 6시그마는 단순히 관련된 이론을 종업원에게 교육시키고 끝나는 것이 아니라, 실제로 현장의 프로젝트를 통하여 성과를 추구한다. 여기에서 성과란 기업의 수익성에 끼치는 공헌도를 말한다. 그래서 프로젝트는 참여자뿐만 아니라 최고경영자도 관심을 갖게 된다. 또 프로젝트도 현장에서 직접 접하는 실제 프로젝트이기 때문에 참여자들의 관심이 상대적으로 높으며 보다 더 열심히 한다. 그래서 6시그마에서는 프로젝트를 실제로 이용하여 일정한 성과를 거둔 사람에게만 벨트의 자격을 준다. 무조건 강의시간만 때우는 사람에게만 주는 것이 아니고, 구체적이고 명백한 가시적인 성과를 거둔 사람에게만 자격증을 주고 있다. 이렇게 프로젝트는 6시그마 교육과 훈련의 기본적인 관문이다.

이렇게 6시그마는 이론에 그치지 않고 반드시 현장에서 실습을 하여야 한다. 그래서 6 시그마 학습은 한 분야 당 대개 1주간의 강의실 교육과 3주간의 실습으로 구성되어 있다. 실습에 의해 성과를 이루지 않고는 6시그마의 목표를 달성할 수가 없다. 이것은 기존의 품질기법들과 현격한 차이다.

4) 보상

6시그마는 성과를 거둔 사람들에게 철저히 보상을 한다. 보상은 곧 또 다른 개선을 위한 투자이다. 이렇게 해서 지속적으로 개선을 유도하고 동기를 부여한다. 물론 개선이 미미하거나 없는 사람에게는 여러 가지 벌을 준다. 이렇게 6시그마는 철저하게 보상하고 벌칙을 가한다. GE의 Jack Welch 회장은 임원을 비롯한 모든 직원들이 승진을 하기 위해서는 반드시 6시그마 교육을 받아야 한다고 천명하였다. 그리고 GE 보너스의 40%는 6시그마와 연계되어 있다.

5) 측정

6시그마는 측정을 하지 않고는 수행할 수가 없다. 측정은 모든 문제점을 계량화하는 강력한 도구이다. 그리고 측정할 수 없는 것은 개선할 수도 없다. TQM도 6시그마처럼 모든 문제점을 파악하고 개선하지만, 측정의 도구를 제공하지는 않는다.

6) 혁신

TQM은 지속적인 개선을 강조한다. 그래서 리엔지니어링과 같은 급격한 개혁을 추구하지 않는다. 이것은 TQM과 리엔지니어링을 주창하는 사람들의 이념적인 대립의 원천이다. 6시그마를 개선보다는 혁신의 관점에서 보는 사람들도 있지만, 6시그마는 중립적인 입장을 취한다. 그래서 6시그마는 지속적인 개선을 추구하면서 동시에 급진적인 개혁을 추구한다.

품질경영 사례 9

6시그마 – 21세기 변화혁신의 미래

('혁신 데이'도입하니 능률' 쑥' 제조원가 '뚝')

중소기업중앙회와 포스코는 2013년 업무협약을 맺고 중소기업의 생산성 향상을 위한 '살아 있는 제조현장 만들기 QSS 혁신활동' 지원사업에 나섰다. QSS(Quick Six Sigma) 혁신활동은 포스코가 엔지니어 위주의 6시그마로 시작해 오퍼레이터들도 참여할 수 있도록 변화시킨 혁신활동이다. 이후 100여개의 중소기업이 QSS활동 도입을 지원받아, 제품 제작시간 단축, 원가절감, 품질 및 생산성 향상 등 눈에 띄는 경영성과를 달성하고 있다. 중소기업뉴스는 QSS를 통해 기업경쟁력을 강화시킨 중소기업사례를 연재 소개한다. 편집자주

한호산업㈜은 단조업계 전반이 성장 정체를 겪는 중에도 꾸준히 상승세를 이어가고 있다. 강동한 대표의 열정과 끊임없는 기술개발이 이뤄낸 성과다. 2013년 시작한 'QSS(Quick Six Sigma) 혁신활동'은 한호산업의 경쟁력을 더욱 높였다. 포스코인재창조원 QSS 컨설턴트와 함께한 'QSS 혁신활동'은 공장 제조 환경의 문제점과 직원들의 작업 인식을 되돌아볼 수 있는 계기가 됐다. 활동이 시작되자 컨설턴트는 현장에 찾아 회사의 현황을 살폈다. 컨설턴트는 보다 높은 생산성과 직원들의 만족감 향상을 위해서는 직원들의 사기향상과 작업환경 개선, 원가절감을 목표로 해결책을 제시했다.

우선 단조공장은 더럽고 지저분하다는 관행을 깨는 게 시급했다. 환경을 개선하고 낭비 없는 현장을 만들기 위해서 매주 금요일을 '혁신 데이'로 정했다. 오후 1~2시까지는 세상이 두 쪽 나더라도 전 직원이 함께 공장을 청소하고 장비를 닦고 점검했다. 또한 강 대표를 중심으로 임원진에 의한 솔선수범팀도 구성해 공장 내 청소와 설비를 점검했다. 전 직원 대상 변화관리 및 기본교육과 계층별 특별교육을 실시하고 우수회사 벤치마킹도 부지런히 다녔다.

행동이 변하자 이직률이 줄고, 작업환경이 변화하며, 직원들의 마인드가 바뀌는 결과로 이어졌다. 마인드가 바뀌니 생산성이 올라가고 불량이 감소하는 성과가 나타나기 시작했다. 제품 경쟁력을 갖추기 위해서는 원가절감, 생산성 향상이 필수였다. 컨설턴트는 공정 로스를 절감하고 가격 경쟁 우위를 확보하기 위한 원가절감 계획을 세워 추진했다. 우선 기존의 포징공법에 열간 링 롤링공법을 추가해 슬러그 중량을 최소화했다.

투입 중량 감소를 통해 원가를 줄이겠다는 전략이다. 또, 열간 단조 공정에 수동 장비 대신 로봇을 도입해 자동화 장비로 교체했다. 덕분에 기존에 6명이 일하던 것을 4명으로 줄일 수 있었다. 새로 Q.D.C시스템을 적용해 금형 교환 시간도 대폭 단축시켰다.

한호산업은 이 같은 활동으로 전년 대비 원가절감 6억 원이라는 성과를 얻었다. 자동화율이 25%에서 45%로 상승했고, 업무 만족도는 60%에서 85%로 늘었다. 불량률도 대폭 줄어 4,500PPM에서 3,000PPM으로 떨어지면서 품질향상으로 이어졌다. 설비가동율도 기존 80%에서 87%로 늘었다.

강 대표는 "1년 사이에 변화가 많습니다. 특히 이직률이 16% 감소했다는 것은 참 반가운 일이에요. 이런 변화가 앞으로 다가올 10년을 준비하는 든든한 디딤돌이 될 것이라고 생각합니다"라고 말했다.

(출처 : http://news.kbiz.or.kr/news/articleView.html?idxno=38816)

연 습 문 제

9-1 DMAIC는 무엇이며, 예를 들어 간략히 설명하시오.

9-2 CTQ와 CTP를 비교하여 설명하시오.

9-3 Harry와 Schroeder의 6시그마 혁신전략을 설명하시오.

9-4 PNC의 6시그마 혁신전략을 설명하시오.

9-4 6시그마를 성공적으로 도입하기 위해서 고려해야 할 사항을 설명하시오.

9-5 균형성과표(Balanced Score Card: BSC)에 관해서 설명하시오.

9-5 6시그마설계(Design for Six Sigma : DFSS)에 관해서 설명하시오.

9-6 현재 6시그마 활동을 추진하고 있는 기업을 파악하고, 어떻게 운영되고 있는지 조사하시오.

10
chapter

품질보증시스템

10.1 품질보증과 표준화

품질경영시스템이란 생산되는 제품과 서비스를 포함하여 업무관행의 일관성과 그 향상을 확실하게 도와주는 문서화된 시스템으로 효율적인 품질경영을 성취하기 위한 절차를 명시한 규격서에 기초를 주고 있다.

가장 일반적으로 알려지고 오늘날 가장 널리 사용되는 국제적인 품질경영시스템 규격은 ISO 9000 시리즈이다. 1987년 품질시스템에 관한 최초의 국제규격으로 제정된 ISO 9000 시리즈는 1994년에 1차 개정판, 2000년에 2차 개정판이 발행되어 현재에 이르고 있다. 이와 더불어 1996년 환경문제에 대한 관심이 고조되면서 환경경영시스템에 관한 ISO 14000이 제정되었다. 이후 국제표준화기구(International Organization for Standardization; ISO)에서는 ISO 9000과 ISO 14000을 통합하려는 움직임이 일어나 2002년 ISO 19011이 품질 및 환경 경영시스템 심사지침으로 제정되었다.

국제표준화기구는 1947년 2월 23일에 상품 및 서비스의 국제적 교환을 촉진하고, 지적 · 과학적 · 기술적 · 경제적 활동 분야에서의 협력 증진을 위하여 세계의 표준화 및 관련 활동의 발전을 촉진하기 위해 설립되었다. 이러한 목적을 달성하기 위하여 ISO는 다음과 같은 업무를 수행할 수 있다.

- 표준 및 관련 활동의 세계적인 조화를 촉진시키기 위한 조치를 취한다.
- 국제규격을 개발 · 발간하며, 이 규격들이 세계적으로 사용되도록 조치를 취한다.
- 회원기관 및 기술위원회의 작업에 관한 정보의 교환을 주선한다.
- 관련 문제에 관심을 갖는 다른 국제기구와 협력하고, 특히 이들이 요청하는 경우 표준화 사업에 관한 연구를 통하여 타 국제기구와 협력한다.

ISO의 법적 지위는 정부간 기관이 아니고 순수 민간기구로 구속력은 없는 비강제적 규격들이다. 그러나 ISO가 제정하는 국제규격을 각 국가나 산업체 집단들이 산업규격 또는 기준으로 채택함으로써 강제적 요건으로 되어 가고 있다. ISO에서는 각 전문 분야별 기술위원회(Technical Committee; TC)가 설치되어 이 위원회가 각 분야별 국제규격을 제정 · 심의하고 있다.

국제표준화기구의 약칭을 ISO라고 하는데, 이는 하나의 단어로서 그리스어 'isos'로부터 유래한 '동일한'이란 뜻의 단어로 isometric(동일한 크기의)이나 isonomy(동등한 법적 권리의) 등에 사용되는 접두어 'iso'의 어원이다. 국제표준화를 추진하며 새롭게 발족하는 기관명의 약호로서 'ISO'를 선택한 것에는 '동등하다', '평등', '동등의 크기' 등의 개념을 통해 '규격' 또는 표준화의 추진이 의도되어 있으며, 3가지 공용어인 영어, 프랑스어, 러시아어의 기관명 머리글자를 사용할 경우의 혼란도 방지하고 있다. ISO에 대한 발음은 '아이에스오'가 아니라 '아이소'라고 발음하는 것이 정확하다.

한편 ISO 9000 시리즈를 기준으로 각 산업에 특화된 규격들이 제정되었는데, 자동차 산업의 ISO/TS 16949, 소프트웨어 분야의 ISO 15504, 정보보안 분야의 ISO 17799(BS 7799), 정보통신산업의 TL 9000 등이 그 예이다. ISO/TS 16949의 경우 ISO 9000 이전에 존재하였던 QS-9000을 대체해 가고 있다. 또 다른 주요 국제규격으로는 국제전기표준화 위원회(International Electrotechnical Commission; IEC)에서 발행하는 IEC가 있다. ISO/IEC 규격 제정절차는 일반적으로 제안단계부터 발행단계까지 6단계로 구분된다.

또한 ISO 9000시리즈의 개정은 다른 국제규격에도 영향을 끼치게 된다. 예를 들어 항공우주산업의 공통의 품질관리규격인 AS 9000은 ISO 9000 : 1994가 개정됨에 따라, ISO 9001 : 2000 규격을 항공우주 분야에 접목시켜 AS 9100 Rev.A로 개정되었다.

10.2 ISO 9000

10.2.1. ISO 9000의 개요

ISO 9001은 국제표준화기구(International Organization for Standardization; ISO)에서 제정한 품질경영시스템 요구사항을 규정한 국제규격으로 국가별로 상이한 품질보증규격을 국제적으로 통일하여 국제통상을 원활히 하기 위한 공급자와 구매자 사이의 품질경영과 품질보증에 관한 기준으로, 기본적으로 고객만족을 위한 규격이다. ISO 9000은 품질경영 및 품질보증 규격의 선택 및 사용의 지침에 대하여 안내하고 있다.

또한 이는 회사의 조직을 정비하고 회사의 표준체계를 국제기준에 맞게 재구성하여 기업이 발전할 기반을 다지도록 하며, 업무수행절차를 국제규격기준에 준하여 명확하게 문서화함으로써 기업의 구성원이면 누구나 쉽게 문서만 보아도 업무를 수행할 수 있는 시스템을 구축 가능하게 한다.

즉, 조직의 구성원 중 일부가 빠진다 해도 업무수행과정을 알 수가 없어 실제 업무가 추진되지 못하는 애로점을 없앨 수 있으며, ISO 9000 인증을 받은 기업이라면 책임과 권한이 명확하게 구분되어 있으며, 그대로 실행하고 있음을 의미한다. 이렇듯 ISO 9000 규격을 통해 기업은 자사의 경영체제에 맞는 품질시스템을 수립하고 적합성과 실행의 유효성 검증을 통해 제3자 인증을 받는다.

최근엔 제조업, 건설업뿐만 아니라 병원, 학교, 금융, 지방자치단체(공공서비스 부문), 도소매 유통업 등 다양한 분야로 확대 보급되고 있다.

10.2.2 ISO 9000 시리즈의 태동 배경

제2차 세계대전 중 미국은 남서 태평양 전쟁에 보낸 항공장비의 반 정도가 사용해 보기도 전에 쓸 수가 없게 되었으며, 특히 폭탄의 전자제어 부품은 외적 이상이 없는 데도 잘 작동되지 않았으며, 육군 조사결과도 전자장비의 33%~75%가 보수 중이거나 작동하지 않는 것으로 나타났다. 공군에서는 당시에 5년 동안 조사해 본 결과 보수유지비용이 장비값의 10배 이상인 것으로 나타났다.

이와 같은 불량은 결국 미군의 전투능력을 심각히 저하시킨다는 어려움에 직면하여 미국 국방성은 1952년 정부 및 산업계에 위원회를 결성하여 이 문제를 해결하도록 하는 적극적인 조치를 취하여 권고안을 만들고, 이는 1959년 미국 국방성에 의해 승인되어 1960년부터 군수업체를 대상으로 적용되기 시작하였으며, 이후에 문제점을 보완하여 1963년 MIL-Q-9858A "품질보증계획요건"을 승인함으로써 계획적이고 체계적인 품질보증 활동요건이 공식화되었다. MIL-Q-9858A의 성공으로, 식품, 의약품, 원자력, 우주항공 등 단 하나의 불량품이라도 심각한 인명피해나 큰 재해를 일으킬 수 있는 산업분야로 품질보증에 대한 인식이 확대해 나갔다.

영국표준협회는 1972년 영국 내 산업계가 사용하는 품질시스템 기준을 표준화시키려는 의도에서 BS 4891(Quality Assurance Guideline)을 발간하였으며, 이 규격은 품질시스템을 수립하고자 하는 기업을 위한 기본지침으로 계획된 것으로써 일반용어로 작성되었다. 이러한 지침에 더하여 영국 산업계는 보다 구체적인 정보가 필요하게 되어 'BS 5179'이 발행되었고, 1979년에는 보다 강력한 규격의 필요성으로 인하여 BS 5750을 발행하였다.

한편 1970년 후반 각국에서는 품질관리와 품질보증의 중요성과 필요성에 대한 인식이 높아지면서, 프랑스의 NF X 50-110, 독일의 DIN 55-35, 캐나다의 CSA Z 299, 미국의 ANSI/ASQC Z 1.15 등 품질시스템 규격을 제정 운영하게 되었다. 이러한 품질시스템 규격의 확산은 기본 취지는 같았으나 세부사항이 각기 조금씩 달라서 혼란과 비효율을 야기하였다. 결국 영국에서 모든 목적에 대한 요건을 포함하는 BS 5750 Part 1, 2, 3의 품질시스템 규격이 생겨서, 이 규격이 ISO 9000 시리즈 규격을 탄생시키는 직접적인 계기가 되었다.

국제적인 통상활동을 원활히 하기 위하여 이러한 규칙을 통합하여 국제규격을 제정하려는 움직임이 싹트면서 1979년 ISO에서 이 분야의 규격에 관한 조사·심의를 수행하는 기술위원회 ISO/TC 176 "품질관리와 품질보증(Quality Control and Quality Assurance)"가 설치되어, BS 5751을 기초로 하여 1987년 품질시스템에 관한 최초의 국제규격인 ISO 9000 시리즈를 제정·발행하였다. ISO 9000 시리즈 규격은 1994년에 1차 개정판이 발행되었으며, 2000년 12월 15일부로 2차 개정판이 발행되어 현재 적용되고 있다.

10.2.3 ISO/IEC의 표준 제정 절차

국제표준화기구(International Organization for Standardization; ISO)와 국제전기표준화 위원회(International Electrotechnical Commission; IEC)에서는 주요한 국제규격인 ISO/IEC를 제정·발행하고 있다. ISO/IEC 규격 제정절차는 일반적으로 제안단계부터 발행단계까지 6단계로 구분된다. 단계별 제정절차는 ISO/IEC 기술지침서에 [표 10-1]과 같이 기술되어 있다.

[표 10-1] ISO/IEC의 표준 제정절차

프로젝트 단계	관련문서	
	명 칭	약 어
0 예비 단계	예비 업무 항목	PWI(Preliminary Work Item)
1 제안 단계	신규 업무 항목 제안	NP(New Product Item Proposal)
2 준비 단계	작업 초안	WD(Working Draft)
3 위원회 단계	위원회 초안	CD(Committee Draft)
4 질의 단계	질의안 (국제규격안)	DIS(Draft International Standard)
5 승인 단계	최종 국제규격안	FDIS(Final Draft International Standard)
6 출판 단계	국제규격	IS(International Standard)

10.2.4 ISO 9000 인증취득의 목적과 기대효과

1) 인증취득의 목적

(1) 국제적 동향 및 무역장벽에의 대응

현재 ISO 9000을 국가표준으로 채택하고 있는 나라는 120여 개국에 이르며, ISO 9000 시리즈는 세계시장 진출을 위하여 필수조건화되고 있다. 특히 유럽연합과 회원국들의 경우 자국의 규격준수평가 계획의 일부로서 ISO 9000을 의무적으로 적용하는 등 국제사회의 인증취득 요구에 따른 기술무역/품질관세 장벽에 능동적으로 대응하기 위하여 ISO 인증이 필요하다.

(2) 고객만족 달성을 위한 최적의 품질경영시스템 구축

기업경영의 효율을 높이고 기업체질을 개선하여, 고객의 요구와 기대를 만족시키기 위한 제품생산 및 제조공정을 지속적으로 개선시키고, 고객의 요구사항을 충족시킬 수 있는 제품을 제공하여, 기업의 이미지 및 신뢰도 향상으로 고객만족을 달성할 수 있다.

(3) 공공 서비스 부문의 대외 공신력 및 신뢰도 확보

효율적인 업무처리 프로세스를 통하여 고객 불만 감소, 비용 감소, 대고객 서비스 개선 등을 달성할 수 있다.

2) 인증취득의 기대효과

(1) 품질의식의 향상

전사적 차원의 품질 최우선 자세가 형성되어 사내표준에 대한 준수의식이 고취되고 전사적 차원의 품질경영시스템에 대한 이해가 증가한다.

(2) 품질경영체제의 확립

품질보증범위가 전사적 차원으로 확대되며, 조직구성 및 관리체계가 합리적으로 정립되며, 불량추적 및 재발방지에 따른 품질향상을 기대할 수 있다.

(3) 생산성 향상

업무의 책임과 권한의 명확한 구분을 통하여 업무효율이 향상되고, 부서간의 협의 및 협조 분위기가 확산되어 공정 내 불량률이 감소한다.

(4) 고객만족 제고

고객에 대한 개념 확립 및 인식의 전환이 이루어져서 고객 불만이 감소된다.

10.2.5. ISO 9001 : 2000 주요 항목

ISO에서는 5~6년마다 규격의 개정을 검토하도록 되어 있다. 1994년 1차 개정판 발행 이후 나타난 기존 규격(1994년 판)의 한계점을 극복하고 고객의 요구사항에 부응하고자 2000년 12월 2차 개정판을 공표하였다. 이 규격은 2003년 12월부터 유효하게 사용하고 있다.

ISO 9000 시리즈 2000년 개정판[그림 10-1]은 품질경영시스템, 경영자 책임, 자원관리, 제품실현 및 측정 · 분석 · 개선을 강조하고 있는데, 그 주요 내용은 다음과 같다.

[그림 10-1] 프로세스 접근모형

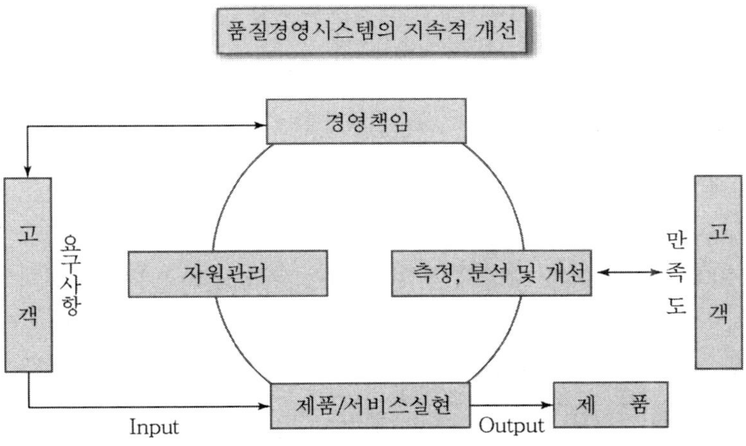

- 점차 서비스산업의 중요성이 강조되며 정보화 및 세계화 추세에 맞추어 제조업에서 서비스, 건설, 통신, 인터넷, 공공기관 등으로 활용범위를 확대하여 모든 제품 영역, 산업분야 및 조직에 적용할 수 있다.
- 기존의 ISO 9002 및 9003을 제거하면서 요건 서류를 단일화하여 문서화 요구사항을 완화하였다.
- ISO 9000 시리즈 간의 일관된 사용을 돕는데 초점이 맞춰졌을 뿐 아니라, 기업을 고객이 구매하는 제품과 서비스를 생산하는 프로세스로써 보는 확대된 개념에 바탕을 두고 상호 연관된 프로세스를 정의하여 경영시스템을 조직 프로세스에 연계하였다.
- 조직이 PDCA(Plan-Do-Check-Act) 원리 및 프로세스 경영을 적용하는데 융통성을 허용하여, 성과중심의 지속적 개선을 도모한다.
- 사용자의 다양한 의견을 반영하여 작성되었으며, 고객만족(Customer Satisfaction)의 실현을 강조하며, 최고 경영층의 역할을 강조한다.
- 품질시스템을 운영하는데 있어서 '절차에 초점을 둔 접근방식(업무활동을 어떻게 하는가를 기술함)'으로부터 '프로세스 접근방식(무엇을 하는가에 더욱 초점)'으로 전환되었다. 이러한 프로세스 접근법은 조직으로 하여금 사업효과성과 사업목표를 직접적으로 연결하여 관리할 수 있도록 하며, 이를 통해 기존의 20개 조항을 5개의 프로세스로 재조정하였다.
- ISO 14001 등 기타 경영시스템과의 호환성이 증대되었다.

10.3 ISO 14000

ISO 14000은 나라마다 다르게 운영되어 온 환경관리 방법 및 체계를 통일하고 조직체 스스로 환경관리를 위한 체계적 절차를 만들어 지속적인 개선을 할 수 있도록 하기 위한 환경경영시스템(Environmental Management System : EMS)에 관한 국제표준이다. 이는 범지구적으로 환경문제가 심화되면서 국내외 환경규제가 강화되고, 환경단체의 압력이 거세지면서 소비자들의 환경에 대한 인식이 변화되어 점차 환경 이미지의 중요성이 증대되는 가운데 1996년에 도입되었다.

환경관리란 기업활동의 전 과정에 걸쳐 환경성과를 개선함으로써 경제적 수익성과 환경지속 가능성을 동시에 추구하는 일련의 경영활동을 말한다. 조직이 환경에 미치는 영향을 최소화하면서 환경적으로 지속적인 발전을 도모하는 것이라 할 수 있는데, 이는 사후처리기술(End of Pipe Technology) 중심으로 운영되어 오던 기존의 환경관리방식에서 탈피하여 '요람에서 무덤까지(cradle to grave)'와 같이 원료의 조달에서부터 생산, 판매, 사용 및 폐기에 이르는 제품의 전 과정을 대상으로 전 직원의 참여를 통하여 전사적으로 환경문제를 해결할 수 있는 체계적인 방안을 모색할 것을 추구하고 있다. 이를 위하여 청정생산공정기술(Cleaner Process Technology)의 도입을 촉진한다. 즉 ISO 14000 시리즈의 도입은 표준화의 개념이 과거 제품규격이라고 하는 공급자의 관점에서 소비자의 이익을 보호한다는 수요자의 관점으로 전환해 가고 있다는 것을 시사하고 있다.

ISO 14000 시리즈 중 인증심사 대상규격인 ISO 14001 환경경영시스템은 조직에서 발생하는 환경영향을 체계적인 방법으로 절감시키기 위하여 조직이 갖추어야 할 체계를 말하는 것으로, 환경방침과 환경목표를 정하여 이를 달성하기 위한 활동을 실시하고 활동의 실시상황을 감시, 검토하는 일련의 과정으로 구성되어 있다.

10.3.1 EMS 구축의 필요성

- 고객의 요구조건으로 정착화.
- 유럽 수출 시 강제 규제화
- GR(Green Round)로 새로운 무역장벽 대두
- 국내 환경관련 요구사항의 법제화
- 시민단체의 환경압력 증대
- 비용절감의 새로운 돌파구 필요

10.3.2 ISO 14000 인증취득의 기대효과

- 기업이미지 제고 및 그린마케팅
- 환경민원의 감소 및 고객 설득력 확보
- 이해관계자와의 기업의 환경적 신뢰도 강화
- 환경사고의 예방으로 환경리스크 감소
- 비용절감
- 비상사태의 발생 시 신속 대응
- 환경관련 법규 및 규제에 대한 능동적 대처

[그림 10-2] 환경경영시스템 추진절차

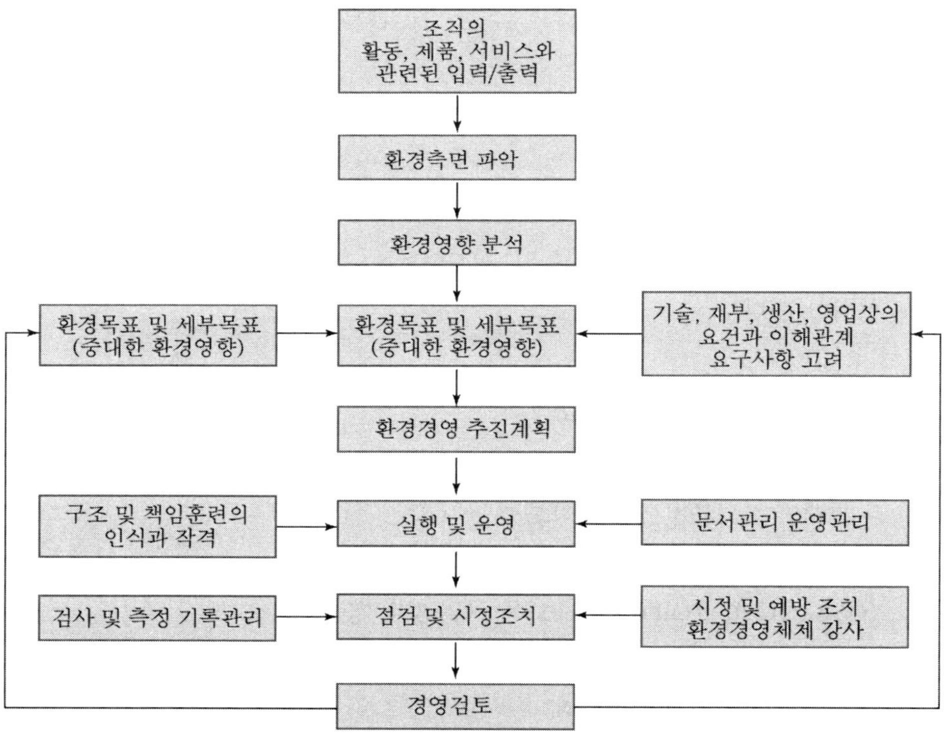

10.3.3 ISO 14000 구성요소

ISO 14000 시리즈는 환경경영시스템(Environmental Management System; EMS), 환경 심사(Environmental Auditing; EA), 환경 라벨링(Environmental Labeling; EL), 환경성과 평가(Environmental Performance Evaluation; EPE), 전과정 평가(Life Cycle Assessment; LCA), 환경친화 설계(Design for Environment; DfE) 및 용어 정의로 구성되어 있다.

[표 10-2] ISO 14000 구성요소

구 분	내 용	규격번호
환경경영시스템 규격	환경경영시스템 규격 및 사용지침	ISO 14001
환경경영시스템 지침	환경경영시스템 원칙, 체제 및 지원기법에 관한 일반지침	ISO 14004
환경 심사(EA)	환경경영시스템 심사원칙, 심사절차와 방법, 심사원 자격 규정	ISO 14010/11/12
환경성과 평가(EPE)	조직활동의 환경성과에 대한 평가기준 설정	ISO 14031 ISO/TR 14032
환경 라벨링(EL)	제3자 인증을 위한 환경마크 부착지침 및 절차, 자사제품의 환경성, 자기주장의 일반지침 및 원칙 등을 규정	ISO 14020/21/24 ISO/TR 14025
전과정 평가(LCA)	제품, 공정 및 활동의 모든 과정에 대한 환경영향을 평가하고 개선하는 방안을 모색	ISO 14040/41/42/43 ISO/TR 14049
용어 정의	환경용어 정의	ISO 14050
환경친화 설계(DfE)	Design for Environment	ISO/TR 14062

1) 환경경영시스템

환경경영을 실천하기 위해 조직의 환경관리활동을 체계화하는 내용으로, 오염방지 및 법규준수에 대한 실천의지를 담은 환경방침을 공포하고, 이를 체계적으로 실행하기 위한 환경목표 및 세부목표를 수립하고 체계화한다. 이를 통하여 지속적인 환경개선을 통한 신뢰를 확보하게 된다.

2) 환경 심사

환경경영의 일반원칙에 관한 규칙과 감사를 실시하기 위한 절차에 대한 기준을 제시한다. 규칙으로는 감사자의 자격요건 및 감사계획에 관한 기준 등이 있으며, 실시절차로는 환경경영시스템(EMS)의 유효성 감사, 환경보고서 감사, 공장현장 감사 등이 종류별로 상정되어 있다. 향후 성과심사에 대한 국제 표준화 작업도 진행될 전망으로 품질경영시스템(Quality Management System: QMS) 심사와 통합하여 규정하고 있다.

3) 환경 라벨링

기업이 공급하고 있는 제품의 환경성에 대한 사항을 다루고 있으며, 환경마크의 부착에 따른 지침 및 절차에 대하여 규정한다. 소비자의 선택이라고 하는 시장원리를 이용하여 유사상품 군에서 환경을 배려한 상품에 우선순위를 두는 것을 목적으로 한다.

환경 라벨링에는 우리나라의 환경마크나 독일의 블루엔젤과 같은 외부기관의 심사에 의해 마크를 부여하는 형태와 기업의 자발적인 라벨링이 있다.

4) 환경성과 평가

조직의 환경성과에 대한 평가기준을 설정하고자 하는 것으로, 조직의 환경성과를 정성적 · 정량적 지표를 사용하여 측정하고 평가하는 절차 및 환경성과를 대내외에 보고하는 방법을 명시한다.

조직의 규모, 사업의 종류에 상관없이 적용 가능한 일반 방법과 산업별로 적용을 달리하는 특별 방법으로 구분된다. 평가의 핵심은 평가지표(EPI)로 조직의 환경성과를 측정하기 위한 대상 범주와 측정 규모를 다루고 있다.

5) 전과정 평가

제품, 공정 및 활동의 전 과정에 걸쳐 사용되고 배출되는 에너지 및 물질의 양을 정량화하며, 환경에 미치는 영향을 평가하여 지속적인 환경성과의 개선을 모색하고자 하는 체계적인 방법을 명시한다.

현재 ISO에서는 원료조달에서 폐기에 이르는 전 단계에 걸쳐서 기업활동이 환경에 미치는 영향을 분석하고 이를 개선하기 위한 기준을 제시하고자 환경경영시스템의 구축도구로 사용할 수 있는 표준화작업이 실시 원칙, 자료관리와 축적을 위한 목록 분석, 환경부하 영향 및 개선 평가분야에 걸쳐서 진행 중이다.

[표 10-3] 품질경영시스템과 환경경영시스템의 비교

	품질경영시스템	환경경영시스템
대 상	제품 및 서비스	부산물(폐기물, 폐수, 대기오염물질, 소음, 진동 등)
이해당사자	고객	고객 및 이해관계자
규 격	ISO 9000 시리즈, BS 5750	ISO 14001, BS 7750, EMAS
대상 및 적용범위(조직)	적용 제외조직 존재 (총무, 재무 등)	조직의 전 업무활동
방 침	추상적	실천가능하고 공개 가능한 명확한 방침
초 점	기대하는 제품 품질에 대한 신뢰를 주기 위함	조직의 활동, 제품 및 서비스가 환경에 미치는 영향

10.4 ISO 26000

ISO 26000은 국제표준화기구(ISO: International Organization for Standardization)에서 개발한, 사회를 구성하는 모든 조직(기업, 정부, NGO 등)이 준수해야 할 사회적 책임(SR: Social Responsibility)에 관한 국제표준이다. 제네바에 본부를 둔 국제표준화기구(ISO)는 사회적 책임 경영의 국제표준으로 ISO 26000을 2010년 11월에 제정 발표했다. ISO 26000은 사회적 책임을 이행하고 커뮤니케이션을 제고시키는 방법과 관련하여 지침을 제공한다. 이를 만들기 위해 준비 기간은 4년(2001년~2004년)이 걸렸으며, 개발 기간은 6년(2005년~2010년)이다. 어느 조직이나 ISO 26000 지침서를 참조로 하여 미래의 지속 가능성을 확보하기 위한 활동을 준비할 수 있다. 2013년 현재 세계적으로 1만 개가 넘는 단체가 ISO 26000 지침을 사용한다.

기업, 정부, NGO 등 사회를 구성하는 모든 조직이 7개 핵심 주제(지배구조, 인권, 노동, 환경, 소비자, 공정운영, 지역사회참여와 발전)에 대해 준수해야 할 사항을 포괄적으로 규정하고 있다. 80개국에서 국가 표준으로 채택하였고, 해외에서는 수천 개의 기관이 ISO 26000을 이용하여 사회적 책임 전략을 개선하고 있다.

10.4.1 ISO 26000의 탄생

사회적 책임에 관한 관심이 고조되면서 ISO는 2001년 ISO 소비자 정책 위원회(ISO/COPOLCO)가 사회적 책임에 관한 국제표준 개발의 타당성을 검토할 수 있도록 결의안을 승인하였다. 거의 2년에 걸친 연구 결과 ISO는 새로운 표준을 개발하기 위해 사회적 책임에 관한 ISO 실무그룹(ISO/WG SR)을 구성하기로 결정했다. 실무그룹은 선진국 및 개발도상국의 국가표준기구(스웨덴의 ISO 멤버인 SIS와 브라질의 ISO 멤버인 ABNT)가 공동으로 이끌었다. 총 8차례의 국제총회를 개최하고 25,000건에 달하는 서면 의견을 검토한 후에야 의견의 일치를 이룰 수 있었다. 또한, ISO와 ISO/WG SR은 정교한 이해관계자 대화 프로세스를 기반으로 급진적인 반대 의견에 대응하는 새로운 방법을 개발함으로써 국제적 합의를 달성할 수 있었다. 2010년 11월에 발행된 ISO 26000은 거의 5년에 걸친 혁신적이고 도전적인 프로세스를 통해 개발되었다. 특히 개발도상국에서 많은 워크숍을 개최함으로써 이해를 증진하고 역량을 강화하였다. 실제로 프로세스의 각 단계는 상호 이해를 증진하고 99개국, 40개 국제기구, 450명의 전문가들의 참여를 확보하기 위해 실무그룹의 지도부와 ISO 임원에 의해 검토되었다.

10.4.2 ISO 26000의 목적과 원칙

조직이 사회의 지속가능한 발전에 기여하도록 협력하고, 사회적 책임의 필수요소임을 인식시키며, 법 준수 이상의 활동을 하도록 권장하고 있다.

ISO 26000에서는 기본 7개 원칙을 다음과 같이 제시하고 있다: (1) 책임성, (2) 투명성, (3) 윤리적 행동, (4) 이해관계자의 이익 존중, (5) 법규준수, (6) 국제 행동규범 존중, (7) 인권 존중이다.

10.4.3 ISO 26000의 핵심 주제

사회적 위험과 영향을 파악하고 이를 관리하기 위해 지침에 포함된 핵심 분야와 쟁점은 다음과 같다. 핵심 분야는 (1) 조직 거버넌스, (2) 인권, (3) 노동 관행, (4) 환경, (5) 공정 운영 관행, (6) 소비자 이슈, (7) 지역사회 참여와 발전이다.

기업이 다양한 프로그램이나 비즈니스 의사결정을 통해 기업의 사회적 책임을 이행할 때 위에 언급된 핵심 분야를 고려하지 않을 수도 있다. ISO 26000 지침에는 위의 핵심 분야가 기업이나 조직의 지속 가능성에 영향을 미치며 위험성이 있는 분야라고 명시되어 있다. 핵심 분야를 고려하지 않을 경우 언론의 감시뿐만 아니라 민사/형사 소송, 브랜드 명성을 훼손시킬 수 있는 소비자 민원 증가로 이어질 수 있다. 또한, 인적 자원이나 인권 문제에 관심을 기울이지 않을 경우 불필요한 사회적 비난을 초래할 수 있다. 마찬가지로 공정 거래 관행을 따르지 않을 경우 기업은 금전적 손해와 이미지 훼손을 입게 된다.

따라서 ISO 26000 문서는 기업의 사회적 책임(CSR)을 이행할 때 어떠한 활동을 해야 하고 어떠한 의식을 반영해야 하는지에 대해 기업을 포함한 모든 조직에게 명확한 지침을 제공하기 위해 개발되었다. 대부분의 한국 기업들이 보여주는 관행과 달리 기업의 사회적 책임은 사회에 공헌하는 몇 가지 이벤트나 프로그램을 이행했다고 해서 끝나는 것이 아니다. 본 지침에 포함된 핵심 주제는 기업의 주요 경영 철학 및 관행에 반드시 반영되어야 한다.

ISO 26000은 기업이 반드시 준수해야 할 표준(인증사항)이 아니라 기업의 행동방향을 제시하는 지침으로 인증할 수 있는 것이 아니다. 따라서 조직이나 기업의 사회적 책임 활동 또는 프로그램이 본 지침에 대한 준수 여부는 각 조직이나 기업의 결정에 따른다.

[표 10-4] ISO 26000의 핵심 주제와 쟁점

핵심 주제	쟁점	비고
거버넌스		
2. 인권	*실사(인권정책의 시행) *인권위험상황 *공모회피 *고충처리 *차별화 취약집단 *시민권과 정치권 *경제, 사회 및 문화적 권리 *직장에서의 기본권	
3. 노동관행	*고용과 고용관계 *근로조건과 사회적 보호 *사회적 대화 *직장에서의 보건과 안전 *인적 개발과 직장내 훈련	
4. 환경	*오염 방지 *지속가능한 자원 이용 *기후변화 완화 및 적응 *자연환경의 보호와 복원	
5. 공정운영관행	*부패방지 *책임있는 정치 참여 *공정 경쟁 *영향권 내에서의 사회적 책임 제고 *재산권 존중	
6. 소비자쟁점	*공정 마케팅, 정보 및 계약관행 *소비자의 보건과 안전보호 *지속가능한 소비 *소비자 서비스, 지원 및 분쟁 해결 *소비자 정보 보호와 개인정보 *필수 서비스에 대한 접근 *교육과 인식	
7. 지역사회 참여와 발전	*지역사회 참여 *교육과 문화 *고용창출 및 스킬개발 *기술 발전 *부와 소득 창출 *보건 *사회적 투자	

10.4.4 ISO 26000 지침을 준수함으로써 기업이 받을 수 있는 혜택

ISO 26000 지침을 준수하는 기업은 다음과 같은 혜택을 받을 수 있다.

1) 기존 법률이나 규제를 준수하고, 향후 법률이나 규제를 파악하는 등 체계적인 접근법을 통해 법률 및 규제 요건에 대한 준수 체계 개선
2) 기업의 사회적 책임을 국제 규범 및 표준에 의거하여 이행하고 있음을 입증
3) 정부가 ISO 26000 준수 여부를 중요한 자격기준으로 간주하고 있기 때문에 정부 입찰 참여시 경쟁업체 대비 경쟁력 확보
4) 주요 인력, 고객, 클라이언트, 사용자를 유지하고 새롭게 확보할 수 있는 능력
5) 직원의 사기, 헌신, 생산성 확보
6) 투자자, NGO, 기타 활동가, 정부가 기업을 바라보는 관점 개선
7) 지속 가능성 관련 위험에 대한 경영진의 인식 제고
8) 기업의 비즈니스 관행에 CSR 반영
9) 인식 제고, 지식 향상, 비즈니스 의사결정 개선
10) 자원의 효율적 사용, 비용감소에 관한 비즈니스 의사결정 개선
11) 경쟁사 벤치마킹을 통한 CSR 관행 향상
12) 브랜드 이미지/명성 제고, 소비자 만족도 향상으로 인한 소비자 선호도 증가, 지역사회 및 환경 운동가들과의 관계 개선, 공정 거래 기업으로서의 이미지 구축 등 다양한 혜택

10.4.5 기업이 ISO 26000을 통해 받을 수 있는 도움

1) ISO 26000은 조직의 크기나 지역에 관계 없이 모든 유형의 조직을 대상으로 다음과 관련하여 지침을 제시한다.
2) 사회적 책임의 개념, 조건, 정의
3) 사회적 책임의 배경, 트랜드, 특징

4) 사회적 책임의 원칙과 관행
5) 사회적 책임의 핵심 주제와 이슈
6) 조직 전체에서, 조직의 정책과 관행을 통해, 그리고 조직의 영향 범위 내에서 사회적으로 책임 있는 행동을 통합, 실행, 촉진
7) 이해관계자의 확인과 참여
8) 사회적 책임에 대한 헌신, 성과 및 기타 정보의 소통

ISO 26000은 조직이 지속 가능한 개발에 공헌할 수 있도록 지원하는 것을 목표로 한다. 또한, 단순한 법의 준수가 목표가 아니라 법을 준수하는 것이 조직으로서의 기본적인 의무이며 사회적 책임의 핵심 분야에 해당이 된다는 것을 인식할 수 있도록 한다. 뿐만 아니라 사회적 책임에 대한 공동의 이해를 증진시키고 사회적 책임을 위한 다른 방법이나 계획을 대체하는 것이 아니라 이를 보완하는 역할을 한다. ISO 26000을 적용할 때 조직은 사회적, 환경적, 법적, 문화적, 정치적, 그리고 조직의 다양성을 고려하는 것이 바람직하다.

10.5 HACCP

HACCP는 Hazard Analysis Critical Control Point의 약자로, 식품의 원료 생산단계에서부터 최종 소비에 이르기까지 발생할 수 있는 모든 위험요소를 파악하고 중요한 통제지침을 선정하여 관리함으로써 식품의 안전성을 확보하기 위한 예방차원의 관리활동을 말한다.

HACCP는 식품의 안정성을 확보하는데 그 목적이 있기 때문에 ISO 9000에 포함되어 있지 않은 '제품의 안정성'이나 '제조물 책임'에 관한 규정이 HACCP에는 포함되어 있다. 즉 ISO 9000 시리즈는 품질보증시스템의 유지를 목적으로 한 규격으로, 그 요구사항을 완전히 실행하더라도 반드시 제품의 안정성을 달성하였다고 볼 수 없으나, ISO 9000와 HACCP를 함께 도입할 경우 제품의 안정성을 확보함과 동시에 자사의 자율적 품질관리시스템을 보다 충실히 할 수

있게 된다.

그러나 현실적으로 ISO 9000은 시스템 그 자체가 대단히 부담되기 때문에 모든 기업이 바로 도입할 수 없는 형편이다. 특히 영세한 중소기업형태의 식품업계는 다품종소량생산체제이며 제품 제조과정이 복잡하여 도입이 쉽지 않은 실정이다. 따라서 ISO 9000의 기본 취지에 근거하여 HACCP 시스템을 도입하는 것이 바람직하다.

10.5.1 HACCP 인증형태

1) 국제식품규격위원회(CODEX)에서 채택한 HACCP 원리를 기초로 하여 자국에 적합하게 변형한 HACCP 시스템을 국가기관에서 인증해주는 형태.
2) HACCP 또는 HACCP와 ISO 9000을 통합한 형태의 품질시스템을 민간기관에서 인증해주는 형태.

10.5.2 HACCP의 구성요소

1) HACCP Plan
2) SSOP(Sanitation Standard Operation Procedures)
3) GMP(Good Manufacture Practice)
4) SOP(Standard Operation Procedure)

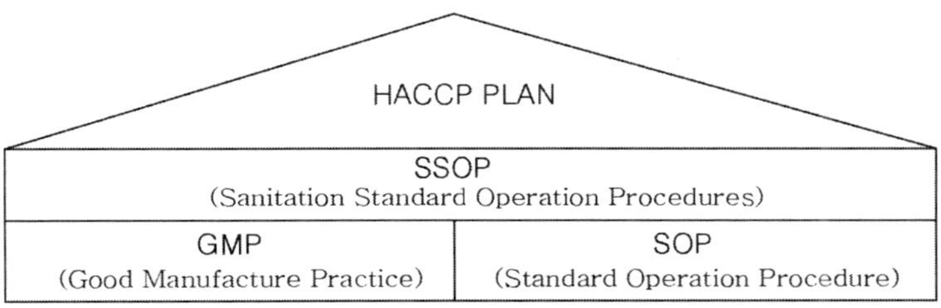

10.5.3 HACCP의 구축단계

1) 위해 분석(Hazard Analysis)
2) 중요 관리점(Critical Control Point; CCP) 결정
3) HACCP Plan, GMP, SSOP, SOP 구성
4) 자주적 위생관리 시스템 구축

10.5.4 HACCP 인증취득의 기대효과

1) 조직 내부의 자주적인 위생관리체계의 구축 및 지속적인 개선 추구
2) 식품의 안정성 홍보로 고객을 포함한 모든 이해관계자의 만족 달성
3) 위생관리의 객관성 및 투명성 확보로 제조물 책임을 포함한 모든 법적인 규제에 능동적으로 대처.

10.5.5 개별 기업에 의한 HACCP 인증획득 절차

1) 단계 1; 자사의 시스템 구축과 컨설팅 기관의 선정
2) 단계 2; 인증 신청
3) 단계 3; 인증심사 수검
4) 단계 4; 부적합 사항에 대한 시정 및 인증여부 결정
5) 단계 5; 인증계약기간에 따른 사후적 관리 심사
6) 단계 6; 인증기관과의 계약 갱신

10.6 기타 품질보증시스템

10.6.1 QS-9000

QS-9000은 미국의 자동차업계인 BIG 3사(Daimler-Chrysler, Ford, General Motors)가 ISO 9000 : 1994 규격 요구사항에 자동차 산업의 특성을 고려하여 자동차관련 제품요구사항을 추가하여 자동차 업계 시행판으로 발행한 규격이다. 1988년 미국 품질학회(American Society for Quality; ASQ)의 자동차 부문 회의에서 미국 자동차산업의 품질시스템을 위한 공통규격 제정의 필요성을 제기하여 전담위원회가 설치된 후, BIG 3사가 그동안 각 회사가 납품업체 선정 등에 적용하던 기존규격과 요구사항을 통합하여 발행하였다. QS-9000은 BIG 3사의 '공인 해설서'인 동시에 '공급자품질시스템 요건'으로서 자동차의 안정성·신뢰성 확보 등을 위해 납품업체에 인증획득을 요구하고 있다.

QS-9000은 자동차 산업에 생산용 부품, 원자재 및 서비스를 제공하는 공급자에게 필수적인 품질경영시스템으로서, 자동차 산업 분야의 관리시스템에 대한 포괄적인 기준을 제공한다. BIG 3사와 같은 자동차 제조사뿐만 아니라 기타 고객사의 자동차 제조에 사용하는 부품, 자재 및 서비스 제공자의 기본적인 품질 기대요건을 규정하고 있다.

QS-9000은 1994년 8월에 최초로 공표된 이래 1995년 2월 개정, 1998년 3월 재개정되어 현재는 국내뿐만 아니라 전 세계적으로 ISO 9000의 상위 개념으로 인식되어, 자동차 관련 회사뿐만 아니라 다양한 업종의 회사들도 이 규격을 획득하고 있으며, 새로운 자동차산업의 통합규격인 ISO/TS 16949 인증과 함께 자동차산업 인증시장을 주도하고 있다.

또한 대부분의 트럭 생산업체에서도 QS-9000 품질시스템을 채택하기로 합의함에 따라 자동차 관련업체에서 국제적인 경쟁력을 확보하거나 수출을 위해 반드시 필요한 인증이다.

1) QS-9000 인증의 목적

- 제품 및 서비스, 부품, 자재를 공급하는 내부 및 외부 공급업자들에게 바라는 기본적인 품질시스템 요구사항 규정
- 최종고객, 공급원 및 그들 자신의 이익을 위하여 산포와 낭비를 지속적으로 줄임으로써 고객만족을 보장하도록 공급자와 함께 일할 것의 결의

2) QS-9000 인증의 적용대상

- 대량생산 자재의 공급업체
- 서비스 부품 공급업체
- 열처리, 도장, 도금 및 기타 마무리 서비스를 직접 제공하는 업체

3) QS-9000 인증 취득의 기대효과

AIAG가 1998년 3월에 4년차 QS-9000 조사 결과를 공표하였을 때, 평균 6% 이상의 원가절감이 된 것으로 보고하였다.

- PPM 불량률에서 48%가 개선됨
- 정시인도일정에서 38%가 개선됨
- 인증된 회사 사이에 설비제조시장 점유율 23% 증가
- BIG 3사에 부품을 공급할 수 있는 기회
- 제품과 프로세스의 품질 증진
- 품질개선을 통한 생산성 향상 및 원가절감
- 변동 감소 및 효율성 증대
- 고객만족달성 및 Global Sourcing을 추진하기 위한 추가적 신뢰 제공
- 업무수행능력과 효율의 극대화
- 경영자원의 효율적 이용
- 불량예방 및 낭비요소 제거

• 국제적인 신뢰도 향상 및 해외수출 증대
• 품질요구사항에 대한 이해증진을 위한 공통의 언어 구축

10.6.2 ISO/TS 16949

ISO/TS 16949는 1999년 3월 1일 미국의 BIG 3사를 비롯한 국가별 자동차 협회들에 의해 구성된 IATF(International Automotive Task Force)가 자동차업계의 특정 요구사항 및 관행을 접목하여 발행한 국제규격이다. 이는 유럽과 미국을 통합하는 글로벌 규격으로, 공급업체 및 협력업체의 지속적 개선, 결함 예방과 낭비감소를 촉진하는 품질시스템을 보증하고 있다.

ISO/TS 16949는 자동차 ISO 9001 : 1994와 더불어 제품과 관련된 자동차의 설계, 개발, 생산, 설치 및 서비스를 위한 품질시스템 요구사항을 열거하고 있으며, 추가적으로 합류한 완성차 제조회사별 고객지정 요구사항을 포함하고 있다.

ISO/TS 16949는 국제 자동차산업 내에 존재하는 기존의 품질시스템, 즉 미국의 QS-9000, 독일의 VDA 6.1, 프랑스의 EAQF 및 이탈리아의 AVSQ와 동등한 자격으로서 수용되고 있다. 각국의 자동차 품질규격들은 향후 ISO/TS 16949에 의해서 대체될 예정이다.

미국의 BIG 3사는 ISO/TS 16949에 대한 제3자 인증을 QS-9000 인증과 동등한 것으로 인정하고 있으나, 유럽의 주요 자동차회사들은 ISO/TS 16949 인증을 공급업체와의 기본계약요건으로 하고 있는 추세이다.

IATF는 미국과 유럽의 자동차 제조회사(BMW Group, Daimler-Chrysler, Ford Motor Company, Fiat Auto, PSA Peugeot-Citreon, Renault SA 및 Volkswagen 등)와 국가별 자동차협회(미국의 AIAG, 독일의 VDA/QMC, 영국의 SMMT, 이탈리아의 ANFIA, 프랑스의 FIEW와 CCFA 등)로 구성되어 있다. 일본의 자동차공업협회(JAMA)는 ISO/TS 16949 : 2002의 개발에 참여하여 최근 정회원으로 되었다.

1) ISO/TS 16949 인증의 필요성

- BIG 3사의 강제적 요구사항의 부합을 통한 무역장벽 극복 및 수출기반 확대
- 강화된 품질시스템의 인증으로 수요처에 대한 국제 신뢰도 향상
- 해외시장경쟁력확보를 통한 매출 증가
- 품질하자를 사전에 예방하는 시스템 구축 및 지속적인 개선 및 생산성 향상과 원가절감에 다른 이익의 극대화
- 낭비요소, 결함예방, 변동감소에 초점을 둔 지속적 개선활동의 수행을 위한 기초적인 시스템 제공
- 업무효율 증대, 비용 감소, 시장점유율 확대 등의 효과를 통한 기업의 이익 창출 및 발전의 기반

2) ISO/TS 16949 인증취득의 기대효과

- 제품 및 프로세스 품질 증대
- 품질개선을 위한 공급자의 자원재분배
- Global Sourcing에 부응하여 신뢰성 제고
- 협력업체의 개발에 있어서 공급망(supply chain) 전체에 걸쳐 공통의 품질시스템 요구사항의 적용에서 공급자 및 외주 업체 간의 공급체계에서 공통의 품질시스템적 접근법과 일관성 유지
- 품질요구사항의 이행증진을 위한 공통어 제공
- 2자 심사 감소
- 중복적인 제3자 인증의 격감
- 산포 및 변동의 감소와 효율성 제고
- 자동차산업에서 유럽, 미국과 거래하는 기업의 단일심사로 고객요구사항 만족

10.6.3 ISO/IEC TR2 15504

ISO/IEC TR2 15504는 SPICE(Software Process Improvement and Capability Determination)로 불린다. SPICE는 무형의 소프트웨어 프로세스를 유형의 프로세스처럼 유용성과 객관성을 계량화할 수 있는 독특한 방법으로 영국 국방부의 제안에 의해 시작되었다.

SPICE는 ISO/IEC JTC1/SC7에 의해 1992년에 신규 프로젝트로 선정되었으며, Northern Telecom의 Trillium, Compita의 STD, SEI의 CMM, Esprit의 Bootstrap, ISO 9001, BT의 Health Check 등 ISO와 업체 및 연구소에서 제시된 표준 및 모델들을 바탕으로 하고 있다.

SPICE는 이미 유렵, 북미, 동북아시아 등 5개 지역에서 3단계의 현장적용실험을 완료했으며, 인증심사기구를 지역별로 LNC(Local Network Center)를 설립했고, LNC활동을 인정하는 상위기구로 INC(International Network Center)를 구성하는 등 소프트웨어 프로세스의 인증을 위한 국제표준화 작업을 진행 중이다. 우리나라도 이 지침에 맞는 별도의 초안(KSPICE)을 마련하여 국제표준화 과정에 반영시키고자 노력을 하고 있다.

또한 ISO/IEX TR2 15504는 소프트웨어에 국한된 표준이었으나, 조만간에 제정될 국제표준(ISO IS 15504)은 모든 시스템 제품과 서비스를 만드는 프로세스를 바탕으로 하여 평가하고 개선할 수 있도록 확장되고 있다. 향후 이 품질규격이 완성되면 프로젝트의 규모에 따라 평가자의 교육 및 자질에 관한 지침, 등급부여 및 레벨의 표시에 관한 지침, 개발부서에서 자체적으로 개발된 공정을 개선하기 위해 참조하는 공정개선 지침, 발주부서에서 공급자의 개발능력을 평가하기 위해 적용하는 공정능력평가 지침 등을 적절히 선택하여 적용할 수 있을 것으로 예상되고 있다.

SPICE 외에도 소프트웨어 프로세스 평가와 관련된 국제표준으로는 미국 국방부의 지원으로 Carnegie Mellon 대학교의 소프트웨어 공학연구소(Software Engineering Institute)에서 개발한 CMM(Capability Maturity Model)을 들 수 있다.

1) SPICE의 구성

SPICE는 소개지침(Part 1), 공정관리를 위한 모델(Part 2), 등급부여 과정(Part 3), 공정평가를 위한 지침(Part 4), 공정평가 도구와 도구의 구성/선택/적용에 관한 지침(Part 5), 평가자의 지질 및 훈련에 관한 지침(Part 6), 공정개선을 위한 지침(Part 7), 공급자의 공정능력을 결정하기 위한 지침(Part 8)과 용어 정의(Part 9)로 구성되어 있다.

SPICE 프로세스 범위별 기본활동은 다음과 같다.

- 고객-공급자 프로세스
- 공학 프로세스(개발 및 유지보수)
- 지원 프로세스: 문서화, 형상관리, 품질보증, 문제해결, 세부검토
- 관리 프로세스: 프로젝트 생명주기 계획, 계획수립, 팀 구성
- 요구사항 관리: 품질관리, 위험관리, 자원 및 일정관리, 하청계약자 관리
- 조직 프로세스.

2) SPICE 프로세스의 수행단계

SPICE 프로세스 수행능력은 다음과 같이 6단계로 구분된다.

단 계	기 능
초기(Incomplete)	요구사항 구현 미달, 목표 미달성
이행(Performed)	요구사항 구현, 목표 달성
관리(Managed)	프로세스 수행의 계획과 관리
표준(Established)	표준프로세스 적용과 관리
예측(Predictable)	프로세스의 정량적 이해 및 통제
최적화(Optimizing)	프로세스의 지속적 개선활동

3) SPICE 프로세스의 심사의 틀과 방법

- 프로세스 강점과 약점을 결정하는 틀
- 소프트웨어 프로세스의 개선과 그 개선내용을 측정하는 틀
- 소프트웨어 구매자가 목적에 맞추어 경합하는 공급자가 경제적인 비용과 일정, 적절한 제품이나 서비스를 제공할 수 있는 능력이 있는지를 결정하는 틀
- 새로운 소프트웨어 제품이나 서비스 개발에 수반되는 업무위험을 결정하는 틀
- 프로세스 참조 모델과 프로세스 능력을 기반으로 하여 심사할 때 사용할 수 있도록 조정하고 전환하는 방법

10.6.4 ISO/IEC 17799(BS 7799)

근자에 들어 많은 기업이 컴퓨터, 네트워크 및 정보시스템을 이용한 불법행위, 국제 산업스파이, 태업 및 자연재해로 인한 보안 위협에 직면하고 있다. 또한 인터넷의 사용이 폭발적으로 증가하고 전자상거래 활동이 활성화되면서 컴퓨터 바이러스, 해킹 및 서비스 거부 공격과 같은 피해 원인이 보다 일반화 · 정교화 · 집요화되고 있다.

따라서 정보보호에 대한 관심과 필요성이 증대되는 가운데, 기업의 발전 및 계속성을 결정하는 정보는 더욱 그 가치가 증대되고 있어서 국제사회는 자국의 각종 정보보호를 위한 법률 및 시행지침의 마련에 부심하고 있다.

이러한 가운데 기업의 발전과 계속성을 보호하고 사업상의 피해를 최소화하며, 투자 회수 및 사업 기회를 극대화하면서, 외부의 광범위한 위협으로부터 정보를 보호받는 활동을 비롯하여 기업의 기밀에 대하여 사람 · 프로세스 · IT 시스템에 이르기까지 조직적으로 관리하는 정보보호 경영시스템(information security management system)의 구축이 필요하게 되었다.

1999년에 발행된 BS 7799 정보보호 경영시스템은 정보보호에 대한 유일한

국가표준이었는데, ISO에서 BS 7799 : Part 1을 기초로 하여 2000년 12월에 ISO/IEC 17799를 제정하여 국제표준으로 발행하였다. 이는 문서, 구두, 컴퓨터 등 모든 정보자산의 기밀성(confidentiality), 통합성(integrity) 및 가용성(availability)이라는 정보보호 최상의 실행을 위한 포괄적인 관리방법을 규정하고 있다.

BS 7799-1 : 2000(ISO/IEC 17799 : 2000)은 현재 세계적으로 널리 채택되어 250여 개의 세계적인 기업에서 이미 BS 7799 인증을 획득하여 사용하고 있다. 영국의 British Telecommunication의 경우 모든 전자거래에 대해 BS 7799를 요구하고 있다.

우리나라에서도 이미 정보보호 시스템을 갖고 있는 기업이나 기관들이 체계적인 위험분석 및 보안관리를 요구하고 있으며, 보안 서비스업체의 컨설팅 내역에서도 BS 7799를 고려하고 있다.

10.6.5 TL 9000

TL 9000(Telecommunication Leadership)은 정보통신산업에 대한 보다 향상된 품질시스템 요구사항을 수립하고 정보통신산업에 적용되는 다양하고 서로 다른 요구사항을 통일시킬 필요성이 대두되면서 미국의 SBC, Bell Atlantic, Bell South, Lucent Technologies, Motorola, Alcatel 등 150 여개의 세계적인 정보통신기업들로 구성된 QuEST Leadership Forum이 개발하여 보급한 새로운 국제품질시스템규격이다(QuEST: Quality Excellence for Suppliers of Telecommunication).

이는 ISO 9000을 기본으로 하여 정보통신산업부문에 특화시켜서 개발된 국제품질규격으로, 정보통신산업의 특성에 맞추어 정보통신 제품 및 서비스의 설계, 개발, 생산, 인도 및 유지보수를 위한 품질시스템에 관한 요구사항을 규정하고 있으며, 제품 및 서비스의 신뢰성과 품질성과(quality performance)를 평가할 수 있는 비용 및 성과에 근거한 측정시스템을 새롭게 도입하고 있다.

TL 9000 품질시스템의 요구사항은 하드웨어, 소프트웨어, 서비스 품질시스템 요구사항 또는 이 세 가지가 결합된 요구사항의 성과지표에 대한 인증을 제시하고 있다. 이러한 다양한 인증범위는 사용자가 자신의 사업특성에 따라 선택적으로 인증을 받을 수 있게 한다. TL 9000에서 제시된 3가지 인증범위는 다음과 같이 요약되며, 공급자는 3가지 중에서 하나 또는 복수의 분야에서 인증을 받을 수 있다.

- TL 9000-HW; 하드웨어 요구사항 및 하드웨어 성과지표
- TL 9000-SW; 소프트웨어 요구사항 및 소프트웨어 성과지표
- TL 9000-SC; 서비스 요구사항 및 서비스 성과지표

10.6.7 AS 9100

AS 9000은 유럽, 일본, 아시아, 미국, 브라질 및 멕시코의 항공우주산업의 관계자들이 모여서 만든 항공우주산업의 품질관리시스템 규격이다.

AS 9100은 AS 9000을 대체하는 것으로, 본래 AS 9000은 1997년 5월 SAE(Society of Automotive Engineers)에서 AAQG(American Aerospace Quality Group)의 요구를 반영하여 미국 국방부의 MIL 규격 폐지방침에 따라 개발하여 공표된 미국 항공우주산업의 품질관리규격이다.

AS 9000 이후 세계 항공우주 산업계에서 각 항공기 제작사마다 다른 요구사항으로 인하여 발생하는 불편을 해소하고, 항공우주산업의 품질개선, 원가절감 등을 위해 단일 품질시스템을 목적으로 관련 회사들이 노력한 결과를 항공우주 산업계의 품질규격을 AS 9100으로 제정하였다.

AS 9100 인증 대상은 보잉, 에어버스, 롤스로이스 엘리슨, GEAE (General Electric Aircraft Engines) 및 그 외 항공우주 분야 생산에 관련된 협력업체 등이다. 업계 내에서는 AS 9100 인증을 강요하고 있지 않지만, GEAE에서는 품질시스템에 관한 표준규격으로 삼고 있어서 항공기 제작회사들이 AS 9100을 따를 것을 지정하고 있다.

품질경영 사례10

하드캡슐 제조업체 서흥…종합헬스케어로 재도약
(“오창공장 분할 서흥헬스케어 신설”)

7년 만에 매출 10배 이상 성장
파우치 · 병포장 · 액상 젤리 생산
유통기한 늘릴 기술도 개발해

국내 하드캡슐 생산업체 서흥이 서흥헬스케어를 신설하며 종합헬스케어 전문기업으로 성장하겠다는 목표에 한 발 더 다가섰다. 최근 서흥은 액상 · 젤리 중심의 오창공장을 분할해 서흥헬스케어를 신설하면서 새로운 도약을 선포했다. 서흥헬스케어를 통해 신속하고 책임 있는 내실 경영과 경영 효율성을 추구하고, 제품 형태별 경쟁력을 강화해 전문성과 사업별 수익성을 높이겠다는 것이다.

서흥헬스케어의 초대 대표이사로 취임한 박금덕 사장은 “건강 100세 시대를 위한 건강기능식품 산업의 발전과 파수꾼으로서의 소명을 다하고자 하며, 제품의 품질 경쟁력 향상과 신제품의 다양화, 시장 변화에 적절한 대응이 핵심 과제로 대두되고 있어 건기식 전문가의 책임 경영과 빠른 의사결정을 통한 고객 대응이 절대적으로 필요하다”고 서흥헬스케어의 설립 취지를 설명했다.

1973년 창립된 서흥은 국내 유일의 하드캡슐 생산업체다. 1998년 미국 공장, 2008년 베트남 제1공장, 2014년 베트남 제2공장을 준공하는 등 전 세계 캡슐시장을 선도하고 있다. 또 1987년 우수의약품제조관리 기준인 KGMP 인증 획득을 시작으로 ISO 9000 시리즈, 건강기능식품 GMP, 미국 USP, 유럽 EU GMP 및 HACCP 인증 등 품질에서도 인정을 받았다. 최근에는 친환경 및 사회공헌의 중요성을 인식해 ESG(환경 · 책임 · 투명경영) 전담팀을 꾸리고 지속가능한 경영을 위해 체계적인 ESG 중장기 로드맵을 수립 · 시행하고 있다.

서흥은 장기 로드맵에 따라 하드공캡슐 제조 외에 하드캡슐 내용물 충진, 소프트캡슐, 정제, 액제, 젤리, 분말, 과립 등의 제형 확대 및 일반식품, 건강기능식품, 일반 및 전문 의약품까지 생산 가능한 유형을 확대해 전 제형, 전 유형을 아우르는 종합 헬스케어 전문기업으로 성장해 나가고 있다.

또 하드 · 소프트 캡슐의 해외 생산지 확대와 더불어 오송공장, 오송2공장, 오창공장 등에 각 사업부를 둬 각각의 전문화도 추진해왔다. 오창사업장은 2013년

사업을 개시한 이래 7년 만에 10배 이상 매출이 성장했다. 또 병 포장 제품, 스파우트 파우치, 스탠딩 파우치, 형상 파우치, 스틱젤리, 액상젤리 제품 형태 외에도 이중캡 제품의 유통기한을 늘릴 수 있는 기술을 개발해 융·복합 건강기능식품 성장에 기여하고 있다.

융·복합 건강기능식품은 알약 형태의 건강기능식품과 액상 형태의 일반식품을 한 번에 섭취할 수 있도록 일체형으로 포장해 섭취 편의성을 높이고 소비자가 건강기능식품을 섭취할 때 손 세균 오염도 방지할 수 있는 제품이다.

서흥헬스케어 관계자는 "내수시장을 기반으로 하면서 해외 판로 개척에도 박차를 가해 세계적인 헬스케어 전문 제조기업으로 성장해 나가겠다"고 말했다.

정슬기 기자(매일경제 & mk.co.kr; 2022-04-13)

연 습 문 제

10-1 표준화는 왜 필요한가?

10-2 ISO 품질인증제도의 도입배경을 설명하시오.

10-3 ISO 품질인증제도의 주요 기능을 설명하시오.

10-4 ISO 9000 시리즈에 관해서 설명하시오.

10-5 ISO 14000 시리즈에 관해서 설명하시오.

10-6 ISO 9000과 ISO 14000의 차이를 설명하시오.

10-7 ISO 26000 시리즈에 관해서 설명하시오.

10-8 HACCP가 왜 필요한가? 그리고 어떻게 관리해야 하는가?

11 chapter

프로젝트 관리

11.1 프로젝트 관리의 접근법

빌딩의 건축, 신제품 개발, 대형컴퓨터의 도입과 설치 등 기업 내의 많은 사업에 프로젝트(project)라는 이름을 붙이곤 한다. 프로젝트는 일단 완료되면 그와 똑같은 작업을 반복하지 않는다는 특성을 지니고 있어서, 일반 생산공정과는 구별하여 관리하게 된다. 프로젝트 관리의 초점은 주어진 프로젝트를 납기 내에 완성할 수 있는가에 집중되며, 여타의 일정계획 문제와 달리 체계적인 계획수립 방법의 적용이 가능하다. 본장에서는 프로젝트를 구성하는 작업들의 자원 및 일정관리에 대해 살펴보고자 한다.

11.1.1 간트 차트를 이용한 프로젝트의 관리

프로젝트에서 계획이란 프로젝트를 구성할 작업 또는 요소들을 결정하고 주어진 납기를 지키기 위해 각 작업들이 언제 완성되어야 하는가를 결정하는 과정이다. 따라서 프로젝트의 계획은 프로젝트의 정의, 자원투입량의 결정, 그리고 프로젝트의 스케줄 작성 등의 과정을 거쳐 수립된다.

- **프로젝트의 정의** : 수행하고자 하는 프로젝트를 분석하여, 프로젝트를 구성할 작업 또는 요소를 결정하고, 이 작업들의 선후관계를 명시한다.
- **자원소요계획** : 프로젝트를 구성하는 각 작업에 필요한 자원을 결정한다. 여기서 자원이란 시간, 자금, 기계설비, 원자재, 고용인원 등을 의미하며, 프로젝트를 효율적으로 수행하기 위한 제반 훈련계획까지 자원소요계획에 포함된다.
- **프로젝트의 스케줄 결정** : 각 작업의 완료시간, 최대지연가능시간 등을 결정하며, 또한 주어진 자원을 가지고 프로젝트를 납기 내에 완성하기 어려운 경우 자원소요계획을 수정할 수 있는 근거를 제시한다.
- **프로젝트의 통제** : 프로젝트가 계획대로 진행되는가를 파악하며, 해결불가능한 문제점의 발생할 때 대안을 작성하고 검토한다.

이 단원에서는 프로젝트의 정의 및 자원소요계획은 완료된 것으로 간주하고, 프로젝트를 구성하는 각 작업의 수행일정에 대해 중점적으로 살펴보고자 한다. 우선 다음의 예를 중심으로 하여 가장 간단한 일정계획 작성기법인 간트 차트(Gantt chart)를 알아보기로 하자.

(주)지상천국은 원자재 및 완제품 재고관리를 효율적으로 도모하기 위해 자동창고시스템(AS/RS; Automated Storage/Retrieval System)을 도입하고자 한다. 이 프로젝트에 필요한 작업과 각 작업 간의 선후관계를 정리한 결과 다음과 같은 [표 11-1]을 작성할 수 있었다.

[표 11-1] 자동창고시스템 도입 프로젝트의 구성요소

작업내용	작업시간(주)	선행 작업
A: 자동창고시스템의 용량과 형태의 결정	4	없음
B: 자동창고시스템 제조업자로부터의 설비계획서 입수 및 제조업자의 결정	6	A
C: 자동창고시스템의 설비배치(Layout) 설계	8	B
D: 컴퓨터 Interface 시스템의 설계	10	B
E: 자동창고시스템의 도입 및 설치	4	C
F: 컴퓨터관리시스템의 설치	3	D, E
G: 창고관리자의 훈련	5	D, E
H: 자동창고시스템의 테스트	3	F, G

여기서 선행작업이란 주어진 작업을 시작하기 바로 직전에 완성되어야 하는 작업을 의미한다. 예를 들어 컴퓨터관리시스템의 설치는 컴퓨터 인터페이스시스템의 설계와 자동창고시스템의 설치가 완료되기 전까지는 시작할 수 없다. 일단 프로젝트를 구성하는 작업과 소요시간이 결정되면 각 작업의 시작시간과 완료시간을 계산해야 한다. 프로젝트의 구성작업이 많지 않은 경우에는 간트 차트를 이용할 수도 있다. (주)지상천국의 프로젝트를 간트 차트를 이용하여 분석하면 [그림 11-1]과 같다.

[그림 11-1] 간트 차트를 이용한 프로젝트 스케줄

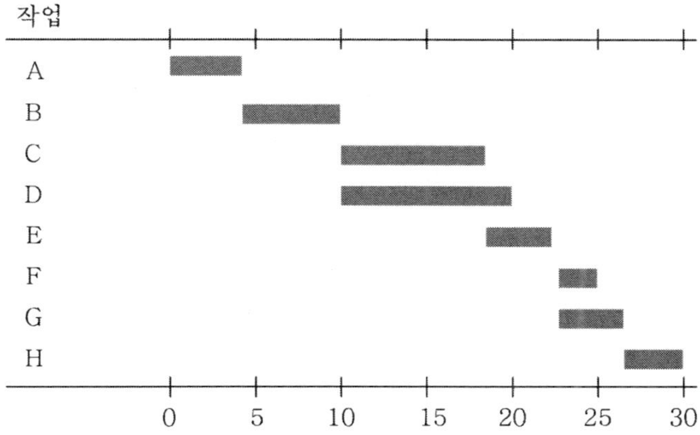

이 그림에서 각 작업의 소요시간은 검은색 막대로 표시되어 있으며, 시작시간과 완료시간은 그림 상단의 시간표시를 보면 알 수 있다. 각 작업의 선후관계가 명확히 표시되어 있지는 않으나, 시작시간을 고려하면 대략 알아볼 수 있다. 예를 들어 작업 C와 D는 작업 B가 종료된 후에야 시작할 수 있고, 작업 F와 G는 작업 E가 끝난 뒤에야 가능하다. 물론 엄밀히 보면, 작업 F와 G는 작업 D와 E가 끝난 뒤에야 시작할 수 있도록 되어 있어야 하나, 작업 D가 E에 비해 상대적으로 일찍 끝날 수 있게 되므로, 현실적으로 큰 문제가 없다고 할 수 있다.

간트 차트는 이처럼 작성하기가 용이하고 누구나 쉽게 이해할 수 있다는 장점이 있으나, 프로젝트를 구성하는 작업의 수가 많아지면 간트 차트만으로 작업들의 선후관계나 작업시작시간을 명확히 표시하기 힘들어진다. 이러한 경우에는 다음에 설명할 네트워크를 이용한 기법을 사용함으로써 프로젝트의 진척과정을 손쉽게 통제할 수 있다.

11.1.2 네트워크를 이용한 프로젝트의 관리

[표 11-1]에 주어진 작업들의 선후관계를 보다 알기 쉽게 표시하고, 각 작업들의 예상완료시간을 계산하기 위해서는 네트워크를 이용하는 것이 간편하다. 네트워크(network)는 마디(node)와 가지(arc)로 구성되어 있으며, 두 가지 형태의 네트워크가 프로젝트의 관리에 이용되고 있다.

첫 번째 유형의 네트워크는 [그림 11-2]에서와 같이 각 작업이 마디(node)로 표시되며, 가지(arc)는 선후관계를 나타낸다. 즉 가지는 작업의 순서만을 나타낼 뿐 별다른 의미를 갖지 못한다. 두 번째 유형의 네트워크는 [그림 11-3]과 같이 각각의 마디는 작업의 시작점과 종료점을 의미하며, 작업 그 자체는 가지로 표시된다. 작업의 선후관계는 첫 번째 유형의 네트워크와 마찬가지로 가지에 표시되어 있으나, 첫 번째 마디와 마지막 마디를 제외한 모든 마디가 한 작업의 종료점임과 동시에 또 다른 작업의 시작점 역할을 한다는 점이 다르다. 예를 들어 마디 3은 작업 B의 종료점이자 작업 C와 D의 시작점 역할을 한다. 마디 6의 경우 종료점의 역할은 하지만 시작점의 역할은 하지 않는다. 이와 같은 경우에는 소위 가상적인 작업(dummy activity)을 추가시켜, 점선으로 연결하여야 한다. 이 가상적인 작업은 실제작업을 의미하는 것은 아니며, 다만 작업의 선후관계를 표시하는 역할을 한다. 다시 말해서 가상적인 작업인 6→7을 추가하지 않고서는 작업 G를 끝낸 후 시작해야 할 작업이 무엇인지 명확하지 않다.

[그림 11-2] 작업이 마디로 표시된 네트워크

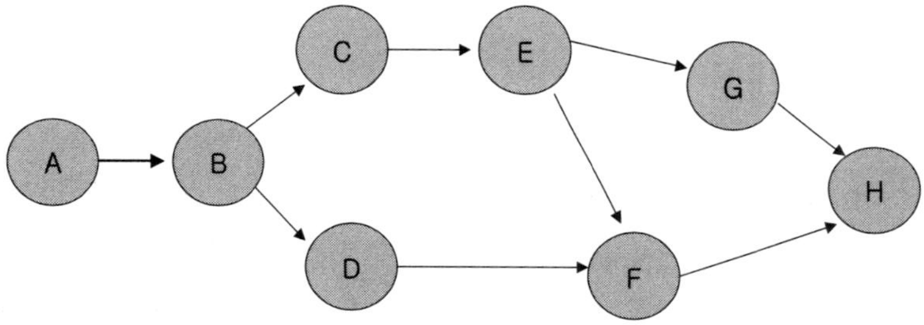

[그림 11-3] 작업이 가지로 표시된 네트워크

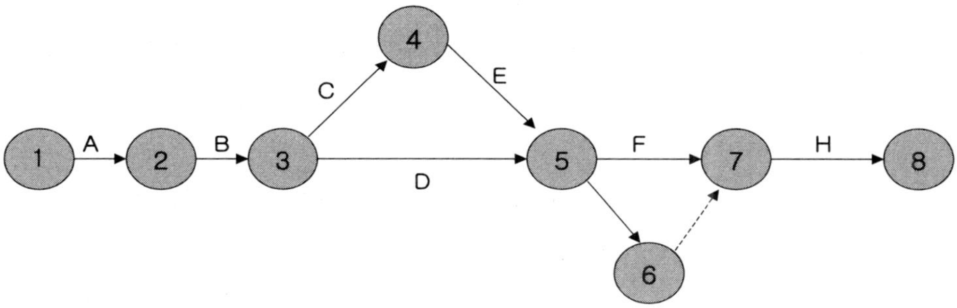

이 두 유형의 네트워크가 모두 이용되고 있으나, 첫 번째 유형의 네트워크가 두 번째 유형의 네트워크에 비해 다음과 같은 장점을 갖고 있다. 첫째, 가상적인 작업이 불필요하므로 네트워크를 작성하고 이해하기가 쉽다. 둘째, 마디를 하나의 작업으로 고려하므로 작업의 흐름을 보다 자연스럽게 나타낼 수 있다. 이에 반해서, 첫 번째 유형의 네트워크는 컴퓨터를 이용하는 경우 기억장치의 용량을 더 필요로 하는 단점을 지니나, 이는 이론적인 계산을 근거로 한 것이고, 실제적인 차이는 거의 없다. 실제 선택은 어느 유형의 네트워크에 더 익숙한가에 달려 있으며, 대부분의 컴퓨터 프로그램은 이 두 가지 유형을 다 고려할 수 있다. 본장에서는 첫 번째 유형의 네트워크를 분석대상으로 사용하고자 한다.

11.2 주공정의 도출

11.2.1 주공정의 정의

앞 절에서 설명한 네트워크를 이용하여 프로젝트의 진행과정을 통제하는데 활용할 수 있는 기법으로는 CPM(critical path method)과 PERT(project evaluation and review technique)를 들 수 있다. CPM은 1957년 미국 듀퐁(DuPont) 회사에서 개발한 것으로 프로젝트를 구성하는 각 작업의 확정적 시간치를 기초로 하여 분석하는 기법이며, PERT는 같은 시점인 1958년에 미국 해군에서 Polaris Missile의 종합개발계획을 관리할 목적으로 개발된 것으로 CPM과는 달리 확률적인 작업소요시간을 기초로 한다. 이 두 기법은 목적과 모형의 수립과정상 약간의 차이는 있지만, 이들을 총괄하여 PERT/CPM이라 불릴 만큼 구조적인 측면에서 서로 유사하다.

CPM을 이용하든 PERT를 이용하든 간에 가장 핵심적인 계산과정은 주공정(critical path)을 도출해 내는 과정이다. (주)지상천국의 예를 다시 들어보면, 프로젝트의 첫 작업은 시스템의 용량과 형태를 결정하는 것이고, 최종작업은 시스템의 테스트이다. 주공정이란 이 두 작업, 즉 작업 A와 H를 연결할 수 있는 여러 공정(path) 중 그 공정상에 포함되어 있는 작업들을 수행하는데 소요되는 시간이 가장 긴 공정을 의미한다. [그림 11-4]를 살펴보면 작업 A와 H를 연결하는 방법은 다음과 같이 세 가지가 있다:

(a) A - B - C - E - G -H = 4 + 6 + 8 + 4 + 5 + 3 = 30;

(b) A - B - C - E - F -H = 4 + 6 + 8 + 4 + 3 + 3 = 28;

(c) A - B - D - F -H = 4 + 6 + 10 + 3 + 3 = 26.

첫 번째 방법의 경우 작업완료에 30주가 소요되며, 두 번째 방법은 28주가 소요되고, 세 번째 방법은 26주가 소요된다. 따라서 주공정은 소요시간이 가장 긴 경로인 첫 번째 방법, 즉 A - B - C - E - G - H가 된다. 주공정이라는 이름을 사용하게 된 이유는 주공정에 포함된 작업 중 어느 하나라도 지연되면 프로젝트 전체가 지연되기 때문이다. 따라서 주공정에 포함되지 않은 작업, 즉 작업 D와 F는 어느 정도까지는 지연이 되어도 프로젝트의 완성시간에는 영향을 주지 못한다. [그림 11-4]에서 알 수 있듯이 작업 D는 작업 C와 E가 수행되는 동안에 병행하여 작업할 수 있으며, 작업 F는 작업 G가 수행되는 동안에 완료될 수 있다. 한편 작업 C, E 및 G는 17주가 소요되는 반면, 작업 D와 F는 13주에 완성할 수 있으므로 작업 D와 F는 총 4주의 여유가 있다고 할 수 있다. 이처럼 주공정에 포함된 작업은 프로젝트 관리의 초점이 된다.

[그림 11-4] 작업시간을 포함한 네트워크

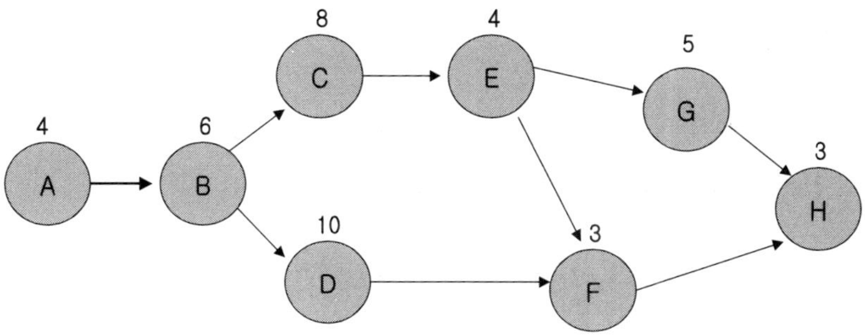

프로젝트를 구성하는 작업의 수가 몇 개 안되는 경우, 이와 같이 첫 작업과 마지막 작업을 연결하는 모든 가능한 공정을 파악하여 주공정을 도출해 낼 수 있으나, 프로젝트의 규모가 큰 경우 다음과 같은 보다 체계적인 방법을 이용하지 않을 수 없다. 우선 개략적으로 주공정 도출과정을 기술하면 다음과 같다.

• 첫 번째 작업부터 시작하여 작업 i를 시작할 수 있는 가장 빠른 시간

[earliest start time, $ES(i)$]을 계산한다. 단 첫 작업의 $ES(i)$는 0으로 가정한다. 작업 i의 $ES(i)$가 결정되면 작업 i를 완료할 수 있는 가장 빠른 시간[earliest finish time, $EF(i)$]은 다음과 같이 계산된다.

$$EF(i) = ES(i) + t_i \tag{11-1}$$

여기서 t_i는 작업 i의 공정시간이다. 이때 작업 i보다 선행되어야 할 작업 j들의 $ES(j)$와 $EF(j)$는 미리 계산되어 있어야 한다.

- 최종작업부터 역으로 작업 i를 완료할 수 있는 가장 늦은 시간[latest finish time, $LF(i)$]을 계산한다. 최종 작업의 $LF(i)$는 전 단계에서 계산한 $LF(i)$의 값과 같도록 설정한다. 작업 i의 $LF(i)$가 결정되면 작업 i를 시작할 수 있는 가장 늦은 시간[latest start time, $LS(i)$]은 다음과 같이 계산된다.

$$LS(i) = LF(i) - t_i \tag{11-2}$$

이 때 작업 i가 완료된 뒤 시작되어야 하는 작업 j들의 $LS(j)$와 $LF(j)$는 미리 계산되어 있어야 한다.

- 각 작업의 $ES(i)$, $EF(i), LS(i)$ 및 $LF(i)$가 결정되면 주공정을 도출한다. 주공정은 다음 관계식이 성립하는 작업들로 구성된다.

$$ES(i) = LS(i) \text{ 또는 } EF(i) = LF(i) \tag{11-3}$$

11.2.2 주공정 도출방법의 예시

이제 [그림 11-4]의 네트워크를 이용하여 $ES(i)$, $EF(i), LS(i)$ 및 $LF(i)$를 계산해 보자.

1) $ES(i)$와 $EF(i)$의 계산(전진계산법)

작업 A의 $ES(A) = 0$으로 놓으면, $EF(A) = ES(A) + t_A = 4$이다. 작업 A의 $EF(A)$ = 4이므로 작업 B의$ES(B) = 4$가 된다. 따라서

$$EF(B) = ES(B) + t_B = 4 + 6 = 10$$ 이 되고,

작업 C와 D의 ES와 EF는 동시에 계산이 가능하다. $EF(B)$ = 10이므로 $ES(C)$ = $ES(D)$ = 10이 되며,

$$EF(C) = ES(C) + t_C = 10 + 8 = 18$$
$$EF(D) = ES(D) + t_D = 10 + 10 = 20$$

이 성립한다. 작업 F는 작업 E가 선행되어야 하므로 우선 $ES(E)$와 $EF(E)$를 계산해야 한다. $EF(C)$ = 18이므로 $ES(E)$ 역시 18이 되고,

$$EF(E) = ES(E) + t_E = 18 + 4 = 22$$

이다. 작업 F는 작업 D와 E가 모두 완료되어야 시작할 수 있으므로, $ES(F)$는 $EF(D)$와 $EF(E)$ 중 큰 값을 취한다. 즉,

$$ES(F) = Max\{EF(D),\ EF(E)\} = Max(20,\ 22) = 22 \qquad (11\text{-}4)$$

가 되며, 이에 따라

$$EF(F) = ES(F) + t_F = 22 + 3 = 25$$

가 된다. 한편 작업 G의 ES는 작업 E의 EF와 같으므로

$$ES(G) = 22, \qquad EF(G) = ES(G) + t_G = 22 + 5 = 27$$

이 된다. 마지막으로 작업 H는 작업 G와 F가 선행되어야 하므로

$$ES(H) = Max\{EF(G),\ EF(F)\} = Max(27, 25) = 27$$
$$EF(H) = ES(H) + t_H = 27 + 3 = 30$$

이다. 따라서 이 프로젝트를 완성하는데 소요되는 최단기간은 30주이다. 각 작업의 $ES(i)$와 $EF(i)$를 정리하면 [그림 11-5]와 같다.

[그림 11-5] $ES(i)$와 $EF(i)$의 계산

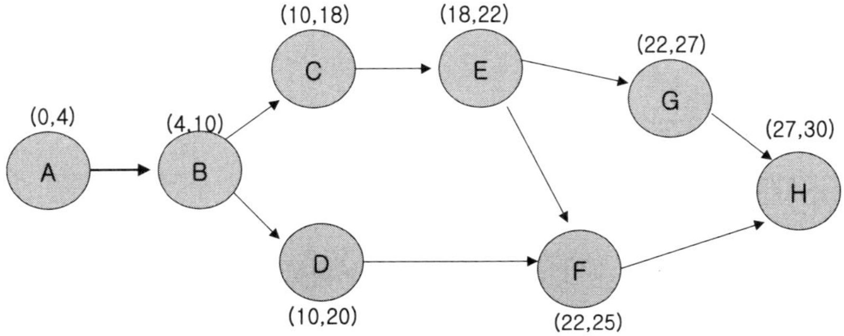

2) $LS(i)$와 $LF(i)$의 계산(후진계산법)

작업 i의 LF는 프로젝트를 30주 안에 완성해야 한다는 전제 하에 작업 i가 끝나도 되는 가장 늦은 시간을 의미하며, $LS(i)$는 작업 i를 $LF(i)$에 완료하기 위해 시작해야 하는 가장 늦은 시간을 의미하며, $LS(i)$는 작업 i가 $LF(i)$보다 늦게 끝나서는 프로젝트가 30주 안에 끝날 수 없다. 프로젝트를 30주 내에 완성하기 위해서는 최종작업 H의 LF는 30이 되어야 하며, 이에 따라

$$LS(H) = LF(H) - t_H = 30 - 3 = 27$$

이 성립한다. 작업 G와 F는 작업 H의 선행작업들이므로, $LF(G) = LF(F) = LS(H) = 27$이 되며, 따라서 $LS(G)$와 $LS(F)$는 다음과 같이 계산된다.

$$LS(G) = 27 - 5 = 22$$
$$LS(F) = 27 - 3 = 24$$

작업 E는 작업 G와 F의 선행작업이므로 이들 두 작업이 시작되기 전에 끝

나야 한다.

$$LF(E) = Min\{LS(G), LS(F)\} = Min(22,\ 24) = 22 \qquad (11\text{-}5)$$
$$LS(E) = LF(E) - t_E = 22 - 4 = 18$$

한편 작업 C는 작업 E의 선행작업이므로

$$LF(C) = LS(E) = 18$$
$$LS(C) = LF(C) - tC = 18 - 8 = 10$$

이 되며, 마찬가지로 작업 D는 작업 F의 선행작업이므로

$$LF(D) = LS(F) = 24$$
$$LS(D) = LF(B) - t_D = 24 - 10 = 14$$

가 된다. 또한 작업 B는 작업 C와 D의 선행작업이므로

$$LF(B) = Min\{LS(C), LS(D)\} = Min(10,\ 14) = 10$$
$$LS(B) = LF(B) - t_B = 10 - 6 = 4$$

이며, 마지막으로 $LF(A) = 4$, $LS(A) = 0$이 됨을 알 수 있다. 각 작업의 $LS(i)$와 $LF(i)$를 정리하면 [그림 11-6]과 같다.

[그림 11-6] $LS(i)$와 $LF(i)$의 계산

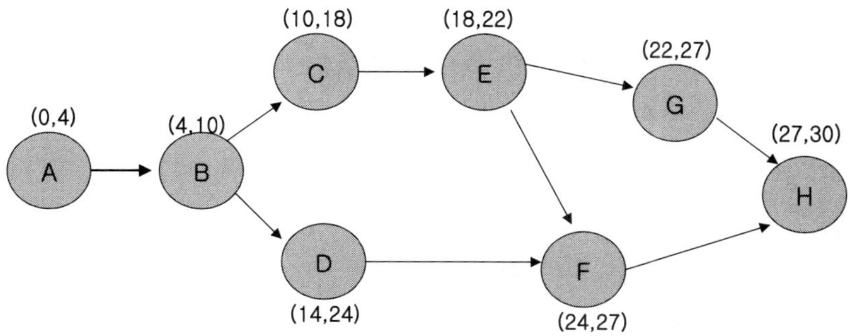

3) 주공정과 여유시간의 도출

주공정을 도출하기 위해서는 $ES(i)$와 $LS(i)$가 같은 작업들을 찾아야 한다. 이러한 조건을 만족하는 작업은 A, B, C, E, G, H로서 이는 곧 프로젝트를 30주 이내에 완성하기 위해서는 이들 작업들이 조금도 지연되어서는 안 된다는 것을 의미한다. 다시 말해 이들 작업을 최대로 지연시켜 시작할 수 있는 시간과 가장 일찍 시작할 수 있는 시간이 같으므로 작업의 시작시간을 정확히 ES 또는 LS에 맞추어야 하며, 주어진 작업시간 내에 완성하여야 프로젝트 전체를 30주 이내에 완료할 수 있다는 것이다.

그렇다면 주공정에 포함되지 않은 작업들, 즉 작업 D와 F는 어느 정도 지연되어도 되는지 구체적으로 살펴보기로 하자. 작업 D를 제외한 모든 작업이 제시간 안에 완료된다면 작업 D는 4주가 지연되어도 프로젝트의 완료일은 변함이 없으며 작업 F의 경우도 2주의 여유가 있다. 이러한 형태의 여유시간을 총여유시간(total slack time; TS)이라 하며, 작업 i의 총여유시간 $TS(i)$는 다음과 같이 정의된다.

$$TS(i) = LS(i) - ES(i) = LF(i) - EF(i) \tag{11-6}$$

여기서 주의할 사항은 작업 D와 F가 각각 4주와 2주씩 지연되면 프로젝트의 완성시간은 30주를 초과한다는 것이다. 다시 말해 작업 i의 총여유시간[$TS(i)$]는 작업 i를 제외한 모든 작업이 제시간에 완료되어야 한다는 전제에 그 기초를 두고 있다.

주공정을 식별해 낼 수 있는 또 하나의 방법은 바로 이 총여유시간이 0인 작업들을 색출해 내는 것이다. 총여유시간이 LS와 ES의 차이를 나타내므로, 이 값이 0이라는 것은 곧 LS와 ES가 같다는 의미가 되며, 따라서 주공정상의 모든 작업은 총여유시간이 0이 될 수밖에 없다.

작업시간의 여유정도를 나타내는 또 하나의 개념은 무료여유시간(free slack time; FS)으로 작업 i의 무료여유시간[$FS(i)$]은 작업 i 바로 다음에 시작할 작업의 ES를 지연시키지 않는다는 전제 하에 작업 i가 가질 수 있는 최대지연시간이다. 작업 i 바로 다음에 오는 작업들을 $I_1, I_2, \ldots\ldots, i_n$이라고 한다면 작업 i의 무료여유시간은 다음과 같이 계산된다.

$$FS(i) = Min_k[ES(i_k) - EF(i)] \tag{11-7}$$

예를 들어 작업 D의 경우, 그 다음 작업이 작업 F이다. 작업 F의 ES가 22주이고 작업 D의 EF가 20주이므로, 작업 D는 최대 2주가 지연되어도 작업 F의 ES에 영향을 미치지 않으며, 작업 F를 제외한 다른 작업에도 영향을 주지 않는다. 따라서 작업 D의 무료여유시간은 2주가 된다. 다시 말해 무료여유시간은 총여유시간과는 달리 다른 작업들의 여유시간에 영향을 미치지 않는 절대적인 작업여유시간이다. 같은 방법을 작업 F에 적용해 보면 작업 F의 무료여유시간 역시 2주가 된다. 작업 F의 다음 작업은 작업 H인데, 작업 H의 ES가 27이고 작업 F의 EF가 25이므로 위의 공식을 적용하면 무료여유시간은 2주가 됨을 알 수 있다. 참고로 총여유시간과 무료여유시간을 정리해 보면 [표 11-2]와 같다.

[표 11-2] 총여유시간과 무료여유시간의 계산

작업	ES	EF	LS	LF	총여유시간	무료여유시간
A	0	4	0	4	0	0
B	4	10	4	10	0	0
C	10	18	10	18	0	0
D	10	20	14	24	4	2
E	18	22	18	22	0	0
F	22	25	24	27	2	2
G	22	27	22	27	0	0
H	27	30	27	30	0	0

11.3 프로젝트에서의 시간과 비용관리

11.3.1 시간과 비용 간의 상충관계

프로젝트를 구성하는 각 작업들의 소요시간은 작업에 투입될 기계설비, 기술인력 등 자원의 양에 의해 결정되며, 일반적으로 자원의 투입량을 증가시키면 작업시간은 감소하게 된다. 계획초기에 결정된 작업 일정으로 계약 공기 내에 프로젝트를 끝낼 수 없거나 프로젝트의 진행과정에서 문제가 생겨 작업시간을 단축할 필요가 있는 경우, 자원의 투입량을 증가시켜 일정을 앞당길 수 있다. 이 절에서는 이와 같은 프로젝트의 소요시간과 투입비용간의 관계를 중심으로 하여 CPM의 적용범위를 확장시켜 보고자 한다.

우선 몇 가지 정의를 소개하면, 계획 초기에 결정된 작업시간은 정상시간(normal time; NT)이라 부르며, 이에 소요되는 비용은 정상비용(normal cost; NC)이라고 한다. 한편 공사기간의 단축을 위해 자원투입량을 최대로 증가시켰을 때 가능한 작업시간은 속성시간(crash time; CT)이라 하며, 이에 소요되는 비용은 속성비용(crash cost; CC)이라 정의한다. 여기서 작업시간은 자원투입량을 아무리 증가시키더라도 속성시간 이하로는 줄일 수 없다고 가정한다. 만약 자원의 추가적인 투입으로 단축시킬 수 있는 작업시간이 그에 소요되는 비용에 비례한다면 작업시간과 비용은 [그림 11-7]과 같은 관계를 갖게 된다.

[그림 11-7] 시간과 비용관계 그래프

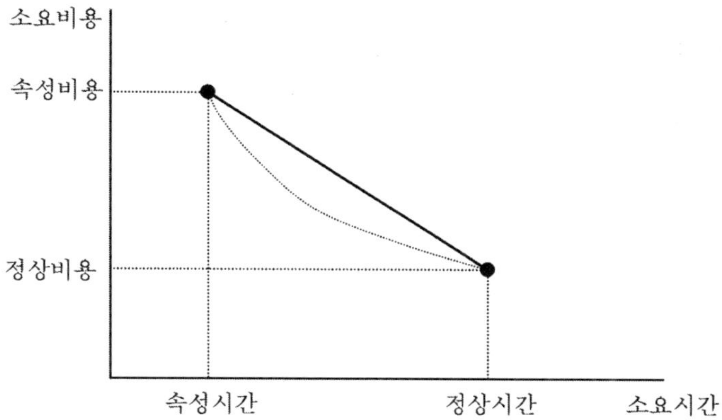

물론 현실적으로는 시간과 비용의 관계가 [그림 11-7]에서 점선형태로 나타나겠지만, 분석의 편의상 직선으로 가정해 보기로 하자. 작업별로 정상시간, 속성시간, 정상비용 및 속성비용이 주어진다면 자원의 투입으로 단축될 수 있는 단위기간 당 추가비용 K는 다음 식에 의해서 계산될 수 있다.

$$K = \frac{CC - NC}{NT - CT} \qquad (11\text{-}8)$$

그러나 프로젝트의 완성시간을 단축하기 위해 모든 작업에 자원을 추가로 투입할 필요는 없다. 우선 고려해야 할 작업들은 주공정상에 위치하고 있는 작업들일 것이다. 이는 여유시간을 가지고 있는 작업에 추가적인 자원을 투입하여 봤자 프로젝트의 완료기간은 단축되지 못하기 때문이다.

[그림 11-7]의 네트워크에 [표 11-3]의 시간과 비용자료를 추가하여 자세히 살펴보기로 하자.

[표 11-3] 자동창고 도입 프로젝트의 시간과 비용 관계자료

(비용단위: 백만원)

작 업	정상시간	속성시간	정상비용	속성비용	단축가능한 작업시간	주당 속성비용
A	4	4	12	12	0	0
B	6	5	9	12	1	3
C	8	5	24	32	1	8
D	10	7	56	83	3	9
E	4	3	200	250	1	50
F	3	2	40	50	1	10
G	5	2	20	38	3	6
H	3	3	15	15	0	0

(단축가능한 작업시간 = 정상시간 - 속성시간)

[표 11-3]의 마지막 열은 단위시간 당 속성비용 K로, 예를 들어 작업 D의 경우 작업시간 1주의 단축을 위해 소요되는 비용은 다음과 같이 계산된 것이다.

$$K = \frac{CC - NC}{NT - CT} = \frac{83 - 56}{10 - 7} = 9$$

정상시간을 작업시간으로 설정하는 경우 프로젝트의 소요시간은 앞 절에서 계산한 바와 같이 30주가 된다. 만약 프로젝트의 완성시간을 30주에서 28주로 단축해야 한다면 어떤 작업의 소요시간을 얼마나 줄여야 하나? 최소비용으로 이 목적을 달성하기 위해서는 주공정에 위치하는 작업 중 주당 속성비용이 가장 작은 것부터 작업시간을 단축해 나가야 한다. 주공정상에 위치한 작업들 중 작업 B의 주당 속성비용이 3백만 원으로 가장 적으므로 이 작업의 소요시간을 1주 단축하고(그 이상의 단축은 허락되지 않음), 그 다음에는 작업 G의 소요시간을 6백만 원을 들여 1주 단축하면 총 9백만 원으로 2주를 줄일 수 있다.

만약 프로젝트 완성시간을 28주에서 26주로 2주 더 줄이고자 한다면 어떤 작업의 소요시간을 단축해야 하나? 단순히 작업 G의 소요시간을 2주 단축해서는 프로젝트 자체의 완성시간을 1주밖에 단축할 수 없다. 물론 작업 G를 1주

단축하여 소요시간을 3주로 단축했을 때 프로젝트의 완성시간은 27주로 줄어든다. 그러나 이 경우 기존의 주공정인 A - B - C - E - G - H 외에도 A - B - C - E - F - H가 또 하나의 주공정으로 나타난다. 따라서 작업 G의 소요시간을 3주에서 2주로 추가 단축하더라도, 프로젝트의 완성시간은 또 하나의 주공정 A - B - C - E - F - H에 의해 결정되며 결과적으로 작업 G만의 소요시간 단축은 전혀 영향을 미치지 못한다. 즉 작업 G의 소요시간을 2주로 단축하여 프로젝트 완료시간을 26주로 줄이기 위해서는 작업 F도 1주 줄여야 하나, 이 경우 총비용은 18백만 원이 소요되어 작업 C의 소요시간을 8백만 원을 들여 1주 단축하는 것보다 비효율적이다. 지금까지의 설명을 요약해 보면 [그림 11-8]과 같다.

이제 마지막으로 프로젝트의 완성시간을 26주에서 25주로 단축하는 경우를 고려해보자. [그림 11-8(c)]에서 알 수 있듯이 이 네트워크는 2개의 주공정을 지니고 있는 반면, 작업 A, B 및 C의 소요시간은 더 이상 단축할 수 없으므로, 프로젝트의 완성시간을 단축하기 위해서는 작업 E만의 소요시간을 단축하거나 작업 G와 F의 소요시간을 동시에 단축해야 한다.

[그림 11-8] 프로젝트 완성시간을 30주에서 27주로 변경시의 작업시간

(a) 30주에서 28주로 단축하는 경우(추가비용 = 6백만원)

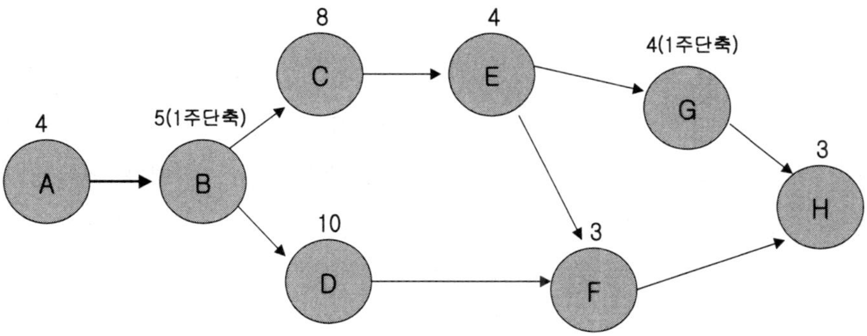

[주공정 : A - B - C - E - G - H]

(b) 28주에서 27주로 단축하는 경우(추가비용 = 6백만원)

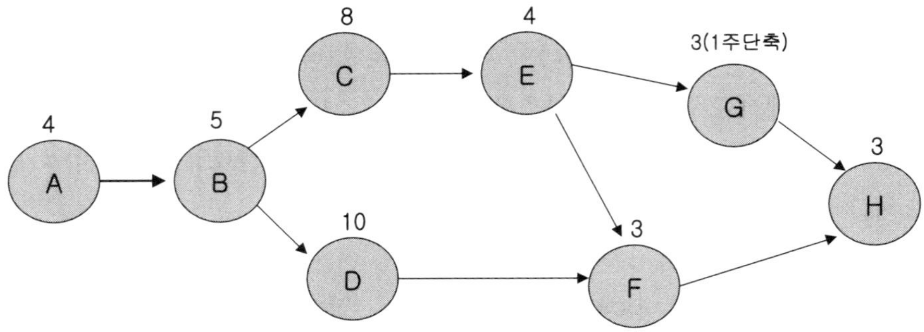

[주공정 : A - B - C - E - G - H; A - B - C - E - F - H]

(c) 27주에서 26주로 단축하는 경우(추가비용 = 6백만원)

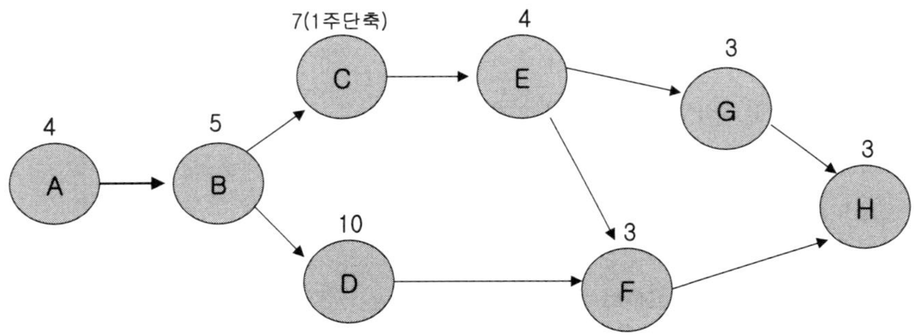

[주공정 : A - B - C - E - G - H; A - B - C - E - F - H]

여기서 작업 E의 소요시간 단축은 2개의 서로 다른 주공정의 길이를 동시에 단축할 수 있으나, 작업 G 또는 작업 F 중 한 작업만이 소요시간 단축은 2개의 주공정 중 하나의 작업시간만을 단축시켜 결국 주공정의 길이 즉 프로젝트 소요시간은 단축되지 않는다. 작업 E는 주당 속성비용이 50백만 원인데 비해 작업 G와 F는 총 16백만 원(6백만 원 + 10백만 원)이 주당 속성비용으로 소요되므로 [그림 11-9]에서와 같이 작업 G와 F를 각각 1주씩 단축하는 것이 가장 효율적인 방법이다.

[그림 11-9] 프로젝트 완성시간을 26주에서 25주 변경시의 작업시간

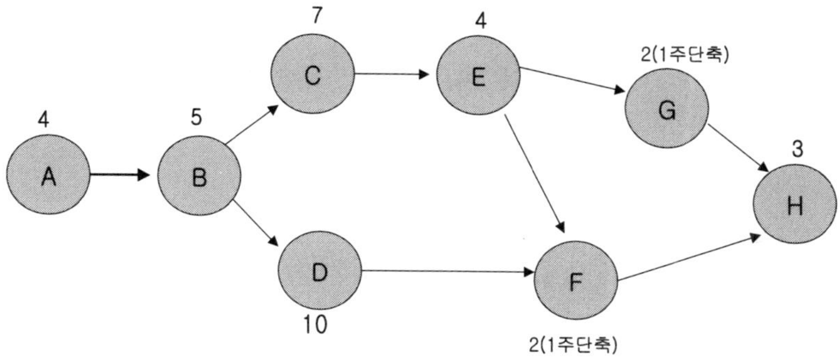

CPM에서의 비용과 시간과의 관계는 이처럼 프로젝트 소요시간을 1주씩 단축시켜 가면서 추가비용이 최초로 소요되는 작업시간단축을 찾아 분석해 볼 수 있으나, 네트워크의 크기가 크거나 주공정이 여러 개 있는 경우에는 이와 같은 방법을 적용하여 해결하기가 쉽지 않다.

11.3.2 선형계획법을 이용한 CPM분석

선형계획법을 이용하여 네트워크모형을 수리하기 위해서는 우선 의사결정변수(decision variable)를 정의해야 한다. X_i를 작업 i의 가장 빠른 시작시간(earliest starting time: ET)으로 정의하고, 작업 i 바로 다음에 수행해야 할 작업 j의 ET를 X_j라고 한다면 다음과 같은 식이 성립한다.

$$X_i + t_i \leq X_j \qquad (11\text{-}9)$$

이 식에서 t_i는 작업 I의 소요시간이다. 따라서 프로젝트 관리의 주목적이 프로젝트 완성시간의 최소화에 있다면 다음과 같은 선형계획법을 이용하여 최적해를 도출할 수 있다.

$$\text{최 소 화} \quad Z = X_m (m\text{은 최종작업을 의미}) \qquad (11\text{-}10)$$

제약조건 $X_i + t_i \leq X_j$(서로 연결되어 있는 모든(i, j)쌍)

$X_{i,} X_j \geq 0$

이 모형을 (주)지상천국의 예에 적용해 보면 다음과 같다.

최 소 화 $Z = X_H$

제약조건

$$
\begin{aligned}
&X_A + 4 \leq X_B \\
&X_B + 6 \leq X_C \\
&X_B + 6 \leq X_D \\
&X_C + 8 \leq X_E \\
&X_D + 10 \leq X_F \\
&X_E + 4 \leq X_F \\
&X_E + 4 \leq X_G \\
&X_G + 5 \leq X_H \\
&X_F + 3 \leq X_H
\end{aligned}
$$

모든 $X_i \geq 0$

CPM에서의 비용과 시간관계 역시 선형계획법을 이용하면 손쉽게 분석할 수 있다. 위에서 논의한 변수 외에 Y_i를 작업 i의 단축하고자 하는 속성시간이라 정의하자. 즉 작업 i의 소요시간이 추가자원의 투자로 Y_i 만큼 단축된다는 것을 의미한다. 30주가 소요되는 (주)지상천국의 프로젝트를 26주에 완성하고자 할 때 소요되는 추가비용과 추가자원을 투입해야 할 작업의 결정은 다음과 같은 선형계획법에 의해 해결될 수 있다.

최 소 화 $Z = 3Y_B + 8Y_C + 9Y_D + 50Y_E + 10Y_F + 6Y_G$

제약조건

$$
\begin{aligned}
&Y_B \leq 1 \\
&Y_C \leq 1 \\
&Y_D \leq 3 \\
&Y_E \leq 1 \\
&Y_F \leq 1 \\
&Y_G \leq 3
\end{aligned}
$$

$$X_A + 4 \leq X_B$$
$$X_B + (6 - Y_B) \leq X_C$$
$$X_B + (6 - Y_B) \leq X_D$$
$$X_C + (8 - Y_C) \leq X_E$$
$$X_D + (10 - Y_D) \leq X_F$$
$$X_E + (4 - Y_E) \leq X_F$$
$$X_E + (4 - Y_E) \leq X_G$$
$$X_G + (5 - Y_G) \leq X_H$$
$$X_F + (3 - Y_F) \leq X_H$$
$$X_H \leq 26$$
모든 X_i , $Y_i \geq 0$

이 모형의 제약조건 중 첫 부분은 단축 가능한 최대 작업시간에 관한 제약식이며, 마지막 제약식인 $X_H \leq 26$은 프로젝트의 완성시간이 26주를 초과해서는 안 된다는 조건을 의미한다.

11.3.3 PERT의 적용방법

PERT나 CPM은 모두 유사한 개념을 기초로 하여 선후관계를 표시하는 네트워크를 작성한 뒤 주공정을 계산하나, 가장 큰 차이는 작업시간의 추정에 있다. CPM에서는 각 작업별로 하나의 작업시간만을 추정하면 되나, PERT에서는 다음과 같이 3개의 추정시간치를 필요로 한다.

- **낙관적 시간**(optimistic time estimate; a) : 모든 작업이 순조롭게 진행될 때의 작업시간
- **최빈 시간**(most likely time estimate; m) : 정상적으로 작업이 진행될 때 가장 많이 나타나는 작업시간
- **비관적 시간**(pessimistic time estimate; b): 모든 일이 제대로 되지 않을 때

의 작업소요시간

PERT에서는 작업시간의 추정치가 베타분포(beta distribution)를 이룬다고 가정하고, 작업시간의 평균값 t_e와 분산값 σ_e^2를 다음의 식을 이용하여 계산한다.

$$t_e = \frac{a+4m+b}{6} \tag{11-11}$$

$$\sigma_e^2 = (\frac{b-a}{6})^2 \tag{11-12}$$

각 작업의 평균소요시간 t_e가 구해지면 이를 작업시간으로 고려하여 CPM에서와 같이 ES, EF, LS 및 LF를 계산하고, 이를 기초로 하여 주공정을 도출한다. 앞에서 고려한 (주)지상천국의 프로젝트에 PERT를 적용하여 분석해 보기로 하자. PERT를 적용하기 위해서는 3개의 추정치가 필요하므로 [표 11-4]와 같은 자료가 주어져 있다고 하자.

[표 11-4] 작업시간 추정치와 분산값

작업	a	m	b	t_e	σ_e^2
A	2	3.5	8	4	1
B	4	6	8	6	0.44
C	5	7	15	8	2.78
D	7	9	17	10	2.78
E	4	4	4	4	0
F	1	3	5	3	0.44
G	3	4.5	9	5	1
H	2	3	4	3	0.11

CPM을 적용한 예에서와 마찬가지로 주공정은 A - B - C - E - G - H가 되며, 프로젝트 완성시간은 30주가 된다. 그러나 PERT를 적용하여 도출한 주공정의 길이 30주는 CPM에서와는 달리 프로젝트 완성시간의 평균치를 의미한다. PERT의 기본적인 가정은 각 작업의 소요시간은 상호독립적이고, 프로젝

트의 완성시간은 정규분포를 따른다는 것이다. 다시 말해 30주는 정규분포의 평균치를 의미한다.

정규분포를 이용하여 프로젝트 완성시간을 분석하기 위해서는 분산값이 필요하게 되는데 이 경우 프로젝트 완성시간의 분산값은 주공정상에 위치하는 작업들의 σ_e^2의 총합이 된다.

$$\text{프로젝트 완성시간의 분산값} = \sigma_A^2 + \sigma_B^2 + \sigma_C^2 + \sigma_E^2 + \sigma_G^2 + \sigma_H^2$$
$$= 1 + 0.44 + 2.78 + 0 + 1 + 0.11 = 5.33$$

따라서 프로젝트 완성시간은 평균 30주, 분산 5.33주의 정규분포를 따른다고 할 수 있다. 예를 들어 프로젝트가 34주 내에 완료될 확률, $P(T \leq 34)$을 계산해보자. 먼저 정규분포의 표준정규변수 $Z = 1.73$이다. 정규분포표를 이용하여 $P(Z \leq 1.73)$을 계산하면, [그림 11-10]에서와 같이 0.9582(= 0.5 + 0.4582)가 되며, 이는 프로젝트가 34주 내에 완료될 확률이 95.82%임을 나타낸다.

[그림 11-10] 프로젝트 완성시간의 확률적 분석

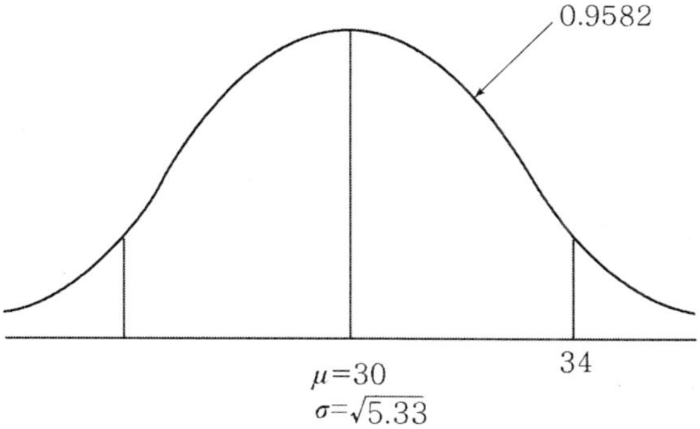

$$Z = \frac{X-\mu}{\sigma} = \frac{34-30}{\sqrt{5.33}} = 1.73$$

$$P(T \leq 34\text{주}) \Rightarrow P(Z \leq \frac{X-\mu}{\sigma}) = P(Z \leq \frac{34-30}{\sqrt{5.33}}) = P(Z \leq 1.73)$$
$$= 0.5 + 0.4582 = 0.9582(95.82\%)$$

품질경영 사례 11

새만금지구 산업단지 1공구 매립공사 76% 완료

새만금지구 산업단지의 총 조성면적 1,870ha 가운데 1공구 190ha에 대한 매립공사가 3일 현재 76%의 공정률을 보이며 다음달 준공을 목표로 순조롭게 진행되고 있다.

경제자유구역사업단에 따르면 1공구 매립공사를 위해 군산항 7부두 투기장 준설작업이 진행 중에 있다. 또 선분양에 대비한 신속한 공정관리를 위해 PERT-CPM기법에 의한 공정계획을 수립해 주공정(Critical Path) 집중관리 등의 과학적인 공정관리 기법으로 매립공사를 시행 중에 있다.

새만금지구 산업단지는 총 9개의 공구로 구분하여 2018년까지 연차적으로 공사를 진행하고, 공사 진행과 동시에 분양을 진행한다는 방침이다. 1공구는 1단계와 2단계로 구분하여 공사를 시행하고 있으며 2단계 사업은 상반기 중 매립공사를 착공할 계획이다.

사업단은 산업단지에 대한 지식경제부의 실시계획 승인을 받아 관리기본계획에 따라 선분양에 들어가기로 하고 투자유치 및 마케팅 홍보전략 수립, 우선 유치 대상 기업 분류, 분야별 투자 유치 설명서 작성 등 기업분석 및 유치전략 수립에 들어갔다.

1공구 분양 대상 면적은 총 107만1,225㎡(32만 평)로 산업시설용지가 99만7,049㎡, 지원시설용지, 공공청사, 주차장 등이 7만4,176㎡로 자동차 부품과 조선 기자재 관련 산업을 우선적으로 유치한다는 계획이다.

한편, PERT-CPM기법은 PERT(Program Evaluation and Review Technique) 기법과 CPM(Critical Path Method) 기법을 총괄한 공정관리기법으로 네트워크(Network)를 이용하여 프로젝트를 효과적으로 수행할 수 있도록 시간 및 비용과 관련하여 합리적으로 계획, 통제하는 기법이다.

고석중 기자(뉴시스; 2010-03-03; k9900@newsis.com)

연 습 문 제

11-1 PERT/CPM을 이용하여 해결할 수 있는 문제의 유형을 나열하고 설명하시오.

11-2 PERT와 CPM의 주요 차이점은 무엇인가?

11-3 활동(activity)과 단계(event)에 관해서 설명하시오.

11-4 네트워크에서 각 활동에 대한 기대시간과 분산은 어떻게 계산되는가?

11-5 주공정(critical path)의 의미와 중요성에 관해서 설명하시오.

11-6 여유시간(slack time)의 의미와 계산방법에 관해서 설명하시오.

11-7 (주)ITM컨설팅은 중간관리자들을 대상으로 하는 CEO양성과정을 기획하고 있다. 이 과정의 진행과 관련된 활동, 선행 활동, 활동시간은 다음과 같다.

활 동	A	B	C	D	E	F	G
선행 활동	-	-	-	B	A, D	C	E, F
활동시간(일)	2	5	1	10	3	6	8

1) 칸트 차트를 작성하시오.
2) 네트워크를 그리시오.
3) 열거법을 활용하여 주경로를 파악하시오.
4) 전진계산법과 후진계산법을 활용하여 이 양성과정의 완료시간과 주경로를 계산하시오.

11-8 (주)지상천국은 하늘을 이동 통로로 활용하는 미래 도시교통체계인 '도심항공교통'(UAM, Urban Air Mobility)용 대형 드론을 전문적으로 개발 · 제작하는 기업이다. 이와 관련된 활동과 작업시간(낙관적 시간, 비관적 시간, 정상시간)

과 선행 활동은 다음과 같다.

활 동	시간(주)			선행 활동
	낙관적 시간	정상시간	비관적 시간	
A	3	6	8	-
B	2	4	4	-
C	1	2	3	-
D	6	7	8	C
E	2	4	6	B, D
F	6	10	14	A, E
G	1	2	4	A, E
H	3	6	9	F
I	10	11	12	G
J	14	16	20	C
K	2	8	10	H, I
L	1	2	3	K, J

1) 네트워크를 그리시오.
2) 열거법을 활용하여 주경로를 파악하시오.
3) 전진계산법과 후진계산법을 활용하여 이 양성과정의 완료시간과 주경로를 계산하시오.
4) 드론 개발과 제작을 41주 이내에 완료할 확률을 계산하시오.

12
chapter

품질향상을 위한 노력

12.1 성공 사례

12.1.1 Microsoft

Micresoft사의 창립자인 Bill Gates와 Paul Allen은 25년 전, 모든 책상과 가정에 컴퓨터를 놓겠다는 혁신적인 비전을 최초로 제시하였고, 이후 이를 실천해 가면서 그들은 고가의 무거운 메인프레임이 주를 이루고 특별한 교육을 받은 전문가만이 운용할 수 있는 맞춤형 대형 소프트웨어가 주류를 형성하던 당시에 산업계를 뒤흔들어 놓았다. 그 당시 모든 사람을 위한 컴퓨터를 지향하는 Bill Gates와 Paul Allen의 비전에 동의하는 사람은 거의 없었다. 1977년 Digital Equipment사 회장의 말처럼 "일반 개인이 가정에 컴퓨터를 들여놓을 이유가 없다."라는 말이 일반적인 인식이었던 것이다. 하지만 다행히도 PC의 성공으로 인해 마이크로소프트는 이제 직원의 수만 36,000명이고 연간 매출이 230억 달러를 넘는 다국적 기업으로 성장하였다.

그러나 기술 분야에서는 빠른 변화에 앞서가지 못하면 도태할 수 있다. PC

가 전 세계 주류가 되어감에 따라 MicroSoft는 이제 사용자들이 언제 어디서나, 그리고 어떤 장비에서든 소프트웨어를 활용할 수 있게 하겠다는 새로운 회사의 비전에 초점을 맞추고 있다. 이 새로운 사명을 달성하기 위해 마이크로소프트사는 몇 가지 원칙을 세웠고 이를 지켜나갈 것이다.

1) 혁신에 대한 약속

당시에 넓은 고객층을 확보하였던 Windows 3.1에 마이크로소프트사가 오늘날의 인터넷 지원기능을 추가하지 않았다고 상상해 보자. 아니면 단순한 맞춤법 교정기능도 없었던 Microsoft Word 1.0을 계속해서 혁신시키지 않았다면 어떻게 됐을까? 혁신은 마이크로소프트의 가장 중요한 가치이다. 2000 회계연도만 보더라도 마이크로소프트사는 연구 및 개발에 38억 달러를 투자하였다. 전 세계에서 IBM에 이어 두 번째로 많은 액수를 투자한 것이다. 하지만 마이크로소프트사는 음성인식, 텍스트 표현, 상호운용, 아시아 문자인식, 그리고 소프트웨어 프로그래밍 언어 등과 같은 개척 분야에서의 혁신을 계속해 왔다. MicroSoft사는 이런 공로를 인정받아 PC Magazine이 수여하는 1999 Millennium Award for Technical Innovation을 받기도 하였다. 이 수상 결과를 발표하면서 PC Week지는 "지금까지 이 상의 수상후보 및 수상업체들 중 IT업계의 혁신에 가장 큰 이바지를 한 업체는 마이크로소프트사이다."라고 밝힌 바 있다. 마이크로소프트사는 과거의 성공에 감사하고 있지만 이제 1990년대는 막을 내렸다. 이 성공을 계속하기 위한 여정은 과거에 있는 것이 아니라 미래에 있다.

2) 비즈니스 모델

마이크로소프트사는 저렴하고도 방대한 비즈니스 모델을 시도한 최초의 소프트웨어 업체였다. Oracle, Sun Microsystems, IBM 등과 같은 업체들이 고가의 솔루션 시장에서 성공을 한 사례였다면 마이크로소프트사는 이와 대조적으로 누구나 사용할 수 있는 제품들을 공급해 왔다. 즉 보통의 손목시계보다 저렴한 운영 체제, 수십 명이 투입되어야 할 작업을 한 사람이 처리할 수 있게 해

주는 생산성 높은 애플리케이션, 그리고 상상할 수 없는 지식의 세계로 고객들을 안내하는 저렴한 인터넷 서비스 등과 같은 제품들을 공급해 왔다.

3) 개발 모델

마이크로소프트사는 처음부터 컴퓨터 플랫폼의 공급에 중점을 두었던 회사였는데, DOS, Windows, 그리고 새로운 닷넷(.NET) 등과 같은 이런 플랫폼들은 그 자체만으로는 일정한 한계를 갖고 있다. 즉, 각 플랫폼의 가치는 그 플랫폼에서 사용할 수 있게 만들어 진 애플리케이션과 유틸리티들에 따라 좌우되는 것이다. 마이크로소프트사는 이것을 깨닫고 사람들이 마이크로소프트의 플랫폼을 이용한 제품들을 가능한 많이 만들어 내도록 촉진할 수 있는 공개된 개발모델을 추구해 왔다. 소프트웨어 개발자들이 해당 플랫폼에 사용할 제품들의 제작을 촉진하려면 회사는 그 플랫폼에 대해 가능한 광범위한 정보를 공유해야 한다. 마이크로소프트는 다양한 기술정보를 공유함으로써 이를 실현해 왔다.

이런 정보들은 대부분 소프트웨어를 플랫폼과 연결하는데 사용되는 플러그의 역할을 하는 API(Application Programming Interface)의 형태로 발표되었다. 하지만 마이크로소프트사는 API만 발표하는 것에서 더 나아가 마이크로소프트 플랫폼에서 작동하는 제품들을 만들려고 하는 회사들을 지원하는 엔지니어 팀을 별도로 운영하고 있다. 또한 마이크로소프트사는 프로그래밍을 도와주는 개발자 툴을 개발하였으며, 개발자들을 위한 회의를 개최하기도 하며 서적이나 웹을 통해 기타 정보들도 출판하고 있다. 마지막으로, 마이크로소프트사의 개발모델에 있어서 핵심적인 요소는 기술표준을 고집한다는 점이다. 기술표준이라는 것은 보안이나 컴퓨터 간의 데이터전송 등과 같은 사안을 처리하는 방식의 표준안을 말하는 것이다. 마이크로소프트 윈도우는 현재 주요 운영시스템들 중 기술표준을 가장 잘 따르고 있는 제품으로 평가받고 있다. 이렇게 기술표준을 준수하기 때문에 많은 개발업체들이 마이크로소프트 플랫폼에서 최상으로 운영되는 제품들을 쉽게 만들 수가 있다.

마이크로소프트사의 성공은 상당 부분 마이크로소프트 플랫폼용 제품들을 개발해온 수천 명의 개별 개발자들의 역할에 힘입은 바가 크다. 이 사실은 그만큼 개발모델이 공개되어 있으며 배우기도 쉽고 개발하기도 쉬운 플랫폼이라는 사실을 반증해 주는 것이다.

4) 견고한 파트너십

마이크로소프트사의 기술 파트너들은 전 세계적으로 22,000업체가 넘는다. 이 파트너들 중에는 PC 제조업체, 소프트웨어 제조업체, 솔루션 제공업체 등이 있다. 또한 마이크로소프트사는 전 세계에 650,000개 이상의 리세일(resale) 파트너들을 갖고 있다. 이런 리세일 파트너들 중에는 소프트웨어 판매 매장, 소규모 하드웨어 제조업체, 대기업에게 마이크로소프트 소프트웨어를 판매하는 Corporate Account Resellers, 그리고 마이크로소프트사의 제품에 컨설팅 서비스를 결합하여 판매하는 부가가치 제공업체들도 있다. 일부 파트너들은 대량판매를 위한 소매점들인 경우도 있고, 마이크로소프트 소프트웨어를 주요 기업들에게 판매하는 대규모 총판들에게 납품을 하는 판매 및 배포 센터인 파트너들도 있다. 또한 마이크로소프트사의 패키지 소프트웨어를 판매하는 것부터 마이크로소프트사의 소프트웨어를 설치한 PC 시스템을 판매하거나, 마이크로소프트사의 소프트웨어를 사용하고 있는 업체에 컨설팅 서비스를 제공하는 업체에 이르기까지 많은 파트너들이 마이크로소프트사와 다양한 방식으로 파트너쉽을 맺어 비즈니스를 전개하고 있다.

마이크로소프트사의 성공은 곧 마이크로소프트사의 파트너들의 성공으로 이어진다. 마이크로소프트사가 미국에서 조사한 바에 따르면 마이크로소프트사가 $1의 제품을 판매할 때 그 파트너 업체들은 $3의 수익을 얻는다고 한다. 또한 솔루션 제공과 같은 분야에서는 이 비율이 훨씬 더 높아진다.

5) 제품 라인

현재의 마이크로소프트사는 5년 전의 마이크로소프트와는 많이 달라졌다. 1990년대 중반까지만 하더라도 마이크로소프트의 성공은 Office와 같은 범용 애플리케이션과 Windows 초기 버전과 같은 운영 시스템에 크게 의존하고 있었다. 하지만 지난 5년 동안 마이크로소프트사는 중형 및 대형기업들의 주요 소프트웨어 공급 업체로 부상하기 시작하였다. 마이크로소프트사는 고품질의 플랫폼과 애플리케이션, 그리고 서버들을 대기업에 공급함으로써 Sun Microsystems(워크스테이션, 서버), Oracle(데이터베이스, e-비즈니스 소프트웨어), IBM(워크스테이션, 서버, 데이터베이스, e-비즈니스 서비스) 등과 같은 기존의 선두 업체들과 격전을 벌이고 있다.

마이크로소프트사의 제품들은 경쟁 업체의 절반 가격에 세 배 이상의 성능을 제공함으로써 마이크로소프트사의 서버 시장 진입은 업계에 큰 영향을 미치고 있다. 현재 마이크로소프트사의 비즈니스 영역은 다음 네 종류로 나뉘어 있으며, 이중 데스크톱 애플리케이션 분야가 수익의 가장 큰 부분을 차지한다.

12.1.2 Motorola

1928년 Chicago시의 Harrison가 847번지의 작은 빌딩에 세든 Galvin Manufacturing이라는 회사가 있었다. 이 당시 종업원은 겨우 5명밖에 되지 않았다. Motorola로 이름을 바꾼 이 회사는 지금 10만여 명의 종업원과 매출 80억 달러의 미국 150대 기업에 속하는 대기업으로 성장하였다.

Motorola(www.mot.com)는 1980년대 초 일본의 무선호출기 시장에서 품질로 고전을 면치 못하고 있었다. 이 문제점을 제거하기 위해 6시그마를 개발하였다. 그 이후 1987년 Motorola가 말하는 결함은 고객의 불만을 야기하는 모든 것으로 해석한다. 그리고 기업의 모든 활동요소를 계량화하였다. Motorola는 6시그마의 목표를 달성하기 위해 고객만족에 중점을 두었다. 그래서 조직을 수평적인 조직으로 변화시켰고, 수평적인 조직은 팀워크를 촉진시켰다. 특히, 설계의 초기단계에서부터 이러한 협조는 실행되었다. 그리고 계량화한 기업의 모든 활동을 고객의 관점에서 평가하였다.

Motorola는 6시그마의 목표를 달성하기 위해 다음과 같은 과정을 사용하였다.

① 창출하고자 하는 제품과 서비스를 파악한다.

② 창출한 제품과 서비스를 공급할 고객을 파악한다. 그리고 고객이 중요시하는 요소들이 무엇인지를 파악한다.
③ 고객을 만족시키기 위하여 어떻게 하여야 할 것인가를 파악한다.
④ 제품과 서비스를 생산하는 프로세스 또는 과정을 정의한다.
⑤ 프로세스의 실패를 방지하는 장치를 개발하고, 필요 없는 업무를 제거한다.
⑥ 개선된 프로세스나 과정을 측정하고, 분석하고, 통제하여 지속적인 개선을 추구한다.

1992년에 Motorola는 모든 분야에서 6시그마 목표를 전부 달성하지는 못하고, 일부 분야에서만 달성하였다. 이렇게 결함이 감소되고 제조시간이 단축되면서 Motorola에서는 6시그마로 인한 재무성과가 나타나기 시작했다. 다시 말해 Motorola는 보다 우수한 품질의 제품을 생산하고, 고객들은 보다 저렴한 비용으로 더 큰 만족을 누리게 되었다. Motorola는 4년 동안 6시그마로 22억 달러를 절감하였고, 6시그마 설계자들은 대다수의 회사들이 불가능하다고 생각했던 성과들을 달성했다. 1993년 Motorola는 이미 많은 제조공정에 있어서 거의 6시그마 수준에 도달했다.

그리고 짧은 기간 동안에 다른 산업으로, 즉 제조사업부 이외의 분야로 산불처럼 번지기 시작했다. 여기에서 그치지 않고 Motorola는 계속 목표를 상향 조정하였다. 그래서 매 2년마다 열 배씩 목표를 증가하였다. 그 결과 6시그마 운동을 도입한지 10년 후인 1998년에 Motorola는 거의 전 사업장에서 6시그마 수준을 달성하였다. 즉, 불량품 99.7% 감소, 제품 단위당 품질비용 84% 감소, 생산성 20% 향상, 매출 17% 증가, 그리고 주가가 6.6배 증가되었다.

또 Motorola가 개발한 무선호출기인 밴딧 페이저(Bandit pager; 도적 무선호출기)는 우수한 설계와 제조공정으로 평균 기대수명이 150년이나 되었다. 너무나도 이 제품의 품질이 우수해, Motorola에서는 이 제품에 대한 검사를 완전히 없애버렸다. 왜냐하면 시간과 비용을 들여 거의 무결점의 제품을 검사하는 것보다는, 차라리 발견된 불량품을 교환해 주는 것이 훨씬 경제적이기 때문이었다. 또 본사에 사내 대학을 설치하여 전 종업원들로 하여금 매년 40시간 이상의 6시그마 교육을 받도록 하고 있으며, 더 나아가 협력업체들도 이 대학에서 일정 시간 이상의 교육을 의무화 하고 있다.

12.1.3 General Electric(GE)

Jack Welch 회장은 6시그마 GE(www.ge.com)가 지금까지 해 왔던 모든 것 중에서 가장 중요한 시도라고 강조하였다. GE의 영업수익률은 수십년간 10% 수준을 맴돌았다(그러나 사실 Welch회장은 GE의 시장가치를 1981년의 120억 달러에서 1988년 2,800억 달러로 높였다).

GE에서는 1995년 10월에 품질 프로그램에 관한 한 냉소주의자였던 Welch 회장이 6시그마를 도입하였다. Welch는 품질 프로그램이 구호만 요란하고 실제 효과는 적은 것으로 생각했다. 그러나 1994년 오랜 친구인 GE의 전 부회장이자 현재 AlliedSignal의 최고 경영자인 Bossidy로부터 6시그마의 성과에 대해 듣고 난 뒤 Welch의 마음이 변했다. Welch는 기존의 품질 기법들과 달리 AlliedSignal은 품질보다 순이익의 증가에 더 치중함으로써, 결국 더 낮은 비용으로 더 우수한 품질의 제품을 생산하고 있었다. 여기에 영향을 받은 Welch는 6시그마 도입을 강력하게 추진하기로 하였다.

그래서 Welch는 신용카드 서비스에서부터 항공기 엔진 제조 공장 및 NBC-TV에 이르기까지 GE의 전 사업부로 하여금 6시그마를 달성하도록 지시했다. 이 때 GE는 평균적으로 약 3~4시그마 수준에 있었으며, 폐품, 재작업, 거래오류, 그리고 비능률과 생산성의 감소 등으로 인해 매년 70~100억 달러의 천문학적인 비용이 발생하고 있었다. 이제 GE는 평균 35,000 CPMO의 기업을 사실상 완벽에 가까운 1백만개 당 3,4개의 결함수준의 기업으로 전환시켜야 하였다.

1996년 1월 초 미국 Conneticutt주 Failfield시에 있는 GE본사 강당에 모인 4백여 간부들은 긴장된 표정으로 Welch 회장의 중대발표를 기다리고 있었다. 잠시 후, 연단에 오른 Welch 회장은 6시그마 운동을 선언했다. 6시그마가 가장 먼저 도입된 부서는 GE Medical System 사업부이었다. 여기에서의 높은 성과로 6시그마는 GE 전체로 확대되었다. 1996년 GE의 연례회의에서 "GE 품질 2000 : 계획된 꿈(GE Quality 2000 : a Dream with a Plan)"을 선포했다. Welch는 6시그마(GE 품질 2000)는 개인에게 가장 큰 보상이 될 것이며, 결국 우리 기업 역사상 가장 수익성 높은 과업이 될 것이라고 선언하였다. Welch는 GE가 2000년까지 6시그마 수준의 품질을 달성한 것이라고 선언하며, 주주들에게 6시그마는 현재의 불량률을 1만 배(5년간 계속해서 매년 84%씩) 감소시키는, 그야말로 지속적 개선이라는 개념 자체를 넘어서서 엄청난 과업을 요구할 것이라고 설명했다.

이것은 사실상 무결점의 제품과 서비스, 그리고 거래를 의미한다. 또 200명의 마스터 블랙벨트와 800명의 블랙벨트를 양성하기 위해 $2억를 투입하였고, 2만 명의 엔지니어들에게 "6시그마를 위한 설계(Design for Six Sigma)"- 회사의 모든 제품 및 서비스에 6시그마 품질을 설계하고 구축할 수 있도록 하는 방법론-훈련을 받도록 했다. GE는 DFSS가 요구하는 엄격한 통계적 프로세스 없이는 제품 및 서비스가 결코 고객이 요구하는 품질기준을 충족시킬 수 없음을 인식했다. 1997년에도 4,000명에 가까운 블랙벨트와 마스터 블랙벨트, 그리고 60,000명 이상의 그린벨트들을 양성하는데 $2억 5천만을 투입했다.

1997년 3월 12일 Welch는 전 세계 GE의 모든 경영자들에게 e-mail을 보내 GE에서 임원이 되고 싶은 사람은 1998년 1월 1일까지 블랙벨트나 그린벨트 훈련을 시작하여 1998년 7월 1일까지 훈련을 마쳐야 한다고 선언했다. 그 메시지 전까지만 해도 대다수의 종업원들은 Welch가 2000년까지 6시그마를 달성한다는 말을 단지 또 하나의 그저 지나가는 구호 정도로 여기고 있었다. 회사 내에서 아무리 사소한 진급이라도 어떤 형태의 6시그마 방법에 대한 교육을 받아야 한다고 발표하자 교육신청자들의 수가 극적으로 늘어났다. Welch의 결정은 마침내 말단 사원들에게까지 영향을 끼치고 있었다. 지금도 New York시의 GE 훈련센터에서 많은 블랙벨트들과 마스터 블랙벨트들이 격렬한 토론으로 시간을 보내고, 훈련을 받고 있다. 여기에서는 매년 만 명 이상의 GE 종업원들이 6시그마에 대해서 배우고 있다.

3년 후인 1998년에 GE는 5억 달러를 투입하여 놀랄 만한 성과를 거두었다. 제조과정 상의 불량률이 4시그마 수준인 1백만 개당 6천 2백 개에서 5시그마 수준인 233개로 향상되었고, 품질실패비용은 38억 달러 감소, 그리고 매출액 이익률은 9.3%로 미국 제조업체들의 평균(약 5%)보다 2배가 높아졌다. 또 영업수익도 13.6%에서 16.7%로 향상되었고, 운전자본 회전율은 5.8%에서 9.2%로 높아졌다. 금액으로는 6시그마로 인해 1997년 GE의 영업수익이 3억 달러를 상회했고, 1998년에는 영업수익이 배가되어 6억 달러를 넘어섰다. 그리고 1999년에는 15억 달러를 절감할 것으로 보고 있다.

GE는 이제 6시그마 혁명 7년째에 접어들고 있으며, 이 프로그램이 GE 전체에 뿌리를 내리고 있음은 의심할 여지가 없다. 1999년 연례 주주총회 연설에서 금세기에 가장 성공한 경영자이며 최고의 비전을 가진 경영자 중의 한 사람인 Welch는 다시 한번 GE에서 6시그마의 역할을 강조했다. "6시그마는 프로세스를 완벽에 가깝도록 하고 그 완벽을 유지하는 것입니다. 실제로 모든 6시그마 프로젝트들의 공통적 목표는 편차를 제거하는 것입니다."라고.

물론 Welch 회장은 이미 오래 전부터 아시아와 정면으로 부딪치는 분야의 사업과 경쟁력이 없는 사업군을 포기하고, 기술력과 경쟁력이 있는 사업군과 서비스 분야에 집중 투자하였다. 그러나 오늘날의 GE를 만든 가장 큰 원동력은 6시그마라고 모든 사람들은 말한다. 또 하나 GE가 성공한 중요한 원인은 Welch가 1988년에 시작한 워크아웃(Work-Out)이다. 워크아웃의 중요한 네 가지 원리는 신뢰를 구축하고, 종업원들에게 권한을 부여하고, 불필요한 작업을 완전히 제거하고, 그리고 GE의 새로운 패러다임을 창조하는 것이었다. 이렇게 해서 워크아웃은 GE의 6시그마 도입을 원활하게 하였다. 워크아웃은 새로운 아이디어에 개방적이고, '이것은 안 된다'는 사고방식을 없애는 GE 문화를 창출하였다. 또 종업원들로 하여금 보다 생산적이고 능률적으로 일하게 하는 6시그마의 원리를 주입시켰다. 워크아웃이 GE 종업원들의 행동양식을 바꾼 반면, 6시그마는 그들의 일하는 방식을 재정의했다.

[그림 12-1] 6시그마의 기능과 조직변화의 정도

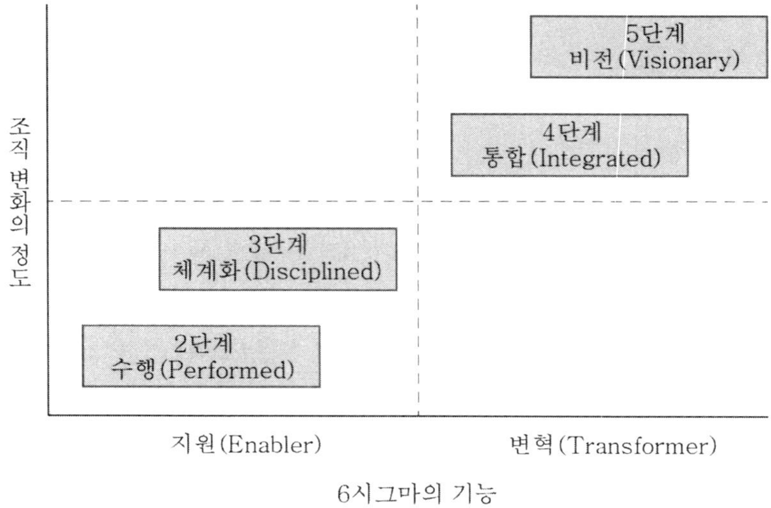

12.1.4 AlliedSignal

AlliedSignal(www.honeywell.com)은 6시그마 혁신전략을 최초로 도입한 기업이며, 화학약품, 섬유, 플라스틱, 항공우주산업, 그리고 자동차 관련 제품들을 생산하거나 설계하고 있다. AlliedSignal은 GE에 있던 Bossidy가 1991년 이 회사의 CEO로 취임한 후부터 품질에 박차를 가하기 시작했다. Bossidy는 즉각 조직의 불필요한 부분들을 정리하기 시작하였고, 종업원들의 사기를 진작시켰으며, 또 엄청나게 높은 수익목표를 설정했다.

Bossidy는 '6시그마 혁신전략'을 도입하여 145억 달러의 대규모의 기업을 파산직전의 상황에서 구해냈다. AlliedSignal은 최고경영자의 강력한 리더십을 바탕으로 중간경영자들의 저항을 극복하고 6시그마를 도입하였다. 처음에는 교육을 최고경영층으로부터 시작하여 점차로 조직의 하부계층으로 내려갔다. 또 중간경영층의 저항을 극복하고자, 중간경영층과 블랙벨트에 대한 훈련을 강화하였다. AlliedSignal은 최고의 블랙벨트들 중에서 마스터 블랙벨트를 선발했고, 각각의 마스터 블랙벨트는 10명의 블랙벨트들을 훈련시켰다. 또 각각의 블랙벨트는 다시 10명의 그린벨트들을 훈련시켰다. 이러한 연쇄적 효과를 통해, 6시그마는 회사 내에 급속도로 파급되었다. 1998년까지 그린벨트의 훈련은 회사의 필수과정이 아니었고, 선택 프로그램이었다. 그러나 AlliedSignal은 그 후 모든 정규 직원들이 2000년까지 그린벨트 자격획득에 필요한 26시간의 훈련을 받아야 한다고 명시했다.

특히 중간경영층의 기존 사고방식을 바꾸는 것이 제일 힘들었다. 또 하나 AlliedSignal이 배운 중요한 교훈은 사람들이 지시를 받아 일하는 것보다 스스로 계획을 세워 일할 때 문제를 보다 잘 해결한다는 사실이다. 혁신전략은 이 사실을 입증시켰다. 그들의 문제해결능력이 개선됨에 따라 그들의 성과도 향상되었다. 이렇게 함으로써 이 회사조직원들의 마인드가 변화되었다.

또 AlliedSignal은 블랙벨트들이 오직 오랜 시간의 경험을 통해서만 혁신전략의 도구를 자기의 것으로 만들 수 있다는 사실도 배웠다. 그래서 오직 반복적인 학습경험을 통해 블랙벨트들이 혁신전략의 효과에 대한 믿음을 증대시킨다.

또 AlliedSignal은 활동 자체를 측정하지 않고, 결과를 측정하였다. 그리고 고객만족과 주주를 만족시키지 않는 프로세스는 과감히 제거하였다. 또 협력업체들을 훈련시켰고, 문제는 사람이 아니고 프로세스라는 확신을 모든 종업원들에게 심어 주었다.

이 회사는 이제 각 부문별로 매년 6%의 생산성 향상을 목표로 수천명에 달하는 각 사업부의 종업원들과 스태프들에게 6시그마와 혁신전략을 훈련시키고 있다. 광범위한 6시그마 운동으로 1999년 1/4분기 영업수익은 전년도 동기의 12%에서 14.1%로 기록적인 성장을 나타냈다. Bossidy가 1994년 이 프로그램을 도입한 이후, 6시그마의 누적효과는 20억 달러 이상의 직접비 절감으로 나타났다.

AlliedSignal은 기업의 시장가치를 1991년 40억 달러에서 1998년 말 290억 달러로 올려놓았고, 2000년에는 380억 달러에 이를 것으로 예상하고 있다. 이 모두가 주로 6시그마 프로그램의 결과라 할 수 있다.

12.1.5 포스코

세계일보(2005. 5. 5)는 포스코(POSCO)의 성공적 6시그마 도입사례를 소개하였다. 포스코의 이구택 회장이 최근 이례적으로 공사현장을 직접 방문, 현장을 둘러보는 등 '안전경영'을 펼쳤다. 5일 포스코에 따르면 이 회장은 최근 광양제철소 제2고로 개수공사와 LNG터미널 증설공사 현장을 차례로 방문, 공사상황과 안전현황 등을 면밀히 살펴봤다. 이 회장은 또 지난달 준공된 하이드로포밍공장 생산현장을 돌아보며 안전에 최우선의 노력을 기울일 것을 당부하고 직원들을 격려했다. 평소 임원회의에서도 직원의 안전을 유달리 강조하는 이 회장은 현장 방문에서 "안전은 포스코 경쟁력의 시작이며, 안전을 우선하는 문화가 뿌리내려야 포스코가 사람을 최우선으로 생각하는 선진 철강사로 자리를 잡을 수 있다"고 강조했다. 이 회장은 특히 "성실하고 체계적인 안전활동을 통해서 재해가 없는 일터가 만들어지는 만큼 사고와 행동양식을 바꿔야 하며, 6시그마처럼 지속적으로 교육하고 인센티브를 주는 변화관리가 안전활동에서도 매우 중요하다"라고 지적했다. 포스코 관계자는 "이 회장이 해외 출장이나 고객사와의 원료구매 협의 등 대외업무에 바쁜 상황에서도 공사현장을 방문한 것은 이례적"이라며 "연초에도 역점활동으로 안전을 강조하면서 '생산성보다 안전을 더 중요시하는 일터, 안전을 최우선하는 풍토를 만들자'라고 강조했다"라고 말했다.

1) 개요

포스코는 6시그마를 혁신의 대명사로 인식하고 있다. 2002년 6시그마 프로그램 도입을 시작으로 현재까지 많은 성과를 달성하고 있는데, 이미 임원·챔피언의 자발적 리더십이 이끄는 6시그마 프로그램을 진행하기 '챔피언 데이(Champion Day)'를 열어 온 포스코는 최근 95명에 이르는 전 챔피언을 대상으로 미국 애리조나 주립대 및 마이클 해리 6시그마 경영연구소에 2주간의 위탁 연수를 실시하고, 이와 연계하여 인재개발원에 '챔피언 6시그마 리더십' 과정을 개설해 챔피언 그룹의 보다 강력한 리더십을 확보하고자 하고 있으며, 임원에 대해서도 전원이 1주일간의 미국 해외 연수를 통해 6시그마의 진수를 체험토록 하고 있다.

2) 추진배경

포스코의 6시그마는 프로세스의 혁신(Process Innovation; PI)을 그 뿌리로 태동한 프로그램이다. 포스코는 지난 1999년부터 2년 반 동안 추진해온 PI를 바탕으로 2002년 5월부터 6시그마 프로그램을 강력히 추진하고 있다. PI 프로젝트는 과거 30여년 간의 업무프로세스를 재설계하고 인프라를 전면적으로 개편해 구축한 포스피아(POSPIA) 시스템은 전 세계에서도 유래를 찾기 어려운 우수작으로 평가받고 있다. 포스코의 6시그마는 지속적으로 PI 성과를 가시화하고 포스코의 혁신을 이끌어 낼 '변화 가속화 프로그램'이다.

[그림 12-2] 포스코 6시그마의 성과

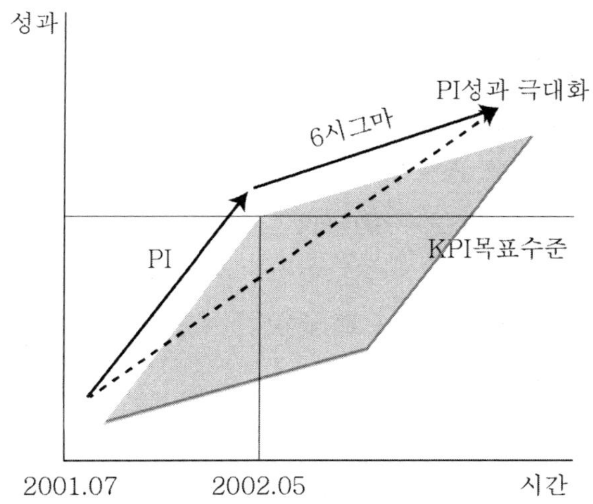

3) 목표

① 프로세스개선을 통해 고객 만족과 가시적 재무효과의 창출과 고객과 주주가치 증대

② 전문역량을 바탕으로 고도화된 인재육성을 통해 직원의 가치 증대
③ 전 직원이 6시그마에 참여하고 성공체험을 통해 변화와 혁신문화 정착을 통한 글로벌 리더십 확보

4) 전개

(1) 수행기간

포스코에서 진행하고 있는 6시그마 프로그램은 전부터 진행하고 있던 PI시스템의 2차 과정으로 2001년 12월 준비작업을 거쳐 2002년 5월부터 본격적으로 추진하고 있는 프로그램이다. 이 수행기간 동안의 가장 큰 목표는 기존의 직관이나 감각에 의한 일처리방식을 체계적이고 과학적인 방법으로 변화시키는 것이었다. 기업 내에서 이뤄지는 모든 활동은 프로세스의 집합이며, 6시그마를 통해 프로세스를 보다 작게 쪼개서, 그 부분을 집중적으로 분석하여 최고의 프로세스로 만드는 작업을 진행한다. 6시그마 활동을 성공적으로 추진하면 포스코의 경쟁력은 괄목할 만한 것으로 될 것이다.

(2) 포스코의 수행과제

6시그마 프로그램으로 포스코가 수행하고 있는 과제는 자동차용 냉연강판의 두께편차 감소, 주원료인 스테인리스 최적 구매 믹스(Mix) 산출방법 개선, 수요예측 프로세스 개선, 자동차강판 사전품질계획 운영방법 개선 등으로, 이런 세부적인 사항들이 모여서 전체적인 업무방식을 변화시키겠다는 것이 그 목표이기 때문이다. 약 6개월의 기간으로 구성되어 있는 웨이브는 2005년까지 1,700개 정도가 진행될 계획이다.

(3) 전문가 양성

포스코는 마스터 블랙벨트(과제수행 지도자) 40명, 블랙벨트(과제수행 리더) 440명, 그린벨트(과제수행 지원자) 2,400명 등 모두 2,880명 수준의 6시그마 전문가를 양성할 계획이다. 아울러 6시그마 활동의 성공적인 추진을 위해 포스코는 PWC컨설팅(현 한국IBM 비즈니스컨설팅 서비스)으로부터 6시그마 전문 컨설턴트 4명을 프로젝트에 투입하고 있다.

5) 결과

(1) 비용절감효과

포스코가 PI를 위해 쓴 비용은 2,500억 원이고, PI를 통해 얻은 효과는 3,800억 원(99년부터 2002년까지)이다. 포스코 PI를 통해 고객 및 공급사가 얻은 비용절감 효과는 2001년 173억원과 2002년 400억 원(추정치)이다. 포스코의 PI를 벤치마킹한 회사는 114개사(지난 8월까지)에 이르며, 포스코 PI를 벤치마킹하기 위해 방문한 방문객수는 2,622명(지난 8월까지)이다. 1,800여 개 과제수행의 결과로는 4,900억 원 규모의 재무성과를 거두었고, 최근 3년간 2,600여 건의 수행결과로 약 7,000억 원의 재무성과를 거뒀다.

(2) 포스코 재고수준의 변화

포스코는 PI의 성공적 도입을 통해서 재고수준을 괄목할 정도로 감소시키고 있다. 2001년 6월의 재고수준 100만 톤에서, 2001년 12월은 73만 톤, 2002년 3월은 65만 톤, 2002년 4월엔 51만 톤으로 감소되었다.

6) 프로그램 특징

(1) 빅뱅 방식으로의 추진

일반적으로 6시그마를 추진하기 위해 기업들은 지원부문에 대해 파일럿 형식으로 전개하고, 그 후 생산부문에 적용하는 단계적 접근방식을 취한다. 그러나 포스코는 처음부터 전 부문에 걸쳐 6시그마 활동을 전개하는 특징을 보이고 있다.

(2) 기본과 원칙에 충실

포스코는 6시그마 교육, 6시그마 전문 인력 양성 등과 관련하여 진행속도가 느리더라도 기본을 착실히 밟으며 6시그마 활동을 전개하고 있다. 아울러 6시그마 활동을 위해 자체적인 교재를 만들었으며, 시스템 측면에서도 10억원 가까운 돈을 들여 관련 IT를 구축했다. 빈틈없는 준비를 마친 상태에서 6시그마 활동을 전개하고 있는 것이다.

(3) 인재육성에 주력

포스코는 전 직원을 대상으로 하여 6시그마를 실천하기 위한 인재 육성을 위해 교육 및 훈련 프로그램을 개설하고 있으며, 성과 및 보상 체계를 파격적으로 정비하여 직원들이 일하는 방법과 태도에 획기적인 변화를 유도하고 있다. 이것으로 포스코는 6시그마의 성공요인을 인재 육성에 두고 있다.

(4) 계속되는 발전

포스코는 6시그마를 시행할 때부터 지금까지 많은 발전을 했다. 처음에는 조직차원의 학습기를 시작으로 하여 Business Process Management 시스템을 구축하였고, 계속해서 혁신을 가속화하고 있다. 또, 주요 공급업체 12개사와 36건의 개선과제를 추진했고, 이 과정에서 공급사 직원들에게도 포스코 직원과 동일하게 6시그마 방법론을 교육하기도 하는 등 포스코 6시그마 시스템의 확산에 주력하고 있다.

12.1.6 LG전자

냉장고와 세탁기 등 백색가전제품을 생산하는 LG전자(www.lge.co.kr) 창원공장은 1996년 말 단위사업장으로는 국내에서 처음으로 6시그마를 도입했다. 여기에서의 사례는 조리기기 사업부의 긴급주문대응 프로젝트로 지난 1998년 초 2주 정도의 짧은 기간 안에 처리를 요구하는 단기납기주문에 대응하는 것이다.

첫째, 목표를 명백하게 설정하였다. 목표를 분명히 하고 모든 구성원들이 합의를 하였다. 지금까지는 긴급주문에 부품의 확보가 어려웠고, 생산일정이 길었으며, 또 주문을 소화하지 못하였다. 이런 현실을 바꾸자는 것이 목표였다. 더구나 중국의 낮은 인건비로 전자레인지 부분에서 경쟁이 점차로 어렵게 되었다.

둘째, 수행할 프로젝트를 선정하였다. 프로젝트의 선정기준은 투자대비 이익이다. 그리고 여기에서 프로젝트를 주도할 챔피언, 블랙벨트, 그리고 그린벨트를 선발하였다. 이들의 역할분담을 분명히 하였고, 임원에 대한 교육일정과 보고방법, 예산 배정, 구성원간 의사소통 방법, 지원부서 선정 등도 수립하였다. 조사해 보니 그동안 긴급주문에 대한 대응률이 52%로, 불만의 정도가 87만 ppm이나 되었다. 이는 시그마수준으로 표시할 수도 없는 수치였다. 긴급주문을 해결하는 데 가장 큰 문제는 "도입 자재의 확보문제"(45%)와 "생산계획운영 및 편성"(33%)이었다.

셋째, 계획을 실행에 옮겼다. 먼저 챔피언, 블랙벨트, 그린벨트, 관리자, 그리고 재무부문 관계자들을 교육시켰다. 그리고 교육대상을 점차로 확대시켜 나갔다. 계획실행에 필요한 각종 자원에 대한 지원일정을 수립하였다. 그리고 각 프로젝트의 우선순위 결정, 특성 추출, 최적화, 현실화 과정을 밟고 각종 미팅과 분기별 보고, 월례 미팅 일정도 수립하였다. 다음에 GE 등 선진 기업들의 사례를 벤치마킹하고, CD-ROM 드라이브 PCB(인쇄회로기판) 등 다른 사업부의 대응사례를 집중 연구했다. 이를 통해 전자레인지에 들어가는 핵심 부품인 마이콤칩 도입시간을 기존보다 50%가량 줄였다. 이것은 협력업체와 컴퓨터 통신시스템으로 연결한 것이 주요 해결책이었다. 그리고 주문체제를 월에서 주로 바꾸었으며, 어떤 부품이든지 사용할 수 있도록 표준화와 공용화를 추진했다.

넷째, 성과를 평가하였다. 개별목표의 달성 정도를 평가하고, 계획의 적합성을 계속 검증했다. 그리고 문제가 된 일부 프로젝트를 다시 심사하였다. 이러한 프로젝트를 진행한 결과 기존 4~5주가 걸리던 긴급 주문을 세계 수준인 2주로 향상시켰다. 이것은 주문량을 늘리는 효과를 가져왔으며, 매출이 14% 향상되었다.

다섯째, 이익을 지속적으로 유지하는 것이었다. 이것은 지속적인 효과가 발생하도록 지속적으로 관리하고 필요한 각종 의사소통 채널을 정비하는 것이다. 또 새로운 프로젝트를 다시 선정하고, 성공체험을 공유하고, 챔피언, 블랙벨트, 그린벨트에 대한 교육을 강화하는 것이다.

12.1.7 삼성

삼성(www.samsung.co.kr)은 주력 기업인 전자계열사를 중심으로 6시그마를 도입해 활용하고 있다. 삼성전기와 삼성 SDI가 6시그마로 경쟁력을 높여가고 있으며, 삼성전자도 2000년 1월부터 블랙벨트 양성 등 본격적인 활동에 돌입하였다. 삼성은 6시그마의 성공요건으로 운동 추진인력의 양성이 가장 중요하다고 보고 있다. 그래서 싱글 ppm과 월드 톱라인 만들기 등 기존의 품질운동을 6시그마 운동에 통합하여 활용 중이다.

삼성전기는 98년 5월부터 10개월 이상 충분한 준비를 해 왔다. 준비단계에선 미국의 GE와 Motorola의 사례를 연구하였고, 삼성 SDI와 GE 의료기기를 벤치마킹 하였다. 그리고 6시그마의 열쇠는 기본에 충실해야 한다는 결론을 얻었다. 이형도 사장은 6시그마의 전사적인 추진을 선언하였고, 이후 추진 지침을 만들어 임직원들이 개념을 이해하도록 했다. 곧바로 임직원을 대상으로 1백 명씩 총 17차례나 걸쳐 집합세미나를 실시하고, 부문별로 6시그마 추진자를 선정해 2박 3일간 강도 높은 교육에 들어갔다.

특히 이 활동의 성공요인을 톱의 의지라고 보고 사장, 해외 법인장, 그리고 협력업체 사장 등 170명의 임원들을 모아 1박 2일간의 챔피언 합숙훈련도 병행했다. 삼성전기는 "알기 쉬운 6시그마"란 연재물을 사보에 싣고, 소식지와 사내방송 등 모든 매체를 이용해 홍보활동도 전개했다. 그리고 블랙벨트 양성에 초점을 맞추고 가장 먼저 교육에 들어갔다. 블랙벨트는 개선의욕이 높고 6시그마 프로젝트를 효과적으로 수행할 수 있는 직원들을 최우선 선정요건으로 삼았다. 특히 각 사업부장(챔피언)은 부서평가에서 블랙벨트가 만들 실적에 따라 평가를 받게 됨에 따라 블랙벨트 인력선발에 신중을 기하였다. 블랙벨트 교육은 1,2차로 나눠 4개월간 집중적인 합숙교육을 시키고 있다. 2002년엔 전임직원의 50%를 그린벨트화 한다는 것이 삼성전기의 계획이다.

그리고 기존 경영이사회를 6시그마 경영회의로 명칭을 바꾸었으며, 모든 회의 데이터를 6시그마 방식으로 표현토록 하였다. 또 제조, 연구, 사무 등 각 부문별로 6시그마 연구회를 운영키로 했다. 이때부터 사업부는 챔피언들이 현안을 분석하고 핵심 경영목표를 세우게 된다. 이를 중심으로 수행할 예비 프로젝트를 선정하고, 그린벨트는 블랙벨트의 지도를 받아 개선활동을 전개하였다.

12.1.8 SKC

정보통신기록용 소재를 생산하는 SKC(www.skc.co.kr)가 경영혁신을 위해서 도입한 6시그마운동은 조기에 성공적으로 정착된 사례로 알려져 있다. SKC의 수원공장장인 황인범 상무보는 6시그마 운동을 받아들여 조기에 성과를 거둔 비결에 대해서 종업원들이 스스로 필요하다고 느끼고 동참해야 그 효과가 높아지며, 새로운 경영혁신운동이라고 무조건 강요해서는 오히려 역효과가 나며, 경영혁신운동은 어떤 것을 도입하느냐보다는 어떻게 받아들이느냐가 중요하다고 한다. 한마디로 "비판적 수용"이 중요하다는 설명이었다.

그는 "그동안 국내 기업들은 외국에서 유행하는 경영혁신 운동을 무조건 도입했다가 비용만 낭비한 경우가 많았다"고 꼬집었다. 황 상무보는 "6시그마 교육에 참여하지 않았다는 이유로 17명의 임원을 해고한 GE의 문화와 우리의 기업문화가 같을 수는 없는 일"이라며 "기존에 하고 있던 경영기법과 통합시키는 작업이 무엇보다 중요하다"라고 강조했다.

그의 설명대로 SKC는 경영철학은 SKMS(SK 경영관리체제)를 그대로 갖고 있고 문제해결기법의 경우는 6시그마와 수펙스를 접목시켜 재창조했다. 다만 측정지표는 GE의 6시그마를 그대로 받아들였다고. "통계학적인 접근을 하고 있다는 점에서 6시그마 운동은 TPM이나 ZD(zero defect : 무결점) 등 기존의 품질 운동과 크게 다릅니다. 이런 운동들은 무조건 구호처럼 결점을 최소화하자거나 결점을 없애자는 측면이 강했지요. 물론 품질에 관심을 갖는다는 점에서 어느 정도 효과는 있었지만 결국 한계에 부딪치게 됩니다."

그가 설명하는 6시그마 운동의 요체는 "측정과 분석을 통해 결점을 일으키는 요인을 찾아내는 것"이다. 실제로 MTS필름의 경우 이전에는 측정하지 않았던 장소의 온도 바람 습도 등을 지속적으로 체크하고 이를 통계적으로 분석하는 과정에서 품질저해 요인을 찾아낼 수 있었다고 그는 귀띔했다.

6시그마 운동 도입을 위해 직접 GE본사의 교육에도 참가했던 황 공장장은 "품질에 관한 한 종교적이라고 할 만한 신념을 가진 GE를 보고 충격을 받았다"라고 소감을 전했다. 황 상무보는 그러나 "6시그마 수준이란 것은 목표 범위를 축소할 경우 쉽게 도달할 수 있어 자칫 이에 만족할 우려가 있다"고 지적했다.

그는 "목표에 달성할 때마다 보다 높은 단계를 설정해야 진정한 효과를 볼 수 있다."며 "6시그마도 끊임없이 진행해야 하는 경영활동"이라고 강조했다. 그는 "날로 심화되어가는 글로벌 경쟁체제에서 살아남기 위해서는 제품과 서비스의 품질이 절대 우위를 차지해야 한다."며 "특히 고객들의 요구가 날로 까다로워지고 있어 열심히 한다는 것만으로는 제품경쟁에서 도태될 수밖에 없다"고 지적했다. 이를 위해선 종업원들에게 창의력을 발휘할 수 있는 환경을 조성해 주는 것이 반드시 필요하다는 게 그의 설명이다. 황 상무보는 "일 처리가 효율적이고 효과적이 되도록 6시그마 운동을 적극 활용할 방침이며, 앞으로 6시그마를 전사적으로 정착시키기 위해 자체 교재를 제작하는 등 종합적 교육훈련 프로그램을 확충해 나갈 계획이라고 덧붙였다.

12.1.9 동일토건

아파트 건설공사를 주로 하는 동일토건은 공원 같은 아파트로 고객에게 감동을 주며 이익보다는 품질개선에 초점을 맞춰서 경영을 하며, 해외진출의 꿈을 키워나가고 있다.

'더 좋은 집을 위한 맨 처음 생각'을 브랜드 슬로건으로 하고 있는 동일토건은 '원칙과 성심을 통한 고객 감동'을 경영이념으로 삼고 투명경영의 최전선에 서고 있다. 창업자인 고재일 회장은 공인회계사 출신으로 동일토건의 설립 때부터 경영 투명성을 강조하고 있다.

'이익추구보다 고객만족 우선', '원가절감보다 품질개선'을 주문하는 고 회장은 최고품질의 아파트를 짓기 위해선 상생과 나눔, 투명성이 유일한 해법임을 항상 임직원들에게 강조해 오고 있다.

타인을 배려하는 마음과 자세가 상품 설계 및 시공에 반영된다면 주택 품질을 자연스레 향상시킬 수 있다는 믿음이 바탕을 이루고 있다. 또 고 회장은 눈앞에 보이는 1000원을 포기하고 이를 고객과 협력업체 등에 돌려준다면 무형적으로 거두는 회사의 가치는 만원이 될 수 있다며, '하이빌(Highvill)' 브랜드 고급화를 위해서라도 투명과 상생에 힘쓸 것을 실무진들에 당부, 건설업 경영의 모범이 되고 있다.

또한 협력업체와의 상생이 경영 1순위인 동일토건은 협력업체 선정 시에 투명성 확보는 물론, 선정 후에도 공사비 100% 현금결제 등 상생 경영의 실천에 일찍이 힘을 쏟아 오고 있다. 동일토건은 수 년 전부터 이미 협력업체에 대해 100% 현금지급을 기본 원칙으로 하고 있는 것이 대표적인 사례이다. 고 회장이 누구보다 숫자와 자금의 흐름을 중요시해왔기 때문에 애초부터 협력업체에 어려움을 주는 어음결제를 배제해온 데 따른 것이다. 물론 협력업체가 건강하게 유지돼야 최고품질의 아파트가 지어진다는 확고한 신념 또한 이런 흐름에 일조했다.

공사 현장별로 분기별 평가를 실시하여, 우수한 평가를 받은 협력업체에는 그에 상응하는 보상 또한 아끼지 않는다. 매년 연말에는 협력업체와 상생의 밤 행사를 개최하여 한 해의 노고를 치하하고 품질향상을 위한 각종 메리트 시스템을 도입하고 있다. 이에 대해 협력업체는 최선의 시공 노력으로 보답하며 동일하이빌 아파트의 품질 향상에 커다란 상승효과를 안겨주고 있다. 협력업체와의 일체의 부정부패 고리를 끊기 위한 장치 역시 탄탄하다. 동일토건은 '성실 수행서약서'를 협력업체와 맺어 '성실 수행 서약서'를 작성하는 협력업체에게 공사이해관계에 있는 임직원에게 금품 수수를 하지 않을 것과 '성심과 원칙'에 따라 시공할 것을 주문하고 있다.

이와 같은 협력업체와의 공존전략은 아파트 품질 고급화로 이어지며 회사 이미지 제고와 수익창출효과로 나타난다. 최근 입주한 용인 동백, 천안 불당 동일하이빌의 경우 분양 시부터 각각 60대 1, 120대 1이라는 초유의 경쟁률을 기록하며 동일 하이빌의 인기를 여지없이 드러냈다.

그리고 '더 나은 사회는 동일의 손에서부터'라는 슬로건 하에 풍성한 사회봉사활동을 하는 동일토건의 나눔 경영노력 또한 주목할 만하다. 동일토건은 일찍이 국가유공자 주거여건개선사업에 참여해 국가유공자의 노후 주택을 무료로 보수하는 일에 앞장서 왔고, 지난달 건교부 장관상을 수상했다. 동일토건은 또 주택건설업 본연의 장점을 활용해 봉사활동에도 힘을 쏟고 있다. 천안 용인지역에서 국제 해비타트 운동과 유사한 '행복 UP HOUSE'사업을 추진 중이다.

또 천안시의 공동모금회 기금에 참여하며 유아원과 고아원에 대한 정기적인 기금 지원을 아끼지 않고 있다. 나무사랑 캠페인과 낡은 가옥 보수사업, 매칭그랜트 기부제 등도 계획 중이다. 이와 같은 성과를 바탕으로 올해는 해외 사업에서 대형 돌풍을 예고하고 있다. 대형 커뮤니티시설이 있는 아파트, 지상에 차 없는 아파트, 단지 내 실개천이 있는 아파트 등으로 국내에서 혁명적인 아파트 문화를 개척한 동일토건은 카자흐스탄에 첫 진출, 3000가구, 10억 달러 프로젝트를 진행 중이다.

12.1.10 유진종합개발

한국표준협회(Korean Standards Association: KSA)에서 주최한 2006년도 KS제품 품질우수성지수(Korean Standard-quality Excellence Index: KS-QEI) 조사에서 2년 연속 레미콘 부문 품질최우수기업으로 선정된 유진종합개발(주)은 건설현장과 공동으로 보통 강도를 가진 일반 콘크리트와 여러 고성능 콘크리트 제품 등 다양한 콘크리트제품을 개발하여 건설시장에 공급하고 있다. 즉 고유동·고강도·고내구성을 지닌 고성능 콘크리트와 섬유보강 콘크리트, 컬러 콘크리트, 저발열 콘크리트, 해양 콘크리트 등 레미콘 제품이 대표적이다.

유진기업은 단순하게 일방적으로 제품을 만들어 시장에 내다 파는 수준을 뛰어넘고 있다. 특수 콘크리트를 만들었을 때 현장에 효율적으로 적용하기 위한 방식을 직접 연구해 제시하고, 건설현장 관계자들과 공동으로 제품을 개발해 소비자 요구에 부응하고 있다는 점에서 높은 평가를 받고 있다. 아무리 좋은 콘크리트 제품을 만들어 판다 해도 공급시스템이 바로 서지 않으면 공급·수요 업체간에 시너지 효과를 내기가 쉽지 않다.

건설 노하우 면에서도 일가견이 있는 유진기업은 적지 않은 자금을 투자해 최적의 제품 공급시스템 연구·개발에 주력하고 있다. 환경 측면에서도 플라이애시와 고로슬래그 등 산업부산물을 재활용하는 친환경 소재 방안을 사용하여 사회에 기여할 수 있도록 각별한 주의를 기울이고 있다. 고강도·섬유보강·컬러 등 고급 콘크리트 제품뿐 아니라 일반 콘크리트 성능 업그레이드도 꾸준히 지속하고 있다. 신소재와 고품질 원자재를 사용해 보통 콘크리트 강도와 내구성을 크게 강화시켰다.

유진기업의 이 같은 노력은 고품질 제품 공급이 기업 생존을 위한 최대 전략이란 신념에서 비롯된 것이다. 특히 이 회사가 자체 설립한 건자재연구소와 국내 최초의 콘크리트 기술연구소가 다 똑같은 것인 줄로만 알았던 콘크리트에 대한 시각을 바꿔 놓으며 콘크리트에서의 차별화로 회사 전체의 경쟁력 향상을 주도하고 있다.

2001년엔 콘크리트에서 범위를 넓혀 연구대상을 시멘트·화학혼화제까지 확장시켰고, 지난해엔 시멘트·콘크리트 등 건설자재 전반에 대한 기술개발과 상용화를 이룩한다는 차원에서 연구소를 대폭 확대 개편했다. 이렇게 해서 탄생한 것이 바로 건자재연구소다. 이 연구소는 최근까지 고로슬래그 미분말 활용, 고성능 혼화제 개발과 상용화, 특수 콘크리트 배합 설계와 상용화, 컬러 아스콘 개발 및 품질개선 등 다양한 연구를 진행했다.

회사 관계자는 "우리가 판매하는 모든 제품은 국가공인 품질인증(KS) 등 국가공인 품질인증기관에서 실시하는 제품 인증에서 우수성을 인정받고 있다"며 "최근엔 건설현장 환경 다양성으로 인해 여러 가지 형태와 기능을 갖춘 제품 수요가 늘고 있는 만큼 고기능·다품종 콘크리트 개발과 상용화에 주력하고 있다"고 말했다.

유진기업은 지난해 800만㎥ 규모 레미콘과 130만 t 아스콘 생산 실적을 올려 이 분야에서 부동의 선두자리를 유지하고 있다.

12.2 실패 사례

12.2.1 IBM

IBM은 1989년에 6시그마 프로그램을 도입했으나, 중간관리자들과 실무자들로부터의 불만과 1991~1993년까지의 전사적인 구조조정으로 인하여 프로젝트 수행자인 챔피언들이 IBM을 떠나게 되었고, 1993년 John Akers가 CEO에서 퇴임하면서 6시그마 경영을 중단하였다.

1) 6시그마의 도입

1989년 IBM 임원진들이 6시그마를 배우기 위해 Motorola를 방문했다. 다음 해인 1990년 미국 Minnesota 주의 Rochester시에 있는 IBM의 ABSD(Application Business Systems Division)가 MBNQA를 수상하게 된다.

2) IBM의 6시그마 추진내용

(1) 가치관

개인존중, 최선의 고객서비스, 완전성의 추구를 비롯하여, 6시그마 활동을 중심으로 하여 IBM의 제품과 서비스가 세계 최고의 품질임을 보장하고 변혁을 통해 더욱 개선하겠다는 공약을 내세웠었다.

(2) 영업활동에서의 6시그마

고객에 대한 제안은 막대한 손실이 발생하게 된다고 인식했다. 즉, 1회의 잘못된 제안은 제품결함과 같은 수준의 결함이라 할 수 있다. IBM은 사원의 영업활동 결과의 평가 척도 기준을 '5-UPs'라 했다. '5-UPs'은 고객요구의 충족을 위해 중요한 요인들을 파악하고 계량화하여, 이 계량화된 값의 향상 여부를 계속 평가하는 기법으로 반드시 요인이 5개일 필요는 없다. 이는 Motorola의 품질 개선운동에서 나왔으며, 그 내용은 다음과 같다. 고객의 관점에서 '결함'을 정의할 것, 결함률을 기본 자료로 삼아 시그마 값으로 표시할 것, 척도는 구체적일 것, 근본원인에 접근할 것, 직접 행동을 취할 수 있는 척도일 것, 고객의 가치 기준에 따라 우선순위를 설정할 것, 고객만족의 변화를 예측할 수 있는 척도일 것이다.

3) 실패 원인

(1) 사전분석 없이 도입

IBM은 MBNQA 수상에 집착한 나머지 실리적인 면보다 형식적인 면에서 6시그마를 추진하였다. 또, 산업 특성의 고려가 미미한 상태에서 Motorola 프로그램을 직접적으로 모방하였다. 따라서 Motorola의 도입성공 사실만을 가지고 기업차입의 분석도 없이 바로 도입하였기 때문에 실패했다.

(2) 지속적 경영지원의 부재

6시그마를 도입할 때 가장 중요한 요소 중에 하나가 CEO의 의사결정에 따른 지속적인 경영지원이다. 하지만 IBM은 CEO퇴임에 따른 정책 변화를 겪었고, 중간관리자 및 구성원에 대한 Vision 제시에 실패하였다.

4) 개선방안

(1) 철저한 사전조사

IBM은 기업 시스템에 맞는 6시그마를 도입했어야 한다. 제대로 된 도입을 위해서는 철저한 사전조사가 필수조건이다. 도입 전 사전조사를 통해 자회사의 사업전략을 파악하고 여기에 연계된 6시그마 적용이 필요한 것이다. 사전조사와 관련하여 전사적 접근방법을 검토하고 사업 특성을 고려한 개선 process의 개발이 진행되었어야 한다.

(2) 구성원에 대한 교육과 동기부여

6시그마의 새로운 도입의 선두주자는 구성원이 되어야 한다. IBM은 구성원에 대한 동기부여를 제대로 하지 못했기 때문에 챔피언 계층이 회사를 떠나는 사태가 일어났다. 6시그마의 도입시 구성원의 충분한 이해를 위한 교육이 필요하며, 이와 함께 전사적 확산을 위한 품질언어의 통일이 실시되어야 한다. 또, 도입 후에는 성과 및 보상 시스템연계를 통해 6시그마의 점차적인 발전을 도모해야 한다.

12.2.2 서울 삼성병원

최근 6시그마가 인기를 끌면서 사회 각 분야에서 이용되고 있다. 대학병원을 비롯한 대규모 병원도 예외가 아니다. 병원에서 6시그마 기법을 적용하는 이유는 대규모 병원이 증가하면서 병원도 기업체와 같은 경쟁체제로 변화되어 의료시장에서 퇴출될 수 있다는 이유 때문이다. 하지만 6시그마를 시행한 병원의 성공률은 그다지 높지 않은 편이다. 대학병원을 비롯한 대규모 병원에서의 6시그마 도입이 왜 실패하게 되었는지 그 원인을 알아보고, 개선방안을 모색하고자 한다.

1) 6시그마의 도입

최근 대규모 병원들이 6시그마를 도입했는데 일부에서는 유행성이라는 평가를 하고 있다. 삼성병원은 2001년도에 GE로부터 6시그마 교육을 받았으며, 이것을 추진하기 위해 신경영팀을 조직하고, 1년간 병원에 부분적으로 시범 프로젝트를 추진했다. 하지만 2002년이 되기도 전에 프로젝트를 마감했고, 신경영팀을 해체하여 직원들을 다른 부서로 배치했다.

2) 실패 원인

(1) GE의 의료장비 요구

삼성병원이 6시그마를 중단한 이유에 대해서 한 의료장비회사의 관계자는 "GE가 처음에 무료로 6개월간 6시그마에 대한 기법을 병원에 교육시킨 후 이 기간이 지나면 강제로 GE의 의료장비를 구입해야 하는 조건 때문일 수도 있다"고 얘기했다. 국내의 6시그마 열풍을 이용해 GE에서 이런 요구를 했기 때문에 무료교육조건으로 자회사의 의료기기 구입을 제시한 것이 원인이라는 것이다. 실제로 많은 병원들이 시그마를 시행하기 위해서는 교육을 받아야 하는데 이런 요구 때문에 중단하는 사례가 있다. 연세의료원도 6시그마를 2년째 추진 중이라고 하고 있지만, 구체적인 효과, 추진과정 등을 밝히길 꺼리고 있어 논란을 증폭시키고 있다.

(2) 기업방식 6시그마의 무리한 도입

기업과 병원은 분명히 다른 집단이다. 하지만 교육을 담당하는 기업들도 병원에 대한 특별한 방법을 제시하고 있지는 않다. 또, 2002년 3월 6시그마 워크샵 개최 후 도입을 망설이고 있는 조선대는 6시그마를 병원에 그대로 도입하는 것은 무리라는 의견을 내놓았다. 6시그마가 해외에서 많은 성공을 거두고 국내에 도입되었을 때, 긍정적인 평가가 주를 이뤘는데 시행 이후 모든 기업이 성공한 것은 아니었다. 이로 인해 그대로 도입했다가 실패한 병원들이 표면적으로 많이 드러나게 된 것이다.

(3) 검증되지 않은 프로그램의 도입

실제로 6시그마의 1세대라 할 수 있는 다국적 기업들은 제품과 프로세스 면에서 불량률을 최소화하는 경영혁신 기법으로 6시그마를 시행했다. 우리나라 병원에 6시그마가 소개된 것도 한 외국계 의료장비 회사를 통해서다. 즉, 대학병원이나 대규모 병원의 6시그마 교육은 이런 의료장비 회사를 통해 이루어지고 있다. 이런 상황에서 병원에 적용하는 6시그마의 유효성이 검증되지 않은 것은 물론이고 무턱대고 이런 프로그램을 도입한다는 것은 기업에게 큰 부담으로 다가가기 때문에 시행하지 않는 것이 당연한 일이라고 할 수 있다. 철저하게 검증되지 않은 6시그마의 시행으로 인해 시간과 예산의 낭비를 초래할 수 있기 때문이다.

3) 개선방안

(1) 병원시스템에 맞춘 6시그마의 재해석

순천향대학병원은 2001년 상반기부터 의료장비 회사의 교육을 받아 1년 동안 17개의 프로젝트를 추진, 이에 대한 긍정적인 효과가 있었다고 판단, 자발적으로 6시그마 도입을 적극 추진한 케이스다. 이 병원은 마취과와 소아과 등 2개의 진료과, 3개의 병동, 분만실, 수술실, 공급실, 물리치료실, 의무기록실, 원무과 등 17개의 부서가 참여해 6시그마 프로젝트를 진행했다. 순천향대학병원은 프로젝트를 시행하기 전에 현재의 수준을 점검하는 의미에서 환자 만족도를 조사하였으며, 이것을 토대로 목표수준을 설정했다. 또, 개선작업 이후의 만족도를 다시 조사하여 이전과 비교 분석함으로써 개선효과를 측정하였다.

또, 프로젝트팀의 정기적인 발표와 연말 경진대회 등을 통하여 프로젝트에 참가하게 하는 동기부여를 했으며, 6시그마 추진의 적극적인 의지를 심어주었다. 이와 같이 6시그마 프로젝트 수행 전에 실시한 조사는 병원에 대한 6시그마의 추진 방향을 설정해 주는 것이 6시그마 효과를 극대화 할 수 있다.

(2) 6시그마의 부분적 도입

서울 아산병원의 경우는 GE의 6시그마 기법을 6개월 정도 교육받았다. 하지만 이 기법을 그대로 적용하지 않고 'MOT(Moment Of Truth)프로세스 개선'이라는 명칭으로 바꾸어서 6시그마 원리를 부분적으로 도입하여 시행하고 있다. 서울아산병원 SPI(서비스성과개선)팀 정병헌 과장은 "기업경영에 적용되던 6시그마 기법을 그대로 병원에 적용하는 것은 부작용을 낼 가능성이 높다"며 "우리병원은 6시그마 기법의 장점만을 뽑아 나름대로 우리병원 실정에 맞게 이름도 'MOT프로세스 개선'이라는 이름으로 바꾸고 세부적인 내용도 조금씩 고쳐가면서 활용하고 있다"고 밝혔다. 이 경우처럼 6시그마의 완벽한 도입을 추구하기보다 부분적인 도입을 통해 조금씩 프로젝트를 시행하는 것도 좋은 방법이라 할 수 있다.

(3) 6시그마 실무진의 노력

순천향대학병원의 경우 다른 병원의 6시그마 방법의 전수에 그친 것이 아니라 이에 대한 분석과 평가를 바탕으로 의사와 간호사를 중심으로 한 주축이 형성되었다. 병원에 관련되어 있는 행정 부서가 아닌 의사와 간호사가 직접 담당함으로써 실제 병원 시스템의 주축이 되고 있는 많은 의사와 간호사들의 적극적인 참여를 유도할 수 있었다. 또, 6시그마 교육 후에는 지속적인 워크숍과 마인드 고취를 통해 자체적으로 교육을 소화할 수 있게 했다.

여기에 병원 측의 적극적 지원과 6시그마 성공과 관련된 직원들에 대한 보상은 6시그마 성공을 극대화할 수 있을 것이다.

12.3 품질향상을 위한 노력과 교훈

12.3.1 국내 및 국외 성공사례의 요인 비교

6시그마 도입에 대한 국내 · 외 성공사례를 비교해 보면 몇 가지 공통적인 특징이 나타난다.

첫째, 성공사례의 기업들은 6시그마를 도입하고 자체적인 방법으로 한 단계 업그레이드시킨 기법을 사용했다. 6시그마의 기본정신은 그대로 유지하되 Honeywell의 경우에는 단순히 공장에서만 실행한 것이 아니라 '6시그마 플러스'라는 이름으로 새롭게 구성된 방법을 사용했다. 또, GE 역시 6시그마를 기존 기업문화의 변화 단계에 활용함으로써 6시그마를 단순히 공장에서만 사용하지 않고 '프로세스와 품질개선을 위한 DMAIC'를 도입하여 기존 6시그마가 한 단계 업그레이드 된 과정을 사용했다. 두 기업 모두 이를 통해 6시그마는 진화한다는 것을 보여주었다.

둘째, 6시그마 실행을 위한 인재육성에 큰 비중을 두고 교육에 힘썼다. 6시그마가 국내에 도입되었을 당시의 기업들은 단순히 외국 컨설팅 회사에 교육을 맡겼기 때문에 기업문화의 차이로 시행착오를 겪었다. 이와 달리 삼성 SDI와 포스코는 자체 교육 프로그램을 실시하고 이에 따른 포상 제도를 확대하는 등 인재 육성에 많은 노력을 기울여 6시그마 실행에 있어, 기반을 튼튼하게 했다. 포스코는 리더십 프로그램을 도입하여 운영중이다. 대표적으로 '챔피언 데이'을 열어 미국 애리조나 주립대와 Mikel Harry 해리 6시그마 경영연구소에 2주간의 위탁 연수를 실시, 임원에 대해서도 전원이 1주일간의 미국 해외 연수를 통해 6시그마를 체험하게 하고 있다. 이와 함께 6시그마의 성공요인을 인재 육성에 두고 있다.

삼성 SDI 역시 교육을 통해 임원진 전체를 마스터 블랙이나 블랙벨트로 만들었다. 또, 교육과 관련하여 과정을 이수한 내용에 대해 승진에 활용하는 등 인재육성에 주력하였다.

셋째, 국내·외 성공사례를 보면 강력한 CEO의 리더십이 6시그마 성공의 중심이 되었다. 6시그마는 특성상 수행기간이 길고 단기간에 성과가 나타나지 않는다. 따라서 수행하는 과정에서 한순간의 캠페인이 되어 끝날 수 있다. 그래서 6시그마의 도입을 결정하고 프로세스의 기반을 구축하는 CEO의 역할이 매우 중요하다고 할 수 있다. CEO를 중심으로 한 경영진의 리더십이 문제 해결 방식에 적용되고 기업의 전략과 만나서 성과를 내기 마련이다.

대표적으로 GE가 6시그마를 통해 세계적인 기업을 이룬 데는 잭 웰치라는 훌륭한 경영인이 있었다. GE는 교육과 프로젝트 동시진행이라는 방식을 사용하여 6시그마 도입을 성공적으로 수행했다. 국내의 포스코나 삼성SDI 역시 CEO가 협력업체들에 대해 6시그마 전진대회를 여는 등 리더십과 판단력이 성공으로 이끌었다. 또, 6시그마는 Top-Down 방식으로 진행되기 때문에 리더들의 판단력과 업무 처리방식이 6시그마의 성공을 결정한다.

넷째, 현상치의 파악 및 구체적인 목표치의 확정을 들 수 있다. 성공 기업들이 결정한 'σ(시그마)'라는 지표는 정확한 목표를 세우는 데 도움을 주었다. 또, 데이터에 의한 판단은 합리적인 의사결정을 도와주었으며, 통계 S/W의 지원으로 분석이 수월해졌다. 삼성 SDI를 비롯한 성공 기업들이 도입 전 충분한 검증기간을 거쳐 구체적인 목표치를 정할 수 있었으며, 정기적인 고객만족도나 불량률 측정을 통해 6시그마의 성공적인 도입이 가능했다. 이와 함께 도입 기업의 업종에 맞는 목표치의 설정 역시 성공요인이다. 업종에 따라 6시그마의 해석은 다르게 될 수 있다. 성공 기업들은 다양한 분석을 통해 자신의 업종에 정확히 맞는 6시그마의 실행 방법을 계획하였고, 전임직원의 참여 유도와 충분한 시간의 확보로 성공할 수 있었다.

12.3.2 국내 및 국외 실패사례의 요인 비교

첫째, 사전분석 없이 급급하게 도입했다는 점이다. IBM은 도입 초기 '5-UPs'라는 방법을 평가척도기준으로 정했으나, 사전분석 없이 도입했기 때문에 실패했다. IBM은 모토롤라의 성공 사실만을 바탕으로 자기사업의 분석 없이 도입했기 때문에 방법이 맞지 않아 결국 실패할 수밖에 없었다. 삼성병원 역시 6시그마의 성공으로 여러 기업들이 도입하는 추세에 병원에 대한 분석 없이 도입했다. 특히 병원은 일반 기업체와 다른 환경을 가지고 있기 때문에 더 철저한 계획 하에 진행되었어야 하는데, 무조건적인 도입이 실패로 이끌었다.

둘째, 지속적인 경영지원체제의 부재를 들 수 있다. 6시그마의 도입에서 가장 중요한 것은 CEO의 전폭적인 지지와 지속적인 경영지원인데, IBM은 중간관리자에 대한 6시그마 도입의 필요성을 인식시키지 못하여 경영지원이 계속될 수 없었다.

셋째, 고객에 대한 지속적인 모니터링이 부족했다. 6시그마가 근본적으로 추구하는 것은 고객만족에 의한 가치실현인데, 실패 기업들은 지속적인 고객에 대한 모니터링이 이루어지지 않았다. 고객이 원하는 것을 인식해서 6시그마 도입과정에 반영해야 하는데 품질부서에 대한 도입만을 서둘렀기 때문에 실패한 것이다. IBM은 고객요구 충족을 위한 프로그램을 도입하긴 했으나, 지속적인 관리가 되지 않았다.

12.3.3 품질향상 노력이 국내 기업에 미친 영향

1) 국내기업 도입 현황

미국 SBTI Zingraff 회장의 말에 따르면 미국기업이 6시그마를 통해 얻은 수익은 프로젝트당 평균 $250,000 정도라고 한다. 우리나라의 경우 그보다는 적지만 LG전자는 도입 이후 1999년 말까지 1,915건의 6시그마 프로젝트 수행에 따른 경영개선 효과가 1,733억 원에 이르며, 단위 프로젝트 당 평균 9,000여만 원에 이르는 성과를 얻고 있는 것으로 나타났다.

삼성 SDI 역시 1998년도 이후 2002년 5월 말까지 6시그마 추진에 따른 누적경영개선 성과는 무려 6,435억 원이었다. 미국 시장에서 종합품질수준이 중위권에도 들어가지 못하고 있음을 자인하고 있는 국내 자동차 업계가 품질 불량으로 인해 국내외에 지급하는 품질 실패비용이 연간 6,000억 원을 넘고 있는 것으로 알려지고 있다. 현대자동차의 경우도 2001년부터 모든 협력업체의 참여를 토대로 이러한 문제를 극소화하려는 강한 의지를 표명하고 있다. 자동차 산업은 재무적으로 엄청난 경영개선 효과와 경쟁력 강화를 기대할 수 있는 산업이라 할 수 있어서 6시그마 도입의 의미가 더욱 크다.

6시그마를 지금까지의 발전 과정에 따라 크게 3세대로 나눌 수 있다. 제품의 품질, 특히 고객만족을 위한 제조품질 향상을 주목적으로 6시그마를 추진했던 1세대와 재무성과가 강조되어 모든 프로세스에 여러 가지 통계적 기법을 이용하여 이를 달성하고자 하는 2세대, 그리고 6시그마를 일하는 방식으로 인식하여 제조, 사무 간접, 연구개발 등 모든 프로세스에 종사하는 사람들이 따라야 하는 방법론으로 사용하는 3세대가 그것이다. 우리나라 기업의 경우, 몇 기업을 제외하고는 현재 2세대의 6시그마 모습을 유지하고 있으며 3세대 6시그마의 형태로 전이하고자 노력하고 있다. 현재까지 우리나라 기업의 6시그마는 전체적으로 서서히 성과가 나타나고 있는 상황이며 중요한 전환기라고 판단된다.

2) 6시그마 도입에서 나타난 문제점

6시그마를 우리나라에 도입할 때, 주로 벤치마킹을 통해 도입한 방법 때문에 이에 따른 부작용도 많이 나타나고 있다. 6시그마는 일본기업의 품질관리기법을 토대로 미국화시킨 미국적 품질경영 시스템으로 미국문화의 이성주의와 합리주의적인 특성을 잘 반영하고 있다. 그래서 6시그마를 우리나라에 전달해준 이들은 '6시그마는 벤치마킹을 통해 배웠으나, 그 실천을 위한 노력은 온전히 GE 것이다'라는 생각을 갖고 있다. 그러나 국내에 소개된 6시그마의 문제해결 단계는 GE에서 개발된 것이 대부분이다. 비록 6시그마가 좋지만, 문화적 차이를 인정하지 않고 단순한 벤치마킹을 통한 도입은 좋은 결과를 낼 수 없다. 한 예로 6시그마 교육에 참여하지 않은 임원 17명을 해고한 GE의 사례는 우리 기업문화의 정서와 맞지 않다.

3) 6시그마가 우리 기업에 미친 영향

첫째, 품질에 대한 인식의 전환을 들 수 있다. 우리 기업은 그동안 생산과정에서 발생하는 단순한 불량률만을 인식해 왔다. 그러나 6시그마의 도입으로 프로세스를 중심으로 판단하는 관점을 가지게 되었다. 과거에 비해 우리가 만족할 수 있는 품질의 수준이 높아진 것이다. 이런 생각은 품질과 관련된 모든 분야에 적용되어 전체적인 시너지 효과를 낳게 되었다.

둘째, 6시그마는 과학적인 문제 해결 방법의 적용을 촉진하였다. 6시그마는 그 성과를 정확히 측정할 수 있는 S/W의 도입을 필수적으로 하고 있다. 그래서 도입되기 전보다 엄격한 데이터에 바탕을 둔 의사결정을 요구하고 있다. 이 점은 우리 기업의 과거 직관에 의한 업무처리방식을 바꾸는 계기가 되었다는 점에서 의미가 크다.

셋째, 시스템과 프로세스의 중요성을 인식하게 되었다는 점을 들 수 있다. 6시그마를 도입하면서 우리가 인식하고 있던 것보다 현재의 시스템이나 프로세스가 많은 문제점을 갖고 있다는 것을 알게 되었다. 이런 문제들을 해결하기 위해 과거에는 그냥 지나쳤던 문제들을 근본적으로 짚어볼 수 있는 계기가 되었다.

넷째, 6시그마의 도입은 그 동안 우리나라 기업들이 가장 취약했다고 평가되는 기록중시의 문화를 정착하도록 하는데 큰 기여를 했다. 6시그마는 그 특성상 모든 기록이 컴퓨터상에 실시간으로 기록되며 D/B화 되어 평가가 간편하고 업무의 인수인계가 용이한 프로그램이다. 따라서 과거 별로 중시하지 않았던 기록에 대한 인식을 바꾸는 계기가 되었다.

마지막으로 6시그마를 통해 세계 선진기업의 경영혁신을 이해하게 되었고, 시야가 넓어졌다는 것이다. 6시그마를 도입하고 있는 세계 선진기업에 대한 관심이 높아지면서 수행과정에서 나타나는 문제점 등을 공유하게 되었으며, 우리나라 기업에 맞는 6시그마 방법을 계속해서 개발하고 있다.

연 습 문 제

12-1 왜 조직(기업)에서는 품질혁신을 해야 하는가?

12-2 MicroSoft사의 품질향상을 위한 노력에 적용된 기본 원칙을 설명하시오.

12-3 포스코의 'POSPIA'시스템과 6시그마의 성공적 구축에 관해서 설명하시오.

12-4 우리나라에서 6시그마 경영을 처음으로 도입한 LG전자의 사례를 설명하시오.

12-5 IBM의 6시그마 도입실패에 관해서 설명하시오.

참고문헌

김건우(2004), 『Excel을 활용한 통계학개론』, 제3판, 신영사.
김연성 외 6인(2009), 『글로벌 품질경영』, 제4판, 박영사.
김원중 외 1인(2006), 『표준화와 품질시스템인증실무』, 개정판, 한올출판사.
김희탁 외 7인(1998), 『생산관리』, 법문사.
박성범 외 3인(2002), 『품질관리』, 삼영사.
박성현 외 2인(2005), 『6시그마 이론과 실제』, KSA한국표준협회.
안상형 외 2인(2008), 『21세기 품질경영』, 박영사.
안영진(2008), 『품질경영론』, 박영사.
원유동(2001), 『6시그마 경영 : 화이트벨트과정』, 삼영사.
유종관(2009), 『6시그마 핸드북』, 한국생산성본부.
유한주 외 3인(2021), 『고객만족과 지속가능성장의 원천: 품질경영』, ㈜생능
이상범 외 1인(2015), 『현대 생산 · 운영관리』, 제5판, 명경사.
이순룡(1995), 『품질경영론』, 법문사, 1995.
황규승 외 7인(2013), 『엑셀을 활용한 경영과학의 이해』, 제3판, 학현사.
Crosby, P. B.(1979), 『Quality is Free : The Art of Making Quality Certain』, McGraw-Hill.
Evans, J. R.와 W. M. Lindsay(2015), 『품질경영』, 제9판, 이창원 외 6인 역, 한경사.
Harry, Mikel, and Richard Schroeder(2000), *Six Sigma : The Breakthrough Management Strategy Revolutionizing the World's Top Corporations*, New York, Currency
Garvin, D.(1987), "Competing on the eight dimentions of quality," *Harvard Business Review*, Vol. 65, No. 6, pp. 100-109.
Gyrna, Frank, Jr.(2001), 『Quality Planning and Analysis』, New York, McGraw-Hill.
Juran, J. M.(1999), *Juran's Quality Handbook*, New York, McGraw-Hill.
Montgomery, Douglas(2001), *Introduction to Statistical Quality Control*, 5th ed, New York, John Wiley and Son.
Stevenson, William J.(2019), *Operations Management*, 13th ed, New York, McGraw-Hill.

부 록

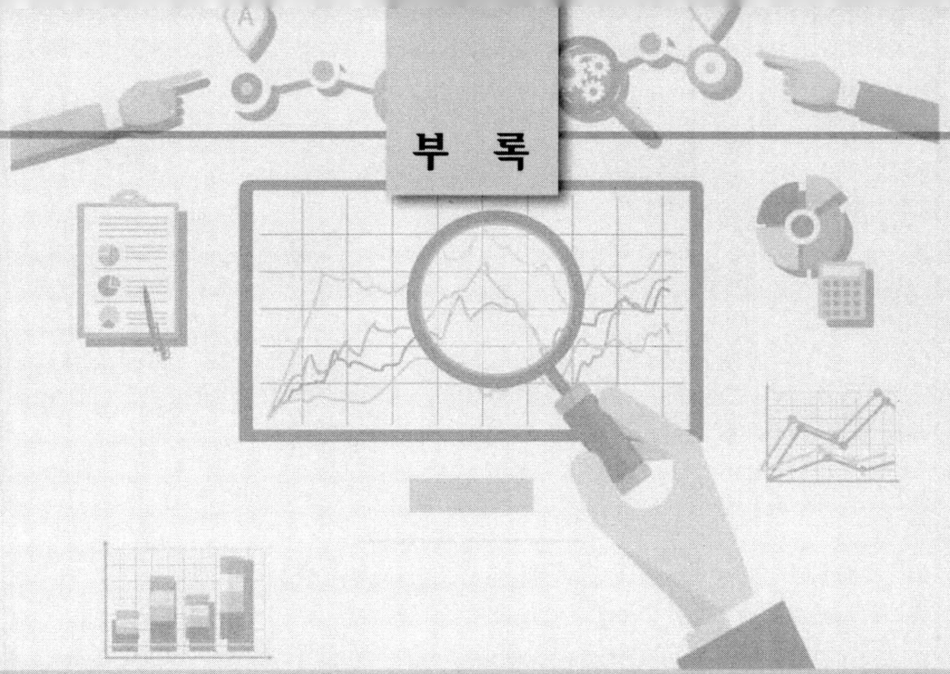

A. 표준정규분포표

B. 관리도를 위한 계수들

C. 포아송분포표

A. 표준정규분포표

표에 기입된 것은 평균과 z 표준편차 사이의 곡선 아래의 면적이다. 예를 들어 $z=1.28$인 경우에 평균과 z 사이의 곡선 아래의 면적은 0.3997이다.

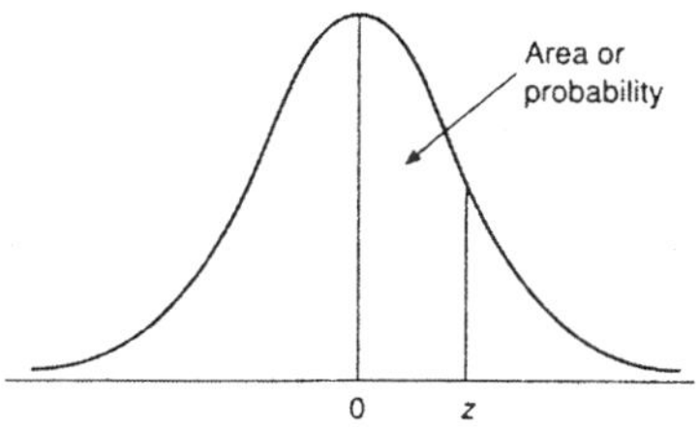

z	0.00	0.01	0.02	0.03	0.04	0.05	0.06	0.07	0.08	0.09
0.0	0.0000	0.0040	0.0080	0.0120	0.0160	0.0199	0.0239	0.0279	0.0319	0.0359
0.1	0.0398	0.0438	0.0478	0.0517	0.0557	0.0596	0.0636	0.0675	0.0714	0.0753
0.2	0.0793	0.0832	0.0871	0.0910	0.0948	0.0987	0.1026	0.1064	0.1103	0.1141
0.3	0.1179	0.1217	0.1255	0.1293	0.1331	0.1368	0.1406	0.1443	0.1480	0.1517
0.4	0.1554	0.1591	0.1628	0.1664	0.1700	0.1736	0.1772	0.1808	0.1844	0.1879
0.5	0.1915	0.1950	0.1985	0.2019	0.2054	0.2088	0.2123	0.2157	0.2190	0.2224
0.6	0.2257	0.2291	0.2324	0.2357	0.2389	0.2422	0.2454	0.2486	0.2518	0.2549
0.7	0.2580	0.2612	0.2642	0.2673	0.2704	0.2734	0.2764	0.2794	0.2823	0.2852
0.8	0.2881	0.2910	0.2939	0.2967	0.2995	0.3023	0.3051	0.3078	0.3106	0.3133
0.9	0.3159	0.3186	0.3212	0.3238	0.3264	0.3289	0.3315	0.3340	0.3365	0.3389
1.0	0.3413	0.3438	0.3461	0.3485	0.3508	0.3531	0.3554	0.3577	0.3599	0.3621
1.1	0.3643	0.3665	0.3686	0.3708	0.3729	0.3749	0.3770	0.3790	0.3810	0.3830
1.2	0.3849	0.3869	0.3888	0.3907	0.3925	0.3944	0.3962	0.3980	0.3997	0.4015
1.3	0.4032	0.4049	0.4066	0.4082	0.4099	0.4115	0.4131	0.4147	0.4162	0.4177
1.4	0.4192	0.4207	0.4222	0.4236	0.4251	0.4265	0.4279	0.4292	0.4306	0.4319
1.5	0.4332	0.4345	0.4357	0.4370	0.4382	0.4394	0.4406	0.4418	0.4429	0.4441
1.6	0.4452	0.4463	0.4474	0.4484	0.4495	0.4505	0.4515	0.4525	0.4535	0.4545
1.7	0.4554	0.4564	0.4573	0.4582	0.4591	0.4599	0.4608	0.4616	0.4625	0.4633
1.8	0.4641	0.4649	0.4656	0.4664	0.4671	0.4678	0.4686	0.4693	0.4699	0.4706
1.9	0.4713	0.4719	0.4726	0.4732	0.4738	0.4744	0.4750	0.4756	0.4761	0.4767
2.0	0.4772	0.4778	0.4783	0.4788	0.4793	0.4798	0.4803	0.4808	0.4812	0.4817
2.1	0.4821	0.4826	0.4830	0.4834	0.4838	0.4842	0.4846	0.4850	0.4854	0.4857
2.2	0.4861	0.4864	0.4868	0.4871	0.4875	0.4878	0.4881	0.4884	0.4887	0.4890
2.3	0.4893	0.4896	0.4898	0.4901	0.4904	0.4906	0.4909	0.4911	0.4913	0.4916
2.4	0.4918	0.4920	0.4922	0.4925	0.4927	0.4929	0.4931	0.4932	0.4934	0.4936
2.5	0.4938	0.4940	0.4941	0.4943	0.4945	0.4946	0.4948	0.4949	0.4951	0.4952
2.6	0.4953	0.4955	0.4956	0.4957	0.4959	0.4960	0.4961	0.4962	0.4963	0.4964
2.7	0.4965	0.4966	0.4967	0.4968	0.4969	0.4970	0.4971	0.4972	0.4973	0.4974
2.8	0.4974	0.4975	0.4976	0.4977	0.4977	0.4978	0.4979	0.4979	0.4980	0.4981
2.9	0.4981	0.4982	0.4982	0.4983	0.4984	0.4984	0.4985	0.4985	0.4986	0.4986
3.0	0.4986	0.4987	0.4987	0.4988	0.4988	0.4989	0.4989	0.4989	0.4990	0.4990

B. 관리도를 위한 계수들

	x-charts				s-Charts				R-charts						
n	A	A_2	A_3	c_4	B_3	B_4	B_5	B_6	d_2	d_3	D_1	D_2	D_3	D_4
2	2.121	1.880	2.659	0.7979	0	3.267	0	2.606	1.128	0.853	0	3.686	0	3.267
3	1.732	1.023	1.954	0.8862	0	2.568	0	2.276	1.693	0.888	0	4.358	0	2.574
4	1.500	0.729	1.628	0.9213	0	2.266	0	2.088	2.059	0.880	0	4.698	0	2.282
5	1.342	0.577	1.427	0.9400	0	2.089	0	1.964	2.326	0.864	0	4.918	0	2.114
6	1.225	0.483	1.287	0.9515	0.030	1.970	0.029	1.874	2.534	0.848	0	5.078	0	2.004
7	1.134	0.419	1.182	0.9594	0.118	1.882	0.113	1.806	2.704	0.833	0.204	5.204	0.076	1.924
8	1.061	0.373	1.099	0.9650	0.185	1.815	0.179	1.751	2.847	0.820	0.388	5.306	0.136	1.864
9	1.000	0.337	1.032	0.969	0.239	1.761	0.232	1.707	2.970	0.808	0.547	5.393	0.184	1.816
10	0.949	0.308	0.975	0.9727	0.284	1.716	0.276	1.669	3.078	0.797	0.687	5.469	0.223	1.777
11	0.905	0.285	0.927	0.9754	0.321	1.679	0.313	1.637	3.173	0.787	0.811	5.535	0.256	1.744
12	0.866	0.266	0.886	0.9776	0.354	1.646	0.346	1.610	3.258	0.778	0.922	5.594	0.283	1.717
13	0.832	0.249	0.850	0.9794	0.382	1.618	0.374	1.585	3.336	0.770	1.025	5.647	0.307	1.693
14	0.802	0.235	0.817	0.9810	0.406	1.594	0.399	1.563	3.407	0.763	1.118	5.696	0.328	1.672
15	0.775	0.223	0.789	0.9823	0.428	1.572	0.421	1.544	3.472	0.756	1.203	5.741	0.347	1.653
16	0.750	0.212	0.763	0.9835	0.448	1.552	0.440	1.526	3.532	0.750	1.282	5.782	0.363	1.637
17	0.728	0.203	0.739	0.9845	0.466	1.534	0.458	1.511	3.588	0.744	1.356	5.820	0.378	1.622
18	0.707	0.194	0.718	0.9854	0.482	1.518	0.475	1.496	3.640	0.739	1.424	5.856	0.391	1.608
19	0.688	0.187	0.698	0.9862	0.497	1.503	0.490	1.483	3.689	0.734	1.487	5.891	0.403	1.597
20	0.671	0.180	0.680	0.9869	0.510	1.490	0.504	1.470	3.735	0.729	1.549	5.921	0.415	1.585
21	0.655	0.173	0.663	0.9876	0.523	1.477	0.516	1.459	3.778	0.724	1.605	5.951	0.425	1.575
22	0.640	0.167	0.647	0.9882	0.534	1.466	0.528	1.448	3.819	0.720	1.659	5.979	0.434	1.566
23	0.626	0.162	0.633	0.9887	0.545	1.455	0.539	1.438	3.858	0.716	1.710	6.006	0.443	1.557
24	0.612	0.157	0.619	0.9892	0.555	1.445	0.549	1.429	3.895	0.712	1.759	6.031	0.451	1.548
25	0.600	0.153	0.606	0.9896	0.565	1.435	0.559	1.420	3.931	0.708	1.806	6.056	0.459	1.541

Source: Adapted from Table 27 of ASTM STP 15D ASTM *Manual on Presentation of Data and Control Chart Analysis.* © 1976 American Society for Testing and Materials, Philadelphia, PA.

C. 포아송분포표

표에 기입된 것은 평균 μ의 포아송 과정에서 x회의 성공의 확률이다. 예를 들어, $\mu=2$일 때 2회의 성공의 확률은 0.2707이다.

					μ					
x	**0.1**	**0.2**	**0.3**	**0.4**	**0.5**	**0.6**	**0.7**	**0.8**	**0.9**	**1.0**
0	0.9048	0.8187	0.7408	0.6703	0.6065	0.5488	0.4966	0.4493	0.4066	0.3679
1	0.0905	0.1637	0.2222	0.2681	0.3033	0.3293	0.3476	0.3595	0.3659	0.3679
2	0.0045	0.0164	0.0333	0.0536	0.0758	0.0988	0.1217	0.1438	0.1647	0.1839
3	0.0002	0.0011	0.0033	0.0072	0.0126	0.0198	0.0284	0.0383	0.0494	0.0613
4	0.0000	0.0001	0.0002	0.0007	0.0016	0.0030	0.0050	0.0077	0.0111	0.0153
5	0.0000	0.0000	0.0000	0.0001	0.0002	0.0004	0.0007	0.0012	0.0020	0.0031
6	0.0000	0.0000	0.0000	0.0000	0.0000	0.0000	0.0001	0.0002	0.0003	0.0005
7	0.0000	0.0000	0.0000	0.0000	0.0000	0.0000	0.0000	0.0000	0.0000	0.0001

					μ					
x	**1.1**	**1.2**	**1.3**	**1.4**	**1.5**	**1.6**	**1.7**	**1.8**	**1.9**	**2.0**
0	0.3329	0.3012	0.2725	0.2466	0.2231	0.2019	0.1827	0.1653	0.1496	0.1353
1	0.3662	0.3614	0.3543	0.3452	0.3347	0.3230	0.3106	0.2975	0.2842	0.2707
2	0.2014	0.2169	0.2303	0.2417	0.2510	0.2584	0.2640	0.2678	0.2700	0.2707
3	0.0738	0.0867	0.0998	0.1128	0.1255	0.1378	0.1496	0.1607	0.1710	0.1804
4	0.0203	0.0260	0.0324	0.0395	0.0471	0.0551	0.0636	0.0723	0.0812	0.0902
5	0.0045	0.0062	0.0084	0.0111	0.0141	0.0176	0.0216	0.0260	0.0309	0.0361
6	0.0008	0.0012	0.0018	0.0026	0.0035	0.0047	0.0061	0.0078	0.0098	0.0120
7	0.0001	0.0002	0.0003	0.0005	0.0008	0.0011	0.0015	0.0020	0.0027	0.0034
8	0.0000	0.0000	0.0001	0.0001	0.0001	0.0002	0.0003	0.0005	0.0006	0.0009
9	0.0000	0.0000	0.0000	0.0000	0.0000	0.0000	0.0001	0.0001	0.0001	0.0002

					μ					
x	**2.1**	**2.2**	**2.3**	**2.4**	**2.5**	**2.6**	**2.7**	**2.8**	**2.9**	**3.0**
0	0.1225	0.1108	0.1003	0.0907	0.0821	0.0743	0.0672	0.0608	0.0550	0.0498
1	0.2572	0.2438	0.2306	0.2177	0.2052	0.1931	0.1815	0.1703	0.1596	0.1494
2	0.2700	0.2681	0.2652	0.2613	0.2565	0.2510	0.2450	0.2384	0.2314	0.2240
3	0.1890	0.1966	0.2033	0.2090	0.2138	0.2176	0.2205	0.2225	0.2237	0.2240
4	0.0992	0.1082	0.1169	0.1254	0.1336	0.1414	0.1488	0.1557	0.1622	0.1680
5	0.0417	0.0476	0.0538	0.0602	0.0668	0.0735	0.0804	0.0872	0.0940	0.1008
6	0.0146	0.0174	0.0206	0.0241	0.0278	0.0319	0.0362	0.0407	0.0455	0.0540
7	0.0044	0.0055	0.0068	0.0083	0.0099	0.0118	0.0139	0.0163	0.0188	0.0216
8	0.0011	0.0015	0.0019	0.0025	0.0031	0.0038	0.0047	0.0057	0.0068	0.0081
9	0.0003	0.0004	0.0005	0.0007	0.0009	0.0011	0.0014	0.0018	0.0022	0.0027
10	0.0001	0.0001	0.0001	0.0002	0.0002	0.0003	0.0004	0.0005	0.0006	0.0008
11	0.0000	0.0000	0.0000	0.0000	0.0000	0.0001	0.0001	0.0001	0.0002	0.0002
12	0.0000	0.0000	0.0000	0.0000	0.0000	0.0000	0.0000	0.0000	0.0000	0.0001

					μ					
x	**3.1**	**3.2**	**3.3**	**3.4**	**3.5**	**3.6**	**3.7**	**3.8**	**3.9**	**4.0**
0	0.0450	0.0408	0.0369	0.0344	0.0302	0.0273	0.0247	0.0224	0.0202	0.0183
1	0.1397	0.1304	0.1217	0.1135	0.1057	0.0984	0.0915	0.0850	0.0789	0.0733
2	0.2165	0.2087	0.2008	0.1929	0.1850	0.1771	0.1692	0.1615	0.1539	0.1465
3	0.2237	0.2226	0.2209	0.2186	0.2158	0.2125	0.2087	0.2046	0.2001	0.1954
4	0.1734	0.1781	0.1823	0.1858	0.1888	0.1912	0.1931	0.1944	0.1951	0.1954

x	3.1	3.2	3.3	3.4	3.5	3.6	3.7	3.8	3.9	4.0
5	0.1075	0.1140	0.1203	0.1264	0.1322	0.1377	0.1429	0.1477	0.1522	0.1563
6	0.0555	0.0608	0.0662	0.0716	0.0771	0.0826	0.0881	0.0936	0.0989	0.1042
7	0.0246	0.0278	0.0312	0.0348	0.0385	0.0425	0.0466	0.0508	0.0551	0.0595
8	0.0095	0.0111	0.0129	0.0148	0.0169	0.0191	0.0215	0.0241	0.0269	0.0298
9	0.0093	0.0040	0.0047	0.0056	0.0066	0.0076	0.0089	0.0102	0.0116	0.0132
10	0.0010	0.0013	0.0016	0.0019	0.0023	0.0028	0.0033	0.0039	0.0045	0.0053
11	0.0003	0.0004	0.0005	0.0006	0.0007	0.0009	0.0011	0.0013	0.0016	0.0019
12	0.0001	0.0001	0.0001	0.0002	0.0002	0.0003	0.0003	0.0004	0.0005	0.0006
13	0.0000	0.0000	0.0000	0.0000	0.0001	0.0001	0.0001	0.0001	0.0002	0.0002
14	0.0000	0.0000	0.0000	0.0000	0.0000	0.0000	0.0000	0.0000	0.0000	0.0001

x	4.1	4.2	4.3	4.4	4.5	4.6	4.7	4.8	4.9	5.0
0	0.0166	0.0150	0.0136	0.0123	0.0111	0.0101	0.0091	0.0082	0.0074	0.0067
1	0.0679	0.0630	0.0583	0.0540	0.0500	0.0462	0.0427	0.0395	0.0365	0.0337
2	0.1393	0.1323	0.1254	0.1188	0.1125	0.1063	0.1005	0.0948	0.0894	0.0842
3	0.1904	0.1852	0.1798	0.1743	0.1687	0.1631	0.1574	0.1517	0.1460	0.1404
4	0.1951	0.1944	0.1933	0.1917	0.1898	0.1875	0.1849	0.1820	0.1789	0.1755
5	0.1600	0.1633	0.1662	0.1687	0.1708	0.1725	0.1738	0.1747	0.1753	0.1755
6	0.1093	0.1143	0.1191	0.1237	0.1281	0.1323	0.1362	0.1398	0.1432	0.1462
7	0.0640	0.0686	0.0732	0.0778	0.0824	0.0869	0.0914	0.0959	0.1002	0.1044
8	0.0328	0.0360	0.0393	0.0428	0.0463	0.0500	0.0537	0.0575	0.0614	0.0653
9	0.0150	0.0163	0.0188	0.0209	0.0232	0.0255	0.0280	0.0307	0.0334	0.0363
10	0.0061	0.0071	0.0081	0.0092	0.0104	0.0118	0.0132	0.0147	0.0164	0.0181
11	0.0023	0.0027	0.0032	0.0037	0.0043	0.0049	0.0056	0.0064	0.0073	0.0082
12	0.0008	0.0009	0.0011	0.0014	0.0016	0.0019	0.0022	0.0026	0.0030	0.0034
13	0.0002	0.0003	0.0004	0.0005	0.0006	0.0007	0.0008	0.0009	0.0011	0.0013
14	0.0001	0.0001	0.0001	0.0001	0.0002	0.0002	0.0003	0.0003	0.0004	0.0005
15	0.0000	0.0000	0.0000	0.0000	0.0001	0.0001	0.0001	0.0001	0.0001	0.0002

x	5.1	5.2	5.3	5.4	5.5	5.6	5.7	5.8	5.9	6.0
0	0.0061	0.0055	0.0050	0.0045	0.0041	0.0037	0.0033	0.0030	0.0027	0.0025
1	0.0311	0.0287	0.0265	0.0244	0.0225	0.0207	0.0191	0.0176	0.0162	0.0149
2	0.0793	0.0746	0.0701	0.0659	0.0618	0.0580	0.0544	0.0509	0.0477	0.0446
3	0.1348	0.1293	0.1239	0.1185	0.1133	0.1082	0.1033	0.0985	0.0938	0.0892
4	0.1719	0.1681	0.1641	0.1600	0.1558	0.1515	0.1472	0.1428	0.1383	0.1339
5	0.1753	0.1748	0.1740	0.1728	0.1714	0.1697	0.1678	0.1656	0.1632	0.1606
6	0.1490	0.1515	0.1537	0.1555	0.1571	0.1584	0.1594	0.1601	0.1605	0.1606
7	0.1086	0.1125	0.1163	0.1200	0.1234	0.1267	0.1298	0.1326	0.1353	0.1377
8	0.0692	0.0731	0.0771	0.0810	0.0849	0.0887	0.0925	0.0962	0.0998	0.1033
9	0.0392	0.0423	0.0454	0.0486	0.0519	0.0552	0.0586	0.0620	0.0654	0.0688
10	0.0200	0.0220	0.0241	0.0262	0.0285	0.0309	0.0334	0.0359	0.0386	0.0413
11	0.0093	0.0104	0.0116	0.0129	0.0143	0.0157	0.0173	0.0190	0.0207	0.0225
12	0.0039	0.0045	0.0051	0.0058	0.0065	0.0073	0.0082	0.0092	0.0102	0.0113
13	0.0015	0.0018	0.0021	0.0024	0.0028	0.0032	0.0036	0.0041	0.0046	0.0052
14	0.0006	0.0007	0.0008	0.0009	0.0011	0.0013	0.0015	0.0017	0.0019	0.0022
15	0.0002	0.0002	0.0003	0.0003	0.0004	0.0005	0.0006	0.0007	0.0008	0.0009
16	0.0001	0.0001	0.0001	0.0001	0.0001	0.0002	0.0002	0.0002	0.0003	0.0003
17	0.0000	0.0000	0.0000	0.0000	0.0000	0.0001	0.0001	0.0001	0.0001	0.0001

x	6.1	6.2	6.3	6.4	6.5	6.6	6.7	6.8	6.9	7.0
0	0.0022	0.0020	0.0018	0.0017	0.0015	0.0014	0.0012	0.0011	0.0010	0.0009
1	0.0137	0.0126	0.0116	0.0106	0.0098	0.0090	0.0082	0.0076	0.0070	0.0064
2	0.0417	0.0390	0.0364	0.0340	0.0318	0.0296	0.0276	0.0258	0.0240	0.0223
3	0.0848	0.0806	0.0765	0.0726	0.0688	0.0652	0.0617	0.0584	0.0552	0.0521
4	0.1294	0.1249	0.1205	0.1162	0.1118	0.1076	0.1034	0.0992	0.0952	0.0912
5	0.1579	0.1549	0.1519	0.1487	0.1454	0.1420	0.1385	0.1349	0.1314	0.1277
6	0.1605	0.1601	0.1595	0.1586	0.1575	0.1562	0.1546	0.1529	0.1511	0.1490
7	0.1399	0.1418	0.1435	0.1450	0.1462	0.1472	0.1480	0.1486	0.1489	0.1490
8	0.1066	0.1099	0.1130	0.1160	0.1188	0.1215	0.1240	0.1263	0.1284	0.1304
9	0.0723	0.0757	0.0791	0.0825	0.0858	0.0891	0.0923	0.0954	0.0985	0.1014
10	0.0441	0.0469	0.0498	0.0528	0.0558	0.0588	0.0618	0.0649	0.0679	0.0710
11	0.0245	0.0265	0.0285	0.0307	0.0330	0.0353	0.0377	0.0401	0.0426	0.0452
12	0.0124	0.0137	0.0150	0.0164	0.0179	0.0194	0.0210	0.0227	0.0245	0.0264
13	0.0058	0.0065	0.0073	0.0081	0.0089	0.0098	0.0108	0.0119	0.0130	0.0142
14	0.0025	0.0029	0.0033	0.0037	0.0041	0.0046	0.0052	0.0058	0.0064	0.0071
15	0.0010	0.0012	0.0014	0.0016	0.0018	0.0020	0.0023	0.0026	0.0029	0.0033
16	0.0004	0.0005	0.0005	0.0006	0.0007	0.0008	0.0010	0.0011	0.0013	0.0014
17	0.0001	0.0002	0.0002	0.0002	0.0003	0.0003	0.0004	0.0004	0.0005	0.0006
18	0.0000	0.0001	0.0001	0.0001	0.0001	0.0001	0.0001	0.0002	0.0002	0.0002
19	0.0000	0.0000	0.0000	0.0000	0.0000	0.0000	0.0000	0.0001	0.0001	0.0001

x	7.1	7.2	7.3	7.4	7.5	7.6	7.7	7.8	7.9	8.0
0	0.0008	0.0007	0.0007	0.0006	0.0006	0.0005	0.0005	0.0004	0.0004	0.0003
1	0.0059	0.0054	0.0049	0.0045	0.0041	0.0038	0.0035	0.0032	0.0029	0.0027
2	0.0208	0.0194	0.0180	0.0167	0.0156	0.0145	0.0134	0.0125	0.0116	0.0107
3	0.0492	0.0464	0.0438	0.0413	0.0389	0.0366	0.0345	0.0324	0.0305	0.0286
4	0.0874	0.0836	0.0799	0.0764	0.0729	0.0696	0.0663	0.0632	0.0602	0.0573
5	0.1241	0.1204	0.1167	0.1130	0.1094	0.1057	0.1021	0.0986	0.0951	0.0916
6	0.1468	0.1445	0.1420	0.1394	0.1367	0.1339	0.1311	0.1282	0.1252	0.1221
7	0.1489	0.1486	0.1481	0.1474	0.1465	0.1454	0.1442	0.1428	0.1413	0.1396
8	0.1321	0.1337	0.1351	0.1363	0.1373	0.1382	0.1388	0.1392	0.1395	0.1396
9	0.1042	0.1070	0.1096	0.1121	0.1144	0.1167	0.1187	0.1207	0.1224	0.1241
10	0.0740	0.0770	0.0800	0.0829	0.0858	0.0887	0.0914	0.0941	0.0967	0.0993
11	0.0478	0.0504	0.0531	0.0558	0.0585	0.0613	0.0640	0.0667	0.0695	0.0722
12	0.0283	0.0303	0.0323	0.0344	0.0366	0.0388	0.0411	0.0434	0.0457	0.0481
13	0.0154	0.0168	0.0181	0.0196	0.0211	0.0227	0.0243	0.0260	0.0278	0.0296
14	0.0078	0.0086	0.0095	0.0104	0.0113	0.0123	0.0134	0.0145	0.0157	0.0169
15	0.0037	0.0041	0.0046	0.0051	0.0057	0.0062	0.0069	0.0075	0.0083	0.0090
16	0.0016	0.0019	0.0021	0.0024	0.0026	0.0030	0.0033	0.0037	0.0041	0.0045
17	0.0007	0.0008	0.0009	0.0010	0.0012	0.0013	0.0015	0.0017	0.0019	0.0021
18	0.0003	0.0003	0.0004	0.0004	0.0005	0.0006	0.0006	0.0007	0.0008	0.0009
19	0.0001	0.0001	0.0001	0.0002	0.0002	0.0002	0.0003	0.0003	0.0003	0.0004
20	0.0000	0.0000	0.0001	0.0001	0.0001	0.0001	0.0001	0.0001	0.0001	0.0002
21	0.0000	0.0000	0.0000	0.0000	0.0000	0.0000	0.0000	0.0000	0.0001	0.0001

x	8.1	8.2	8.3	8.4	8.5	8.6	8.7	8.8	8.9	9.0
0	0.0003	0.0003	0.0002	0.0002	0.0002	0.0002	0.0002	0.0002	0.0001	0.0001
1	0.0025	0.0023	0.0021	0.0019	0.0017	0.0016	0.0014	0.0013	0.0012	0.0011
2	0.0100	0.0092	0.0086	0.0079	0.0074	0.0068	0.0063	0.0058	0.0054	0.0050
3	0.0269	0.0252	0.0237	0.0222	0.0208	0.0195	0.0183	0.0171	0.1060	0.0150
4	0.0544	0.0517	0.0491	0.0466	0.0443	0.0420	0.0398	0.0377	0.0357	0.0337

					μ					
x	8.1	8.2	8.3	8.4	8.5	8.6	8.7	8.8	8.9	9.0
5	0.0882	0.0849	0.0816	0.0784	0.0752	0.0722	0.0692	0.0663	0.0635	0.0607
6	0.1191	0.1160	0.1128	0.1097	0.1066	0.1034	0.1003	0.0972	0.0941	0.0911
7	0.1378	0.1358	0.1338	0.1317	0.1294	0.1271	0.1247	0.1222	0.1197	0.1171
8	0.1395	0.1392	0.1388	0.1382	0.1375	0.1366	0.1356	0.1344	0.1332	0.1318
9	0.1256	0.1269	0.1280	0.1290	0.1299	0.1306	0.1311	0.1315	0.1317	0.1318
10	0.1017	0.1040	0.1063	0.1084	0.1104	0.1123	0.1140	0.1157	0.1172	0.1186
11	0.0749	0.0776	0.0802	0.0828	0.0853	0.0878	0.0902	0.0925	0.0948	0.0970
12	0.0505	0.0530	0.0555	0.0579	0.0604	0.0629	0.0654	0.0679	0.0703	0.0728
13	0.0315	0.0334	0.0354	0.0374	0.0395	0.0416	0.0438	0.0459	0.0481	0.0504
14	0.0182	0.0196	0.0210	0.0225	0.0240	0.0256	0.0272	0.0289	0.0306	0.0324
15	0.0098	0.0107	0.0116	0.0126	0.0136	0.0147	0.0158	0.0169	0.0182	0.0194
16	0.0050	0.0055	0.0060	0.0066	0.0072	0.0079	0.0086	0.0093	0.0101	0.0109
17	0.0024	0.0026	0.0029	0.0033	0.0036	0.0040	0.0044	0.0048	0.0053	0.0058
18	0.0011	0.0012	0.0014	0.0015	0.0017	0.0019	0.0021	0.0024	0.0026	0.0029
19	0.0005	0.0005	0.0006	0.0007	0.0008	0.0009	0.0010	0.0011	0.0012	0.0014
20	0.0002	0.0002	0.0002	0.0003	0.0003	0.0004	0.0004	0.0005	0.0005	0.0006
21	0.0001	0.0001	0.0001	0.0001	0.0001	0.0002	0.0002	0.0002	0.0002	0.0003
22	0.0000	0.0000	0.0000	0.0000	0.0001	0.0001	0.0001	0.0001	0.0001	0.000

					μ					
x	9.1	9.2	9.3	9.4	9.5	9.6	9.7	9.8	9.9	10
0	0.0001	0.0001	0.0001	0.0001	0.0001	0.0001	0.0001	0.0001	0.0001	0.0000
1	0.0010	0.0009	0.0009	0.0008	0.0007	0.0007	0.0006	0.0005	0.0005	0.0005
2	0.0046	0.0043	0.0040	0.0037	0.0034	0.0031	0.0029	0.0027	0.0025	0.0023
3	0.0140	0.0131	0.0123	0.0115	0.0107	0.0100	0.0093	0.0087	0.0081	0.0076
4	0.0319	0.0302	0.0285	0.0269	0.0254	0.0240	0.0226	0.0213	0.0201	0.0189
5	0.0581	0.0555	0.0530	0.0506	0.0483	0.0460	0.0439	0.0418	0.0398	0.0378
6	0.0881	0.0851	0.0822	0.0793	0.0764	0.0736	0.0709	0.0682	0.0656	0.0631
7	0.1145	0.1118	0.1091	0.1064	0.1037	0.1010	0.0982	0.0955	0.0928	0.0901
8	0.1302	0.1286	0.1269	0.1251	0.1232	0.1212	0.1191	0.1170	0.1148	0.1126
9	0.1317	0.1315	0.1311	0.1306	0.1300	0.1293	0.1284	0.1274	0.1263	0.1251
10	0.1198	0.1210	0.1219	0.1228	0.1235	0.1241	0.1245	0.1249	0.1250	0.1251
11	0.0991	0.1012	0.1031	0.1049	0.1067	0.1083	0.1098	0.1112	0.1125	0.1137
12	0.0752	0.0776	0.0799	0.0822	0.0844	0.0866	0.0888	0.0908	0.0928	0.0948
13	0.0526	0.0549	0.0572	0.0594	0.0617	0.0640	0.0662	0.0685	0.0707	0.0729
14	0.0342	0.0361	0.0380	0.0399	0.0419	0.0439	0.0459	0.0479	0.0500	0.0521
15	0.0208	0.0221	0.0235	0.0250	0.0265	0.0281	0.0297	0.0313	0.0330	0.0347
16	0.0118	0.0127	0.0137	0.0147	0.0157	0.0168	0.0180	0.0192	0.0204	0.0217
17	0.0063	0.0069	0.0075	0.0081	0.0088	0.0095	0.0103	0.0111	0.0119	0.0128
18	0.0032	0.0035	0.0039	0.0042	0.0046	0.0051	0.0055	0.0060	0.0065	0.0071
19	0.0015	0.0017	0.0019	0.0021	0.0023	0.0026	0.0028	0.0031	0.0034	0.0037
20	0.0007	0.0008	0.0009	0.0010	0.0011	0.0012	0.0014	0.0015	0.0017	0.0019
21	0.0003	0.0003	0.0004	0.0004	0.0005	0.0006	0.0006	0.0007	0.0008	0.0009
22	0.0001	0.0001	0.0002	0.0002	0.0002	0.0002	0.0003	0.0003	0.0004	0.0004
23	0.0000	0.0001	0.0001	0.0001	0.0001	0.0001	0.0001	0.0001	0.0002	0.0002
24	0.0000	0.0000	0.0000	0.0000	0.0000	0.0000	0.0000	0.0001	0.0001	0.0001

x	μ = 11	12	13	14	15	16	17	18	19	20
0	0.0000	0.0000	0.0000	0.0000	0.0000	0.0000	0.0000	0.0000	0.0000	0.0000
1	0.0002	0.0001	0.0000	0.0000	0.0000	0.0000	0.0000	0.0000	0.0000	0.0000
2	0.0010	0.0004	0.0002	0.0001	0.0000	0.0000	0.0000	0.0000	0.0000	0.0000
3	0.0037	0.0018	0.0008	0.0004	0.0002	0.0001	0.0000	0.0000	0.0000	0.0000
4	0.0102	0.0053	0.0027	0.0013	0.0006	0.0003	0.0001	0.0001	0.0000	0.0000
5	0.0224	0.0127	0.0070	0.0037	0.0019	0.0010	0.0005	0.0002	0.0001	0.0001
6	0.0411	0.0255	0.0152	0.0087	0.0048	0.0026	0.0014	0.0007	0.0004	0.0002
7	0.0646	0.0437	0.0281	0.0174	0.0104	0.0060	0.0034	0.0018	0.0010	0.0005
8	0.0888	0.0655	0.0457	0.0304	0.0194	0.0120	0.0072	0.0042	0.0024	0.0013
9	0.1085	0.0874	0.0661	0.0473	0.0324	0.0213	0.0135	0.0083	0.0050	0.0029
10	0.1194	0.1048	0.0859	0.0663	0.0486	0.0341	0.0230	0.0150	0.0095	0.0058
11	0.1194	0.1144	0.1015	0.0844	0.0663	0.0496	0.0355	0.0245	0.0164	0.0106
12	0.1094	0.1144	0.1099	0.0984	0.0829	0.0661	0.0504	0.0368	0.0259	0.0176
13	0.0926	0.1056	0.1099	0.1060	0.0956	0.0814	0.0658	0.0509	0.0378	0.0271
14	0.0728	0.0905	0.1021	0.1060	0.1024	0.0930	0.0800	0.0655	0.0514	0.0387
15	0.0534	0.0724	0.0885	0.0989	0.1024	0.0992	0.0906	0.0786	0.0650	0.0516
16	0.0367	0.0543	0.0719	0.0866	0.0960	0.0992	0.0963	0.0884	0.0772	0.0646
17	0.0237	0.0383	0.0550	0.0713	0.0847	0.0934	0.0963	0.0936	0.0863	0.0760
18	0.0145	0.0256	0.0397	0.0554	0.0706	0.0830	0.0909	0.0936	0.0911	0.0844
19	0.0084	0.0161	0.0272	0.0409	0.0557	0.0699	0.0814	0.0887	0.0911	0.0888
20	0.0046	0.0097	0.0177	0.0286	0.0418	0.0559	0.0692	0.0798	0.0866	0.0888
21	0.0024	0.0055	0.0109	0.0191	0.0299	0.0426	0.0560	0.0684	0.0783	0.0846
22	0.0012	0.0030	0.0065	0.0121	0.0204	0.0310	0.0433	0.0560	0.0676	0.0769
23	0.0006	0.0016	0.0037	0.0074	0.0133	0.0216	0.0320	0.0438	0.0559	0.0669
24	0.0003	0.0008	0.0020	0.0043	0.0083	0.0144	0.0226	0.0328	0.0442	0.0557
25	0.0001	0.0004	0.0010	0.0024	0.0050	0.0092	0.0154	0.0237	0.0336	0.0446
26	0.0000	0.0002	0.0005	0.0013	0.0029	0.0057	0.0101	0.0164	0.0246	0.0343
27	0.0000	0.0001	0.0002	0.0007	0.0016	0.0034	0.0063	0.0109	0.0173	0.0254
28	0.0000	0.0000	0.0001	0.0003	0.0009	0.0019	0.0038	0.0070	0.0117	0.0181
29	0.0000	0.0000	0.0001	0.0002	0.0004	0.0011	0.0023	0.0044	0.0077	0.0125
30	0.0000	0.0000	0.0000	0.0001	0.0002	0.0006	0.0013	0.0026	0.0049	0.0083
31	0.0000	0.0000	0.0000	0.0000	0.0001	0.0003	0.0007	0.0015	0.0030	0.0054
32	0.0000	0.0000	0.0000	0.0000	0.0001	0.0001	0.0004	0.0009	0.0018	0.0034
33	0.0000	0.0000	0.0000	0.0000	0.0000	0.0001	0.0002	0.0005	0.0010	0.0020
34	0.0000	0.0000	0.0000	0.0000	0.0000	0.0000	0.0001	0.0002	0.0006	0.0012
35	0.0000	0.0000	0.0000	0.0000	0.0000	0.0000	0.0000	0.0001	0.0003	0.0007
36	0.0000	0.0000	0.0000	0.0000	0.0000	0.0000	0.0000	0.0001	0.0002	0.0004
37	0.0000	0.0000	0.0000	0.0000	0.0000	0.0000	0.0000	0.0000	0.0001	0.0002
38	0.0000	0.0000	0.0000	0.0000	0.0000	0.0000	0.0000	0.0000	0.0000	0.0001
39	0.0000	0.0000	0.0000	0.0000	0.0000	0.0000	0.0000	0.0000	0.0000	0.0001

Source: Reprinted from *Handbook of Probability and Statistics with Tables*, 2nd ed., by R. S. Burington and D. C. May. New York: McGraw-Hill Book Company, Inc., 1970, by permission of the authors' trustees.

찾아보기

〈기 타〉

[저자 소개]

• 경산 석영기(經山 昔永基)

〈학력 및 경력〉
춘천고등학교
강원대학교 경영학과(경영학사)
고려대학교 대학원 경영학과(경영학석사)
미국 The University of Mississippi(경영학박사)
(전) 국가균형발전위원회 전문위원
(현) 선문대학교 IT경영학과 교수

〈저서 및 논문〉
- 『6시그마의 이해』, 북스힐, 2006.
- 『오퍼레이션 경영』, 강원대학교 산학협력중심대학사업단, 2007.
- 『경영학원론(공동번역)』, 사이텍미디어, 2007.
- 『디지털경영의 이해』, 진샘미디어, 2012.
- 『경영학의 이해』, 청목출판사, 2019.
- Group Decision Support Systems, Int'l Journal of Management, 1995.
- Measuring the Impact of TQM on Efficiency using DEA in the Hospital Industry, 1998.

품질경영의 이해

2022년 7월 20일 초판인쇄
2022년 7월 29일 초판발행

저 자 석 영 기
발행인 유 성 열
발행처 **청목출판사**
서울특별시 영등포구 신길로 40길 20
전화 (02) 849-6157(代) · 2820 / 833-6091
FAX (02) 849-0817
등록 제318-1994-000090호

파본은 바꾸어 드립니다. 값 25,000원

http://www.chongmok.co.kr

ISBN 978-89-5565-807-1